모던 경성에서 하이 서울까지 아는 것이 힘이다

# 우리 책읽기의 역사 2

윤금선

도서출판 월인

# 책머리에

경성도서관(京城圖書館)인 그 곳, 종로도서관에 갔다. 흰 눈이 펄펄 내리던 날. "배워야 산다"고 생각했던 그 옛 독서자(讀書者)들을 기억하며 갔다. 그 곳은 이젠 너무 작고 초라했다. 그 옆에는 백오십년 된 승동교회당이 있었다. 이제 종은 울리지 않지만 그때 그곳 청년지사(靑年志士)들의 열띤 토론을 기억하려고 했다. 우리의 형설(螢雪)의 공(功)이 헛되지 않도록 기도했다.

눈이 도시를 마비시킬 정도로 무섭게 내리더라도, 그래도, 올 농사(農事)는 풍년(豊年)이고, 햇빛은 유난히 눈부시기 마련이다.

# 차례

# V. 1970년대 독서 대중화 운동

## 1. 도서관 및 각종 단체의 독서운동

### 1) 독서층 개발과 대중중심의 도서관

1970년대 들어서면서 도서관에서는 독서의 생활화, 새로운 독서층 개발 등을 목적으로 여러 가지 활동을 펼쳤다.[1] 즉 각 공공도서관에서는 국민의 교육과 사회 발전에 기여하는 도서관의 역할을 인식시키고 또 도서관 사업을 강력한 사회운동으로 발전시키기 위한 각종 행사를 마련한 것이다.[2]

[그림 1] 1971년 9월 독서주간 포스터

먼저 전 시기와 마찬가지로 독서주간에는 다양한 행사를 펼쳤고 이를 통해 독서

1) <독서 주간 도서관 개방>(≪중앙일보≫, 1971.9.24)
2) <도서관의 역할 인식시켜 사회 운동으로 발전 다짐>(≪중앙일보≫, 1971.4.12)

인구 개발에 노력했다. 매년 실시되는 독서주간은 예전과 마찬가지로 국민 독서 습관에 있어서도 하나의 사이클을 형성하여 국민 독서 진작에 중요한 역할을 했다고 본다. 독서주간 외에도 여러 가지 독서운동을 펼쳤는데, '국립중앙도서관'에 '독서상담실'을 마련하여 독서지도를 담당한 점은 이 시기의 특징적인 현상이다. 우량도서의 선정과 전국적인 독서 실태 경향 분석, 전화 상담, 서신 상담, 면접 상담 등으로 시민과 접하며, 어린이나 학생, 그리고 어머니의 독서능력 테스트를 통해 알맞은 책을 선택해주며, 양서 선택의 길잡이 역할을 담당하였다.[3]

또한 방학마다 정기적으로 '독서학교'를 운영하고, '악서추방운동(惡書追放運動)'을 전개했으며,[4] 5월에 '어린이 독서주간'도 실시하여 어린이 독서운동을 펼치기도 했다.[5] 뿐만 아니라 '독자를 찾아 나서서 읽히게 하는' 방법으로 '이동도서관'을 운영하였다. 이동도서관은 동네별로 한 달에 세 번씩, 서울시내 10개 국민학교(초등학교)에 한 달에 두 번씩 나갔는데. 특히 주부와 학생들의 독서인구가 증가하는 현상을 보였다.[6] 한편 도서관 자체 내에서 사서의 재교육을 실시하여 사서의 질을 높이기도[7] 하였고, 국민 독서 개발과 그 지도에 선도적인 역할을 담당하였다.

그런데 1970년대에 들어서서도 도서관 부족 현상이 심각했다. 전 시기에 비해 그 수가 증가하기는 했으나 늘어나는 독서 인구로 인해 그 확충의 필요성이 제기되었다. 참고로 당시 주요 기사를 통해서 '도서관협회'가 제시한 도서관 통계를 정리해 보면 <표 1>과 같다.

---

3) <독서상담실 맡은 김경일씨>(≪중앙일보≫, 1970.9.25)
4) <악서추방운동>(≪중앙일보≫, 1970.9.24)
5) <어린이 독서권장에 TV를 활용해봄직>(≪중앙일보≫, 1978.5.2)
6) <관심 모으는 이동문고 차>(≪동아일보≫, 1971.9.24)
7) 사서 교육의 문제는 60년대에 처음으로 언급된 바 있으나 70년대에 이르면 전문적인 사서 교육이 실행되기에 이르렀다(<책창고 · 입시생 집회소란 오명 씻게>, ≪중앙일보≫, 1971.1.13).

〈표 1〉 한국 도서관 협회 통계

| 연도 | 도서관 통계 |
|---|---|
| 1971년도 | 공공・대학・학교・특수도서관 수 : 2,583개, 직원 수 : 4,615명, 열람석 수 : 202,651석, 장서 : 13,882,500, 연간 이용 책 수 : 5,886,600, 연간 이용자 수 : 37,729,500명. 국립중앙도서관 및 국회도서관을 제외한 공공도서관 수 : 58개 |
| 1973년도 | 전국의 각종 도서관 수 : 34,000관. 도서관의 장서 총수 : 18,400,000권 |
| 1975년도 | 전국 도서관 수(국립중앙도서관・국회도서관・학교도서관 포함) : 4,079개관, 열람석 : 316,621석, 장서 : 19,649,757권 |
| 1976년도 | 공공도서관 수 : 108개소(서울은 7개) |
| 1977년도 | 공공도서관 수 : 106개소, 장서 : 950,000권 |
| 1978년도 | 공공도서관 수 : 전국 112개소(서울은 10개) |

1976년도에 한국도서관협회는 독서주간의 표어로 "세우자 도서관, 기르자 나라 힘"을 내세웠다. 당시 인구 1인당 0.29권의 장서에 도서관 100개를 간신히 넘는 현실에서 도서관 건립의 필요성을 절감한 데서 비롯된 것이었다.[8] 출판 관계자들도 출판문화 육성을 위해서는 일정량의 책을 소화해 주는 공공도서관이 무엇보다도 필요하다고 주장하였다. 이에 문교부는 공공도서관이 없는 92개의 시・군・구에 1983년까지 5개년 계획으로 1개 이상의 도서관을 신설하기로 했다.[9]

당시 공공도서관도 공간 부족의 문제와 함께 장서 부족 현상을 보이기도 했다.

(1) 동서를 막론하고 이제 개인장서의 시대는 지나갔고 도서관과 도서실에 의한 공공장서의 시대가 되었다. 우리도 도서관법이 있고, 마을문고라는 것도 있고, 학교마다 도서관이니 도서실이라는 것이 있다. 우리 도서관은 두

8) <지역 도서관 사업>(≪중앙일보≫, 1976.4.22)
9) <도서관 확충계획>(≪중앙일보≫, 1978.7.18)

> 가지 문제를 안고 있다. 도서관에는 책이 있어야 하고, 책이 있으려면은 책을 사 모을 돈이 있어야 한다. 사람들이 많이 읽고 싶어하는 책이면 한 권이 아니라 여러 권씩을 사서 비치해야 도서관 구실을 할 수 있다. (...) 책은 공부하는 사람들의 전유물이 아니고 국민 모두의 것이다.
>
> <학교 나온 뒤엔 직업과 무관한 책은 안 읽는 풍토도 문제>
>
> (≪중앙일보≫, 1979.7.6)

'개인장서' 시대가 아니라 '공공장서'의 시대가 되었다는 위의 지적은 도서관이 공부하는 장소라는 전통적인 개념에서 한발 앞선 견해라고 볼 수 있다. 이어지는 내용에서는 일정 규모 이상의 모든 기업체에서도 각 기업의 특색이 반영된 도서실을 만들어야 한다는 주장과, 국회 안에 도서관을 설치하여 온 국민이 공유하는 문화재라는 원리를 구현해야 한다는 주장이 제시되었다. 이후 각 사업체와 국회에 도서관이 설립된 것은 이러한 문제의식에서 비롯된 것이었다.

도서관의 역할에 대한 인식도 변화되어 현대사회에서 도서관은 "시민생활에 필요한 모든 지식과 정보를 제공하는 봉사기관"으로 기능해야 한다는 주장이 일었다. 기존의 도서관은 '책을 읽는 곳'이라기보다 학생들의 공부방이거나, 도서창고로 머물러 있었다.[10] 그러나 지역사회의 "문화센터", "학습센터", "정보센터"로서의 기능까지도 아울러 수행해야 한다는 여론이 형성되었고,[11] 책 뿐만 아니라 '레코드', '영화', '필름' 등도 풍부하게 갖추어 시청각을 통한 독서 활동도 펼칠 것을 촉구하였다.[12] 이렇듯 도서관의 읽기 대상이 매체로까지

10) 이것은 일제 강점기부터 도서관의 문제점 중 계속적으로 지적되어 온 사항이기도 하다.

11) <군산 · 진해의 중앙도서관>(≪중앙일보≫, 1975.10.31)

12) <도서관>(≪중앙일보≫, 1976.4.13)

확산되어야 한다는 논의는 1970년 초부터 보다 적극적으로 일기 시작하였고, 이에 '책'만이 아닌 여타 '매체'까지도 독서의 대상이 된다는 점을 인식하여 이와 관련된 행사도 펼쳐지기 시작했다.

(2) 도서관이라 해서 반드시 도서만을 수장한다는 것은 옛날의 얘기다. 음반 · 녹음 <테이프> · <비디오 · 테이프> · 악보 · 판화 · <필름> 등도 역시 도서관의 내용이 되고 있는 것이 오늘의 현실이다. <레코드> 감상회 · 환등회도 도서관에서 할 수 있는 행사에 속한다.

<사회교육 기관으로서의 도서관>(≪중앙일보≫, 1973.4.18)

(2)의 내용은 문자로서의 독서만이 아니라 매체를 독서의 범주로 수용하는 한 기점을 보여주고 있어 주목되는 내용이라 하겠다.

1970년대의 도서관의 변화상을 보여 주는 다음과 같은 기사도 주목된다.

(3) 현대적 도서관을 창고 속에서 밖으로 끌어냈다. 옛날의 도서관은 장서를 보존하는 창고의 성격이 강했다. 이용자도 제한되어 있어서 서고 중심으로 호화 · 장중한 의장의 건축이 도서관이었다. 현대의 공공도서관은 대중공개를 목적으로 하고 있다. 따라서 쾌적한 열람실과 각종 현대 기기를 갖춘 문화의 종합적인 전달 시설을 중시한다. 위압적인 분위기보다는 쾌적한 독서 공간에 더 호감을 갖게 되었다. 서고와 열람실의 능률적인 배치는 현대도서관의 빼놓을 수 없는 특징이다. 자유개가식(open stalk)과 같은 것도 있어서 열람자가 서고의 숲 속을 임의로 드나들 수도 있게 되었다.

<국립도서관>(≪중앙일보≫, 1974.7.11)

(3)에서는 서고 중심의 외관을 중시해 온 도서관은 이전 시대의 산

물이라고 지적한다. 이제는 대중이 쾌적하게 독서할 수 있는 대중 중심의 공간이 되어야 하며, "문화의 종합적인 전달 시설"을 갖추어야 한다고 주장한다. 이를 보면 1970년대에는 근대적인 도서관에서 탈피하여 그야말로 현대적인 도서관을 지향해야 한다는 새로운 움직임이 일기 시작한 시기라고 판단된다.

지금까지 살펴 본 바, 1970년대에도 도서관에서는 매년 독서주간을 통하여 다양한 독서운동을 펼쳤으며, 독서 상담 등의 독서 지도에 앞장섰고, 국민 개독운동(皆讀運動)을 위한 여러 가지 독서 운영 제도를 시행하였음을 볼 수 있다. 그러나 도서관이나 장서 부족 현상에 대해서는 여전히 문제거리가 되고 있다. 또한 한편에서는 근대적인 도서관에서 탈피하여 현대적인 의미의 도서관으로 변화되려는 움직임을 보이고 있었다.

### 2) 출판계 및 사회 단체의 다양화된 독서운동

#### (1) 사회 단체의 독서운동

해방 이후의 독서운동은 주로 '대한출판문화협회'와 '한국도서관협회'가 주동이 되어 전개되었다. 양 단체의 활동은 주로 대도시를 중심으로 이루어졌다. 여기에 1960년대부터 이어져 온 '국민독서연맹'의 '마을문고'와 '직장문고'는 농어촌 지역까지 독서운동을 확산시키는 계기를 마련하였다.13) 특히 1970년대 초에 이르러서는 '한국독서인구개발공사'와 '독서장려협회'의 발족을 계기로 한층 본격적인 독

13) 일제 강점기에는 도시의 도서관 독서운동과 지방의 '독서구락부' 운동으로, 해방 이후 건국기에는 도시의 도서관 운동과 함께 지방 독서운동은 학생계몽대의 방학철 봉사로, 1960년대는 도시의 도서관 운동과 지방의 '마을문고' 운동으로 대별되었다. 1970년대도 비슷한 양상을 보이는데 도시의 도서관 운동 역시 여전했고, '마을문고'가 '새마을문고'로 이름을 달리 하여 전국적인 독서운동에 기여하였다.

서운동이 전개되기에 이르렀다.

1970년대에 국민독서연맹의 활동 중 주목되는 것은 독서의 생활화를 위한 독서대회를 자주 개최했다는 점이다. 먼저 고전읽기 운동인 대통령기 쟁탈 '전국자유교양대회'가 1960년대보다 더욱 활성화되었음을 볼 수 있다.[14] 앞서 살펴본 바와 같이, 이 대회는 1960년대 중반기부터 시작된 것으로, 당시 '대저서 읽기 운동'의 일환으로 개최된 것이다. 공교육 내 학생들은 물론 일반인 대상으로까지 확산된 범국민적인 독서대회로서 국민교·중학교·고등학교·대학교·교원부 등 5개 부문으로 실시되었다. 1970년도 11월 당시 예선 참가 수만도 123만 명에 달하는 큰 행사였다. 특히 이 고전읽기 운동은 1978년도 '고전국역사업'의 토대로 작용했다. 즉 1970년대 말에 고전국역사업은 문예진흥 기금 지원에서 국고 전담의 국책사업으로 전환됐다. 이와 같은 정책 전환은 고전읽기 운동과 맞물려 당시 국내외적으로 크게 번지고 있었던 한국학 '붐'과 국역본 고전의 일반 판매가 급

[그림 2] 1970년대 독서운동에 앞장선 단체(≪조선일보≫, 1970.11.7)

[그림 3] 〈古典을 읽자〉(≪조선일보≫, 1972.11.3)

14) <고전을 읽자>(≪조선일보≫, 1972.11.3)

증한데서 비롯된 것이다.[15)]

국민독서연맹은 '국민독서경진대회'도 개최했는데 일반부·군인부·직장부·개인부 등 4개 부문에 걸쳐 실시하였다. 1970년 7월 당시 예선 참가자만도 10,000명이 넘는 규모였다.[16)] 또한 이 단체는 '직장문고' 운동을 꾸준히 펼치기도 했는데, 서울 시내 전 여차장(女車匠) 합숙소에 직장문고를 설치한 것에 이어 부산과 각 도청소재지, 그리고 중소 도시 등의 여차장 합숙소에 모두 문고를 설치하여 직장인의 독서를 장려하였다.[17)]

'한국독서인구개발공사'와 '독서장려협회' 활동도 새로이 전개되었다. "읽고, 읽히고, 알자"라는 표어를 내건 두 단체는 독서를 통해 새로운 사회 기풍을 기름으로써 국가발전을 꾀하자는데 뜻을 두고 있었다. 사업계획을 보면 기존의 단체보다 구체적이다. 두 단체의 사업 내용은 다음과 같았다.

≪한국독서인구개발공사≫ ① 모범 장서가와 독서인의 서재를 찾아 소개하고 ② "책을 읽자"라는 표어를 가슴에 달아주기 ③ 각급 도서실과 저명 인사의 서가 순례 ④ 독서상담실 설치 ⑤ 독서 인구의 현황 조사와 연 3천 페이지 독파자의 표창 ⑥ 신설 중학교에 도서실 신설 ⑦ 모범독서인의 서가 전시 ⑧ 독서 클럽의 조직 ⑨ 해외 공관과 교포들에게 국위 선양을 위한 책 보내기 운동. ≪독서장려협회≫ ① 학교·단체·관공서를 통해 도서를 수집, 교도소와 소년원 그리고 일선 장병과 벽촌이나 섬 지방 학교에 책 보내기 ② 각종 행사의 기념품, 특히 결혼 답례품을 도서로 바꾸는 운동 ③ 우량 도서

15) <유능한 국역자 양성 급하다>(≪중앙일보≫, 1978.2.3)

16) <제3회 대통령기쟁탈 독서대회>(≪중앙일보≫, 1970.11.3), <자유교양추진회 국민독서연맹, 대통령기쟁탈 경진대회>(≪조선일보≫, 1970.11.7)

17) <두개의 독서운동>(≪중앙일보≫, 1971.11.26), <여차장 합숙소에 직장문고>(≪조선일보≫, 1971.11.26)

선정과 보급을 위한 가이드·북 및 협회지 발간 ④모범 장서가의 표창 ⑤ 독서 장려를 위한 가두 캠페인과 표어 부착 ⑥강연회와 웅변대회·세미나 개최 ⑦범국민적 독서 장려를 위한 조사·선전·계몽 활동

<거리에 나선 책을 읽자>(≪중앙일보≫, 1970.6.19)

[그림 4] 1970년도 ≪讀書新聞≫ 창간호

위 인용문에서 보다시피, ≪한국독서인구개발공사≫와 ≪독서장려협회≫의 독서 운동은 보다 구체화된 형태로 전개되었다.

한편 학생·교사·직장인·출판인들이 양서를 읽고자 소위 '양서협동조합'을 결성하고 '양서읽기 운동'을 펼쳤다. 조합원들은 교육위원회·기획위원회·도서선정위원회·사회개발위원회·홍보위원회 등 5개의 소그룹으로 나누어 독서토론회를 비롯해 연구모임, 저자와의 대화, 세미나, 악서추방 캠페인 등 다양한 활동을 전개했으며, 또 매주『양서소식』이라는 소책자를 발간하여 양서 소개에 힘썼다.[18]

또 하나 이 시기에 주목할 것은 1970년 11월에 ≪독서신문≫이 창간되었다는 점이다. 이 신문은 학술·문화·예술·출판 정보 전문의 주간 신문(총 24면)으로서 매주 일요일에 발간되었다. ≪독서신문≫은 양서 소개와 독서 지도를 보다 신속히 전문적으로 전달할 매체의 필요성에서 출판계의 공동 지원을 통하여 발간된 것이다. 이 신문사는 독서 인구의 개발, 독서 광고의 일원화, 해외 시장 개척 및 저작 활동 지원, 중·고등학교 학생 독서지도 등 그 활약이 컸다.

18) <궤도에 오르는 '양서읽기운동'>(≪중앙일보≫, 1979.4.14)

지금까지 살펴본 바와 같이 1970년대 사회 단체의 독서운동은 '대한출판문화협회'와 '한국도서관협회', '한국독서인구개발공사'와 '독서장려협회' 등이 주축이 되어 전개되었음을 알 수 있다. 이들 단체는 독서를 유도하는 다양한 행사로 독서 인구 개발에 힘썼다. 또한 일반 단체의 독서운동, ≪독서신문≫의 발간 등으로 국민 독서운동이 보다 다양하게 펼쳐졌음을 확인할 수 있다.

### (2) 서점 및 출판계의 독서운동

[그림 5] 〈출판화제〉(≪중앙일보≫, 1979.11.3)

1970년대는 대형 서점의 등장과 서점의 증가를 또 하나의 특징으로 들 수 있다. 1970년에 서울의 '종로서적센터'가 매장을 확장하여 지상 1, 2층을 현대식 서점으로 꾸미고, 도서 소장량 100,000권에 종업원 40명으로 획기적인 변모를 도모함으로써 서점가에 새로운 변화를 불어오게 하였고, 이후 1977년도에는 서울 종로에 당시로는 국내 최대 7층 건물인 '동화서적'이 문을 열어 30,000여 종의 도서를 구비하였다. 특히 '종로서적'은 계간으로 사보를 내고 출판 시평, 출판 정보, 베스트셀러 조사 등의 내용을 게재하여 무료로 배포하였다.[19] 서

19) <계간으로 사보내는 종로서적>(≪중앙일보≫, 1978.11.3)

점 자체가 독서계몽을 하기 시작한 것으로 대형화된 서점의 등장에서 비롯된 것으로 보인다. 대형서점의 등장은 지방도 마찬가지였는데 대구만 해도 중심가에 7개의 대형서점이 생겨났고 부산 · 광주 · 대전 등에서도 비슷한 현상을 보였다.[20]

뿐만 아니라 "대학가에 술집은 있어도 서점은 없다"던 대학 풍속도도 바뀌어 대학가에도 서점이 증가해 갔고 "번화가니 비싼 땅에는 서점이 설 수 없다"던 도시 풍경도 서점으로 즐비해져 갔다.[21] <부쩍 늘어난 서점>(≪중앙일보≫, 1978.5.10)에 게재된 기사를 보면, 1977년 당시 전국에 2,760개였던 서점이 1년 사이에 800여 군데가 늘어 1978년도 5월경에는 3,500여 곳이나 됐다. 서울은 전년도 1977년도보다 200여 서점이 늘어나 800여 곳이 되었으며, 그 중 대학 부근에만도 20여 곳이 새로 생겼다. 또한 1978년도에 부산에는 양서 보급을 목적으로 협동조합 형식의 책방이 등장했다. 공식 명칭은 "양서 협동 조합"으로 젊은 직장인, 학생 등으로 구성되었다. 이들은 양서를 읽으며 책방을 키우고 또 월 '1권 이상의 독서'를 시민들에게 권장하였고, 악서 추방 운동도 함께 벌였다.[22] 이후 서울, 인천, 광주 등지로 확산되었고, 문학계 인사들의 호응을 얻어 조합원도 다수 증가하였다.[23]

한편 출판 관련 단체에서도 "출판문화진흥책에 대한 건의문"을 작

---

20) 이중환 외(2001), 『우리 출판 100년』, 현암사, pp.184~185 참조.

21) 서점 증가 현상과 더불어 따른 두드러진 특징은 교수 등 교육자 출신 또는 대학 졸업자 등 고학력자들 서점 개설이 부쩍 늘었다는 점이었다. 당시 이같은 서점의 격증, 서점 주인의 고학력화는 독서 인구의 꾸준한 증가, 도서 정가 판매가 정착 등의 결과로 풀이할 수 있다(<부쩍 늘어난 서점>, ≪중앙일보≫, 1978.5.10).

22) <협동조합 형식의 책방 등장>(≪중앙일보≫, 1978.5.26)

23) 당시 참여 인사들을 보면 박완서(소설가), 임헌영(문학평론가), 윤형두(범우사 대표), 소흥렬(이화여대 교수), 이효재(동), 김용복(동), 김정양(연대 교수), 김일순(연대 교수), 이만열(숙명여대 교수), 염무웅(문학평론가), 임재경(한국일보 논설위원), 김정례(한국여성유권자 연맹회장), 조영황(변호사), 이재헌(치과의사) 등이다(<뿌리 뻗는 '양서 읽기' 운동>, ≪중앙일보≫, 1978.11.13).

성하고, 국민의 독서 생활화를 위한 독서운동 상설협의체를 구성하여 국어교육 방법을 개선할 것 등을 결의도 했다.[24] 문공부와 출협에서도 출판계 불황의 타개를 위해 출판 금고를 설치하여 10,000,000원을 확보하였으며, '책바꿈표' 제도[25]와 국립 공보관에 상설 도서전 시장을 개설했다.[26] 또한 1971년도에는 대량생산·대량소비 시대에 대기업의 독과점에 대항해서 중소기업이 살아남는 방안의 하나로 출판물 '공동광고'를 시행했다. 그 결과 2, 3만원 정도의 적은 비용으로 소규모 출판사도 광고를 하게 되었다. 이와 같이 출판 광고의 확장으로 도서 정보를 독자들에게 신속히, 그리고 널리 알리게 되었을 뿐 아니라 도서 광고계에 활기를 주기도 했다.

1978년도에는 63개 출판사가 협력하여 '좋은 책' 만들기 운동과 "책읽기" 캠페인 등을 펼쳤고,[27] 특히 '대한출판문화협회'[28]는 전국 초·중·고·대학생과 일반인을 상대로 매년 독후 감상문을 모집하여 수상하였으며, 모범 독서가를 선정하여 표창하기도 했다.[29] 뿐만 아니라 이 협회에서는 도서의 역할을 증대하고 도서와 독자의 관계를 밀착시켜 독서의욕을 증진시킨다는 목적 하에 '도서전시회'[30]를

---

24) <출판업계에 활기 준 도화 공동광고>(≪중앙일보≫, 1971.12.25)

25) 한국출판금고에서 발행한 것으로 "독서의 기풍을 일으키고 사치품 대신에 책으로 선물하는 습관을 기르는" 등 출판물 보급을 위해 만들어졌다(<책바꿈표 등장>(≪중앙일보≫, 1970.3.5).

26) <불황에 허덕이는 출판계>(≪중앙일보≫, 1970.5.27)

27) <출판 '책의 잔치' 마련>(≪중앙일보≫, 1978.9.23)

28) 출판문화협회는 1947년 2월 을유문화사·정음사·박문출판사 등 출판인 104명의 발기로 발족됐다. 그 해의 회원수가 123개 사. 1976년 당시 회원 수는 1,082개 사로 29년 사이에 회원사가 약 9배로 늘어났다. 이 단체는 출판의 자유와 출판사업의 건전한 발전으로 문화향상에 기여함을 목적으로 ①출판사업과 보급에 따른 정책적 뒷받침 ②독서인구개발 ③연수·세미나 ④국제교류 ⑤출판사업 ⑥조사·연구 등의 사업을 벌였다(<대한출판문화협>, ≪중앙일보≫, 1976.11.10).

29) <독서감상문 모집>(≪중앙일보≫, 1975.6.27), <모범 독서가 표창>(≪중앙일보≫, 1975.7.25)

30) <출협서 전국 도서전>(≪중앙일보≫, 1975.10.2)

열기도 했다. 또한 출협은 한글세대의 성장과 독서인구의 증가, 문화의식이 강한 참신한 출판인의 진출 등으로 출판 시장이 크게 늘어날 것을 예상하고, 관계 당국에 '대형 도서유통기구설립'건을 건의하기도 했다.[31]

한편 홍성사 · 고려원 · 범우사 · 월간독서출판부 · 열화당 등에서는 PR지 제작, 독서에 관한 기획 기사와 함께 구간 · 신간의 자사 출판물을 소개하는 8페이지 정도의 '팸플릿'을 만들어 홍보에 나섰고, 독서 조사를 실시하기도 했다.[32] 여기에 또 하나 주목되는 독서운동으로 '삼성문화재단'의 활동을 들 수 있다. 이 재단은 문화진흥의 일환으로 '삼성문화문고'를 발행했고, 발행 부수 중 그 대부분을 공공도서관 및 고교 · 대학도서관 등에 무상으로 기증했다. 또한 삼성문화 '북 · 클럽'회원을 공모하여 일반 독자나 단체에게 책을 배포함으로써 국민 독서운동에 일조했다.[33]

지금까지 살펴본 바, 1970년대는 서점이 급속도로 증가하던 때로서 특히 서점 자체 내의 독서운동이 일었던 시기이다. 서점 자체 내의 독서운동은 전대에는 볼 수 없었던 현상이다. 또한 출판계의 독서운동도 활발했다. 실제로 이 시기의 출판계 상황은 전대에 비하여 저조한 형편이었다. 장기적인 금융 긴축과 제2의 오일 · 쇼크가 몰아온 불황 등이 출판 관련업계에도 영향을 끼쳐 종이난과 제작비 부족 등으로 난국에 처한 시기이다.[34] 이를 보면 출판계의 활발한 독서운동은 자체 도서 판매를 위한 전략적인 측면이라고도 볼 수 있겠다.

---

31) <대형 도서유통기구 올여름 발족>(≪중앙일보≫, 1979.3.6), <'매머드' 출판 유통 회사가 선다>(≪중앙일보≫, 1979.12.22)

32) <출판가에 번진 "책읽기" 캠페인>(≪중앙일보≫, 1979.6.22), <PR지 · 전단 뿌리고 세미나도 준비>(≪중앙일보≫, 1979.6.22)

33) <삼성문화 '북 · 클럽' 회원모집>(≪중앙일보≫, 1972.1.31)

34) <긴축으로 움츠러든 "문화비">(≪중앙일보≫, 1979.9.9)

### 3) 학생 독서운동의 저변 확대

1970년대에는 학생 독서운동이 보다 활성화되었던 시기이다. 주로 도서관 및 문교부, 학교, 어머니회 등을 중심으로 그 활동이 이루어졌는데, 구체적으로 그 활동상을 살펴보면 다음과 같다.

먼저 국립중앙도서관은 전국 각 시도 공공도서관과 공동 주최로 방학 기간에 '여름 독서학교'와 '겨울 독서학교'를 운영하였다. 초등학생 및 중학생들을 대상으로 건전한 독서지도를 목적으로 하는 이 학교에서는 담당 사서나 담당 교사가 개별 또는 집단으로 학생들을 교육하였다. 교육 내용은 독서 방법, 양서선택 요령, 독서 감상문 작성 방법, 독후감 발표, 도서관 이용법 등을 지도했다.[35] 또한 도서관에서는 학년별 도서 선택의 방법과 양서 목록을 제시하였고,[36] 청소년·학생층의 독서 기풍을 조성하기 위하여 시청각실과 학생 독서상담실을 새로 마련하였다.[37]

한편 문화공보부에서는 청소년을 위한 우량도서 선정을 일정 기간마다 실시하기도 했다. 특히 도서 선정은 청소년들의 정서와 교양을 쌓는데 도움을 주기 위해 학자와 전문가들로 구성된 심사위원들로 하여금 엄선케 했는데,[38] 문학 전집, 위인 전집, 과학 전집. 사회, 역

---

35) <여름독서학교 운영>(≪중앙일보≫, 1975.7.12), <여름 독서학교운영 국립도서관>(≪중앙일보≫, 1975.8.5), <여름독서교실 개설>(≪중앙일보≫, 1977.7.23), <겨울 독서교실 운영>(≪중앙일보≫, 1978.12.19), <겨울독서학교 운영-전국 주요 도서관>(≪중앙일보≫, 1975.12.26)

36) <방학 앞둔 어린이의 책 선택>(≪중앙일보≫, 1971.12.17), <우량도서 23종 선정 문공부>(≪중앙일보≫, 1972.12.7)

37) <시청각실·독서상담실 마련 어린이·학생 특수도서실로>(≪중앙일보≫, 1972.5.4)

38) 1970년도 초 심사위원의 예를 들면 박목월(위원장·문학), 김재은(교육·이대 교수), 김형석(철학·연세대 교수), 박동현(과학·덕성여대 교수), 조덕송(언론인), 조태룡(독서신문), 이경훈(출협), 유운소(문공부) 등이었다(<청소년 우량 도서 51권을 선정 발표>, ≪중앙일보≫, 1971.7.7).

사, 교양, 철학 등 다양한 분야의 책들이 제시되었다.[39)]

1971년도에는 문교부에서 전국 각급 학교 학생에게 책을 읽히기 위해 "좋은책 읽기운동"을 벌이기로 결정하고, 각 시도 초·중·고교 학생들로 하여금 한달에 3권 이상의 양서를 의무적으로 읽고 독후감을 학교에 써내도록 지시했다. 이 지시대로 각급 학교에서는 학생들이 낸 독후감을 특별활동 시간이나 국어 시간에 발표케 하여 학생들로 하여금 다양한 책의 내용을 알게 하여 그 지식을 넓히도록 했고 독후감의 우열 여부를 성적에 반영했다. 당시 학교도서관은 고교 697개, 중학 430개, 초등교 2,320개 등이 있었는데, 문교부는 독후감 모집과 함께 독서 발표회 등 행사를 벌여 다독 학생을 표창하고 독서의욕을 높이도록 했다.[40)]

1970년대 중후반기에는 서울시 교위당국에 의해 초·중·고생들의 독서생활을 보다 체계적으로 지도하기 위한 학교 독서 체제가 추진되었다. 시교위 당국은 각급 학교별로 우량도서 20권씩을 선정하여 1주 1시간씩 일제히 독서시간을 갖고 학생들로 하여금 이 책들을 의무적으로 읽도록 지시했다. 독서지도를 정규 교과 활동으로 강제화한 것이다.[41)] 이와 발맞추어 언론사에서도 전국 청소년들의 독서 생활화를 조성하기 위한 독서 감상문을 정기적으로 모집했다.[42)] 그리고 일선 교사들이나 저명인사들을 필자로 하여 '책의 선택 방법', '올바른 독서 습관', '독후감 쓰기의 방법'[43)] 등에 관한 기사를 꾸준히 보도했다.

---

39) <청소년 우량 도서 51권을 선정 발표>(≪중앙일보≫, 1971.7.7)
40) <각급교 통해 좋은책 읽기 운동>(≪중앙일보≫, 1970.7.15)
41) <독서지도>(≪중앙일보≫, 1978.4.26)
42) <전국청소년 독서감상문 모집>(≪중앙일보≫, 1975.7.15)
43) <무슨 책을 어떻게 읽힐까>(≪중앙일보≫, 1975.8.4), <자녀의 독서지도는 이렇게>(≪중앙일보≫, 1975.9.29), <어떤 책을 골라 주어야할까>(≪중앙일보≫, 1975.9.29)

또한 시교육 당국은 교육과정 운영을 뒷받침하고 바람직한 인간 구현을 목적으로 한다는 기치 아래, 도서관이 없는 학교에 '학급문고'를 만들어 학생 1인당 3권 이상이 돌아가게끔 양서를 비치토록 했다. 그리고 경찰과 협조하여 학교나 집 주변의 불량 서적과 만화가게를 철거하고, 학생들이 속된 책을 읽지 않도록 운동을 펼치기도 했다.[44] 이러한 활동은 가정·학교와 긴밀한 연결로 이어졌는데, 가정에서도 불량 서적을 읽지 못하도록 학부형에게 권고했으며 양서 목록을 만들어 각 가정에 보내기도 했다.

어린이 放學指導
父母들을 위한 시리즈
讀書·採集
책 선택

[그림 6] 〈어린이 放學指導〉(≪중앙일보≫, 1971.7.29)

위에서 보다시피 1970년대는 정책적인 독서교육이 활성화된 시기라 할 수 있는데, 일반 단체에서도 이에 호응하고 있었다. 그런데 당시 상황을 보면 초등학생, 중고생, 대학생 등 수준별로 볼 때 특히 아동, 즉 초등학생 대상의 독서운동이 비교적 활발하게 펼쳐졌다. 일례로 '한국글짓기지도회'에서는 1971년부터 어린이와 어머니 및 교사의 책읽기 운동을 전개했다. 어린이 뿐만 아니라 어머니 및 교사의 독서감상문 모집, 모자(母子) 독서 활동 등을 펼친 것이다.[45] 그리고 학교 자체 내에서도 어머니 독서회를 통해 불량만화 등의 '악서추방운동'이 전개되었다.[46]

---

44) <각급교 통해 좋은책 읽기 운동>(≪중앙일보≫, 1970.7.15)

45) <어머니·어린이 책읽기 운동>(≪중앙일보≫, 1971.1.4)

46) <나쁜 만화를 몰아내자>(≪중앙일보≫, 1971.6.30)

어린이 讀書권장에 TV를 活用해봄직

어린이독서주간 「세미나」서 朴文泰씨 (교육개발연구원) 주장

어린이가 좋아하는 「프로」에 책읽는 場面 많이 묘사

'TV는 낱말 익히기에도 십상'

TV는 효과적으로 이용하면 어린이독서의 보조수단이 될 수 있다

[그림 7] 〈어린이 讀書권장에 TV를 活用해봄직〉(≪중앙일보≫, 1978.5.2)

이 시기에는 매체를 활용한 독서교육에 대한 논의도 이루어졌다. 그 한 예를 보면, 1978년 5월 출협에서는 어린이 독서주간(1～7일)을 맞이하여 교육자 · 아동문학가 · 아동도서 출판업자 등 70여 명의 관계 인사들을 초청하여, 어린이 독서운동 추진을 위한 세미나를 갖고 어린이 독서권장의 구체적인 방안을 논의했다. 이 세미나에서 주목되는 내용은 "어린이들이 하루 평균 3시간 정도를 빼앗기고 있는 TV 시청 시간을 독서의 방해물로서가 아니라 독서를 유도하는 시간으로 활용해야 한다"47) 것이었다.

> (4) ① 어린이들이 흥미있게 보는 「프로」에서 책을 권하고 책을 읽는 장면을 보여주어 자연스럽게 독서를 권장한다. 책의 저자에 관한 소개나 연관된 이야기 · 일화 등에서 적당한 책을 권할 수 있다. ② 어린이 독서에 가장 큰 장애는 어휘에 있다. 낱말의 뜻을 모르면 책은 재미가 없고 읽을 수도 없게 된다. 어휘학습은 구체적인 사물과 이들의 관계를 직접 접해가면서 이루어진다. 바로 이점을 TV의 구체적인 면과 오락성에 힘입어 살릴 수가 있다. 가족들과 같이 TV를 보다가 어린이가 묻거나 어른이 알려주고 싶은 말을 얼마

47) <어린이 독서권장에 TV를 활용해봄직>(≪중앙일보≫, 1978.5.2)

듣지 골라낼 수 있다.

<어린이 독서권장에 TV를 활용해봄직>(≪중앙일보≫, 1978.5.2)

「어린이 讀書憲章」 선포식

槿惠양 참석

어린이 독서헌장 선포식이 1일 오전11시 서울城東구陵동 어린이회관 무지개극장에서 있었다.

어린이 독서헌장은 육영재단(어린이회관)、한국도서관협회、대한출판문화협회등3개단체가 제1회 어린이독서주간을 설정하면서 어린이들에게 좋은 책을 읽혀 바른생

독서 헌장

①어려서부터 좋은 책을 읽어 마음의 양식을 장만한다.
②책에서 옛것과 새것을 배워 참지식을 만든다.
③책에서 바른글과 바른말을 익혀 바른 마음을 닦는다.
④책을읽어 즐겁고 보람있게 자라며 삶의 힘을 기른다.
⑤책을읽어 슬기와 용기를 갖춘 쓸모있는 한국 사람이 된다.

[그림 8] 〈'어린이 讀書憲章' 선포식〉(≪조선일보≫, 1976.5.2)

1950년대부터 어린이 독서의 저해 요인으로 가장 문제시된 것은 주로 불량만화였다. 그런데 1960년대 말부터 1970년대에 이르러 새로이 문제시된 것은 바로 TV였다. TV는 대부분 학생들의 독서 시간을 빼앗는 한 요인이 되었고 비판의 대상이었다.[48] 그런데 위의 논의는 오히려 매체를 활용한 독서교육의 방안을 제시하고 있다는 점에서 당시로서는 돋보이는 내용이다.[49]

한편 1976년도에는 '어린이 독서헌장'이 선포될 만큼 어린이 독서에 관심을 기울였다. '어린이 독서헌장'의 내용은 다음과 같다.

(5) ① 어려서부터 좋은 책을 읽어 마음의 양식을 장만한다. ② 책에서 옛

48) <電波미디어와 活字미디어>(≪독서신문≫, 1970.11.15)

49) 이와 비교하여 만화를 교육적으로 이용하자는 소리도 주목된다. "사고력이 충분히 발달하지 않고 상상력이 왕성한 어린이들에게 만화는 특별히 큰 영향을 미친다. 상상력을 자극하고 모험에의 유혹을 불러일으키며 독서를 하도록 유도해주고 정서를 자극하고 이야기에의 흥미를 북돋우며 권선징악의 의지를 길러준다. 다시 말해서 만화의 기능은 어린이의 성장에 필요불가결의 요소들이며 그 영향은 학교 교육 이상의 것이다. 만화 제작자들이 아동만화를 상품으로 보기 전에 하나의 교재라는 점을 상기해야 함은 물론이다."(<만화는 곧 어린이 교재>, ≪중앙일보≫, 1975.9.6)

것과 새것을 배워 참지식을 만든다. ③ 책에서 바른글과 바른말을 익혀 바른 마음을 닦는다. ④ 책을 읽어 즐겁고 보람있게 자라며 삶의 힘을 기른다. ⑤ 책을 읽어 슬기와 용기를 갖춘 쓸모있는 한국 사람이 된다.

<'어린이독서헌장' 선포식>(≪조선일보≫, 1976.5.2)

1970년대 중반기에 이르러 또 하나 주목할 현상은 대학교 내의 독서운동이 전대에 비하여 강조되었다는 점이다. 전 시기까지 주로 초·중·고생, 특히 초등학생 대상의 독서운동이 활발했다는 점과 비교된다. 각 대학에서는 전공 교육에 앞서 교양도서 읽기를 장려하였다. 1975년 당시 대학 독서 활동을 보여주는 대표적인 기사로 <대학마다 독서권장 활발>(≪중앙일보≫, 1975.9.8)을 들 수 있는데 그 내용을 요약해 보면, 먼저 고대 교양학부의 경우 학기마다 5인(인문2, 사회2, 자연1)으로 구성된 '도서 지정 위원회'로 하여금 12책을 선정하게 했다. 학기 초가 되면 A·B 두 그룹으로 나누어 학생들의 요구에 따라 6권씩을 배부했다. 도서 선정은 전공보다는 일반 교양 서적을 골랐고 역사·사회·이념 분야였으며, 고전 뿐만 아니라 근·현대 작품을 다수 선정하였다. 학교 당국에서는 이 제도의 실효를 거두기 위해 학생들로 하여금 독후감(원고지 20~30장)을 제출하도록 했으며, 시험에 반영함으로써 학점에 영향을 미치도록 했다.

大學마다 讀書권장 활발
專攻앞서 一般教養의幅 넓히기위한것
登錄金에 圖書代포함
試驗에反映, 리포트도
延大·梨大등 거의 모든大學이 義務化할듯

[그림 9] 〈大學마다 讀書권장 활발〉(≪중앙일보≫, 1975.9.8)

한편 서강대의 경우는 국문과에서만 문학 전집을 선정하여 시행하였다. 국문과 교수회의에서 정한 학기 과제는 『정선 한국단편소설』 상 · 하권, 『춘향전』, 『흥부전』 등 한국 고전으로서 2학기를 5기로 나누어 1기에 1권씩 독후감을 내도록 하였고, 과제 도서는 국어 작문시험에서 평가하였다.

덕성여대는 특히 그 활동이 두드러졌다. '여성교양'이란 이름의 독서 프로그램을 통해 독서를 교양필수 과목으로 정하고, 매달 1권의 고전이나 현대 명저를 읽고 독후감 및 세미나를 하게 했고, 이를 평가함으로써 교내 독서운동을 펼친 것이다.

> (6) 1학년: 『사랑』(이광수) 등 한국 문학작품 8권, 2학년: 펄벅의 『대지』 등 미국 문학작품 9권, 3학년: 『부활』(톨스토이) 등 러시아 문학작품 7권, 4학년: 세르반테스의 『돈키호테』 등 동서 고전 8권 등 모두 32권, 이 가운데 1권씩을 선택
>
> <휴식 없는 캠퍼스>(≪중앙일보≫, 1972.8.16)

(6)의 목록 외에도 연간 계획을 보면 김부식의 『삼국사기』에서 칼라일의 『프랑스 혁명과 나폴레옹』에 이르기까지 다양했다. 전체적인 선정 도서는 문학 · 철학 · 예술론 등 16개 분야로 나뉘어 있었고, 부문별로는 문학 33%, 철학 15%, 일반사상 15%, 종교 9%, 역사 7% 등의 순으로 배당되었다. 학생들에게 입학과 함께 월별, 학년별 필독서의 목록을 제시했고 매달 독후감이나 시험 등으로 평가했다.[50] 덕성여대와 비교하여, 이화여대의 경우는 문리대에서만 매 학기 각 교수들이 쉽게 읽을 수 있는 12권의 과제 도서를 선정하고, 성적에 반영함으로써 실효를 거두었다. 이러한 여대의 독서운동은 실제로 가벼운

---

50) <휴식 없는 캠퍼스>(≪중앙일보≫, 1972.8.16)

읽을거리에 치중했던 당대 여성 독서계를 쇄신하려는 움직임이라 할 수 있다.

서울대 교양학부에서도 캠퍼스 이전으로 무효화됐던 교양도서 제도를 다시 시행하기로 계획했고,[51] 고려대에서는 '호박회'라는 독서 토론회를 개최했다. 고려대 '호박회'는 고려대를 중심으로 하여 서울대 · 연세대 · 숙명여대 · 숭실대 등 전국 10개 대학 등이 결성한 독서회인데 정기적으로 작품 토론, 저자와의 토론회 등을 열었다.[52] YMCA에서도 대학생 · 청년층의 독서 토론회를 정기적으로 개최하는 등 대학생 독서운동을 활발하게 전개했다.[53] 2000년대에 들어서 그 사이 소홀했던 교양교육의 중요성이 다시금 인식되고 독서와 토론 교육이 활성화되고 있는데, 1970년도 중반기에 일었던 대학 교양교육에서의 독서운동은 시사하는 바가 크다.

1978년 당시 국립중앙도서관 통계에 따르면, 이용자의 80% 이상이 대학생이라는 결과가 나왔다. 이것은 독서 인구의 상당수가 대학생이었다는 사실을 반영한다. 당시 일련의 학원 사태로 대학이 문을 닫는 상황 속에서 대학생들이 접할 수 있는 지식의 통로는 오직 독서에 의한 것이었기 때문이다. 이러한 현상에 착안하여 국립중앙도서관에서는 '대학교재 및 대학생을 위한 교양도서전시회'를 열기도 했다. 이 전시회에 출품된 도서는 국내 38개 출판사의 1,106종이었다.[54] 이렇

51) <대학마다 독서권장 활발>(≪중앙일보≫, 1975.9.8)

52) <독서와 토론으로 '공명'을 넓히는 고대의 호박회>(≪중앙일보≫, 1970.5.28)

53) <YMCA 독서토론>(≪중앙일보≫, 1977.2.2)

54) "국립중앙도서관은 당초 이들 도서를 대학교재와 교양도서로 구분하여 전시하려 했으나 대다수의 도서들이 구분하기에 모호한 것이어서 구분하지 않고 함께 전시키로 했다. 가장 많은 도서를 출품한 출판사는 법문사로 178종. 그리고 을유문화사 83종, 연세대출판부 71종, 세종출판공사 69종, 수학사 65종, 고대출판부 · 민음사가 각 57종을 내 놓았다."(<대학생 위한 도서 전시회>, ≪중앙일보≫, 1975. 7.22)

듯 전대에 볼 수 없었던 대학생들의 독서운동이 1970년대 중·후반기에 펼쳐졌다는 사실은 전 시기와 다른 특징적인 현상이라 할 수 있다.

그런데 한 가지 아쉬운 점은 학교에서의 독서운동은 단순히 몇 권의 책을 읽느냐에 그치고 실제 어떻게 독서해야 하는가를 체계적으로 가르치는 교육은 부재했다는 점이다.

> (7) 독서와 나라의 교육제도는 깊은 관계가 있다. 학교교육은 책을 읽는 법을 가르쳐 주고 책읽기를 강요하는 제도이기 때문이다. 그러나 교육의 핵능이 문맹퇴치에 그치는 한 교육을 받은 햇수와 읽은 책의 권수와는 별반 관계가 없다. 교과서와 참고서를 읽는 것을 독서라고 하지는 않는다. 우리가 「독서」하는 책은 교과과정과 직접 관련된 책이 아닌 읽을거리-과외로 읽는 책이고 학교를 나온 후에는 자기 전문직업과 직접 관계가 없는 책이다. 한편 신문이나 주간지 혹은 만화를 즐겨 읽는 사람을 가리켜서 독서가라고 하지 않는다. 그러고 보면 국민학교에서 대학에 이르기까지의 우리 학생들에게 독서다운 독서를 할 겨를이 없다는 것은 분명한 사실이고 우리 학교교육의 맹점이 바로 여기에 있다. (...) 취미만 가지고는 뜻있는 독서가 되지 않는다. 훈련이 필요하다. 그러고 나라의 교육제도는 독서하는 훈련을 시켜주어야 한다. (...) 대학에서 문학을 전공하는 학생의 경우에도 문학에 관한 정보를 외어서 학점을 축적해가는 데 급급한 나머지 문학 자체를 읽고, 즐기는 훈련을 쌓을 겨를이 없어 보인다.
>
> <학교 나온 뒤엔 직업과 무관한 책은 안 읽는 풍토도 문제>,
>
> (≪중앙일보≫, 1979.7.6)

이 기사는 우리나라 학생들의 저조한 독서열과 특히 대학생들이 독서 부진 현상을 비판한 것인데, 대학생의 경우 학교에서 체계적인 독서교육을 받지 못했기 때문에 졸업 후 직업인이 되어 전문적인 독서가 필요할 때에도 제대로 된 독서를 할 수 없다는 것이다. 이는 오늘날 학교 독서교육에도 시사하는 바가 크다.

지금까지 살핀 1970년대 학생 독서운동을 정리해 보면 초·중·고 학생을 대상으로 한 경우 주로 문교부와 도서관, 학교, 어머니를 중심으로 이루어졌다고 하겠다. 특히 방학 기간은 독서지도가 보다 활성화되어 전개되었음을 알 수 있다. 또한 전 시기까지 독서운동은 주로 아동 중심, 중고생 중심이 지배적이었던 데 반해 대학생들의 독서운동도 활발하게 일고 있었다. 2000년대에 들어서 그 사이 소홀했던 교양교육의 중요성이 다시금 논의되고 독서와 토론 교육이 활성화되고 있는데, 1970년도 중반기에 일었던 대학 교양교육에서의 독서교육은 주목할 만하다.

참고로 여기에서 1970년대의 독서운동과 연결하여 학계의 동향을 살펴볼 필요가 있다. 1970년는 2차 교육과정기(1963~1973)가 끝나고 3차 교육과정기(1973~1981)에 진입하기 시작하는 시기이다. <표 2>에 의하면 3차 교육과정기에 출판된 국어교육 관련 서적 중 국어교육 일반론 외에 읽기교육(독서교육)의 건수가 우세하다.[55] 읽기교육에 대한 관심은 1, 2차에서 거의 보이지 않다가 3차에 급격한 증가세를 보였다. 이후 7차 교육과정기인 지금까지 읽기 분야는 항상 수위를 차지하고 있다는 점은 주시할 만하다.[56]

55) 윤금선(2004), 「근현대 국어교육 연구 전개양상(2)-신문과 단행본을 중심으로」, 『국어교육연구』 제13집, 서울대학교 국어교육연구소, p.484.

56) <표 3>과 <표 4>는 윤여탁 외(2006), 『국어교육 100년사(2)』, 서울대학교출판부, p.325 [표 5-40], p.337 [표 5-49]를 참고함.

〈표 2〉 1~3차 교육과정기 범주별 권수

| | 교수 학습 | 교과서/ 교재 | 국어 교육사 | 국어 교육론 | 국어 지식 교육 | 쓰기 교육 | 읽기 교육 | 말하기 듣기 | 문학 교육 | 매체 교육 | 합계 |
|---|---|---|---|---|---|---|---|---|---|---|---|
| 1차교육 과정기 | 3 | 0 | 0 | 2 | 7 | 2 | 0 | 0 | 6 | 0 | 20 |
| 2차교육 과정기 | 6 | 10 | 0 | 16 | 4 | 4 | 1 | 3 | 3 | 0 | 47 |
| **3차교육 과정기** | 10 | 9 | 2 | 45 | 4 | 4 | 21 | 1 | 1 | 0 | 97 |

또한 다음 <표 3>에 의하면 3차 교육과정기에 출판된 국어교육 관련 서적 중 국어교육 일반론 외에 읽기교육(독서교육)의 건수가 마찬가지로 우세함을 볼 수 있다.[57)]

〈표 3〉 3차 교육과정기 읽기교육 단행본

| 저자 | 제목 | 연도 | 출판사 |
|---|---|---|---|
| 李成九 | 特殊國語教育:언어치료. 속독지도 | 1973 | 한국교육공사 |
| Glifton Fadiman /鄭鳳和 譯 | 一生의 讀書計劃 | 1975 | 正音社 |
| 讀書指導硏究會 | 讀書指導事典 | 1975 | 景仁文化社 |
| 金炳元 | 讀書와 讀書指導 | 1976 | 寶林出版社 |
| 李京植 | 새로운 讀書指導 | 1976 | 集文堂 |
| 한국국어교육연구회 | 國語醇化의 方案과 實踐資料 | 1976 | 世運文化社 |
| 金炳元 | 機能讀書 | 1977 | 배영사 |
| 朴鵬培 | 國語科讀解學習 | 1977 | 學文社 |
| 崔榮福 | 讀書教育 | 1977 | 창덕여자중학교 |
| 金炳元 | 讀書論:독서란 무엇인가 어떻게 읽을 것인가 | 1978 | 培英社 |
| 金炳元 | 중학생독서력 개발프로그램 제작연구:독서속도를 중심으로 | 1978 | 한국행동과학연구소 |
| 孫正彪 | 讀書指導方法論 | 1978 | 學文社 |

57) 윤금선(2004), 앞의 글, p.484.

| 양태진 | 讀書와 選擇理論 | 1978 | 淵鏡文化社 |
|---|---|---|---|
| 한국국어교육연구회 | (중학교용)국어낭독교본 | 1978 | 世運文化社 |
| 金京一 | 讀書感想文의 理論과 實際 | 1979 | 文志社 |
| 김병원 | 새시대의 讀書敎育 | 1979 | 배영사 |
| 김승환 | 중고등학교를 중심으로 한 독서교육과 현장지도 | 1979 | 나라기획 |
| 金京一 | 讀書敎育論 | 1980 | 一潮閣 |
| 金完起 | 독서와 독서감상문 쓰기 | 1980 | 文學敎育院 |
| 朴鍾和 | 讀書敎本 | 1980 | 心山出版文化社 |
| 새론기획출판부 | 무엇을 어떻게 읽을 것인가 | 1980 | 새론기획출판부 |
| 하재풍 | 우리 속독법 | 1981 | 샛별사 |
| Adler/ 민병덕 역 | 讀書의 技術 | 1981 | 廣文書館 |
| Adler/ 이복숙 역 | 어떻게 책을 읽을 것인가 | 1981 | 문경출판사 |

<표 3>을 보면 대부분 독서지도론과 독서교육 방법론이 지배적이다(독서지도 연구회, 이경식, 최영복, 김병원, 손정표, 이경식, 김승환 등). 또한 읽기 대상의 문제(새론기획출판부), 속독법(하재풍), 읽기 일반론(양태진, 한국국어교육연구회), 읽기 방법론(Glifton Fadiman, Adler), 읽기와 낭독(한국국어교육연구회), 읽기와 독해력(박붕배), 읽기와 쓰기를 연계시킨 독서와 독서 감상문 쓰기(김완기), 특수 국어교육으로서 언어 치료의 문제(이성구) 등 읽기교육에 대한 다양한 접근이 보인다.[58] 이를 볼 때, 비제도권의 독서운동이 아직도 '책을 읽자'는 계몽적인 차원에 머물러 있었다면, 제도적인 공교육 내에서는 '어떻게 읽을 것인가'라는 구체적인 독서 방법이 제시되는 단계였음을 알 수 있다.

58) 윤금선(2004), 앞의 글, p.485.

# 2. 1970년대 독서경향

## 1) 일반 독서경향

### (1) 1970년대 초기 독서경향(1970~1974)

#### 1 통계로 본 독서경향

1970년도에 대한출판문화협회가 독서 월간 행사의 하나로 독서 여론 조사를 실시했다. 그 결과를 보면 <표 4>와 같다.

〈표 4〉 대한출판협회 독서여론 조사(1970.9)

| 설문 | 남 | 여 |
|---|---|---|
| 1개월 독서량 | 전제 평균 1권 | |
| | 남자 20대: 2권(26.4%) | 여자 10대: 2권(31%) |
| | ≪잡지≫ 남자 20대: 27.5% | ≪잡지≫ 20대: 34% |
| 하루 독서시간 | ≪2시간≫ 40대: 44.9%, 20대: 39.1% ≪5시간이상≫ 20대: 9.4% | 평균 1시간(30대 46.2%) |
| 읽는 동기 | 지식을 넓히고 인격을 함양하고자(78.2%), 여가를 보내기 위해서(10%) | |
| 장서량 | 100권 | |
| 도서구입비 | 500~1,000원 | |

이 조사에 따르면 우리나라 국민들은 1개월 평균 1권 정도의 책을 읽으며 개인 장서량은 100권, 그리고 1개월 평균 도서 구입비는 500원에서 1,000원 정도로 나타났다. 구체적인 조사 내용을 보면 '1개월에 책을 얼마나 읽는가'에 대해서는 남자 20대의 2권 정도가 26.4%, 여자 10대의 2권 정도가 31%로 가장 많았고, 도서 구입비로 5,000원

이상을 들이는 계층은 남자 20대의 25.4% 뿐이었다. 잡지의 경우 남성보다 여성이 많이 읽어 2권 정도를 읽는 층은 여성 20대의 34%, 남성 20대의 27.5%이었다. 하루 독서시간은 2시간 정도가 40대에서 44.9%, 20대에서 39.1%로 나타났고 5시간 이상의 독서층은 20대의 9.4% 뿐이었다. 또 여성의 경우는 남성보다 훨씬 적어 평균 1시간 정도(30대의 46.2%)가 가장 많았다. 또 '왜 책을 읽는가'란 질문에는 남녀 똑같이 '지식을 넓히고 인격을 함양하고자'가 78.2%로 가장 많았고, '여가를 보내기 위해서'는 10%에 불과했다.[59] 실제로 이 결과의 수치는 절대적인 평가보다 전대와의 비교선상에서 판단되어야 할 것이다. 독서량을 보면 비교적 전대보다는 증가된 추세이다.

1970년도에 국립중앙도서관에서는 국민 독서경향을 조사하기 위하여 전국 초・중・고・성인 10,000여 명을 대상으로 독서 실태를 조사하였다. 이 조사는 국민의 독서 현황을 파악하고, 독서 인구개발을 위한 개선 방법과 새로운 국민 독서운동의 정책 수립을 마련하기 위해 실시된 것이다. 이 리서치는 당시 표본조사 방법에 의한 가장 광범위한 독서 조사란 점에서 그 결과가 주목되었다.

특히 이 조사에서 성인 대상의 조사 결과만을 살펴 보면 <표 5>와 같다.

〈표 5〉 성인 연평균 독서량(1972.2)

| 설문 | 조사결과 |
|---|---|
| 전체 연간 독서량 | 10~12권(11.6%), 4~6권(9.5%), 읽지 않음(38.5%)<br>한국인 성인의 연간 평균 독서량(8.8권) |
| 성별 독서량 | 남자는 9권, 여자는 8.3권 |
| 도서 입수 방법 | 서점에서 직접(32%), 도서관 대출(31%) 친구에게 빌리는 경우(26%) |

59) <한 달에 한 권 정도 책을 읽는다>(≪중앙일보≫, 1971.12.25)

| 신문 독서시간 | 하루 30분 이내와 1시간 이내(80%) |
|---|---|
| 도서 · 잡지의 독서 시간 | 하루 30분~1시간(26.3%), 1~2시간(24.5%)이 전체의 50.8% |

<표 5>에서 나타난 바와 같이 성인 연간 독서량은 10~12권이 11.6%였고, 4~6권이 9.5%였다. 또한 38.5%가 1년에 평균 1권도 읽지 않는 것으로 나타났다. 이 조사에 의하면 한국인 성인의 1년간 평균 독서량은 8.8권인 것으로 집계되었다. 성별로 보면 남자는 9권, 여자는 8.3권을 읽고 있는 것으로 나타났다. 또 성인들의 도서 입수는 서점에서 직접 사는 경우가 32%에 불과했고 그밖에는 도서관에서 빌리거나(31%) 친구에게 빌리는 경우(26%)가 대부분이었다. 독서 시간에 있어서는 신문의 경우 하루 30분 이내와 1시간 이내가 전체의 80%를 차지했고 도서 · 잡지의 독서 시간은 하루 30분~1시간(26.3%)과 1~2시간(24.5%)이 전체의 50.8%를 차지했다.[60)]

이의 결과에서 한국 성인의 연간 독서량은 평균 8.8권으로 나왔지만, 전혀 읽지 않는 비율이 40%에 가까와 전반적인 독서율은 그다지 높지 않은 것으로 판단된다. 성별로는 그 차이가 크지 않고 비슷한 수준임을 알 수 있다. 또한 잡지나 신문 등의 독서 시간이 80%로 높게 나타나 시사적인 내용의 읽기에는 많은 시간을 할애하고 있음을 볼 수 있다.

또 하나 흥미로운 리서치는 1973년도에 행해진 '한국 지식층의 독서경향' 조사이다.[61)] 이 조사에서는 전국의 남녀 대학생과 직장인을 대상으로 한국의 지식층들이 어떠한 독서경향을 가지고 있나 살핀 것이다. 이 조사는 일반 독서 조사와 달리 문학류의 독서경향에 중점

60) <연평균 독서량 8.8권>(≪중앙일보≫, 1972.2.9)

61) 서울여대 김해성 교수(국문학)의 조사(<한국 지식층의 독서경향>, ≪중앙일보≫, 1973.9.25)

이 주어졌으며 또 직장인 남녀도 대학 졸업 이상의 지식층만을 대상으로 한정하였다. 그 결과를 정리하면 <표 6>과 같다.

〈표 6〉 한국 지식층의 독서 조사 결과(1973)

<table>
<tr><th>설문</th><th>남</th><th>여</th></tr>
<tr><td rowspan="2">독서량</td><td colspan="2">월간 평균 2권</td></tr>
<tr><td>일반인남: 2,6권, 대학생남: 2.2권</td><td>일반인여: 2.1권, 대학생여: 1.8권</td></tr>
<tr><td>책을 읽는 이유</td><td colspan="2">자기를 알기 원해서(25.8%), 시간을 보내기 위해서(23.3%), 인간과 사회를 알기 위해서(23.2%)</td></tr>
<tr><td>장서</td><td colspan="2">500권 이상(4.1%). 50권 정도(42.6%). 100권 정도(25.8%). 100권 미만(68%)</td></tr>
<tr><td rowspan="2">독서경향</td><td colspan="2">[장르별] 소설(49.3%) 수필(29.6%), (21.1%)의 순. [일반인여자: 소설(38.8%), 수필(36.7%), 여대생: '시' 독서율(16.8%), 남대생: 수필 독서율(19.4%)]</td></tr>
<tr><td colspan="2">[국내외별] 한국작품(38.2%), 외국번역물(62.8%) [시기별] 고전작품(42.8%), 현대작품(57.2%) [여성독자] 일반인여자: 현대작품(61.2%), 고전작품(38.8%) 여대생: 현대작품(54%), 고전작품(46%)]</td></tr>
</table>

<표 6>의 독서량에서 특징적인 것은, 직장인이 대학생보다 책을 많이 읽고 있으며, 여대생이 일반인 여자보다 책을 적게 읽는다는 사실이다. 장르별 경향에서 여대생들은 예상과 달리 비교적 시를 적게 읽고, 또 남자 대학생은 수필을 적게 읽는 편이다. 시기별 경향에서는 현대 작품이 많이 읽히는 것으로 나타났고, 지역별로는 국내 작품보다 해외 번역물이 우세하게 나타났다.[62]

## [2] 출판 동향으로 본 독서경향

1971년도의 기사문인 다음의 글은 근대 초기 우리의 출판 역사를 짚어보는 글이라 주목된다.

---

62) <한국 지식층의 독서경향>(≪중앙일보≫, 1973.9.25)

(8) 우리나라가 活字印刷術의 發明國이지만 現代的 印刷術은 1883년 10월 1일 창간된 漢城旬報를 찍기 위해 일본에서 들여왔다. 이로부터 우리나라의 現代的 印刷術은 비롯돼 오늘에 이르고 있다. (...) 초창기 우리나라의 출판은 宣敎師 · 政府 · 先覺者 등에 의한 것이었고 특히 韓國人보다 外國 宣敎師들이 出版활동을 좌우했다. 이때에 나온 책은 事典 · 農書 · 敎科書 · 啓蒙西 등이 대부분이었다. 中國體制의 印刷術에서 西洋體制로 바뀌어 가는 이 시대의 출판은 그 변천하는 速度가 매우 느리고, 또 質的 發展도 뚜렷하지 못한 것으로 나타나 있다. 韓日合邦 이후의 圖書는 기술적 발전과 함께 내용이 차차 愛國精神을 고취하는 방향으로 바뀌었고 1920년 이후는 다시 친일적 내용으로 變貌하고 있다. 또 解放 直前에는 한글 抹殺政策으로 한글로 쓴 책이 줄어들어 출판의 暗黑期라고 할 수 있다.

<전국 도서전 · 한국출판 90년전 개막>(≪중앙일보≫, 1971.11.2)

일찍이 1930년대에 최재서는 독서는 출판물과 독자의 관계가 어느 정도까지 "정상(正常)한 취인관계(取引關係)를 형성하고 있을 때 비로소 사회현상으로서 확립되며, 출판의 기업화가 '독서계급'을 형성케 한다"고 본 바 있다.[63] 하지만 한국의 출판계는 초창기부터 자금의 영세성, 유통 질서의 혼란, 인적 자원의 확보 곤란, 국민 독서습관의 부재, 출판 정책의 부재 등으로 여러 가지 어려움이 많았다. 그러한 현상은 해방 이후부터 1960년대까지 마찬가지였다.

그런데 1970년대 출판 상황은 전대에 비하여 호조를 띠었다.[64] 산

---

63) <最近 讀書傾向>(≪조선일보≫, 1939.4.30)

64) "73년 상반기의 출판계는 출판물 발행 종수도 엄청나게 증가했고 출판사도 늘어났으며 또한 서점도 불어났다. 이렇게 외형상으로 볼 때 올 상반기의 출판계는 활발한 듯 하지만 실제 경기는 결코 지난 해의 수준을 넘지 못하는 정체 상태였다. 대한 출판 문화 협회의 납본에 의한 올 상반기의 출판물 발행 종수는 지난해 같은 기간보다 59.8% 증가된 3,457종이었다. 71년 한햇 동안 발행된 종수(2,917종)보다도 훨씬 많은 것이다. 물론 지난 해보다 납본이 강화되어 통계 숫자가 훨

업화에 힘입어 대중화·상업화되면서 출판계는 질적 양적으로 확대되었고, 출판사 수, 발행 종수, 발행 부수와 판수, 독자층의 저변 등이 급격히 신장한 시기였다.[65] 또한 1970년대는 본격적인 베스트셀러의 구축기이다. 한글세대인 독자층은 더욱 확대되었으며 교육열과 경제적 수준이 높아지면서 독자의 수준도 평균적으로 상승되었고 잠재된 독자층은 베스트셀러의 수준을 높여갔다.[66] 이러한 상황에서 출판계의 동향과 베스트셀러 조사 등을 통해 당대 독서 현상의 추이를 살펴 볼 수 있다.

讀書界의 異常氣流
女流의 上位시대
女性讀者많은데 큰原因
出版界서도 保證手票
愛情物이 대부분

[그림 10] 〈讀書界의 異常氣流-女流의 上位시대〉 (≪중앙일보≫, 1971.3.12)

그 구체적인 양상을 보면, 먼저 1971~72년도 초반의 베스트셀러 톱 랭킹은 여류작가들의 작품이 모두 차지했다는 점이 주목된다.[67] 즉 베스트셀러에서 톱을 장식한 작품은 정연희의 『고죄』, 강신재의 『젊은 느티나무』, 박계경의 『이루어질 수 없는 이 아픔을』 등이었고, 당시 몇 년 동안 베스트셀러의 자리를 지켰다. 이밖에 최의선·이지욱·방영웅·김승옥 등이 여러 차례 리스트에 올랐다. 평자들은 이러

씬 불어나기도 했겠지만 해마다 출판물이 늘어나고 있는 것은 틀림없는 사실이다."(<73년도 상반기 출판계 결산외>, ≪중앙일보)≫, 1973.7.6)

65) 오경복(2005), 「한국 근현대 베스트셀러문학에 나타난 독서의 사회사-1970년대 소비적 사랑의 대리체험적 독서」, 『비교한국학』 제13권 제1호, p.4 참조.

66) 이은정(2005), 「1960~70년대 베스트셀러 시에 나타난 독자의 실천적 독서욕망」, 『한국시학연구』 제13집, 한국시학회, p.232.

67) (<독서 부재 속의 여류독주>, ≪중앙일보≫, 1970.12.25, <올해도 '여류'가 상위에>, ≪중앙일보≫, 1971.12.25)

한 현상이 드러난 것은 우리나라의 독서층이 주로 젊은이들이며 그 가운데 특히 여성들이 압도적으로 많기 때문이라고 지적했다.[68] 또 대부분의 여류작가들은 사회고발적인 현실 문제보다 여성 문제·애정 문제 등을 섬세하게 다루어 독자들의 독서 취향과 일치했기 때문이라고 분석했다.

이 시기 베스트셀러의 또 다른 경향을 보면 국내 소설류로는 주로 대중성을 드러내는 작품들이 인기를 누렸다. 일례로 당시 청년문화의 한 측면을 대변하는 것으로 알려진 최인호의 소설 『별들의 고향』이 단연 수위를 달리고 있었다. 이 작품은 신문에 연재되었던 작품으로 1973년 9월 15일 초판 1만권(상하권 합쳐 2만부)으로 첫 선을 보인지 6개월 만에 4만질(8만권)이 팔려 국내 창작물로서는 출판사상 초유의 기록을 세웠고 연내 10만 질에 육박했다. 이같은 판매 실적은 당시 출판계의 이상 기류였다. 뿐만 아니라 단행본으로서는 국내 창작물의 최고 기록을 세웠다는 정비석의 『자유부인』, 정연희의 『석녀』가 2~3년 동안 3만부 정도 수준이었다.[69]

번역 소설의 경우는 '어른들의 동화' 혹은 '현대의 우화'와 같은 종류가 호평이었다.[70] 또한 비소설류로는 철학자나 시인이 쓴 저작물로서 자기 성찰과 철학적 인생론류[71] 등이 유행했고 복고경향의 책

---

68) <독서 부재 속의 여류독주>(≪중앙일보≫, 1970.12.25), <72년 베스트셀러 결산>(≪중앙일보≫, 1972.12.28)

69) <베스트셀러가 보여주는 독서경향>(≪중앙일보≫, 1974.3.19), <작금 한국인의 독서경향>(≪중앙일보≫, 1974.3.20)

70) 이러한 흐름을 대표하고 있는 번역물로는 리처드·바크의 『갈매기의 꿈』, 생텍쥐페리의 『어린 왕자』 등이 크게 히트했다(<베스트셀러가 보여주는 독서경향>, ≪중앙일보≫, 1974.3.19).

71) 안병욱의 『네 영혼이 고독하거든』, 양수정의 『하늘을 보고 땅을 보고』, 조지훈의 『저무는 창가에서』 등과 고은·김용기·박목월·김형석 등의 저서가 인기였다(<독서 부재 속의 여류독주>, ≪중앙일보≫, 1970.12.25, <올해도 '여류'가 상위에>, ≪중앙일보≫, 1971.12.25).

들이 잘 팔리기도 했다.[72] 평자들은 인간 상실을 느끼는 현대인들이 자기 진단과 인간 본래의 모습을 되찾기 위해 지난날의 명작, 지난 일들에 대한 향수 등에 집착하는 데서 비롯되었다고 보았다.[73] 그 외 정치인들의 자전류[74]나 비소설 번역물에서는 현재와 미래의 문제를 다룬 저서들이 높은 판매율을 보였다.[75] 한편 "한국 출판업계는 '노벨'상에 약하다"는 전설을 만들 정도로 노벨상 수상작들은 그때마다 베스트셀러가 되었다.[76] 그야말로 1970년대의 베스트셀러는 다종다기한 현상을 보인다고 할 수 있겠다.

## 3 전집물의 퇴조와 잡지붐

1970년대 초만 해도 출판계는 1960년대에 일었던 전집붐이 여전히 지속되고 있었다. 기존 전집류가 대거 출판되었을 뿐 아니라 『카뮈 전집』, 『월남 전쟁』, 『데카르트 선집』, 『한국고전문학대전집』 등의 번역서, 우리의 고전을 집대성한 전집류도 다수 출판되었다.[77] 이 시

---

72) 번역물의 경우 알렉산드르・솔제니치의 몇 개 작품을 제외하면 생텍쥐페리를 비롯, 헤르만・헤세, 서머셋・모옴 등 대체로 이미 작고했거나 활동을 끝낸 작가들의 작풍이 대부분이다. 또한 고은의 『이중섭』, 『1950년대』 그리고 『세계시인선집』에 대한 반응이 의외로 높았다(<베스트셀러가 보여주는 독서경향>, ≪중앙일보≫, 1974.3.19, <작금 한국인의 독서경향>, ≪중앙일보≫, 1974.3.20).

73) <작금 한국인의 독서경향>(≪중앙일보≫, 1974.3.20)

74) 김종필의 『JP칼럼』(<올해도 '여류'가 상위에>, ≪중앙일보≫, 1971.12.25)

75) 『미래의 충격』(엘빈・토플러), 『미래를 살다』(토인비), 『사람은 이렇게 다루어라』(케네디), 『무엇을 위해 살 것인가』, 『네루다 서정시집』(러셀) 등(<독서 부재 속의 여류독주>, ≪중앙일보≫, 1970.12.25, <올해도 '여류'가 상위에>, ≪중앙일보≫, 1971.12.25)

76) 1970년도 노벨문학상 수상작가인 소련의 솔제니친이 쓴 『이반・데니소비친 의 하루』도 당시 계속 톱이었고, 71년도 당대 노벨 수상작이었던 에릭 시걸의 『러브 스토리』도 서울과 지방에서 단연 톱을 장식했다. 특히 『러브스토리』의 경우 모두 12종의 책이 나왔다는 것은 한국출판사상 신기록이라고 할 수 있다(<독서 부재 속의 여류독주>, ≪중앙일보≫, 1970.12.25; <올해도 '여류'가 상위에>, ≪중앙일보≫, 1971.12.25).

[그림 11] 〈5인의 출판인이 뽑은 빅 이슈 5〉(≪조선일보≫, 1970.12.12)

5인의 출판인이 1970년도 한 해 동안 독서계의 이슈를 뽑았는데, 바로 아래와 같다.

① 대형 전집물붐
② 일본대중소설
③ 고전국역활발
④ 서점 도산 속출
⑤ 독서신문 발간

리즈는 호화 장정본의 할부 판매 도서들과 달리 서점을 중심으로 판매되었다. 전집물 '붐'으로 책은 필요 이상 대형화했고 장식에만 비용을 많이 들여 순수하게 책을 읽으려는 독자에게는 오히려 부담을 주기도 했다.

그러나 1974년도에 이르면 출판계를 석권하다시피 한 각종 전집물 '붐'은 지가 폭등 · 외판 조직의 붕괴 등으로 퇴조할 수밖에 없었고, 문고판 붐과 함께 단행본 형태의 시리즈 출판물인 '신서판' 도서들이 속속 선보이기 시작했다.[78]

1970년대 또 하나 특징적인 것은 한국의 독서 인구 가운데 잡지 구

77) <출판계에 전집간행 붐>(≪중앙일보≫, 1970.12.3)
78) <불황의 연속, 상반기 출판계>(≪중앙일보≫, 1972.7.8)

독 인구가 차지하는 비율이 가장 높았다는 사실이다. 1970년도 초 국내에서 발행되는 잡지는 주간 16종, 월간 450종, 계간 77종 등 모두 498종이었으며 이 가운데 시판되는 잡지는 265종이었다, 나머지 233종은 학교, 단체, 회사의 기관지들이었다. 그러나 잡지 기업으로서 성공하고 발행부수도 100,000부를 넘는 것은 ≪여성중앙≫, ≪소년중앙≫ 2종 정도였고, 나머지 대부분의 종합지는 30,000부 정도였다. 전체적으로 볼 때 잡지 인구의 4분의 1을 차지하는 것이 대중지였으며 그 다음이 여성지 · 아동지 · 교육지 · 종합지 · 사회과학지 · 종교지 순이었고 종합지나 교양지의 판매 실적은 부진하였다.79)

늘어가는 海外雜誌구독
日本독판…전체의 80%
文化개발에 貢獻할 方途찾아야
地方文化祭

[그림 12] 〈늘어가는 海外雜誌 구독〉 (≪중앙일보≫, 1970.9.4)

그런데 잡지 구독과 관련하여 또 하나 주시되는 것은 외국 잡지 구독 인구가 전대에 비하여 크게 증가하였다는 점이다. 1970년도 당시 문교부 집계에 의하면 우리나라에 수입 배포되고 있는 외국 정기간행물의 품목 종류는 주간 · 월간 · 계간 등 합하여 모두 550여 종이었다. 여기에 수입 대행사를 통해 들어온 학술지나 학회지까지 합치면 무려 700여 종이나 되었다.80) 자연과학 계통의 기술지와 학술지 · 학회지 등이 약 반수 이상을 차지했고 이 잡지들은 주로 전문가 · 학자들의 수요에 국한되었다. 이것을 다시 나라별로 분류하면 일본 잡지가 448종으로 전체의 80%를 차지하였고, 미국이 60종. 영-독-불 등 유

79) <불황속에 고전하는 한국잡지>(≪중앙일보≫, 1970.10.28)
80) <늘어가는 해외잡지 구독>(≪중앙일보≫, 1970.9.4)

럽 여러 나라가 40여 종을 차지하고 있었다.[81] 이를 보면 당시 수입 정기간행물은 실질적으로 일본과 미국에서 발행되고 있는 것이 대부분임을 알 수 있다.

그런데 가장 많은 비율을 차지한 일본의 잡지들은 자연과학 계통의 기술지 · 학술지 · 학회지가 70%, 대중지가 30%의 비율로 정부에 의해 수입이 제한되고 있었는데, 주목할 것은 대중지 가운데 여성 · 패션지가 반수 이상을 차지하고 있었다[82]는 점이다. 한일국교정상화 이후 물밀듯이 들어온 일본 도서는 지식층인 40대의 대학 교수나 과학자 · 경영자 · 기술자 등은 물론 일어를 모르는 세대인 20대의 대학생까지도 새로운 지식을 얻는 수단을 주로 일본 서석에서 찾는 경향을 보였다. 또한 입시문제가 일본 문제집에서 출제되기도 해서 당시 고교생까지도 일본 참고서를 보는 예가 많았다.[83]

〈표 7〉 잡지 구독 경향(1970)

| 국내 잡지 구독 경향 | 국외 잡지 구독 경향 |
|---|---|
| 종수: 총 498종(주간 16종, 월간 450종, 계간 77종. 기타 233종) 1,650,000만부(cf. 100,000만을 넘은 것은 <여성중앙> <소년중앙> 2종정도. 나머지 대부분의 종합지는 3만 정도 1년 말 25만부) | 총 700여 종(주간 · 월간 · 계간 학회지 · 학술지 모두, 나라별(일본 잡지 448종으로 전체의 80%, 미국이 60종. 영-독-불 등 40여 종), 일본 잡지[자연과학 계통의 기술지 · 학술지 · 학회지(70%): ≪문예 춘추≫, ≪중앙 공론≫, ≪세계≫, 대중지 30% 비율로 수입 제한, 대중지 반수는 여성지] |

이와 비교하여 1974년도의 통계를 살펴 보면, 국내 잡지 출판 종수

81) <늘어가는 해외잡지 구독>(≪중앙일보≫, 1970.9.4)

82) "여성지(11종), <패션>지(17종) 등 불요불급한 것도 많다. 특히 <주부의 벗>, <주부와 생활> 등 여성지는 1천 3백부씩 들여오게 되어 있지만 주부들에게 인기가 있어 실제로는 훨씬 더 많이 들어오고 있다."(<다시 밀려오는 생활 속의 일본 물결>(≪중앙일보≫, 1971.8.16)

83) <다시 밀려오는 생활 속의 일본 물결>(≪중앙일보≫, 1971.8.16)

는 7,018종으로 증가했고, 이들 출판 도서의 내용은 문학(25.7%), 사회과학(12.9%)등이 수위(首位)였으며, 다음으로 아동 도서(11.4%), 학습 참고서(11.3%), 기술 과학(10%), 종교, 예술 순이었다.[84] 특별히 이 시기에는 자녀 교육과 관련된 서적들이 새로이 수위권 내에 들게 되었다는 점이 특징적이다.

그런데 1970년대 독서경향과 연관지어 특기할 점은 독자층과 작가층이 '한글세대'로 세대 교체되었다는 점이다. 해방 후 정부 차원에서 적극적으로 한글교육을 실시한 결과 문맹률은 급격히 떨어졌으며, 문학류 뿐만 아니라 철학, 사회과학 분야의 서적들까지도 대부분 한글로만 조판하고 체제도 세로쓰기에서 가로쓰기로 바뀌었다.

또한 1970년대 초 출판계는 전집류에서 벗어나 읽을거리의 대중적 보급을 위한 문고판의 출간, 대형 서점의 탄생 등으로 독서 시장이 활성화되었다. 서적 발행량도 증가하여 이른바 베스트셀러 부수 기준이 1960년대까지 수천부였던 것이, 1970년대에 들어서면서부터 50,000부 이상으로 올라갔다. 여전히 책값이 비싼 데도 이같이 판매 부수가 급격히 늘었다는 것은 구매력을 가진 독자층의 저변이 확대되었다는 의미로 해석될 수 있다.[85]

### (2) 1970년대 중후반기 독서경향(1975~1979)

#### 1 통계로 본 독서경향

1970년대 초기는 물론 중・후반기에도 독서 시장의 성장을 배경으로 한 출판계의 동향이나 베스트셀러의 파악, 설문 조사 등을 통해 당

84) <독서>(≪중앙일보≫, 1975.10.8)
85) 오경복(2005), 앞의 글, pp.3~4 참조.

대 독서경향을 살펴 볼 수 있다. 즉 이러한 자료들에는 일반인과 학생들의 독서 내용, 독서활동, 독서 시간, 장서 수 등의 사항들이 제시되어 있어 구체적인 독서경향의 판도를 읽어낼 수 있다. <표 8>은 이 시기 주요 통계 기사들을 정리한 것이다.

〈표 8〉 1970년대 중후반기 통계로 본 독서경향(≪중앙일보≫, 1975~1979)

| 번호 | 제목 | 발행일 | 통계로 본 경향 | 비고 |
|---|---|---|---|---|
| 1 | ① 문학 ② 사회과학 ③ 아동 도서의 순 | 1975.2.4 | [74년 출판도서]: 총 7,018종(문학도서: 1,841종(27%) 다음이 사회과학 · 아동도서의 순, 아동도서는 814종으로 학습 참고서보다 많음. 번역도서 중에서도 아동도서가 문학 705종에 이어 182종으로 둘째. [도서종별 발행] 8,706,882원 상당의 책 발행. 사회과학도서(1,695,080원), 문학도서(1,653,489원). | 대한출판문학협회발행 『출판문화』 1월호 1974년 독서 통계 |
| 2 | 독서인구의 확대 | 1975.9.24 | [국민 1인당 연간 독서경향] 독서권수 5~10권, 1일 독서시간 1, 2시간. 연간독서량 40~60페이지. 1인당 보유권수 0.2권, 연간 1인당 도서구입비 100원~300원, cf) 영국 6권에 2,000원, 일본 4권에 1,720원. | 대한출판문화협회 1974년 독서경향 조사(서울, 부산) |
| 3 | 독서 | 1975.10.8 | 1974년 일본 도서 수입량: 서적 416,000,000엔. 잡지 183,000,000엔. 일본에 서적 수출량: 서적 230,010,000엔. 잡지 7,000,000엔. 국내출판사 1,033개. 공공 · 학교 도서관수 전국 3,300개소. 출판도서 문학(25.7%), 사회과학(12.9%), 아동(11.4%), 학습 참고서(11.3%), 기술과학(10%), 종교, 예술의 순 | |
| 4 | 「독서신문」서 「광복 30년의 명저」 조사 | 1975.8.29 | [명저로 추천된 개인 연구저서] 이기백 『한국사 신론』(20), 김용섭 『조선후기 농업사 연구』(17), 허웅 『우리 옛말본』(11), 김두종 『한국 고인쇄 기술사』(9), 심재완 『교본역대 시조전서』(9), 이병찬 『한국사 대관』(8), 이두현 『한국 가면극』(8), 천관자 『한국사의 재발견』(8), 김두종 『한국 의학사』(7), 김상기 『고려 시대사』(7), 김재원 · 윤무병 『한국 지석묘 연구』(7), 조윤제 『국문학사』(7) [총서 · 논총 · 사 | 「독서신문」 조사, 괄호 안 숫자는 추천수 |

| | | | | |
|---|---|---|---|---|
| | | | 서류] 고대민족문화연『한국문화사 대계』(29), 운단학회『한국사(27), 한글학회『큰사전』(12) | |
| 5 | 대한출판문화협회 도서 실태 조사분석 | 1975.12.26 | [독서량] 1년 평균 5~10권(성별 연령 상관없이), [가장 많이 읽힌 책] (10대) 이광수의『흙』,『사랑』, 심훈의『상록수』,『한국단편문학전집』, 박경리의『토지』, 도스토예프스키의『죄와 벌』, 헤르만 헤세의『데미안』, 루이제 린저의『생의 한가운데』, 이어령의 수필집, 마가렛 미첼의『바람과 함께 사라지다』(30~40대) 국내부문-소설류 외에『한국의 인간상』,『한용운 전집』,『팔만대장경』,『채근담』 국외부문-펄·벅『대지』, 리처드·바크『갈매기의 꿈』, 헤밍웨이『노인과 바다』 [서적구매처] 서점: 60~80% (남자 중 44.5%는 월부책) [서적 선택 경로] 서점: 50%, 신간평: 15~45%, 광고: 7~45%, 타인의 추천: 1.5~20% [독서시간] 10, 20대, 50대가 2시간 이상. 30, 40대는 2시간 미만. | 대한출판문화협회독서실태조사(서울 3,082명, 부산 1,149명 등 을 대상으로 실시 -지식층의 독서량) |
| 6 | 학습서 등 단행본·신문의 순 | 1976.5.15 | 승차 중 책이나 신문·잡지 등을 읽는 사람: 23% [연령별 독서량] 20대>중고생>30대>40대. [성별 독서 인구] 중·고생은 남녀 수 비슷, 20대는 여자가 남자의 3분의 1, [독서 분야] 학습 참고서, 단행본: 50.7%, 신문: 47.6%), 잡지류: 1.7%. | 지하철 독서인구 1,900명 대상 리서치 |
| 7 | 국민10%만이 책을 읽는다 | 1976.9.28 | [우리 나라 독서인구] 전체 국민의 10% 정도(영국과 서독 55%, 프랑스 28%, 일본 30~44%) [공공도서관 총수] 108개. 장서: 약 920,000여 권. 국민 100명 당 3권(덴마크: 국민 1인당 장서수 3.53권, 영국 0.93권, 일본 0.28권 [가장 많이 읽히는 책] 이광수의『흙』.『사랑』, 헤르만·헤세의『데미안』, 루이제·린저의『생의 한가운데』 등. | '유네스코'의 통계 |
| 8 | 상반기 책 발행이 늘었다-교과서 파동이후 출판계 활기 | 1977.7.13 | 상반기(1~6월) 총 발행부수: 6,875종. 철학(1,266,600권) 사회과학(826,630권), 아동서적(575,300권), 문학(277,265권), 책값: 1권당 평균 1,585원 | '대한출판문학협회' 조사 |
| 9 | 농촌 독서에 알맞는 책이 적다 | 1977.7.28 | [가장 읽고싶은 책] 건강·위생> 문학> 농업기술> 청소년 가정교육> 가정경제> 일반교양> 취미오락 [응답자의 학력분 | '한국농민의 독서실태 및 독서경향 조 |

| | | | | |
|---|---|---|---|---|
| | | | 포] 무학: 0.6%, 국졸: 34.8%, 중졸: 37.2%, 고졸: 24.4%, 전문학교졸: 2.3%. | 사'(전국 30개 농촌 840명 대상) |
| 10 | 하루 82,000명이 책 산다 | 1977.8.6 | [서점을 찾는 인구] 하루 약 150,000명 [도서구매자] 82,000여 명 [서점] 1,389개, 1개 서점당 하루 평균 출입자는 약 140명. 한달 평균 2,500,000만 권 판매, 한달 동안 전국 서점에 비치되는 책은 대략 3,800,000권(일반서적 2,500,000권, 정기간행물 1,300,000권) [지역별 독서인구] 부산 지역 최다. 서점 책 판매도: 부산 · 경남 · 강원 · 경기 · 서울 · 전남 순서 [1개 서점당 일평균 매입자] 약147명. 독서가능인구(14～60세) 평균 2개월 1권씩의 책 구입. | '내외출판계' 통계 |
| 11 | 『죄와 벌』 『데미안』 『뿌리』 등 해외 명작들이 상위 차지 | 1977.12.9 | [독서시간] 하루 1시간 이상: 70%(이중 70% 이상이 한달에 최소한 2권 이상의 책을 읽음) [서점방문 회수] '틈나는 대로'(50%), '가끔'(26.5%), '자주'(11.7%) [1년 도서구입수] 가 16～30권(26.7%), 6～10권(23.1%), 1～5권(15.2%), 11～12권(14%) 31권 이상(11.4%)의 순. [연령별 독서 대상] '인상에 남는 책' 10대 · 20대 · 30대 모두: 『죄와 벌』, 『데미안』, 『전쟁과 평화』, 『부활』, 『좁은 문』, 『뿌리』 등 번역물 상위. 『상록수』, 『흙』 등의 국내 작품 하위. '앞으로 읽고 싶은 책' 10대 · 20대: 『뿌리』, 『뻐꾸기 둥지 위를 날다』, 30대 이상: 성경 · 철학서 · 불교 서적. 국내 작품 『부초』, 『한국인의 의식구조』, 『겨울 여자』, 『5억인과의 대화』, 『워싱턴 특파원』, 『광복 20년』 등 하위 차지. '책을 읽고 나서 어떻게 하는가' '아무 것도 안 한다': 30% '독서 카드를 만든다'(21%), '독후감을 쓴다'(18%) | '대한출판문학협회' 서울 시민 독서 실태 조사(제21회 전국 도서 전시회 관람자 5,200명 대상) |
| 12 | 팽배해진 독서 기풍 | 1978.2.17 | 77년: 하루 평균 82,000명 서점 방문, 한 권 정도의 책 구매. [소설을 읽는 동기] 재미를 위해서(12.4%), 정서함양 목적(49.8%), 교훈을 얻으려고(20.2%) | |
| 13 | 베스트셀러는 거의 청춘물 | 1978.8.4 | [책을 사는 동기] '필요를 느껴서'(28%), '저자가 좋아서'(23.6%), '신간 안내를 보고'(22%), '서점에 들렀다가'(14.5%), '권유를 받고'(6.1%), '광고를 보고'(5.5%) [출판 희망 작가 · 저자] (1) 한수산 (2) | 월간 『독서』 9월호. 600명 대상 독서 취향 조사 |

| | | | | |
|---|---|---|---|---|
| | | | 최인호 (3) 김수현 (4) 박완서 (5) 조해일 (6) 안병욱 (7) 송영 (8) 이어령 (9) 조선작 (10) 김승옥 (11) 김남조 (12) 이병주 (13) 김주영 (14) 이청준 (15) 고은 (16) 강신재 (17) 최인훈 (18) 박경리 (19) 구혜영 (20) 김동리 [독자의 신분] 학생 45.6%, 회사원 25.1%, 무직 10.1%, 공무원 4.6%, 군인 4%, 상업 2.5%, 교사 1.8%, 간호원 1% | |
| 14 | 긴축으로 움츠러든 "문화비" | 1979.6.9 | [종로서적센터 매상액] (국내·국외출판물 포함) 1월의 매상액: 200,000,000원. 2월 210,000,00원, 3월 260,000,000원. 4월 150,000,000원으로 42.3% (110,000,000원)가 하락. 1월 출판 종수 933종에서 995종(2월), 1,428종(3월)으로 늘어나다 4월에 들어서면서 1,283종, 1,217종(5월)으로 반전. | |
| 15 | 문학성과 재미를 갖춘 작품들 | 1979.12.24 | 79년 최고의 베스트셀러: 『임국희예요』, 2위: 『난장이가 쏘아올린 작은 공』(문학과 지성사간). (이밖에 조해일·김병총·박범신 등의 인기작가 작품) 3위: 이문열 『사람의아들』(민음사), 김성동의 『만다라』(한국문학사). 해외물: 『하버드대학의 공부벌레들』(J. 오스본 저·일월서각). 그 외 『새벽을 기다리는 마음』, 『사랑을 위하여』, 『한국청년에게 고함』, 『서있는 사람들』 등의 에세이 | 중앙일보사 리서치 |

<표 8>을 보면 1970년대 중후반기의 독서경향이 다양하게 제시되어 있다. 먼저 독서 분야는 표 내용 (1), (3), (5), (7), (13) 등에서 보이는 바 문학이 가장 수위에 속한다. 일제 강점기부터 1970년대까지도 문학은 한국인에게 가장 애독되는 분야이며 그에 비해 전문 서적은 잘 읽히지 않는 풍토였다. 표 내용 (5)를 보면 '가장 많이 읽힌 책'이 이광수의 『흙』, 『사랑』, 헤르만·헤세의 『데미안』, 루이제·린저의 『생의 한가운데』 등으로 나타나고 있는데 독서의 대부분이 교양 위주의 문학 서적이었음을 알 수 있다. 특히 (11)에서 드러나듯이 국내 문학 작품보다 해외 문학 작품을 선호하는 경향을 보였다.

표 내용 (1)에서 1975년도에 아동 도서가 높은 수위를 차지하고 있다는 점도 주목된다. 아동 도서에 대한 관심은 해방 이후부터 두드러진 현상이었지만 실제 판매율은 1970년대부터 높아지기 시작했다. 그럼에도 1975년 직전까지는 학습 참고서가 아동도서보다 높은 판매율을 보였는데, 1975년을 기점으로 아동 도서의 비율이 참고서보다 높아진 것이다.[86] 번역물에 있어서도 문학에 이어 아동 관련 서적이 으뜸이었다. 이러한 현상은 전 시기에 비해 아동 독서에 대한 관심이 증대되었음을 반영한다.

표 내용 (9)의 경우는 농촌 독서 선호도를 조사한 것으로서 일반 통계와는 차별성을 보인다. 이것은 실제 읽은 책이라기보다 농촌 인구들이 읽고 싶어하는 도서지만 농촌 독서의 한 경향을 드러낸다고 할 수 있다. 일반 통계에서 가장 애독되는 분야가 문학 분야라고 한다면, 농촌에서는 건강·위생이 가장 선호하는 책에 속했다. 그 다음으로는 주로 농업 기술, 가정·교육이나 경제 등 실용적인 분야를 꼽았다. 게재된 기사의 내용을 보면 교육 수준이 높을수록 건강·위생·청소년과 가정·교육에 관심이 지대했다. 또한 리서치 과정에서 응답자의 77.3%가 어떤 책이든 손쉽게 구할 수만 있으면 읽겠다고 응답하여 독서열의가 매우 높음을 드러냈다. 이들 중 84.5%는 책값이라든가 책의 수준이 그들에게 맞지 않기 때문에 애로 사항이

農村讀者에 알맞는 책이 적다
金東演교수, 讀書 실태조사
값싼책 드물고 書店도 적어
읽고싶은 내용은 건강·營農기술順

[그림 13] 〈農村讀者에 알맞는 책이 적다〉(≪중앙일보≫, 1977.7.28)

86) <① 문학 ② 사회과학 ③ 아동 도서의 순>(≪중앙일보≫, 1976.3.5)

많다고 응답했다. 특히 어떤 책이 출판되었는가를 제때에 알 수가 없고 혹 신간 정보를 입수하더라도 농촌 부근의 서점에서는 그 책을 구하기가 어렵다고 응답하여 농촌 독서환경의 실태를 반영한다.87)

표 내용 (3)과 (7)은 해외와의 비교를 통해 국내 독서경향을 드러내고 있다는 점에서 특징적이다. (3) 통계에서 나타나듯이 국내 출판 현황은 일본에 훨씬 못 미치고 있다.88) 특히 (7)은 '유네스코'의 한 통계로서 우리나라 독서 인구는 전체 국민의 10% 정도이다. 유치원부터 대학원까지 각급 학생 인구가 21%(1976년 현재)에 이르는 상황에서 학교 졸업 후에 책을 읽는 사람이 상대적으로 적었음을 볼 수 있다. 다른 나라의 경우를 보면 가장 높은 비율을 나타낸 곳이 영국과 서독으로 55%, 프랑스가 28%이며 이웃 일본은 30～44%로 제시되어 있다. 표 내용 (1)인 <① 문학 ② 사회과학 ③ 아동 도서의 순>(≪중앙일보≫, 1976.3.5)에서는 사람들이 책을 잘 읽지 않는 것은 주위에 책이 없어서이며, 외국에 비해 우리나라의 공공도서관 수나 장서 수가 훨씬 저조한 데서 기인한다고 결론지었다. 또한 이러한 현실에서 우리의 경우 책이란 주로 학습 참고서류로 시험공부를 위해 보는 것이지, 학교를 졸업한 후엔 별로 볼 필요가 없는 것으로 여기는 것이 일반 통념이라고 지적하기도 했다.

표 내용 (10)의 특기 사항은 지역별 독서 인구 비율에서 부산 지역이 가장 높다는 사실이다. 부산은 조합 형태의 독서 단체가 곳곳에 설

---

87) 이 조사에서는 별도로 마을문고에 대한 조사도 실시했는데 이에 따르면 마을문고 이용자들이 독서로 상당한 효과(소득증대 57%, 새마을운동이해 48.8%, 교양 42.9%)를 얻고 있으나 실질적인 이용률은 아주 낮은 것으로 나타났다(<농촌독서에 알맞는 책이 적다>, ≪중앙일보≫, 1977.7.28).

88) 그런데 여기서 참고로 제시하면 당시 외서 수입의 동향을 보면 일서 802,000부, 양서 1,030,000부로 외서의 대종을 이루는 것은 일서(日書)였다는 점이다(<외서 수입동향의 변화>, ≪중앙일보≫, 1976.3.5; <외서구입난>, ≪중앙일보≫, 1975.9.27)).

립된 지역으로서 그러한 독서운동을 전국적으로 확산 시킨 곳이기도 하다. (13)에서는 독자의 신분 조사 결과 최상위는 학생이고 최하위는 교사로 드러났다. 교사의 독서율이 낮다는 점에서 당시 독서교육의 문제점을 엿볼 수 있다. 또한 표 내용 (11) 『독서』지의 '베스트셀러 조사'는 '독자카드' 600장(남녀 각 300명)을 무작위 추출해서 집계 분석한 결과이다. 위의 통계치를 내 놓은 동잡지에서는 베스트셀러를 만드는 독자층이 지나치게 얕다는 결론을 내리기도 했다. 즉 베스트셀러 독자들을 분석한 결과 감각적 청춘물에 탐닉하는 20대 전반의 학생과 직장 여성이 그 두께의 대부분이라는 것이다.

또한 (11)의 '책을 사는 동기'에서 가장 높은 비율을 차지한 문항은 '필요를 느껴서'이다. 구체적인 정보원을 들지 않고 막연히 '필요'라고 하는 말에서 군중 심리에 휩쓸리는 베스트셀러 독자의 모습을 볼 수 있으며,[89] 설문 내용에서 '원하는 책'도 교양이나 지식을 얻을 수 있는 책보다는 오락·유희적 요소의 감각적 내용을 많이 요구했다. 이렇듯 여론조사의 결과를 보면 베스트셀러는 거의 흥미위주의 소설류가 지배적이었던 것이다.[90]

베스트셀러와 연관되어 표 내용 (15)도 여성 독서계를 드러내고 있어 참고할 만하다. 1975년도 이후에는 여성 관련 서적이 큰 붐을 일으켰는데, '세계 여성의 해'를 반영한 결과였다. 여성의 지위 향상을 다룬 학술서적 뿐만 아니라 모험적인 여성들의 전기들도 등장하였다. 이러한 서적들의 주독자층은 젊은이들이었고 그 가운데 특히 여성들이 압도적으로 많았다.[91] 이러한 현상 속에서 (15)를 보면 소설·비

89) 그런데 이 조사에서 독자들 중 서울 시내 거주자가 46%로 거의 절반에 이르고 있었다. 이것은 베스트셀러가 주로 서울에서 이루어지고 있었다는 사실을 드러낸다(<독서>, ≪중앙일보≫, 1975.10.8).

90) <출판문화협의 여론조사에서 나타난 독서의 질과 양>(≪조선일보≫, 1973.11.20)

91) 이임자(1998), 『한국출판과 베스트셀러 1883~1996』, 경인문화사, p.196.

소설을 합해서 1979년 최고의 베스트셀러는 『임국희예요』였다. 이 책은 당시 라디오 인기 프로였던 “임국희예요”를 활자화한 것으로 1978년 12월에 출간돼 1년이 된 당시 판매 부수는 790,000부 선에 이르렀다. 이러한 판매는 독자 인구의 70%로 추산되는 여성 독자층을 사로잡았기 때문이다. 이에 힘입어 출판사 측에서는 속편을 내기도 했는데 초판만 40,000부를 찍었다. 이의 여파로 출판사들은 방송의 인기 프로를 책으로 내려고 저마다 방송국을 찾아다니는 이색 경쟁을 벌이기도 했다.92)

여성 독자의 우세는 1970년대의 가장 특징적인 현상이라 할 수 있는데, 책 읽는 여성이 많아졌고 심지어 독서계에서 남자보다 책을 더 많이 읽는 현상까지 보였다. 다음과 같은 기사들이 이를 반영해 준다.

[그림 14] 〈책 읽는 主婦가 많아졌다〉(≪조선일보≫, 1977.8.11)

(9) 근년에 와서 책읽는 主婦들이 많아졌다는 반가운 소식이다. 書占街에서도 실제로 책을 사러 오는 주부들이 몇해 전에 비해 늘어났다고 말하고 있다.
<책 읽는 主婦가 많아졌다>(≪조선일보≫, 1977.8.11)

---

92) 1960년대 중반 이후부터 출판물 등은 주로 여성 독자를 확보하는 기획물이면 성공하는 판도를 보였다. 여성의 교육 수준이 높아지고 가정의 경제권이 그들에게 있다는 것이 큰 원인으로 지적되기도 했다. 특히 1970년대 말부터는 여성 고등교육 수혜자가 더욱 증가했으며 ① 대학원 진학 ② 단기교육 강좌 ③ 독서「클럽」 ④ 사회문제 자원봉사 지도자 교육에 참가하는 등으로 독서인구율이 더욱 증가했다(<본사조사 전국 ‘베스트 · 셀러>, ≪중앙일보≫, 1966.12.27, <공부하는 주부들이 늘었다>, ≪중앙일보≫, 1977.7.14).

(10) 讀書에 관심있는 서울 시민들은 대체로 한달에 2~3권의 책을 읽고 1년에 10권 이상의 책을 사며, 국내 저작도서보다는 외국 명작 혹은 화제작들 위주로 읽고 男子보다는 女子 쪽이 책을 더 많이 읽는 것으로 나타났다.

<女子가 책을 더 많이 읽는다>(≪조선일보≫ 1977.12.10)

먼저 인용문 (9)에서는 여성 독서자들이 서점가를 찾는 일이 많아졌다는 것을 확인할 수 있다. 인용문 (10)은 당시 서울에서 연 '전국도서전시회'에서 관람객 52,000명을 대상으로 실시한 '서울 시민의 독서실험조사' 결과로서 남자보다 여자가 독서율이 높다고 제시되고 있다. 이는 독서율이 저조하여 늘 비난의 대상이었던 여성 독서계의 판도가 달라지고 있음을 드러내는 측면이라 하겠다.

한편 표 (15)를 보면 베스트셀러로서 조세희의 『난장이가 쏘아올린 작은 공』이 1978년 6월 출간된 이래 모두 150,000~160,000부가 팔렸다. 근로자의 문제나 인권의 문제 등 현실적인 이슈를 문학적으로 성공시킨 예라고 하겠다. 그리고 이문열의 『사람의 아들』과 김성동의 『만다라』는 모두 종교적인 문제를 다룬 것으로 일반 독자들의 관심을 끌고 있다는 점이 특징적이다. 소설 부문에서 유일하게 해외물로 인기를 끈 책은 『하버드 대학의 공부벌레들』인데, 당시 『학창시절』이라는 제목으로 KBS-TV에 방영되면서 크게 덕을 본 책이기도 하다.[93]

그 외 특징적인 기사로 표 내용 (4)는 독서신문사에서 각 분야 학계 인사 118명을 상대로 '광복 30년의 명저·역저'를 조사한 내용이다. 이 조사에서 30년간의 가장 큰 연구 업적으로 손꼽힌 것은 이기백의 『한국사신론』, 이병총의 『한국사 대관』, 김용섭의 『이조후기 농업사 연구』 등 거의 한국학에 관한 것이었다. 이것은 해방 후 30년간 전

93) <문학성과 재미를 함께 갖춘 작품들>(≪중앙일보≫, 1979.12.24)

통·외래문화의 갈등 속에서 우리 것을 지키려는 학계의 노력으로 지적되기도 했다.[94] 표 내용 (6)은 지하철 승차 중 독서 풍경을 드러낸 점에서 흥미로운데 여성보다 남성이 차중 독서 비율이 높았다.

지금까지 1970년대 중후반기 일반 독서경향을 통계를 통해서 살펴보았다. 독서 리서치 기관으로 자주 등장하는 것이 '출협'이라는 점도 특징적이다. 그런데 당시 독서 실태 조사는 체계적이지 못한 측면을 지닌다. 일례로 (5)의 <대한출판문화협회 도서실태 조사분석>(≪중앙일보≫, 1975.12.26)의 경우는 서울과 부산에서 열렸던 '전국도서전시회'에서 실시한 결과이다. 5,000명 가까운 인원을 대상으로 실시한 이 조사는 서울·부산 등 대도시에서만 실시됐고 도서전시회를 보러온 사람들만을 대상으로 했기 때문에 전국적 실태라고 보긴 어렵고, 책에 관심을 가진 지식층의 독서 실태라 보아야 할 것이다. 나머지 조사들도 표본 조사의 대상이나 인원수가 전체적인 경향을 드러내기에는 부족한 부분이 있다. 물론 이를 통해서 당대 일반 독서경향의 다양한 측면을 엿볼 수 있고 당대 독서경향에 대해 시사하는 바가 크다고 하겠다. 그러나 일관적이고 체계적인 독서 조사가 행해지지 않는다는 것은 독서 개발에 있어서 큰 난점이었다.

> (11) 이러한 상황에서 독서에 관한 기본자료마저 확보하지 못하는 오늘의 출판 관계자의 무력도 문제가 크다. 최근에 「독서여론조사」라고 해서 흔히 단편적이고 불충분한 조사결과가 가끔 발표되고 있으나 국가적인 기관들이 체계적이고 종합적인 조사·분석을 한 예는 듣기 어려운 것이 현실이다. 71년 국립중앙도서관이 전국적인 독서조사를 실시한 것이 고작이기 때문이다.
>
> <독서인구의 확대>(≪중앙일보≫, 1975.9.24)

---

94) <이기백의 『한국사신론』·고대 『한국문화사대계』가 수위>(≪중앙일보≫, 1975. 8.29)

독서에 관한 기본 자료의 확보는 바로 독서 인구 개발을 위한 기초라도 할 수 있다. 비체계적인 통계치는 전대로부터 이어져온 현상이기도 하다. 이러한 폐해는 오늘날의 독서 개발에 있어서도 재고할 여지가 있는 사안이기도 하다.

## 2 독서 대중화로서의 문고붐

앞서 살펴 보았듯이 출판물의 경향을 보면 1960년대부터 1970년대 초기까지 '전집붐'이 일었고, 이어서 '문고붐'이 일었으며, 1975년경부터 2, 3년간은 '단행본붐'이 일었다. 이렇듯 1970년대 들어서서 대형화해 오던 전집물 출판이 크게 위축되고 단행본이나 문고본이 대종을 이루는 현상을 보였다.

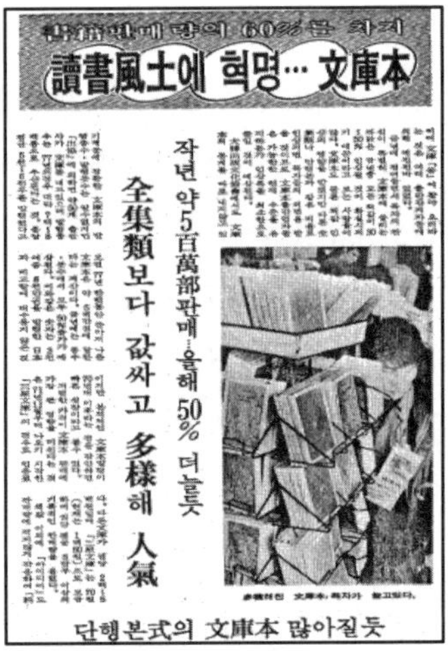
판매량의 60%를 차지
讀書風土에 혁명… 文庫本
작년 약5百萬部판매…올해 50% 더늘듯
全集類보다 값싸고 多樣해 人氣
단행본式의 文庫本 많아질듯

[그림 15] 〈讀書風土에 혁명 文庫本〉 (≪중앙일보≫, 1978.3.11)

1970년대 초기부터 좋은 내용의 값싸고 보기 편한 문고판은 전집물에 식상한 독자들의 호응을 얻었으며[95] 출판사들도 차차 문고판에 큰 비중을 두기 시작했다. 특히나 1970년대 중기 이후로 문고본 발행은 더욱 활발했다. 『정음문고』, 『박영문고』, 『세종문고』, 『과학신서』, 『삼성문화문고』, 『을유문고』, 『서

95) 1970년대 초기 당시 문고판은 탐구당의 『탐구신서』 50권, 을유문화사의 『을유문고』 70권, 시사영어사 『영문문고』 20권 정도가 발간되었다. 또한 『현암신서』, 『정음라이브러리』, 『서문문고』, 『탐구신서』, 『삼성문고』, 『현대신서』, 『동화문고』, 『명지문고』, 『삼성문고』 등이 문고판을 출판하기 시작했다(<불황의 연속, 상반기 출판계>, ≪중앙일보≫, 1972.7.8).

문문고』, 『문예문고』 등이 계속적으로 발간되었다. 특히 『삼성문화문고』는 1976년 당시 80권의 시리즈물에 발행 부수도 430,000권에 이르렀다.

당시 이들 출판사에서 출간되었던 문고본의 내용은 번역 문학류보다 세분화된 전문 서적과 고전류 등이었고, 한국사를 비롯하여 한국학 등 전문 분야도 출판되었다.[96] 이러한 문고 출판은 독서 대중화에 큰 영향을 끼쳤다.[97]

1977년도에 '중앙도서 전시관'에서 산출한 통계에 의하면 1972, 1973년 2년 동안의 서적 판매 경향이 소설류 36%, 비소설류 27%, 문고 36%인데 반해 1974년 이후에는 소설류 18%, 비소설류 22%, 문고 60%로 나타났다. 그런데 일부에서는 독자의 관심이 특별히 문고본에 쏠리는 까닭을 책값 인상과 결부시켰다. 1978년도 당시 대부분 책값이 30~50% 인상되었지만 독자들의 외면을 받을 것을 염려한 출판업자들은 문고본의 인상폭을 최소한으로 줄였고, 그래서 문고본만큼은 꾸준히 판매되었다. 그 결과 1970년대 말에 이르면 대규모 출판사들뿐만 아니라 군소 출판사들도 상당수 문고 경쟁에 뛰어 들어 그야말로 문고판 경쟁 시대를 열게 되었다.[98]

### 3 원작의 영화화와 문예붐

1970년대 중반기에는 문예 영화가 인기 절정이었다. 1974년 초에도 영화 '별들의 고향'(최인호 원작 · 이장호 감독)이 기록적인 흥행을 몰고 왔었고 이러한 문학작품의 영화화 붐은 1975년에 접어들면서

96) <75년 출판계>(≪중앙일보≫, 1975.1.15)
97) <독서대중화의 길잡이 문고 붐>(≪중앙일보≫, 1976.5.3)
98) <독서 판매량의 60%를 차지>(≪중앙일보≫, 1978.3.11)

절정을 이루어 당시 촬영을 끝냈거나 촬영, 혹은 기획 중인 영화만도 20편에 달하는 기현상을 보이기도 했다.

> (12) <어제 내린 비>(최인호 원작 · 이장호 감독)와 <영자의 전성시대>(조선작 · 원작 · 김호선 감독), <극락조>(김동리), <서울의 지붕 밑>, <숲에는 그대 향기>(강신재), <삼포 가는 길>, <장사의 꿈>(황석영), <조선 총독부』(유주현), <고가>(정한숙), <북간도>(안시영), <연인들>(송숙영), <바보들의 행진>(최인호) 등.
>
> <문예영화 '붐'>(≪중앙일보≫, 1975.2.19)

문학작품의 영화화 붐은 영화사들이 출판에도 관여하게 하였다. 1977년도 당시 문공부에 등록된 14개 영화사 가운데 출판에 본격적으로 뛰어 든 영화사는 한진흥업, 자성사, 태창흥업 등 3개사였고, 그 밖에 5~6개 사가 출판사 등록을 준비하고 있는 등 영화사들의 출판업 진출이 활발했다.[99] 영화사들의 출판 사업[100]은 각 영화사가 수입외화의 사전 PR로 번역 출판물에 손을 댄 게 그 시작이었다. 그러나 독서인구가 늘어나 책이 잘 팔리자 독립 사업으로 확대된 것이다. 영세한 출판업자에 비해 영화사를 배경으로 한 이들 출판사는 든든한 자본이 뒷받침하고 있었기 때문에 기존 출판계에는 하나의 위협 요소이기도 했다.[101] 1977년 당시 이러한 출판사에서 출간된 소설의 예

---

99) <영화사서 출판사 겸업붐>(≪중앙일보≫, 1977.10.7)

100) 이와 비교하여 흥미로운 것은, 70년대 말에 출판사를 경영하는 시인 · 소설가등 문인들도 부쩍 늘어났다는 점이다. 당시 출판사를 자영하는 문인은 40여 명이었다. 이들 문인들을 분석해보면 소설가 10여 명, 시인 20여 명, 문학평론가 15명 등으로 나타났다. 예를 들면 『창작과 비평』(당시 발행인은 평론가 백낙청), 『문학사상』(평론가 이어령의 백씨 이휘령), 『수필문학』(수필가 김승우), 『시문학』(시인 문덕수), 『심상』(평론가 박동규) 등을 들 수 있겠다(≪중앙일보≫, <출판사 경영하는 문인이 늘었다>, 1979.9.5).

를 들면 다음과 같다.

> (13) 『스타탄생』, 『선 · 샤인』, 『러브 · 스트리』, 『조이』, 『뻐꾸기 둥지 위로 날아간 새』, 『오맨』, 『조스』, 『대부』, 『디프』, 『토요일 밤의 열기』 등 40여 종
>
> <영화나 TV극화한 책이 일본선 베스트 · 셀러가 된다>, (≪중앙일보≫, 1977.12.6)

그런데 이러한 문예영화 붐은 일본의 영향도 크다. 당시 일본의 독서경향은 책의 내용이 역사에 관한 것이건 문학 작품이건 간에 영화화하거나 TV 극화하여 히트하게 되면 베스트셀러가 되는 경우가 많았다.[102)]

문예영화의 여파는 1977년 후반기에도 이어져 외화의 원작소설을 번역한 단행본들이 국내에서 출판돼 영화 못지않게 읽혔고, 국내 어느 작가의 소설보다 큰 인기를 얻어[103)] 몇몇 권은 100,000권을 넘어선 판매 기록을 보이기도 했다.[104)] <외화의 원작소설이 잘 팔린다>(≪중앙일보≫, 1978.11.25)에서는

文藝映畵「붐」— 作家들은 이렇게 본다

「文學作品의 映畵化」문제

'主題나 「스토리」가 달라선 안된다'

脚色때 原作者발언권 살려야한다는 의견도

映畵化權 마구 讓渡하는 姿勢도 반성해야

[그림 16] 〈'文學作品의 映畵化' 문제〉, ≪중앙일보≫, 1975.2.19)

101) 본격적인 출판 「붐」을 일으킨 회사는 75년 2월에 등록한 한진흥업. 당초 『로키』, 『뻐꾸기 둥지위로 날아간 새』, 『뿌리』, 『대부』 등 주로 영화 관계 서적을 번역 · 출판해 왔으나 당시에는 문학 · 아동 · 사전류 등으로 범위를 넓히면서 40여 편을 간행, 일반 출판사에 못지않은 실적을 보였다(<문학작품의 영화화 문제>, ≪중앙일보≫, 1975.2.19).

102) 일본에서 원작과 영상이 결합한 경우 베스트셀러로 부상하는 경우는 전후부터 나타난 현상이기도 했다. <영화나 TV 극화한 책이 일본선 베스트 · 셀러가 된다>(≪중앙일보≫, 1977.12.6)

103) <외화의 원작소설이 잘 팔린다>(≪중앙일보≫, 1978.11.25)

104) <영화나 TV극화한 책이 일본선 베스트 · 셀러가 된다>(≪중앙일보≫, 1977.12.6)

그 인기의 원인을 ① 독서인구의 증가, ② 순애・모험・폭력 등 소재의 다양성, ③ 국내 창작물보다 저렴한 가격, ④ 재미 등으로 꼽았다. 우리나라 독자층이 20세 안팎의 여성들에게 편중되어 있었던 당대에, 이런 류의 독자들은 여성들은 물론 대학생・직장인들까지 다양하다는 것이 특징이기도 했다.105)

지금까지 살펴 본 바, 1970년대 중후반기의 독서경향은 초기보다 더욱 다양한 양태를 띠고 있다. 특히 여성 독자의 우세는 이 시기의 가장 특징적인 현상이라 할 수 있는데, 책 읽는 여성이 많아졌고 심지어 독서계에서 남자보다 우세를 점하는 현상까지 보였다. 또한 1970년대 들어서서 대형화해 오넌 선십물 출판이 크게 위축되고 난행본이나 문고본이 대종을 이루는 현상을 보였다. 1970년대 중반기에는 문예 영화가 인기였다. 문학작품의 영화화 붐은 1975년에 접어들면서 절정을 이루었고, 그 여파는 1977년 후반기에도 이어져 외화의 원작소설을 번역한 단행본들이 국내에서 출판돼 국내 어느 작가의 소설보다 큰 인기를 얻었다.

### 2) 학생 독서경향

#### (1) 아동의 독서 실태

1970년대 초 국립중앙도서관에서는 전국적인 독서 실태 조사106)를 실시했다. 대부분 어린이가 즐겨 읽는 책이 서양의 동화라는 결과가 나왔다. 그 예를 들면 『안데르센 동화집』, 『집 없는 천사』, 『소공녀』, 『거지왕자』, 『알리바바와 40명의 도둑』, 『소공자』, 『보물섬』 등107)이

---

105) <외화의 원작소설이 잘 팔린다>(≪중앙일보≫, 1978.11.25)
106) <방학 앞둔 어린이의 책 선택>(≪중앙일보≫, 1971.12.17)
107) <방학 앞둔 어린이의 책 선택>(≪중앙일보≫, 1971.12.17)

다. 그래서 일부 평자들은 "우리의 민족적인 감정을 심어주고 자극시킬 수 있는 우리나라 동화집·위인전집을 우선적으로 읽히도록 해야 한다"고 역설하기도 했다.[108)]

어린이圖書 이대로 좋은가

外國책 표절한 값비싼 全集類 판쳐

허황한 怪奇物등은 오히려 나빠

鄕土愛심어줄 「우리作品」바람직

日本것 그대로 베껴서 30권에 8萬원씩 팔기도

[그림 17] 〈어린이 圖書 이대로 좋은가〉(≪중앙일보≫, 1977.5.4)

또한 아동들의 취향에 따라 세계동화전집, 세계아동문학전집, 세계전기전집, 세계위인전기전집, 한국아동문학전집 등 비슷한 내용의 전집류들이 출판사에 따라 표지 장식만 달리하여 쏟아져 나왔다. 그런데 이러한 전집류들은 아동의 나이와 학년에 따라 세분화되지 않은 채 출판된 문제점을 지니고 있었다. 그럼에도 불구하고 아동의 수준과 상관없이 부모들의 선택에 의해서 판매되고 있었다.[109)] 또한 아동도서의 80%가 문학과 고전 번역물에 편중되어 있었다.[110)]

1976년도 한국출판협회의 통계 자료에 제시된 <어린이와 독서>(≪중앙일보≫, 1976.5.6)에 의하면 아동도서 총 912종 중 전집물이 763종으로 85%를 차지했다. 당시 일반 독서계에 문고붐이 일기 시작했던 점과 달리 아동도서는 여전히 전집이 많았다는 것을 볼 수 있다. 전집물 출판은 여러 가지 문제점이 있었는데, 우선 가격이 고가(高價)였고, 각 출판사의 전집 내용들도 비슷비슷했다. 내용면에서는 문학 계통이 대부분이었으며(94%) 과학·종교·음악·탐험에 관한 것은 드

108) <새학기 어린이 위한 책읽기 지도>(≪중앙일보≫, 1970.3.7)
109) <새학기 어린이 위한 책읽기 지도>(≪중앙일보≫, 1970.3.7)
110) <방학과 어린이 독서>(≪조선일보≫, 1973.7.24)

방학과 어린이 독서

아동도서 어떤것이 나와있나

文學과 古典번역물 80%

좀더 폭넓은出版 아쉬워

全集은 낱권으로도 팔고

[그림 18] 〈방학과 어린이 독서〉(≪조선일보≫, 1973.7.24)

물었다. 또 대부분이 세계 명작으로 우리 동화를 경시하는 경향을 보였다. 참고로 아동 관련 서적의 출판 부수를 살펴보면 1966년 연 400,000부에서 75년에는 4,200,000부로 어린이 책은 10배 가까운 성장을 기록했다.[111] 아동 도서 한 권의 평균값은 887원. 일반문학서 878원보다 오히려 비싼 편이었다.[112]

또한 1950년대부터 어린이 독서의 저해 요소로 늘 문제시된 아동들의 만화 경도 현상이 1970년도에도 여전하였다.[113] 1971년도에 '한국아동도서보급협회'에서 조사한 보고에 의하면 당시 매일 40,000권의 만화책이 출판되었으며, 그 중 불량만화가 다수였다.[114] 그래서 학교마다 자모회(子母會)를 통해 불량만화 추방운동과 '만화독서지도'에 앞장서기도 했다.[115]

111) 당시 아동도서의 출판은 상당한 활기를 띄고 있었다. 77년에 출판문화협회가 76년도 종별 발행 부수를 보면 아동도서는 총 2,206,000권으로 일반문학도서(6,397,750권), 사회과학도서(2,236,307권)에 이어 세 번째로 많은 양을 출판했다(<어린이 도서 이대로 좋은가>, ≪중앙일보≫, 1977.5.4).

112) <어린이와 독서>(≪중앙일보≫, 1976.5.6)

113) <惡書出版이 판을 치고>(≪조선일보≫, 1960.10.20), <병드는 새싹 좋은 책을 읽히자>(≪중앙일보≫, 1968.2.3) 등.

114) <불량만화의 개선책>(≪중앙일보≫, 1971.6.22)

1972년도 국립중앙도서관의 독서 실태 조사 결과를 게재한 <무슨 冊을 얼마나 읽나>(≪조선일보≫, 1972.2.13)에서는 초・중・고생의 독서경향을 일목요연하게 정리하고 있어 주목된다. 게재된 조사 결과 초등학생의 독서경향을 보면, 만화를 읽는 초등학생으로 남자가 71%, 여자가 61.2%로 남학생이 만화를 더 즐겨 읽었다. 일반 도서는 남자가 86.6%, 여자가 87.2%로 여자 어린이가 우세하였다. 대부분의 어린이가 매달 5~15권의 만화책을 읽고 있었으며, 90~150권까지 읽는 만화광도 1% 내외였다.

한편 이 시기는 입시가 추첨제로 바뀐 때인데도 독서율이 저조했다. 특히 남자의 경우 책 읽는 것이 싫다는 독서 기피 아동이 32%나 되었다. 또한 라디오나 텔레비전에 독서시간을 빼앗기는 어린이가 31%(남자)나 되었다.[116] 라디오나 TV 등 대중매체가 학생들의 독서에 저해 요소로서 대두되고, 그 비판의 과녁이 되기 시작한 시기라는 점도 특기할 만하다.[117]

TV와 어린이
讀書에의 영향
"책을 안읽게돼 결국 文化의 후퇴초래"

[그림 19] 〈TV와 어린이〉(≪조선일보≫, 1973.2.18)

115) <나쁜 만화를 몰아내자>(≪중앙일보≫, 1971.6.30)

116) <무슨 冊을 얼마나 읽나>(≪조선일보≫, 1972.2.13)

117) 일례로 <電波미디어와 活字미디어>(≪독서신문≫, 1970.11.15)에서는 전파 미디어의 발달에 다른 활자 미디어의 위기에 대해서 심각하게 고민하고 있으며, 활자 매체 활성화 방안에 대해 논의하고 있다. <TV와 어린이>(≪조선일보≫, 1973.2.18)에서도 TV로 인해 책을 멀리하게 되고 그 결과 문화가 후퇴한다고 지적했다.

위 조사에 따르면 어린이들이 즐겨 읽는 책은 4학년 남녀가 『이솝 이야기』, 『콩쥐와 팥쥐』, 『벌거벗은 임금님』 등이고, 5학년은 『위인 이야기』, 『보물섬』, 『이순신』, 『삼국지』, 『세계동화집』, 『심청전』 등이었다. 책을 입수하게 되는 경로는 집에 있는 것을 읽는 경우가 가장 많고 스스로 서점에서 구입하는 경우는 15%, 가족에게 부탁하는 경우가 27%였다. 이를 보면 아동의 도서 선택이 주로 학부모에 의해서 결정되고 있음을 재확인할 수 있다.118)

한편 1970년대 말 <교실 증축 급해 도서관 건립은 뒷전>(≪중앙일보≫, 1978.1.31)에서는 아동 문학의 경향을 서점 현황에서 살펴보기도 했는데, 서가에 즐비한 대형 전집들은 대부분이 세계 명작물들이라고 밝혔다. 1978년도의 아동 도서 출판 상황을 보면 총 발행 종수 918종 가운데 아동 문학 계열이 92%를 차지하였으며 그 중 70%가 외국 작품의 번역물이었다. 당시 국내 아동 문학 작가의 저작 활동은 극히 저조한 현상을 보였는데, 문인협회에 등록된 150명의 아동문학가 가운데 작가만을 업으로 하는 사람은 10명 이내에 불과했다. 1977년도에 아동 작가들이 출판한 책은 동화 18종, 동시 23종, 기타 13종으로 모두 54종이라고 밝혀져 있기도 하다. 1년간 출판물이 10,000종을 넘는 당대 상황에서 54종119)이라는 수치는 아동문학계의 취약성을 반영한 것이라 할 수 있다.

그런데 학생 독서실태는 학생들 스스로 어떤 책을 애독했는가도 중요하지만 어떤 책이 양서로 추천되고 있었는가도 주시할 필요가 있다. 저학년일수록 학생들 스스로 책을 사서 보는 것보다 부모, 혹은 학교나 교육 단체에서 선택·지도하는 경우가 많기 때문이다.

---

118) <무슨 冊을 얼마나 읽나>(≪조선일보≫, 1972.2.13)
119) <교실 증축 급해 도서관 건립은 뒷전>(≪중앙일보≫, 1978.1.31)

참고로 도서 선정 기준을 제시한, <어린이와 독서>(≪중앙일보≫, 1976.5.6)를 보면, ① 물질이 풍성한 이야기일 것 ② 사랑이 넘치는 이야기일 것 ③ 소속감이 확실할 것 ④ 성취에 관한 의욕을 돋워줄 것 ⑤ 변화가 풍부할 것 ⑥ 많은 것을 알려줄 것 ⑦ 아름다움과 질서가 담겨있을 것 등을 조건으로 하였다. 이러한 조건을 기본으로 하여 첫째, 내용과 장정·삽화에 이르기까지 모방이나 중역, 안일한 기획은 없어야 할 것(독자성), 둘째, 활극이나 감상물 등 어린이의 본능적 흥미보다 문학이나 지식에 대한 깊은 흥미를 깨우치게 할 것(재미), 셋째, 이해·감동·비판하는 사고력을 길러줄 것, 넷째, 지식을 전하면서도 문학적으로 아름다울 것, 다섯째, 장정과 삽화에 있어서도 간결하며 확실하고 아름다워야 할 것 등이 제시되었다.

실제 양서 목록은 도서관이나 신문사, 출판사, 기타 단체, 명사(名師) 등에 의해서 제시되곤 했다. 이 시기에 주로 선정된 도서를 보면 다음과 같다.

(14) [일반 명사들의 추천도서] 『한국전래동화』, 『별의 왕자님』(셍텍쥐페리 작), 『보리와 임금님』(에리나·파존 작), 『안데르센동화집』, 『이솝이야기』, 『걸리버 여행기』, 『톰·소여의 모험』, 『플루타크 영웅전』, 『소년소녀 세계명작전집』, 『모래알 고금』(마해송)

<어린이들에 어떤 책을 읽힐까>(≪중앙일보≫, 1973.12.5)

(15) [국립중앙도서관 추천도서] ▲다람쥐 반(1~2학년)=『어린이와 거인』, 『혹부리 영감』, 『이솝이야기』, 『아기곰 푸우』, 『세종대왕』, 『류관순』, 『에디슨』, 『피터팬』, 『새와 짐승이야기』, 『스티븐슨』 ▲산토끼반(3~4학년)=『그림 없는 그림책』, 『한국동화집』, 『옛날이야기』, 『황금새·백설공주』, 『삼국사기 이야기』, 『어린이 해동명장전』, 『퀴리 부인』, 『박영효 이야기』, 『배움의

등불』, 『새의 박물관』 ▲사슴반(5~6학년)=『삼국유사 이야기』, 『겨레의 발자취』, 『이순신』, 『시바이처』, 『그리스신화』, 『레미제라블』, 『톰소여의 모험』, 『세계여행』, 『발명 · 발견 이야기』, 『불교설화』

<'어린이 독서 학교' 10개 도시에서 운영>(≪중앙일보≫, 1973.7.16)

(14)는 일반 명사들이 추천한 도서 목록이며, (15)는 국립중앙도서관에서 내놓은 권장 도서 목록이다. 수준별로 목록이 제시되고 있다. 이것을 보면 주로 한국 전래 동화, 위인전, 해외 명작, 동서양 고전, 과학서 등이었고, 비중면에서는 해외 명작류가 높은 편이었다.

1970년대 중반기의 <무슨 책을 어떻게 읽힐까>(≪중앙일보≫, 1975.8.4)에는 '한국자유교육협회'의 초등학교 도서 선정 목록이 게재되었는데 다음과 같다.

(16) ▲3학년 『박씨전』, 『피노키오』, 『흥부전』, 『심청전』, 『홍길동전』, 『삼국사기 이야기』, 『그림 없는 그림책』, 『이숍이야기』, 『한국동화집』, 『하이디』 ▲4학년 『삼국사기 이야기』, 『삼국유사 이야기』, 『피노키오』, 『사랑의 학교』, 『이숍 이야기』, 『백사이항복』, 『아라비언 · 나이트』, 『어린이 해동명장전』, 『강감찬장군』, 『퀴리부인』, 『동명성왕』, 『한국동화선집』 ▲5학년 『삼국사기 이야기』, 『삼국유사 이야기』, 『남궁억전』, 『불교설화』, 『어린이 그리스신화』, 『겨레의 발자취』, 『율곡선생과 신사임당』, 『임진록』, 『어린이 해동명장전』, 『구약 이야기』 ▲6학년 『홍길동전』, 『심청전』, 『삼국사기 이야기』, 『신곡 이야기』, 『임진록』, 『논어 이야기』, 『피노키오』, 『남궁억전』, 『신약 이야기』, 『불교설화』, 『보물선』, 『이순신장군』, 『동국병감 이야기』, 『동물의 세계』

<무슨 책을 어떻게 읽힐까>(≪중앙일보≫, 1975.8.4)

한편 중앙일보 · 동양방송 4회, 5회 중앙독서 감상문 모집의 선정

도서는 아동문학가 윤석중 추천으로서 아래와 같은 목록을 보인다.

(17) ▲『성웅의 길』(계림문고편집위원회 · 계림출판사) ▲『심청전』(이탄 · 계림출판사) ▲『사랑의 집』(자퍼/박목월 · 계몽사) ▲『빛나는 쌍별』(홍은표 · 계몽사) ▲『어린 사슴 이야기』(롤링즈/신중신 옮김 · 국민서관) ▲『이황/이이/정약용/김정호』 <송영 · 국민서간>▲『원효대사/김유신』(민병산 · 김문기 · 금성출판사) ▲『사랑의 요정/기타』(조르지 · 상드/이원수 · 금성출판사) ▲『열두달 이야기』(신지식 · 일지사) ▲『옛날에 옛날에4』(유네스코 아시아문화 센터/황동규 옮김 · 일지사)

<국민학교부>(≪중앙일보≫, 1977.7.20)

(18) ▲『사랑의 학교(쿠오레)』(아미치스/계림문고편집위원회 · 계림출판사) ▲『에디슨』(계림문고편집위원회 · 계림출판사) ▲『안중근 · 김좌진 · 유관순 · 윤봉길』(강준영 · 국민서관) ▲『방랑의 고아 라스무스』(린드그렌/백시종 · 국민서관) ▲『소공자』(유문동/동아출판사) ▲『효행의 거울(학생편)』(송병호/동아출판사) ▲『6학년 O반 아이들』(오영민/어문각) ▲『알프스의 푸른 깃발』(알몬/윤동원 · 어문각) ▲『난중일기』(박경용/예림당) ▲『눈이 큰 아이』(박목월/예림당)

<국민학교부>(≪중앙일보≫, 1978.7.22)

인용문의 목록들은 1970년대 초부터 말기까지 유사하게 제시된 선정 도서들이다. 이를 보면 대개가 애국, 효행, 자주 정신을 드러내는 위인들의 이야기, 용기와 성공담을 다룬 책, 동화, 선조들의 숨결을 느낄 수 있는 책, 따뜻한 사람들의 삶을 다룬 책, 고전류, 용기와 개척 정신을 드러내는 책 등이다. 특히 위인전이 다수 추천되었다는 특징이 있다.

한편 1970년대 말 <어린이에게 볼만한 책을>(≪중앙일보≫, 1979. 5.5)에서는 연령별 권장 도서를 제시하고 있는데, 이에 대해 박붕배 교수는 4세에서 15세까지를 9단계로 나누는 안을 제시했다.

> (19) ▲옛 이야기기(4~8세) ▲우화기(6~10세) ▲동화기(8~12세) ▲이야깃거리기(10~13세) ▲전기기(10~15세) ▲생활물기(11~17세) ▲문학기(12~17세) ▲사색기(14~17) ▲비평기(15~17세) 등 지능의 성장에 맞게 책을 선정해 주어야 한다는 것이다.
>
> <어린이에게 볼만한 책을>(≪중앙일보≫, 1979.5.5)

그런데 대부분 학생들이 실제 읽은 독서 목록과 추천 목록은 만화 외에는 크게 차이지지 않는 편이었다. 학생들의 주체적인 도서 선택이 이루어지지 않았음을 반영하는 것이다. 이러한 현상에 대해서 연세대 성내운 교수는 "책을 고를 때는 반드시 학생을 서점에 같이 데리고 가는 것이 좋다. 서점에서 책을 고를 때, 그 과정이 바로 학생의 독서 의욕을 유발하는 중요한 계기가 된다. 부모 혹은 형이나 누나가 데리고 가서 사는데 어른들이 생각하는 책을 강요해서는 안 된다. 여기서 책 고르는 법도 배우게 된다"며 학생들의 주체적인 도서 선택을 권장하기도 했다.[120]

### (2) 중고생의 독서실태

1972년 2월 국립중앙도서관의 독서 실태 조사 결과를 보면, 중학생이 읽는 도서는 『이순신 장군』, 『인조대왕』, 『삼국지』, 『한국문학전집』, 『얄개전』 등이었고, 『바다와 노인』, 『로빈슨 크루소』, 『그리스

120) <어린이들에 어떤 책을 읽힐까>(≪중앙일보≫, 1973.12.5)

로마신화』, 『한국고전문학』도 상급 학년에서 많이 읽혔다. 고교생들이 읽고 싶어하는 책은 『죄와 벌』, 『바람과 함께 사라지다』, 『전쟁과 평화』, 『셰익스피어전집』, 『잃어버린 시간을 찾아서』 등 고전 문학류였다. 또 고교생들은 독서 자료로서 신문이 도움이 된다고 응답한 학생이 45.7%나 되어서 주목된다. 실제로 고교생들의 독서 시간은 그다지 많지 않았다. 대부분 학년이 오를수록 학습 시간으로 메워지기 때문이다. 그래서 평균 30분~1시간도 채 못 되는 형편이었다.[121)]

무슨冊을 얼마나 읽나
全国 初中高成人 讀書實態조사

[그림 20] 〈무슨 冊을 얼마나 읽나〉(≪조선일보≫, 1972.2.13)

이와 관련하여 <연평균 독서량 8.8권>(≪중앙일보≫, 1972.2.9)의 중고생 독서 실태 조사 결과를 참고하면, 중학생의 독서 인구는 1학년에서 74.6%, 2학년에서 80.4%로 늘었고 3학년에서는 69%로 떨어지고 있다. 중학생의 월간 평균 독서량은 2.4권. 학년별로는 1학년이 2.7권, 2학년이 2.6권 3학년이 1.9권 정도이다. 고교생의 월간 독서량은 중학생보다 적어 2.1권에 그치고 있다. 이를 학년별로 보면 1학년이 2.4권으로 중학생과 같고 2학년이 2.1권, 3학년은 1.6권으로 뚝 떨어지고 있다.[122)] 그런데 특기할만한 것은 학생들이 신문을 읽는 시간이 독서 평균 시간과 맞먹는다는 점이다. 당시 학생들은 신문을 통해 뉴스나 흥미거리를 찾기도 했으나 교과와 관련된 학습 관련의 자료를 취하기도 했기 때문이다.[123)]

---

121) <무슨冊을 얼마나 읽나>(≪조선일보≫, 1972.2.13)
122) <연평균 독서량 8.8권>(≪중앙일보≫, 1972.2.9)
123) 일례로 『저널리즘 연구』에서 <어린이 신문의 내용 분석과 열독 경향>(신형금 ·

한편 <독서불모 중고생세대>(≪중앙일보≫, 1970.10.15)에서는 중고교생들의 독서 시간 부족 현상을 출판 상황과 연결지어 다루고 있어 눈에 띈다. 당시 중·고생들은 한 달에 평균 1권의 교양서도 읽지 못하는 형편이었다. 그 때문에 출판사는 청소년 대상의 교양서 출판을 기피하는 경향이 있어 중·고생 독자를 대상으로 출판된 것은 거의 없는 현실이었다. 출간된 책조차도 어휘·문장이나 활자·행간 등이 중·고생 독자를 도외시한 책들이었고, 게다가 전집류로서 월부 등 외판에 의존하는 경우가 많아 중·고생들로서는 감당하기 어려운 가격이었다. 이러한 악순환으로 인해 중고생 세대는 독서 불모 세대라는 것이다.

1970년대 중반기 중고생의 독서경향을 드러내는 기사로 <중·고교생은 독서클럽을>(≪중앙일보≫, 1975.9.29)을 보면 여학생들은 외국 번역소설을 압도적으로 많이 읽고(70%), 그 다음으로 한국소설, 수필 순으로 애독했다. 남학생들은 약간 차이가 나서 ① 국내문학 ② 철학 ③ 역사 ④ 사회과학의 순으로 흥미를 보였다.

또 다른 기사 <고교생 독서 거의가 손에 집히는 대로>(≪중앙일보≫, 1979.5.30)는 ≪월간독서≫사의 조사 결과로서, 서울 시내 인문계 및 실업계 고교 고학년 1,200명을 대상으로 조사한 것이다. 이에 따르면 책을 읽는 이유를 "교양을 높이기 위해"(62.6%), "유익하고 필요해서"(26%)로 응답하고 있어 대부분(88.6%)이 건전한 독서관을 갖고 있음을 나타냈다. 그러나 "어떻게 독서계획을 세우고 있는가"라는 질문에 대해서는 "수시로 필요에 따라서"(66.5%)와 "즉흥적으로"(19.8%)

---

심금자·양정옥 양 조사)을 정리하였는데, 조사 대상자 중 84%인 301명이 어린이 신문을 읽고 있었는데 2개 이상의 신문을 읽는 어린이도 23%나 되었다. 어린이 신문을 읽는 이유는 '공부에 도움이 되어서' 27%, '재미 있어서' 26.5%, '새 소식을 알기 위해서' 26% 등이었다(<어린이 신문의 내용과 구독 경향>, ≪중앙일보≫, 1972.3.20).

읽는다는 학생이 많았다. 여기에 "베스트셀러"(5.3%)를 포함하면 대부분의 학생이 계획 없이 책을 읽는 경향을 보인다. 또 장르별 선호도에 대해서는 응답자의 57.6%가 소설이고 다음이 수필로서 13.9%를 차지했다, 소설류와 합치면 71.5%나 돼 무거운 책보다는 가벼운 읽을거리를 택하고 있다. 이를 남녀별로 보면 남학생들이 가장 많이 보는 책은 소설류가 압도적으로 많고 수필·시 등이 아주 낮은 비중으로 나타났다.

高校生讀書― 거의가 '손에 집히는대로'

「月刊讀書」誌, 서울市內 고교생 1,200명 調査

'수시로 필요에 따라서.'―小說이 58%로 으뜸

詩·수필 人氣없고 商業性·「호스티스文學」엔 호된 批判

女學生이 만화·잡지 더봐

한글 專用 지지는 20%線

[그림 21] 〈高校生 讀書 거의가 손에 집히는대로〉(≪중앙일보≫, 1979.5.30)

여학생들은 남학생보다는 비교적 고른 비율로 기호를 보이고 있었으며, 남자보다 여자 쪽이 잡지와 만화책을 더 많이 보고 있었다.[124)]

'어떻게 책을 고르는가'에 대한 대답은 책 광고를 보고 고른다는 학생이 전체의 3.5% 밖에 안 되는 데 반해 제목·저자·내용·출판사 등을 보고 혼자 결정한다가 24.9%, 선생님(18.5%), 부모·형·누나(14.6%), 친구(20.7%), 기타 권유·추천(53.8%), 신간 안내·서평(12.1%), 점원에게 물어서(5.7%) 등으로 나타나 여전히 주체적인 도서 선택이 이루어지지 않고 있음을 보여준다. '책의 조판 방법 또는 한자 혼용'에 대한 학생들의 의견은 '한글세대'로서의 편협성을 보이고 있지 않아 흥미롭다. 이들은 가로쓰기(36.1%), 세로쓰기(32.2%), 상관없다(31.7%)에 고른 의견을 나타냈다. 또 한글 전용을 지지하는 수는 20%에 못 미쳐 예상보다는 낮은 편이었다. 오히려 한글을 쓰고 그 옆에 한자로 토를 다는 방식에 대해 3분의 2가 찬성하고 있었다.[125)]

124) <高校生讀書 거의가 손에 집히는 대로>(≪중앙일보≫, 1979.5.30)
125) <高校生讀書 거의가 손에 집히는 대로>(≪중앙일보≫, 1979.5.30)

한편 <책 안 읽는 중고생>(≪중앙일보≫, 1979.11.2)을 보면 중고생의 독서율은 초등학생들에 비해 상대적으로 낮았다. 이것은 우리의 입시위주 교육현실에서 자연스러운 귀결이라 하겠다. 기사문에서는 당시 문교부 지정 연구학교인 서울 행당여중과 서울시교위 지정 연구학교인 서울 영등포고교에서 실시한 독서실태 조사결과를 아래와 같이 밝혔다.

> (20) [행당여중 학부모 200명을 설문 조사 결과] ▲『독서가 학과공부에 방해가 된다』(61%) ▲『꼭 책을 읽어야 한다』(32%) ▲『졸업 후 책을 읽어야 한다』(7%) [독서지도] ▲『나쁜 책을 읽지 못하게 한다』(49%) ▲『간섭 안 한다』(25%) ▲『좋은 책을 사준다』(23%) ▲『책 내용에 대한 감상을 묻는 등 적극적으로 독서지도를 한다』(3%) [영등포고교 1, 2학년 학생 1,330명 설문 조사 결과] 1년간 읽은 책 ▲1권(8.6%) ▲2~3권(25.3%) ▲4~6권(28.7%) ▲7~10권(14.7%) ▲11권 이상(17.2%) 하루 평균 독서시간 ▲거의 안 읽는다(40.5%) ▲1시간 이내(39.2%) ▲1~2시간(10.15%) ▲2시간 이상(3.75%)
>
> <책 안 읽는 중고생>(≪중앙일보≫, 1979.11.2)

조사 결과에서도 드러나지만, 독서율이 저조한 이유는 중고등 학생과 학부모들 대부분이 독서가 학교 공부에 방해가 되는 것으로 생각하기 때문이었다. 학생들의 반수 이상이 책을 1년에 5권도 읽지 않는 형편으로, 대부분의 학생이 숙제나 학과 공부 때문에 일반 교양서적을 손에 잡지 못하고 있음을 알 수 있다.

독서환경면에서 조사한 자료도 참고할 만하다. 즉 1978년도 1월 문교부 조사에 따르면, 전국 중학교 도서관 수는 958개소로 전체 중학교 1,983개교의 47%, 고등학교 도서관 수는 전체 학교 1,206개교의 73%선이었다. 당시 '도서관법'에서는 중고등 학교에 도서실 또는 도서관을 설치토록 규정하고 있었으며 '학교시설기준령'에서는 학교도서관의 장서 수를 학급(정원 60명)당 중학교 500권 이상, 고교 600권 이상을 확보토록 하고 좌석 수는 학급당 중등학교 3석 이상, 고등학교 5석 이상 갖추도록 규정하고 있었다.

그런데 학교 도서관의 장서 수는 중학교의 경우 3,307,024권으로 학생 1인당 1,5권, 고등학교는 345,7255권으로 학생 1인당 2,7권 수준이었고, 도서관의 좌석 수는 중학교가 74,673개로 학생 28명당 좌석 1개꼴이며 고등학교는 85,888개로 학생 12명당 좌석 1개꼴이었다. 보다시피 장서 수나 좌석 수 모두 '학교시설기준령'이 정한 기준에 비해 부족한 실정이었다. 문교부에서는 학교에 모자라는 도서 시설을 보완키 위해 유휴 교실을 도서실로 활용토록 지시하였으나 교실난으로 제대로 이행되지 않았으며 시설비가 예산에 책정되지 않는 형편이라 도서 시설 확충도 어려운 형편이었다.[126]

### (3) 대학생의 독서경향

대학생은 성인 독서 실태로 묶여 주로 일반인의 독서 실태로 제시되기도 하는데, 참고로 앞서 다룬 '한국 지식층의 독서 조사 결과'(1973)[127]인 <표 3>에서도 대학생 독서경향의 단서를 제공하고 있다.

1972년 한국 유네스코는 당시 대학생들이 어떤 책을 읽고 있는가를 조사했다. 각 대학의 학생들을 조사한 결과, 『5천년의 향기』, 『한국야담전집』, 『한국의 역사』 등의 야담 선집류가 많이 애독됐으며, 생떽쥐베리의 『어린 왕자』, 헤르만 헤세의 『싣달다』, 로망 롤랑의 『베토벤의 생애』, 루이제 린저의 『생의 한가운데』 등이 순위에 오르는 책이었다.[128] 이를 통해 당시 대학생들이 우리 사회에 대한 관심이

126) <교실 증축 급해 도서관 건립은 뒷전>(≪중앙일보≫, 1978.1.31)
127) <한국 지식층의 독서경향>(≪중앙일보≫, 1973.9.25)

높았고, 자아성찰이나 자기구도, 인간상 탐구 등을 다룬 작품을 즐겨 읽었음을 알 수 있다. 또한 이를 보면 대학생 독서경향에서도 국내 작품보다 번역된 외국 작품에 치우친 경향을 알 수 있다.

한편 1972년도 국립중앙도서관의 독서실태 조사를 참조하면, 당시 대학생의 구독 잡지로 손꼽히는 것으로는 남자는 ≪신동아≫, 여자의 경우는 중도시, 대도시에선 ≪여성동아≫를 소도시에선 ≪여성중앙≫을 애독했다. 이를 보면 여학생들의 잡지 구독 성향이 오락물에 치우쳐 있음을 알 수 있다. 감명 깊게 읽은 책으로는 『삼국지』, 『조선총독부』, 『여자의 일생』, 『테스』 등이 수위에 올랐다. 도서 구입 동기는 신문이나 잡지의 신간 소개에서 비롯되었다고 하는 경우가 제일 많았고, 다음으로 '서점을 둘러보다가', '다른 사람의 추천으로' 순이었다.[129]

그런데 1970년대 중반기부터 대학생들의 독서경향이 다소 바뀌어 갔다. 전대까지 번역물 등 외국서적에 집착하던 대학생들이 한국에 관한 책을 찾는 경향이 두드러진 것이었다. 이 같은 현상은 대학가의 서점에서 눈에 띄게 나타났다. 일례로 <대학생들의 독서경향이 바뀌고 있다>(≪중앙일보≫, 1975.7.8)에서는 서울대・성대・연대・고대・이화여대 등

大學生들의 讀書傾向이 바뀌고 있다
外書 번역물 줄고 韓國古典등 늘어
韓國에 관한것 7卷
「베스트 10」
번역물은 고작 1卷
한국에 관한 책을 찾는 대학생들이 늘고있다.

[그림 22] 〈大學生들의 讀書傾向이 바뀌고 있다〉(≪중앙일보≫, 1975.7.8)

128) <국민 10%만이 책을 읽는다>(≪중앙일보≫, 1976.9.28)
129) <무슨 冊을 얼마나 읽나>(≪조선일보≫, 1972.2.13)

시내 5개 대학 주변의 서점을 대상으로 대학생들이 많이 찾는 책을 조사한 결과 '베스트 10'을 다음과 같이 밝혔다.

> (21) ①『전환시대의 논리』(이영희) ②『한국사상사』(박종홍) ③『한국인』(윤태림) ④『생의 한가운데』(루이제 · 린저) ⑤『한국의 사상』(최창규) ⑥『사서삼경』 ⑦『한국인의 신화』(이어령) ⑧『한국의 지혜』(김덕형) ⑨『민족지성의 탐구』(송건호) ⑩『한국의 민담』(임동권) 순으로 나타나고 있다.
>
> <대학생들의 독서경향이 바뀌고 있다>(≪중앙일보≫, 1975.7.8)

'베스트 10' 가운데 우리의 고전이나 한국에 관한 것이 7권, 평론집이 2권, 번역물은 1권에 지나지 않고 있다. 같은 기사에서 이같은 현상은 당시 국내외의 한국학 붐과 서구사상 중심 교육에 대한 국내 교육계의 반성에서 비롯된 것이라고 지적했다. 특히 대학생들 스스로 학문을 하는 과정에서 외국의 사조를 서슴없이 받아들이기에 앞서 우리의 것을 보다 깊이 탐구하려는 진지한 태도를 보인다고 밝혔는데,『한국사상사』와『한국의 사상』등이 베스트셀러 상위권에 들어있음은 학생들의 탐구 정신을 잘 반영해 주고 있다. 전 시기에는 별로 찾지 않았던『사서삼경』도 베스트셀러에 들어 있으며,『한국인』이 대학가에서 관심을 모으고 있는 것도 이를 뒷받침해 주고 있다.

마지막 얘기世代
대학생 「童話읽기」 붐
노래도 童謠調에 共感
TV世代와는 斷絶
成人文化는 "暗鬱"

[그림 23] 〈대학생 '童話읽기' 붐〉(≪조선일보≫, 1973.7.24)

한편 1973년 대학생의 독서경향 중 동화 읽기 붐이 일었다는 점도 특기사항이다.

(22) 兒童文學의 범주에 속하던 동화와 童詩, 寓話 가 우리나라 대학생층과 젊은이들 사이에서 가장 인기있는 문학 장르로 읽혀지고 있다. 동화의 경우 대표적인 예는 생떽쥐베리 <어린왕자>와 안데르의센 <그림없는 그림책>이다. 이 작품들은 대학가의 베스트셀러로, 혹은 성서라고까지 일컬어졌다.

<대학생 童話읽기 붐>(≪조선일보≫1973.7.24)

학생들은 그 이유를 다음과 같이 밝혔다. 즉 신문기사, 영화, 문학작품 등 모두가 현실생활의 어둡고 복잡한 상황을 즉흥적으로 반영하고 있기 때문에 이런 성인용 문화에 접하면 괴롭고 절망적인 의식만 강해진다는 것이다. 그러나 동화를 읽으면 꿈이 있고 인정이 있고 오염되지 않은 세상이 있음을 발견하게 된다고 하였다. 여기에 동시와 동요를 애독·애송하기를 즐겼는데, 이는 어린 시절에의 향수가 반영된 것으로 보인다.[130] 이러한 독서경향은 당대 대학생들이 처했던 암담한 시대적 상황을 암암리에 반영하고 있다고 하겠다.

한편 1970년대 후반기 기사인 <서울의 대학생들 월 3~5권 책읽어>(≪중앙일보≫, 1978.10.16)에는 월간『독서』지가 서울 시내 11개 대학 재학생 1,100명을 상대로 실시한 '대학생의 독서 의식' 조사 결과가 게재되어 있다. 이를 보면 1970년대 말 서울 시내 대학생들의 또 다른 독서경향을 살펴볼 수 있다.

(23) ① 월평균 독서량: 3권 이상(5%,) 5권(1.7%), 3~5권(72%) ② 도서구입비: 용돈의 10~20% ③ 독서계획 및 선택방법: 베스트셀러로 알려진 것(3.3%), 계획없이 수시로 필요에 따라(58.3%) ④ 도서구입 방법: 서평(25%), 친구나 읽은 사람의 권유(25%), 광고를 보고(8.5%) ⑤ 가장 많이 읽고 있는

130) <대학생 童話읽기 붐>(≪조선일보≫1973.7.24)

책: (국내문학) 『난장이가 쏘아올린 작은 공』(조세희), 『머나먼 쏭바강』(박영한), 『부초』, 『해빙기의 아침』(한수산), 『도시의 흉년』(박완서)

<서울의 대학생들 월 3~5권 책읽어>(≪중앙일보≫, 1978.10.16)

위 설문 결과를 보면 서울 시내 대학생들의 독서량은 대개 3~5권(72%)이며, 책 구입은 계획 없이 이루어지고 광고 효과가 별로 없다는 것, 신진작가들의 소설에 대한 인기도가 높다는 것 등을 확인할 수 있다.

이상 초등학생, 중고교생, 대학생 등의 수준별 독서 내용, 독서 시간, 독서 활동 등의 사항들을 통해 1970년대 학생들의 읽기 경향을 살펴 보았다. 대학생을 제외한 학생들의 독서분야는 학부모들의 선택에 의해 정해지는 경우가 많았다.

한편 아동 독서경향은 주로 선정 도서를 중심으로 살폈다. 책 선택이 주로 부모들이나 학교 등에 의해 수동적으로 이루어지는 경우가 많았기 때문이다. 이를 보면 교육적인 목적인 강한 책들이 주로 읽혀졌음을 알 수 있다. 그러나 학생들 자체가 애호하는 종류로 만화가 수위를 차지한 점은 전 시기와 마찬가지였다. 중고교생 등은 입시와 관련된 학습 시간의 과다로 인한 독서 시간의 부족, 출판 상황의 악조건 등으로 독서가 부족했다. 대학생의 독서경향은 일반 독서경향과 겹치기도 하여, 베스트셀러와도 연관지어 논의할 수도 있겠다. 그러나 특징적인 면만 들자면 국내 문학류, 역사서, 자아성찰이나 자기구도, 인간상 탐구를 다룬 책 등을 많이 읽었고, 대학 교양 수업의 필수 과목으로 명저들을 읽기도 했다.

## 3. 1970년대 독서 대중화 운동의 의의

지금까지 1970년대 독서 대중화 운동의 다양한 측면들을 고찰해 보았다. 사회적으로 볼 때 전대 1960년대가 '경제안정'이라는 전국가적인 모토 아래 각 분야가 정비되는 시점이었다면, 1970년대는 비교적 안정기로 진입하던 때라고 볼 수 있다.

먼저 1970년대 일반 독서운동의 경우, 도서관에서는 매년 독서주간을 통하여 다양한 독서운동을 펼쳤다. 독서주간은 1920년도부터 이루어졌던 것으로 국민 독서 인구 개발에 영향을 끼쳤다. 즉 매년 실시되는 독서주간은 국민 독서 습관에 있어서도 하나의 사이클을 형성하여 국민 독서 진작에 중요한 역할을 했다고 보여진다. 도서관에서는 평소에도 독서상담실을 마련하고, 국민 독서지도에 앞장섰으며, 다양한 운영 방식으로 국민 개독운동에 앞장섰다. 도서관 외에도 '대한출판문화협회'와 '한국도서관협회', '한국독서인구개발공사'와 '독서장려협회' 등의 단체는 각종 독서 대회와 직장 문고의 설치, 각종 책읽기 캠페인으로 독서 인구를 개발하는 데 공이 컸다. 또한 출판계의 독서운동도 활발했다. 1970년대는 서점도 급속도로 증가했고, 서점 자체 내의 독서운동이 전개되기도 했다. 1970년대는 한글세대가 성장했던 시기로서 이를 기반으로 전개되었기에 전대에 비해 확산력이 컸다.

한편 학생 독서운동은 문교부와 학교, 어머니를 중심으로 이루어졌다. 특별히 어린이 대상의 활동이 두드러졌는데, 도서관에서는 어린이를 위한 독서상담은 물론 수준별 권장 도서를 일정 기간마다 제시했으며, 방학 시즌마다 어린이 독서학교를 운영하기도 했다. 학생 독서운동은 교육 대상으로서 무엇을 읽혀야 하나 등 독서 지도의 측면에서 주로 이루어졌다. 학생 독서운동은 주로 아동 중심, 중고생 중심의 독서운동이 지배적이었지만 중후반기 이후부터 대학생들의 독서운동에도 관심이 일었다. 즉 대학 자체 내에서 학생들의 독서 유도를 위한 독서 커리큘럼을 다양하게 실시한 것이다. 2000년대에 그 사이 소홀했던 교양교육의 중요성이 다시금 논의되고 독서와 토론 교육이 활성화되고 있다. 이러한 시기에 1970년도 중반기에 일었던 대학 교양교육에서의 독서운동 내용은 주목할 만하다.

앞선 분석에서는 1970년대의 독서경향에 대해서도 검토해 보았다. 일반 독서경향은 통계치로 다양한 양상을 보이고 있어 일일이 정리하기는 어려우나, 특별히 문고붐과 문예영화화로 인한 문예붐, 베스트셀러의 여성화 현상 등은 주목할 만하다. 학생 독서경향에서 아동의 경우는 주로 선정 도서 중심으로 살폈다. 책 선택이 주로 부모들이나 학교 등에 의해 수동적으로 이루어지는 경우가 많았기 때문이다. 이의 결과 교육적인 목적인 강한 책들이 주로 읽혀졌다. 중고생의 독서경향은 주로 리서치를 통한 다양한 통계 자료를 통해 확인해 보았다. 특징적인 것은 실제 이들은 입시와 관련되어 독서율이 가장 낮은 층이라는 점이다. 대학생 독서경향은 일반 독서경향과 같이 다루어져 마찬가지로 다양한 양상을 보이지만 문학 외에 한국학에 관심을 보였다는 점이 눈에 띄인다.

또한 1970년대는 2차 교육과정기에 이어 3차 교육과정이 진행되던 때이다. 국어과에서는 언어 사용 기능 신장이 특히 강조되었던 시기이기도 하다.[131] 이와 더불어 연구자들의 읽기교육에 대한 관심과 함께 연구서들도 다수 발간되었다. 사회적인 독서운동 뿐 아니라 학계의 독서교육에 대한 관심도도 높았음을 의미한다.

마지막으로 당시 독서운동에 대한 견해를 보이는 기사문들을 몇

---

131) 윤여탁 외(2006), 앞의 책, p.323.

개 살펴보고 이 장을 마치려고 한다.

(24) 믿을 수 있는 독서경향·독서량 등의 조사가 현 단계에서 어떠한 단체에 의해서도 책임있게 이루어지지 않고 있다는 사실 때문에 독서운동은 언제나 막연하고 구호에 그치는 것이 돼왔다.

<책창고·입시생 집회소란 오명 씻게>(≪중앙일보≫, 1971.1.13)

(25) 어떻게 독서를 생활화하게 하고 미 독서층을 개발하겠다는 구체적인 계획이 없으며 또 이러한 독서운동의 기본 자료로서 필수적인 '국민독서조사'는 해방 이후 아직 한번도 시행된 적이 없다. 독서습관과 능력은 단시일에 이루어지는 것이 아니고 또 어려서 길러지지 않으면 성인이 되어도 책을 읽기가 어려워진다는 것을 생각할 때 독서운동의 근본적이고 장기적인 대책은 초등 교육과정의 어린이부터 독서를 습관화하는데 역점이 두어져야할 것이다.

<국가 발전과 도서의 역할>(≪중앙일보≫, 1973.7.14)

인용문들은 당시 국립중앙도서관의 한 관계자의 말이기도 하다. 근대 이후 독서운동은 실제로 '책은 좋은 것이니까 그저 읽어라'는 식의 구호적인 운동이었고 여러 단체들이 산발적으로 벌인 구심력 없는 비조직적 운동이었다. 다시 말해 우리나라의 독서운동은 처음 '독서주간'이 제정될 때부터 뚜렷한 목표가 정해져 있다기보다 그저 건전한 민주시민으로서의 성장과 민족 문화 발전에 기여한다는 막연한 목적이었다.132)

그런데 보다시피 1970년대에 이르러 자성의 소리가 높아졌다. 당

132) <구심력 없는 독서운동>(≪중앙일보≫, 1971.9.10)

시까지의 독서운동이 국민들이 책을 가까이 하게끔 유도한 계몽적인 단계였다면 제2단계 독서운동으로서 어떤 책을 어떻게 읽어야하는가를 제시할 때라고 인식하기 시작한 시기이다.133)

(26) 국가 발전의 가장 중요한 요인인 인간을 형성하는 것은 교육이며 그 교육은 바로 도서를 수단으로 하고 있다. 도서는 교육의 기본적 수단으로 학교 교육과 사회 교육에서도 마찬가지다. 국가 발전은 도서를 어느 정도 소화해서 활용하느냐에 달려 있으며 그것은 국민의 독서로부터 시작되고 모든 국민의 균형된 높은 수준을 위해서는 독서층이 온 국민으로 확대되어야 한다. 즉 독서의 풍조가 사회를 지배하게 되어 온 국민이 독서하는 습성을 붙여야 하며 또 이러한 독서층의 저변 확대는 학교 교육에서부터 싹이 터야 한다. 또 국가 발전을 가속화하기 위해서는 도서관의 확충과 이에 대한 정부의 재정적 원조가 뒤따라야 한다. 소수의 대 도서관보다 다수의 소 도서관을 만들어 독서층의 저변을 확대해야 하며 한편 이용자 편에서도 좌석만 빌리는 식의 도서관에 대한 인식을 바로 잡아야 한다.

<국가 발전과 도서의 역할>(≪중앙일보≫, 1973.7.14)

위의 인용문은 국가발전의 측면에서 독서운동이 얼마나 중요한가를 역설한 것으로, 1970년대 독서운동의 무게를 짐작케 한다.

133) <구심력 없는 독서운동>(≪중앙일보≫, 1971.9.10)

# Ⅵ. 1980년대 독서 대중화 운동

1980년대 제5공화국의 국정지표는 민주주의의 토착화, 복지사회 건설, 정의사회 구현, 교육개혁과 문화창달이었다. 이 시기는 5·18 광주사태, 사북사태 등의 사회적인 혼란과 1986년 아시안게임과 1988년 서울올림픽 개최 등으로 인해 경제 규모가 급속히 성장하면서 내부적으로 빈부의 격차가 커졌고 지역간의 갈등이 심화된 시기이기도 하다. 또한 정부에서는 사회교육법을 제정하여 제도권 밖의 비정규교육활동을 철저히 통제하였다. 교육개혁도 시행되어 전인교육, 정신교육, 과학교육 및 평생교육의 4대 지표가 추진되었던 시기이다. 이러한 시기에 사회적인 독서운동은 어떻게 전개되었는지 살피고자 한다.

## 1. 도서관 및 각종 단체의 독서운동

### 1) 도서관의 '국민독서생활화' 운동

#### (1) 도서관 정책과 현황

1981년 6월 23일 정부는 문화공보부 '80년대 문화정책'에서 연차적으로 공공도서관을 설립하여 소규모 지역사회 공공도서관의 기능을 사회교육과 지역사회의 문화공간으로 활성화 하고, 국민의 평생교육을 진흥시키려는 시책을 추진하였다.[1] 이러한 상황 속에서 전개된 도서관의 운동은 전대와 다르게 그 규모가 확대되고 운동의 성과 또한 가시적으로 드러났다. 즉 1960년대와 1970년대에 전개된 도서관 운동은 민간 차원의 '마을문고운동'이 큰 축을 형성한 반면 제도권 내에서는 '도서관법제정'이라는 결실을 제외하고는 운동이 미약한 수준에 그쳤고 그 성과 또한 미진하였다고 할 수 있다. 그러나 1980년대는 공공도서관 운동이 확대 발전되던 시기로서, 이전 시기가 민간차원에서 도서관을 확보하는 운동에 주력하였다면 1980년대로 접어들면서 공립 공공도서관의 운영을 근대화하고 도서관 관련법과 제도를 개선하는 양상을 띠었다. 입관료 폐지운동, 개가대출운동, 이동도서관운동, 법과 제도의 개선 등의 구체적인 운동들이 광범위하게 전개되었고 결과적으로 도서관운동이 질적 상승을 이루게 되었다.[2]

또한 1980년대 들어 공공도서관의 수는 이전 시기에 비해 두드러지게 증가하였다. 이것은 정부의 도서관 정책상의 개선으로 인한 성과라고 할 수 있다. 1960년대 초부터 1970년 말까지의 공공도서관 수를 보면, 1960년 18개관에서 1979년 119개관으로 20년 동안 101개관이 증가하였다. 1980년대에는 1981년에 121개관이던 것이 1984년에는 143개로 증가하였다. 바로 이 시기는 도서관의 수가 물리적으로 대폭 증가하였다는 것이 확연히 드러난다.[3]

1) 남산도서관(2002), 『남산도서관 80년사』, 남산도서관, p.407.
2) 이연옥(2002), 『한국 공공도서관 운동사』, 한국도서관협회, p.17.
3) 이연옥, 앞의 책, p.126.

〈표 9〉 공공도서관 현황(1981/1984) [출처: 한국도서관협회, 『한국도서관통계』]

| 연도 | 도서관수 | 직원수 | 장서수 |
|---|---|---|---|
| 1981 | 121 | 1,471 | 2,574,683 |
| 1884 | 143 | 1,970 | 3,629,984 |

또한 정부는 당시 전국 29,086개 '새마을회관'을 1982년부터 1983년까지 '마을문고도서실'로 바꾸고 각 마을에 도서비를 지원하는 한편 '고향마을 책보내기' 운동을 펴 마을당 보유 도서를 늘리는 데 앞장섰다.

특히 정부의 지원과 함께 전개되었던 '마을문고운동'은 주로 농어촌을 중심으로 1960년대부터 시작된 것으로 1970년대는 '새마을문고운동'으로 발전되어 문고 운영 뿐 아니라 청장년층을 중심으로 한 독서회를 조직하여 독서진흥을 꾀하기도 했다. 그런데 1980년대 문고운동의 큰 변화는 무엇보다 도시지역 독서운동의 전개라고 할 수 있다. 전 시기에는 주로 농어촌 지역의 문고 설치와 육성에 집중되었다. 물론 1970년대에도 부분적으로 국민 독서연맹을 조직하고 직장문고 설치, 국민독서경진대회 개최 등의 사업을 추진하면서 도시 독서운동을 전개하였으나 오래 지속되지 못했다. 그러나 1980년대에 들어와서 농어촌 인구가 감소하고 산업화에 다른 도시화 현상이 두드러지자 도시에도 직장문고와 독서대학을 설치 운영하고, 독서캠페인을 전개하는 등 도시지역 독서운동을 활발하게 전개하였다.[4]

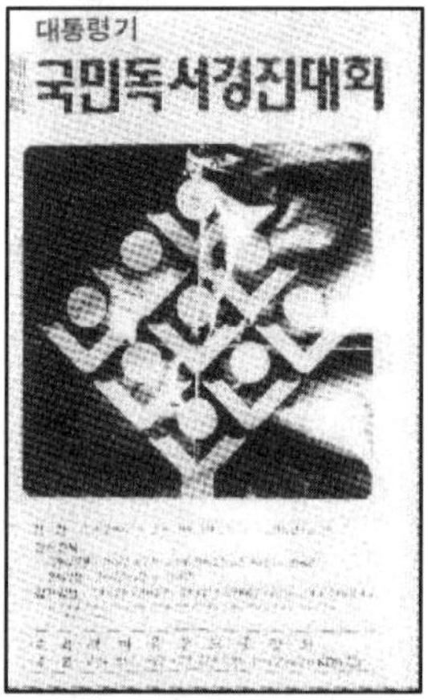


[그림 24] 국민독서경진대회 포스터(『새마을文庫運動 40年史』 수록)

한편 이 시기 정부에서는 '도서추천위원회'를 국립중앙도서관에 설치하기도 했다. 여기에서는 국민들의 수준별·분야별·지역별로 적합한 도서를 선정하고, 추천도서에 일련번호를 붙여 '어떤 책을 읽어야 하는가'를 구체적으로 제시해 주었다.[5] 이러한 정부 차원의 독서운동은 공공도서관을 통한 독서운동과 정책적인 입안 등에서 이루어졌다.

### (2) '국민독서생활화 운동'

1980년대는 '국민독서생활화' 운동이 활발하게 전개된 시기이다. 공공도서관에서는 국민적인 독서운동을 펼치는 가운데, 주부들을 위한 각종 프로그램들을 마련하고 그들을 독서활동으로 연계시키는 작업도 적극 추진했다. 이것은 정부의 '80년대 문화정책'에서 비롯된 것으로서 평생교육의 차원에서 행해진 것이다. 일례로 1983년 11월 '영등포시립도서관'에서 취미·교양강좌를 중심으로 한 '주부교실'이 첫 선을 보인데 이어 1984년 1월에는 부평시립도서관이 '자녀교육정보자료실'을, 5월에는 한국학생도서관이 '주부도서실'을 각각 마련했다. 프로그램은 주로 자녀교육, 주부와 교양, 원고지 작성법, 서예교실 등이었다. 이러한 일반 교양 프로그램과 함

永登浦·富平·한국學生 도서관서 활발
지역사회 圖書館을 안방과 잇는다
「主婦독서실」등 프로그램 다양
주부교실·자녀教育자료실도 마련
독서회조직-'주부통해 온가족 독서生活化.

[그림 25] 〈지역사회 圖書館을 안방과 잇는다〉(≪중앙일보≫, 1986.7.5)

4) 새마을문고中央會(2005), 『새마을文庫運動40年史』, 새마을문고中央會, p.107 참조.

5) <독서 생활화 캠페인>(≪중앙일보≫, 1981.11.7)

께 독서 프로그램도 함께 실시했다. 즉 독서강좌와 토론회, 주부 대상의 무료 관외대출제도를 실시하였고, 주부독서회를 열어 정기모임을 가지며 독후감 발표회를 통해 서로 책의 지식을 나누게끔 했다.6)

주부 겨냥의 도서관 운동은 1980년대 초기를 출발점으로 하여 본격화되었다고 할 수 있는데, 가정 전체의 독서를 유도하는 파급력을 지녔기에 더욱 강조되었다. 이후 1980년대 중후반기, 1990년대, 2000년대 현재 도서관에서 이루어지는 주부 대상의 각종 문화강좌는 1980년대부터 활성화된 것이라 볼 수 있다.

그 외에도 도서관에서는 '문턱 없는 도서관'을 만들어 시민들이 기꺼이 드나들도록 하기 위해 다양한 프로그램들을 마련하였다. 일례로 서울시내 16개 시립도서관들은 각각 아파트 단지나 국민학교 및 중학교에 분관 형태의 도서관문고를 설치하고 도서대출 뿐 아니라 모자독서회 운영, 컴퓨터와 서예 및 교양강좌, 어린이 독서토론회와 백일장 개최 등 특색사업들을 마련하였다. 학교에 설치된 '도서관문고'의 경우도 재학생과 학부모, 그 외 일반인 등에게도 무료개방하여 지역주민들이 자유롭게 출입하도록 했다. 일반인에게 새로운 생활정보와 교양 및 전문지식을 제공함으로써 평생교육의 장이자 생활문화의 중심지로 자리잡고자 노력한 것이다.7)

또한 이 시기에 시각 장애자를 위한 '점자 도서관'이 설립되었다는 점도 특기할 만하다. 1984년 2월 우리나라에서 처음으로 문을 열었는데, 당시 서울 종로 사직공원 뒤편에 있는 '서울시립종로도서관' 1층 시각장애자 열람실에는 맹인들을 위한 600여권의 점자도서와 500여개의 녹음테이프가 진열돼 있었다. 이곳의 자료 대출은 일체 무료로 직접 집에까지 우송되며 대출 기간은 2주이나 1회에 한해 1주간 연장

6) <지역사회 도서관을 안방과 잇는다>(≪중앙일보≫, 1986.7.5)
7) <독자 찾아 나서는 도서관 분관설치 활발>(≪중앙일보≫, 1987.9.28)

이 가능했다. 또 직접 도서관에 찾아오는 사람을 위해서 별도의 열람석도 마련해 놓았으며, 도서관 입구에는 맹인 전용 벨까지 설치하였다.[8] 이렇듯 1980년대 초에 일었던 도서관의 '국민독서생활화 운동'은 주부나 장애인과 같이 소외된 계층들에게 확산되었다는 점에서 주시할 만하다.

뿐만 아니라 도서관에서는 독서클럽을 통한 '책읽기운동'도 활발했다. 1981년 당시 '남산도서관'의 주부 독서회로는 '강남독서회', '남부독서회', '상신독서회', '미도독서회', '펭귄독서회', '장미원독서회' 등이 있었고,[9] 학생독서회로는 '물망초독서회', '종달새독서회', '제일독서회', '홍익독서회' 등이 있었다. 특히 '서울종로도서관'의 '제일독서회'는 1984년 당시, 이곳을 거쳐간 사람이 300여 명으로 그 활동이 활발했다. 지방에서는 '경주중앙도서관'의 '화랑독서회'가 활성화된 움직임을 보였다. 이렇듯 평생교육의 차원에서의 독서회 조직은 국민의 독서 생활화에 큰 도움을 주었다.[10]

독서주간도 여전히 실시되었는데, 이 시기에는 공공도서관을 무료로 개관하고 시간도 연장하면서 국민 독서 고취를 위한 다채로운 행사를 펼쳤다. 출판문화협회 · 도서관협회가 주관이 되어 각 공공도서관의 독서관련 교양강좌 개최, 출판 유공자 표창, 가두 캠페인을 통한 양서목록 나눠주기, 청소년 추천도서, 우량도서전시, 독서 강연, 다독자 표창, 독후감 쓰기, 독후감상 그림 그리기 등 여러 행사를 실시했다. 또한 이 기간에는 대형서점들도 시화전, 국내의 유명 문학상 수상작 전시, 학생 · 주부 대상의 독후감상문 모집, 글짓기대회 등을 열었다.[11]

---

8) <맹인들을 위한 점자 도서관 문 열어>(≪중앙일보≫, 1984.4.2)
9) 남산도서관(2002), 앞의 책, p.243.
10) <직장인 · 주부들 책읽기 모임 활기>(≪중앙일보≫, 1984.7.4)

한편 전대로부터 독서주간에 도서전시회는 빠질 수 없는 행사였다. 일례로 1985년 9월 독서주간에는 총108개 출판사가 참가하여 41,500종 411,700부의 책이 전시, 판매되었다. 특별기획전으로는 "한국의 사전 100년전", "광복 40년 수상도서전", "우수장정 콘테스트 입상도서전", 등이 마련되었고, 책과 독자를 가깝게 한다는 취지에서 옥외 전시를 하고 축제 분위기를 만들었다. 도서전시회에는 도서전시 외에 독서백일장, 독서웅변 시범대회, 독서성향조사 및 경품행사도 마련하였다. 전시 기간 중 사물놀이, 인형극, 우리춤 가락, 여고밴드 취악 등도 벌어져 전시장에 온 독자들을 흥겹게 했다.12) 이러한 도서관의 '책축제'는 매년 실시되어 국민 독서 고취의 장이 되었다.

(3) 개가 및 관외대출과 이동도서관

1980년대에는 '대한도서관연구회'가 도서관운동의 중요한 거점이 되어 전체 도서관운동을 이끌어갔다. 이 연구회에서는 도서관이 학생들의 공부방에 불과했던 전근대적인 상황을 개선하기 위하여, 장서를 개방하고 관외로 대출하는 것만이 그 해결책이라고 판단했다. 그래서 '개가 및 관외대출 운동'을 적극적으로 벌였다. 실제로 그 성과는 1980년대 중반 이후부터 이루어져 관외대출이 확산되기에 이르렀다. 즉 초·중등학교를 대상으로 학교별로 월 200여권의 책을 대출해 주는 '순회문고'를 열고 단체대출을 원하는 곳이면 어디든지 이용할 수 있도록 적극적인 운영방식을 꾀하였으며, '임해문고'라 하여 휴양지를 찾아가는 도서관을 운영하기도 했다. 운영목적은 첫째, 여름 휴가철을 맞아 휴양지를 찾는 휴양객과 현지 주민에게 독서의 기회를 제공하고, 둘째, 독서를 권장함으로써 오락과 유흥일변도의 휴가 풍토

11) <독서의 계절…"책을 가까이 합시다">(≪중앙일보≫, 1988.10.25)
12) <독서>(≪중앙일보≫, 1986.10.1)

를 개선하고 여가 선용과 독서생활화 기풍을 조성하기 위함이었다.[13]

뿐만 아니라 '자동차 이동도서관(Book Mobile)'이 뿌리를 내리며 점차 늘어나고 있었다. '자동차 이동도서관'이란 차에 책을 싣고 동네 안까지 들어가 주민들이 집 근처에서도 손쉽게 책을 골라 빌어볼 수 있도록 한 제도로서 지역주민들과 책을 접촉시켜주는 좋은 방법이었다. 이러한 이동도서관은 이미 1970년대 초기 '서울시립종로도서관', '남대문도서관'에서 실시하여 관내 위주의 봉사에서 지역 주민을 찾아가는 움직이는 도서관으로의 변모를 꾀한 적이 있었다. 그러나 확산되지 못하다가 1980년대 초에 접어들면서 '대한도서관연구회'의 선도 하에 전국적인 확산을 위한 다각적인 시도를 하게 되었다.

먼저 1983년 '국립중앙도서관' 분관에서 이동도서관 사업을 시범적으로 실시하였다. 이후 1984년 '대한도서관연구회'는 이를 전국적으로 확산하기 위해 현실적인 방법을 모색하였고 이동도서관 전용차량 개발에 착수하였다. 이렇게 해서 자동차 이동도서관이 정착하게 되었고,[14] '서울남산도서관', 부산, 대구시립도서관 등 지방 공공도서관 등으로까지 확산되기에 이르렀다.[15] 이동문고의 이용 계층은 주부, 어린이, 학생, 성인 등 모든 계층을 망라하였으며, 특히 도서관을 직접 이용하기 어려운 주부, 어린이 및 직장

[그림26] 이동도서관(『남산도서관 80년사』 수록)

13) 남산도서관(2002), 앞의 책, p.37.
14) 이연옥(2002), 앞의 책, pp.142~143 참조.
15) <마을순회 자동차도서관이 는다>(≪중앙일보≫, 1984.8.29)

인들에게 환영을 받았다. 주로 주택 밀집지역과 아파트 지역을 대상으로 도서가 대출되었는데, 문학류와 과학류가 인기였고, 문학류의 이용이 과반수를 차지하였다.[16] 이동도서관은 이후 보다 발전된 형태로 지속되었다.

### 2) 출판계와 매체의 연합과 활성화된 독서클럽

#### (1) 출판계 및 언론사의 독서운동

1980년대 초에는 출판계 및 언론사의 독서운동도 주목할 만하다. 먼저 '대한출판문화협회'의 활동이 대표적이다. 전 시기로부터 독서운동기구의 조직화와 그 활동을 주도해 온 단체였다. 출판물 대형유통기구 설립의 추진, 독서감상문 모집, 독서클럽의 소개, 출판 활성화를 위한 세미나 개최[17] 등의 활동을 펼쳤다. 특히 이 단체의 활동 중 가장 주목되는 것은 국민 독서경향에 대한 정기적인 분석을 시행한 것인데, 독자 의식구조 조사, 독서실태 조사, 나아가 해외출판계 동향조사 및 결과 분석을 실시하였다.[18] 특별히 독서와 출판 관련의 다양한 통계는 향후 독서운동을 위한 국민독서지표를 마련하는 지침으로 작용하기도 했다. 1980년대 후반기에 이르러서는 TV 등 전자매체의 독서 프로그램을 확대하고, 출판산업의 과학화를 위해 출판산업의 분석과 대책연구, 출판전문인 양성, 제작기술의 연구, 출판학 이론정립 등의 사업을 벌이기로 했다.[19]

---

16) 남산도서관(2002), 앞의 책, p.238.
17) <각종 문화단체 올해 계획>(≪중앙일보≫, 1980.1.14)
18) <여름 독서 캠페인 출판문화협회서>(≪중앙일보≫, 1980.7.18)
19) <책과 독자를 더 가깝게…출판문화협, 독서운동 전개>(≪중앙일보≫, 1985.1.29)

독서 페이지
국내 첫 新刊안내紙 나와
『책과 선택』, 부정기로 간행
15개出版社 연합, 書評도 함께 실어
책과 선택 7

[그림 27] 〈국내 첫 新刊안내紙 나와〉(≪중앙일보≫, 1984.1.10)

한편 출판 문화의 양적 팽창이 두드러지자 문학과 지성사, 창작과 비평사, 평민사를 주축으로 10개 출판사가 '오늘의 책'이라는 이름으로 좋은 책을 알리기로 하고 '운영위원회'를 만들었다.[20] 당시 선정위원으로 위촉된 사람은 모두 10명으로서 강만길(한국사 · 전고대교수), 김흥규(국문학 · 고대교수), 변형윤(경제학 · 전서울대교수), 성완경(미술학 · 인하대교수), 소홍렬(철학 · 이화여대교수), 신용하(사회학 · 서울대교수), 이상옥(영문학 · 서울대교수), 이중한(출판평론가), 장회익(물리학 · 서울대교수), 진덕규(정치학 · 이화여대교수) 등이었다. 이의 결과로 1984년 1월부터 『책과 선택』이라는 신간 소개의 부정기 간행물이 15개 출판사의 공동출자로 나왔다. 당시까지 책과 독자의 만남은 서점이나 도서관에서 책을 보거나 신문 · 방송의 광고나 책 안내 보도 등에서 이루어졌다. 그런데 책을 소개하는 새로운 통로가 마련된 것이다.[21]

또한 출판사에서는 독후감 모집을 통해 독서운동을 펼쳤는데, 현암사의 '청개구리문고 독후감 모집', 신원문화사의 '새나라 새세대 독후감 및 교사생활 수기모집', 계몽사의 '전국 국민학생 및 어머니 독서감상문 모집' 등 정기적인 모집과 함께 각종 교양강좌 및 강습, 독서토론회 등을 개최했다.[22] 정부에서도 출판사의 이러한 활동을 도

20) <독자 도울 오늘의 책뽑기로>(≪중앙일보≫, 1983.8.10)
21) <국내 첫 신간안내지 나와>(≪중앙일보≫, 1984.1.10)
22) <출판사 문화행사 다양해졌다>(≪중앙일보≫, 1986.12.3)

와 '양서출판 진흥자금'을 융자해 주고 '출판과학연구소 설립' 및 '저작자 개발' 등을 지원하였다.[23]

1980년대에 또 하나 특기할 만한 것은 매체를 통한 독서운동이 활성화되었다는 점이다. 특히 TV 매체를 통한 독서운동이 활발하였다. TV는 1960년대 말에서 1970년대에 만화와 함께 청소년들 독서 활동의 저해 요소로 지적되었다. 그러나 이 시기에 이르러서는 독서운동, 독서교육의 장으로 선용되기 시작한 것이다. 즉 TV를 통하여 출판계의 현실을 분석하고, 일반인 및 청소년 독서특강, 독서토론, 독서진단, 도서전시회 및 독서캠페인[24] 등의 프로그램을 방송함으로써 독서인구 저변확대에 힘썼다. 일례로 MBC-TV의 'MBC 뉴스센터, 무슨책을 읽으십니까',[25] KBS-1TV의 '책, 서점, 출판사. 전국 주요 출판사와 서점',[26] KBS 1TV '주부대학'[27] 등은 우리 출판계의 현실을 분석하고, 독서인구 저변확대를 기하며, 자녀들의 독서지도를 위한 이론과 실제 등을 방송한 프로이다.

방송 독서운동은 전파에만 그치는 것이 아니라 실제 대규모 도서전시회로까지 확산되었다.

> (28) 등화가친의 계절을 맞아 KBS, MBC 두 방송사가 도서전시회 및 독서캠페인 특집방송을 내보내고 있다. KBS는 방송사업단의 주최로 대규모 도서전시회인 『83도서시장』을 10월 8일부터 23일까지 여의도광장에서 열기로 확정했다. KBS는 이를 위해 10월 7일까지 여의도광장에 3천평 규모의 건물

---

23) <양서출판 백억지원>(≪중앙일보≫, 1985.12.30)

24) <사회 · 교양>(≪중앙일보≫, 1985.7.8), <KBS 1TV '주부대학'>(≪중앙일보≫, 1986.1.27), <사회 · 교양>(≪중앙일보≫, 1987.9.3), <TV 교육방송과 함께>(≪중앙일보≫, 1987.12.21)

25) <볼만한 프로>(≪중앙일보≫, 1982.10.16)

26) <사회 · 교양>(≪중앙일보≫, 1985.7.8)

27) <KBS 1TV 주부대학>(≪중앙일보≫, 1986.1.27)

을 짓고 이 가운데 1천평을 전시장으로 임대, 각 출판사의 신간·구간 및 고서코너 등을 마련. 한편 MBC는 연3주에 걸쳐 대형『독서기획시리즈』특집방송을 마련, 대대적인 책읽기 운동을 벌이고 있다. 지난 18일에는 제1부 <책은 마음의 고향>을 3시간에 걸쳐 내보냈으며 이어 25일에는 제2부 <책은 마음의 선물>을 3시간 동안 방영했다.

<두 TV서 독서캠페인>
(≪중앙일보≫, 1983.9.29)

두 TV서 讀書캠페인
KBS 圖書전시회·MBC 連3週 특집방송
기독교방송 가을프로 개편
청취자참여·宣教방송多様化

[그림 28] 〈두 TV서 讀書캠페인〉(≪중앙일보≫, 1983.9.29)

(28)에 나타난 바와 같이 1983년도에는 방송사 주최의 '83 도서시장'이 여의도 광장에서 열렸다. KBS는 이를 위해 여의도 광장에 3,000평 규모의 건물을 짓고 이 가운데 1,000평을 전시장으로 임대하여 각 출판사의 신간, 구간 및 고서 코너 등을 마련하였으며, MBC는 연 3주에 걸쳐 대형 '독서기획시리즈' 특집 방송을 마련하고 대대적인 책읽기 운동을 벌였다. 이 두 방송사의 독서 기획으로 그동안 반독서(反讀書) 환경의 장본인으로 여겨지고 있던 방송사들이 시청자의 시각을 독서로 돌리게끔 했다.[28)]

1985년도에도 '85 전국도서시장'이 대한출판문화협회와 한국방송공사 공동주최로 현대건설 운동장에서 열렸으며, 이 전시회에서는

28) <두 TV서 독서캠페인>(≪중앙일보≫, 1983.9.29)

377개 출판사에서 31,204종 300,000여 권의 책을 전시했다. 이러한 일련의 활동들은 인쇄매체와의 경쟁 상태에 있던 전파매체가 상호 협조 분위기를 마련했다는데서 획기적인 기획으로 평가될 수 있다. 당시 책을 가까이 하는 풍토를 만들기 위해 대규모 캠페인을 벌이고자 노력했던 출판계의 염원이 TV 등 매스컴의 지원으로 결실을 보게 된 것이다.

한편 신문사의 독서운동도 전대로부터 꾸준히 이어져 온 것이지만, 각 신문마다 독자들이 참여하는 독서코너와 명사들의 독서담, 양서소개, 서점과 출판계의 동향분석 등 독서 관련 기사를 증면하였고,[29] 정기적으로 일반 및 학생 대상의 독서상을 시상하여 독서를 장려하였다.[30] TV, 신문사 등 언론매체의 독서운동은 전파의 속도와 불특정 다수 시청자(독자)라는 측면에서 그 파급효과가 지대했다.

### (2) 독서클럽 붐과 기타 독서운동

1980년대에는 각종 독서클럽 붐이 일었다. 일반인, 학생, 공단 근로자들의 독서클럽 등 다양한 계층의 독서모임이 정기적으로 개최되었다.[31] 주목되는 점은 시인 구상, 소설가 이청준 등 지명도 있는 문인들이 이러한 모임에 적극 참여하여 그들의 독서운동을 격려했다는 점이다.[32]

특히 공단 근로자들의 독서클럽이 활성화되었다는 점도 특기 사항이다. 구로공단 및 광명시 등을 중심으로 젊은 근로자들 사이에

29) <독서란에 참여하세요>(≪중앙일보≫, 1986.12.3)
30) <16회 중앙독서감상문 시상식>(≪중앙일보≫, 1989.11.11)
31) <공단 근로자들 독서열 높아졌다>(≪조선일보≫, 1980.6.10), <'독서모임'이 늘어난다. 직장 등에 10명 안팎씩>(≪조선일보≫, 1980.6.24), <공단 근로자 문화서클 활동 늘어간다>(≪중앙일보≫, 1983.3.29), <미혼직장여성 '신애회' 독서클럽>(≪중앙일보≫, 1987.7.7)
32) <국영기업 부사장 존폐 등 직제개편 싸고 고심>(≪중앙일보≫, 1984.3.5)

서 독서모임이 활발했다. 일례로 구로공단에 근무하는 20대 초반의 여성 근로자들은 '무지개 독서클럽'을 조직하고 매주 독서회를 개최했다.

工團 근로자들 讀書熱 높아졌다
"자취방 독서회" 활발한 토론

[그림 29] 〈工團 근로자들 讀書熱 높아졌다〉(≪조선일보≫, 1980.6.10)

> (29) 구로공단에 근무하는 20대 초반의 여성근로자 30여명이 열심히 책을 읽으며 독후감을 발표하고 있다. 이들은 <무지개 독서클럽>을 조직, 매주 수요일 저녁 이곳에 장소를 빌어 독서회를 개최하고 있다. 매주 빠짐없이 열심히 참석하고 있는 최선영양(23 · 구로 3공단의 신사복과 도너츠메이커인 <부흥사> 근무)은 지난 주일에 읽은 <리처드 · 바크>가 지은 사진소설 <갈매기의 꿈>에 대한 독후감을 발표했다. 이들을 무료로 지도하고 있는 복지관 교사 정은씨(36 · 여)는 독서가 습관화되지 않은 이들이 싫증을 낼까봐 흥미를 끌 수 있는 쉬운 소설부터 차차 고전으로 들어가 독서량을 늘리겠다고 지도방침을 밝혔다.
>
> <공단 근로자 문화서클 활동 늘어간다>(≪중앙일보≫, 1983.3.29)

'무지개 독서클럽' 외에도 당시 구로 3공단의 TDK사(전자부품회사) 여공들의 모임인 '한마음 독서클럽'도 유명했다. 이들은 매주 한번씩 모여 독후감 발표는 물론 권장할만한 책을 추천하고 정보를 교환하며 도서를 공동 구입하였다. 이들 클럽에서는 따로이 강좌를 마련하여 작가와의 만남을 갖기도 했다.[33]

---

33) <공단 근로자 문화서클 활동 늘어간다>(≪중앙일보≫, 1983.3.29)

이 외에도 1980년대 초에는 좀처럼 책을 대하기 쉽지 않은 직장인과 주부들 대상의 '독서학교'나 '독서클럽'을 통한 '책읽기운동'도 활발했다. 당시 독서회는 수강생을 모집하여 독서지도를 하는 '독서학교'와 끼리끼리 모여 책을 읽고 느낌을 서로 주고 받는 '독서클럽'으로 구분된다.[34] 책을 읽고 토론회나 독후감 발표, 저자와의 대화 등을 통해 책과 가까이 할 수 있어 직장인과 주부들 사이에 인기가 있었다. 이러한 독서단체들은 평생교육의 차원에서 독서운동이 확산된 경우라고 할 수 있다.

한편 1984년 5월초에는 '흥사단'에서 독서대학을 열었다. 곳곳에 지부를 둔 독서대학은 좋은 반응을 얻었는데, 매주 하루를 정하여 독서강좌를 열었고, 독후 감상을 나누거나 독자와 저자가 한데 어우러져 대화를 나누는 시간을 가졌다. 독자들은 대부분 직장인, 주부, 대학생들이었다.[35] 1980년대 중후반기에는 보다 활성화된 형태로 지속되었는데, 함래운, 고정희, 김용운, 백기완, 문익환, 김진균, 한완상 등 유명인사들이 강사로 활동했다.[36]

1980년도 중반기부터 일기 시작했던 대학가의 '북카페' 운동도 주시된다. 아늑한 분위기, 은은한 선율 속에서 차를 마시며 책도 읽고 독서토론도 벌이는 '북카페'(Book Cafe) 운동은 성균관대, 홍익대, 신촌, 동국대, 한성대 앞 등 대학가 중심에서 시작되어 지방의 부산, 광주, 청주, 수원, 안양 등으로까지 확산되었다.[37] '북카페'의 단골손님들은 자발적으로 독서클럽을 조직하여 매주 독서토론회를 열고 정기

34) <직장인 · 주부들 책읽기 모임 활기>(≪중앙일보≫, 1984.7.4), <오늘의 책 독서강좌>(≪중앙일보≫, 1984.9.27), <독서대학 강좌 개설>(≪중앙일보≫, 1985.3.26)

35) <직장인 · 주부들 책읽기 모임 활기>(≪중앙일보≫, 1984.7.4), <오늘의 책 독서강좌>(≪중앙일보≫, 1984.9.27), <독서대학 강좌 개설>(≪중앙일보≫, 1985.3.26)

36) <독서대학 강좌 개설>(≪중앙일보≫, 1985.3.26)

37) <북카페 운동이 번지고 있다>(≪중앙일보≫, 1986.11.17)

적인 문학 행사도 가졌다.

1989년에는 이와 유사한 형태로 '북클럽'도 만들어졌다. 북클럽은 일반인 대상으로 문학창작 실기지도를 위해 구성된 '문학아카데미'에서 시작되었다. 회원제 도서판매와 합평모임을 결합한 것으로서 연석토론회, 강연회, 시낭송 등 각종 문화행사를 저자와 독자가 공동으로 개최하였다.[38)]

[그림 30] 〈'책의 날' 기념상 제막〉(≪조선일보≫, 1987.11.26)

[그림 31] 다양한 출판 홍보지(〈출판홍보지 다양해졌다〉, ≪중앙일보≫, 1989.7.26)

한편 1987년 1월부터 국내에서는 처음으로 독서가들의 독서상담을 받는 고정 상담전화가 설치됐다. '한국독서운동중앙회'가 주도가 되어 전화를 통한 독서상담을 받아 일일이 서면 또는 방문상담을 해 주었다.[39)] 1987년에는 '책의 날'이 제정되었고,[40)] 서점이나 출판사에서 일반 독자를 상대로 펴내는 홍보지들도 다양해졌다. 당시 홍보지로는 『출판저널』, 『종로서적』, 『교보문고』, 『책마을』, 『책방소식』, 『고서통신』, 『옛책사랑』 등을 들 수 있는데, 도서정보지가 없는 당시 실정에서 이 홍보지들이 책과 독자를 잇는 가교역할을 해냈다.[41)]

38) <「북 클럽」 창립회원 모집 500명 선착순으로 접수>(≪중앙일보≫, 1989.8.16)
39) <독서상담전화 설치>(≪중앙일보≫, 1987.1.21)
40) <출판문화협회 제정 "책의 날" 10월 11일로>(≪조선일보≫, 1987.3.12), <천고 상우>(≪중앙일보≫, 1987.10.12)
41) <출판홍보지 다양해졌다>(≪중앙일보≫, 1989.7.26)

마지막으로 한가지 흥미로운 것은 당시의 차중독서(車中讀書) 운동이다. 버스나 지하철의 독서풍경은 전대로부터 볼 수 있었던 현상이긴 하나, 특히 지하철 독서 활동이 주목된다. 일제 강점기의 전차 속 풍경과 같이[42] 1980년대에도 지하철 독서 풍경을 볼 수 있다. 당시 서울 지하철은 서울대, 홍대, 이대, 한양대, 연대, 서강대, 서울교대, 건국대, 세종대 등 시내 10여 개 대학 앞을 통과하고, 100,000여 명의 학생들이 지하철을 이용했다. 전체적으로는 하루 200,000여 명 가까이 지하철에서 책이나 신문을 읽는 것으로 파악됐다. 냉·난방된 전동차에 200룩스 가까운 밝은 조명, 게다가 버스에 비할 수 없을 정도로 쾌적한 전동차가 시간에 쫓기는 시민들에게 "달리는 독서실" 구실을 함으로써 지하철 독서문화'가 형성된 것이다. 출판업계에서도 이들 독차층을 겨냥해 미니문고본 제작에 힘썼다.[43] 이에 따라 서울시는 개통 중인 지하철 1호선과 2호선 일부 구간에 420개의 도서함을 설치하고, 월간지 2,800권을 비치했다. 이렇듯 차중독서도 하나의 주목할 만한 독서현상이었다.

### 3) 학생 독서운동과 정책적인 독서교육

공공도서관에서는 일반인 뿐만 아니라 학생 대상의 독서운동도 활발했다. 특히 '독서교실'의 역할이 컸다. 이 학교는 초·중등생을 대상으로 전국 각 시·도 공공도서관과 기타 희망 도서관에서 실시했다.[44] '독서교실'은 건전한 독서기풍 조성과 독서의 생활화를 목표로

---

42) <車中讀書>(≪동아일보≫, 1931.2.9)

43) <지하철 전동차에>(≪중앙일보≫, 1982.11.5), <지하실시대 달라지는 서울판도>(≪중앙일보≫, 1985.10.4)

44) <초·중학생 여름 독서교실 개설>(≪중앙일보≫, 1980.7.16), <여름 독서교실개간>(≪중앙일보≫, 1981.7.14)

1973년도('독서학교')부터 여름 · 겨울방학 기간을 통해 연 2회씩 설치 · 운영되어 왔는데 1980년대에는 그 활동이 더욱 활발해졌다. 독서교실에 참석한 학생들은 담당교사의 지도로 독서방법, 양서선택 요령, 독후감 발표, 도서관 이용법, 이야기 및 발표력 등의 지도를 받았다.[45] 뿐만 아니라 5월에는 '어린이 독서주간'을 따로 마련하여 독서상을 시상하고, 어린이들의 독서장려를 위한 각종 세미나와 전시회, 독후감 대회 등 다양한 행사를 펼쳤다.[46]

문화단체의 학생 독서운동도 짚어볼 만한데, '주부교실중앙회'에서는 '독서를 위한 어머니들의 선언'을 채택하고 '모자독서서클'을 조직, 독서운동을 전개했다.[47] 한편 '대한어머니회 중앙연합회'에서는 청소년과 학부모를 상대로 한 건전한 청소년 독서 분위기 형성을 위해 '주부 청소년 독서상담원'을 모집하여 활동케 하였다.[48] 일선교사 등의 모임인 '어린이도서연구회'는 『언론에 비친 어린이사회』라는 책을 펴내는 등 어린이 독서운동에 앞장섰으며,[49] 어린이 독서교육 강연회 및 권장도서 목록을 발표했다.[50] 청소년을 위한 단체로는 '서울 YMCA'가 대표적인데 '청소년교실'을 열고 독서를 통한 인격지도 및 독서연구 활동을 펼쳐 나갔다.[51] 뿐만 아니라 이 단체에서는 청소년들을 위한 정서환경 감시운동의 하나로 청소년 유해출판물 고발상담실을 개설하여 운영하였으며,[52] 아동도서 출판물 범람 속에서 어

45) <국립중앙도서관 독서교실 운영>(≪중앙일보≫, 1981.12.22), <국립도서관, 독서교실 운영>(≪중앙일보≫, 1982.7.15), <여름 독서교실 초 · 중생 대상 모집>(≪중앙일보≫, 1983.7.13), <방학독서교실 마련>(≪중앙일보≫, 1984.12.4)

46) <어린이에겐 책과 사랑을>(≪중앙일보≫, 1987.4.30)

47) <책 안 읽는 어린이 가정 · 사회 탓>(≪중앙일보≫, 1983.9.20)

48) <주부 독서상담원 모집>(≪중앙일보≫, 1988.10.6)

49) <오염된 어린이 문화, 방치되고 있다>(≪중앙일보≫, 1983.12.5)

50) <나쁜책 이웃에게 알리자>(≪중앙일보≫, 1989.5.6)

51) <청소년 독서운동전개>(≪중앙일보≫, 1984.8.10)

52) <청소년 유해출판물 '추방운동'>(≪중앙일보≫, 1988.10.21)

린이들이 좋은 책을 가려 읽을 수 있도록 '좋은 책 읽기 소그룹 독서 운동'을 펼치기도 했다. 이상과 같이 학생독서 운동은 도서관 뿐만 아니라 각종 문화 단체의 활동도 다양하게 전개되었음을 볼 수 있다.

그런데 1980년대 초에는 교육정책의 변화가 일었다. 소위 7.30 조치를 통한 과외 전면 금지, 졸업정원제 채택, 1982년부터 '개방대학' 설치와 '방송통신대학' 확대 등의 조치를 취하였으며, 대학입시에서 본고사가 폐지되고 과외수업이 금지된 것이다. 과목 중심의 교육에서 특별활동을 통한 다양한 교육을 강조했으며[53] 무엇보다도 독서교육이 강화되었다.[54] 교육계에서는 학생들에게 읽힐 도서 선정을 협의하였고, 도서관 확충에 관심을 쏟았다.

1982년 9월 문교부는 전국시도교위의 독서지도 담당 장학회의를 소집하고, 각급 학교 학년별·교과별로 모두 2,858종 3,962권의 독서지도 도서목록을 제시하였다. 그리고 독서지도 결과를 각 교과별 성적에 총점의 일정 비율씩 반영토록 했다.[55] 도서목록에 따르면 초등학교 1학년부터 고등학교 졸업 때까지 약 2,800종 4,000여 권의 책을 읽게 되어 있었다.[56] 여기에다 1986학년도부터 대학입시에 논술고사가 포함된다는 보도가 있자 독서의 필요성이 더욱 절실해졌다. 문교

各級학교「讀書」의무화
政府 初中高 성적에 반영키로
학년별 必讀書 지정
올해부터 大學生도 1년에 20
새마을회관을 모두 圖書室로
敎養物 다양화…出版 적극지원
公共요금 現實
金利 내
豫算案 심의 착수

[그림 32] 〈各級학교 '讀書' 의무화〉(≪조선일보≫, 1981.11.7)

53) <과외없앤건 아주 잘한 일 본고사 폐지엔 찬반 갈려>(≪중앙일보≫, 1980.9.22), <인간교육의 여건>(≪중앙일보≫, 1980.10.4)

54) <독서의무화 교육>(≪중앙일보≫, 1981.11.7)

55) <초중고 모든 과목에 필독도서 지정>(≪중앙일보≫, 1982.9.21), <독서도 성적 반영>(≪중앙일보≫, 1982.3.16), <초중고 성적 '종합평가제'로 바꾼다>(≪중앙일보≫, 1982.9.7)

56) <지도부재의 교육행정>(≪중앙일보≫, 1982.9.23)

부에서는 1984년 2학기부터 앞으로 시행될 대학입학 논술고사와 관련하여 각급 학교 학생들에게 내는 과제(숙제)를 논술형 위주로 하고 특히 고교생에겐 신문의 사설·칼럼을 비롯해 시범문장 독서과제를 부과하였고, 국어 뿐 아니라 모든 교과에서 그 결과를 성적에 반영토록 했다.[57] 이렇듯 대학입시와 관련된 교육정책의 변화는 독서의 필요성을 강화시킨 결과를 낳게 하였다.

그럼에도 불구하고 정작 학교 독서환경은 뒷걸음질치고 있는 실정이었다. 일례로 1981년 '한국도서관협회'에서 초·중·고등학교 도서관 조사 자료를 제시했는데 <표 10>과 같다.

〈표 10〉 1979/1981 초·중·고생의 독서환경

| | 1979년 | 1981년 |
|---|---|---|
| 도서관(실)수 | 4,416개 | 3,184개 |
| 장서수 | 14,124,684권 | 11,912,181권 |
| 직원수 | 3,815명 | 1,852명 |
| 연간도서구입비 | 2,858,000,000여 원 | 2,446,000,000여 원 |

당시 도서관법 24조와 학교시설 설비기준령 5조에 따르면 초·중·고교는 필수적으로 도서관(실)을 설치하도록 규정하고 있었다. 그러나 1982년 당시 국민학교 19%, 중학교 41%, 고등학교 74%로 평균 32%만이 도서관(실)을 갖춘 실정이었다.[58] 관계자들은 도서관법을 시급히 강화·개정할 필요가 있다고 주장하였다.

학교 도서관의 침체는 우리 교육의 고질적인 폐해인 입시 경쟁 교육의 보편화가 가장 큰 원인이라 할 수 있다. 앞서 살핀 바 있지만, 이러

57) <고교과제물을 논술형으로>(≪중앙일보≫, 1984.7.24), <대입논술시험 어떻게 대비해야 하나>(≪중앙일보≫, 1984.12.17), <논술고사 대비 좋은책 많이 읽고 독후감 꼭 쓰도록>(≪중앙일보≫, 1984.12.21)

58) <초중고 도서실 2년 동안 1,200여 곳 줄어>(≪중앙일보≫, 1982.2.13)

한 병폐를 해소하기 위하여 5공화국 정부는 1980년 7월에 대입고사 폐지와 과외금지를 주내용으로 하는 교육개혁 조치를 단행했다. 이로 인하여 가정의 과외비 부담을 줄였다는 긍정적인 평가도 있었지만 '학교안 과외' 형태인 보충수업과 자율학습 등이 제대로 운영되지 못하여 1980년대를 지나면서 공교육은 더욱 왜곡되는 현상을 보였다.[59]

그러면서 중등학교는 여전히 입시교육의 준비기관으로서 역할했다. 이렇듯 입시교육 위주의 학교교육은 학생들이 학교 도서관을 이용하여 책을 읽고 자료를 활용하는 것을 소홀하게 하였고, '학습자원센터'와 독서활동의 장으로서의 학교도서관 기능은 제대로 발휘될 수 없었던 것이다. 그 대신 학교도서관은 새로운 기능을 수행하는 기관으로 변하게 되었다. 그것은 바로 자습실의 기능이었다. 입시공부를 위한 자습공간으로서 학교도서관의 열람실이 전용되기 시작한 것이다.[60] 결국 입시 경쟁 교육은 독서교육을 강화하는 정책적인 시도에도 불구하고 학교도서관을 황폐화시키는 원인이 되었다. 이러한 현상은 오늘날까지도 이어지는 만성적인 현상이기도 하다.

문교부는 대학 교육에도 변화를 시도했다. 면학 분위기 조성을 위해 종전까지의 평면적 학습방법을 탈피하고, 과제중심 학습방법을 추진하였다. 각 대학에 권장사항으로 시달한 대학 '교양교육강화 방안'에 따르면 필수과목으로 되어 있는 교양과목은 보수적인 학습방법에서 벗어나 과제중심 학습으로 전환하고 과제물이나 연구발표 등을 수시로 평가해 성적에 반영토록 했다. 이러한 상황에서 특히 학생들의 교양과목 중 독서 관련 지도는 더욱 강화되었다.[61]

이렇듯 대학입시와 관련된 교육정책의 변화나 대학 교양교육의 강

---

59) 김종성(2000), 『한국 학교도서관 운동사』, 한국도서관협회, p.215 참조.
60) 김종성, 앞의 책, p.249.
61) <대학 교양과목 개편>(≪중앙일보≫, 1982.2.13)

화는 독서의 필요성을 강화시킨 결과를 낳게 하였다. 그러나 1988년도에 논술시험이 없어지게 되자 학교 독서지도 시간을 폐지하는 등 독서교육이 소홀해지기 시작했다.[62] 이와 함께 1980년대 말 우리나라 대학생들의 독서량도 당시 선진국 대학생들과 비교해서 크게 부족한 실정이었다.[63]

한편 당시 1980년대는 3차 교육과정기가 끝나가고 4차 교육과정기가 진행되던 시기인데 4차 교육과정기의 학계의 연구 성과를 살펴보면 <표 11>,[64] <표 12>[65]와 같다.

〈표 11〉 4차 교육과정기 범주별 단행본 출판 권수

| 교수학습 | 교과서/교재 | 국어교육사 | 국어교육론 | 국어지식교육 | 쓰기교육 | 읽기교육 | 말하기듣기교육 | 문학교육 | 매체교육 | 합계 |
|---|---|---|---|---|---|---|---|---|---|---|
| 2 | 3 | 2 | 15 | 2 | 3 | 18 | 7 | 2 | 2 | 56 |

<표 11>에 의하면 4차 교육과정기에 출판된 국어교육 관련 서적 중 읽기교육(독서교육)이 최다를 차지하고 있다. 또한 아래 <표 12>에서 읽기교육 단행본을 성격에 따라 분류해 보면, 먼저 독서감상(김완기), 독서방법론(F. P. 로빈슨), 읽기와 쓰기를 접맥시킨 독서감상문, 쓰기 방법론(심경석, 조대현. 박문희, 박운택, 김호재, Shoiche Watanabe), 읽기일반론(황백헌, 김영모, 김영진), 읽기지도론(박화엽, 김경일, 심경석, 손정표), 독서대상의 문제(임태삼, 황백헌) 등으로 나눌 수 있다. 읽기교육에의 관심은 3차 교육과정기부터 일기 시작했는데, 4차에는 보다 더 다양한 읽기이론이 쓰여졌다.[66]

---

62) <어린이에겐 책과 사랑을>(≪중앙일보≫, 1987.4.30)
63) <한국 대학생 1년에 전공서적 3권도 안 읽어>(≪중앙일보≫, 1989.11.3)
64) 윤여탁 외(2006), 앞의 책, pp.326~327 참조.
65) 윤금선(2004), 앞의 글, p.484.

〈표 12〉 4차 교육과정기 읽기교육 단행본

| 저자 | 재목 | 연도 | 출판사 |
|---|---|---|---|
| 沈暻錫 | 독서감상문 어떻게 쓰나 | 1982 | 教學社 |
| 林泰三 | 圖書選擇의理論 | 1982 | 學文社 |
| 조대현 | 독서감상문 어떻게 쓰나 | 1982 | 教學社 |
| 朴文熙 | 독서감상문 이렇게 쓴다 | 1983 | 모음사 |
| 金完起 | 독서감상교실 | 1984 | 예림당 |
| 황백헌 | 왜 읽어야 하는가 | 1984 | 배움터 |
| 황백헌 | 독서상담-그 실제와 이론 | 1985 | 배움터 |
| 金英模 | 순간의 책 영원의 책 | 1986 | 시인사 |
| 金永鎭 | 책한테 길을 물어 | 1986 | 現代文學社 |
| 김호재 | 재미난 감상문 쓰기 | 1986 | 경원각 |
| 박운택 | 독서교실:나도 독서감상문 쓸 수 있다 | 1986 | 대일출판사 |
| 박화엽 | 實驗讀書方法의 教授法(속독개발) | 1986 | 讀書行動開發社 |
| Shoiche Watanabe /眞話堂編輯部 譯 | 知的 생산의 技術 | 1986 | 眞話堂 |
| 김경일 | 엄마가 지도하는 독서교육 | 1987 | 세문사 |
| 심경석 | 학교 학습에서 독서는 왜 필요한가 | 1987 | 금성출판사 |
| 孫正彪 | 讀書指導方法論 | 1987 | 學文社 |
| F. P. 로빈슨/김영채 역 | 독서방법론 | 1987 | 汎友社 |

## 2. 1980년대 독서경향

### 1) 일반 독서경향

#### (1) 1980년대 초기 독서경향(1980~1984)

##### 1 통계로 본 독서경향

66) 윤금선(2006), 앞의 글, p.485.

〈표 13〉 1980년대 초기 통계로 본 독서경향(≪중앙일보≫ 1980~1984 기사 자료)

| 번호 | 기사명 | 발행일 | 통계로 본 경향 | 비고 |
|---|---|---|---|---|
| 1 | 종교적 서적·<논픽션>이 잘 팔린다 | 1980.7.4 | 문학서는 감소, 종교서적은 증가. 종교서(2,552,300부가 출간) 79년도에 비해 비해 25.4% 증가. [79년도] 문학서> 학습참고서 [80년도] 종교서>학습참고서 [베스트셀러] 종교서적류와 논픽션류 인기 [종교서적류] 오혜령의 『일어나 비추어라』, 정다운의 신앙고백기 『옷을 벗지 못하는 사람들』, 김성동의 『만다라』, 이문열의 『사람의 아들』, 니체의 『나의 누이와 나』, 과레스키의 『신부님, 우리들의 신부님』, 속편 『돈카밀로와 뻬프네』 [논픽션류] 김영희의 『워싱턴을 움직인 한국인들』, 김광희의 『스포츠 수상 절정의 순간들』, 박실의 『지구특파원』, 일본소설 『불모지대』 | 대한출판협회가 집계한 80년도 도서 발행 통계 |
| 2 | 고전국역사업에 큰 공헌 | 1980.9.10 | 77년 장기 고전국역촉진계획을 수립, 226종 908책을 연차적으로 펴내기로 계획. 180여 책 국역 발간, 80년 말 34종 197책을 완간할 예정. 『연려실기술』, 『퇴계집』, 『율곡집』, 『대동야승』, 『동사강목』, 『삼봉집』 등 180여 책의 고전국역 배포. 고전 영인본 『삼국유사』, 『삼국사기』, 『난중잡녹』의 3종 3책을 간행 | |
| 3 | 직장·대학생에겐 기능물이 인기 여성들은 정서물을 애독 | 1981.1.9 | [가장 많이 읽는 책] 정서물(주로 여성과 근로자), [책선정] 직장인, 주부: 저자의 이름, 학생: 추천을 통하여, 여성의 경우: 제목이 마음에 들어 샀다가 29%. [책소개 안내] 서평이나 신문: 직장인과 주부들은 (50%), 친구·동료의 소개: 학생(대학생 54.4%, 고교생 63.3%). [책을 구해보는 장소] 도서실: 직장인(1.1%), 주부(0%), 근로자(5.8%), [책광고] 대학생은 거의 광고를 보지 않음, 고교생도 20% 정도가 광고 봄 | 홍기선 교수(경희대신방과)의 <한국인의 독서형태> 설문조사 |
| 4 | 한국학·20세기 작가 번역물 붐 | 1981.9.11 | [출판계의 기획도서] <한국학 분야> 『한국학 연구입문』, 『한국시문학대계』(이상 지식산업사), 『고려 광종연구』, 『한국사회 지배층 연구』(이상 일조각), 『한국 만화의 현실』, 『한국의 무당』, 『한국목공예』, 『한국의 살림집』(이상 열화 | |

| | | | | |
|---|---|---|---|---|
| | | | 당) 『목민심서』, 『다산시선』(이상 창작과 비평사) 『한국정치 발전론』(평민사) 등이 있고 <현대세계문학 초역서> 『한길 세계문학 전집』, 『이데아 총해』, 『중앙일보판 현대세계문학 전집』 등 | |
| 5 | 도서관부터 많이 지어야 한다 | 1982.12.21 | [책에 사용되는 글과 글씨 쓰는 방법] <우리나라 책에 사용되는 글은 어느것이 좋은가> 국한문혼용(58.6%) 여자<남자, 20대와 학생, <현재의 국한문혼용에서 점차 한글로 해야된다> 전체(21.1%), <순한글로 써야한다> 전체(16.1%) 등. <횡서> 74.8%, <종서>14.7% [책정보] 신문(54.9%), 서점(15.2%), 잡지(17.5%), 출판사(14.4%) [수입되어야 할 책]인문사회 과학서적(32.7%), 과학기술・공학분야 서적(29.4%), 여성・레저・스프츠서적(16.6%), 경영・무역서적(14.9%), 이데올로기에 관한 서적(12.4%)순. | 한국출판판매주식회사 <한국국민의 독서의식조사>(서점 고객 700명 대상) |
| 6 | 최근 독자들의 잡지 구독 경향 | 1982.2.10 | [종로서적 잡지 판매부수] 여성지: 81년 1월 509부/82년 1월에는 593부, 순수문예지: 321부에서 250부, 종합지: 308부에서 232부 [독서경향] 『끝없는 사랑』, 『테스』 등 애정문제, 삽화가 낀 시각적인 소설류, 『옛날 옛날 한 옛날에』, 『인간시장』 등 고발과 흥미가 담긴 책들이 베스트셀러 | |
| 7 | 도서비 | 1982.8.18 | [한달 도서 구입비] 742원(75년의 161원, 80년의 643원), [연간 도서구입량] 1~5권 [하루 평균 독서시간] 1시간(46%) 30분(27%) [한달 평균 독서량] 2~3권(47%), 1권(20%), 4~5권(17%) | |
| 8 | 공단주변 | 1982.10.5 | [젊은 근로자들의 독서취향] 에세이나 소설류가 주류. 『그대와 나누고 싶은 이야기가 있다』(김형석)와 『사랑학 개론』(정다운) 등과 『개인교수』 등이 여성독자에게 인기. 현장고발 또는 밑바닥 세계를 파헤친 소설류도 꾸준히 애독. 남자보다 여자들이 3배 정도 독서율 높음 | |
| 9 | 이데올로기 서적출판 수위 | 1982.12.3 | [독자들이 보는 82년도 출판・독서계의 10대 뉴스] 제1위 이데올로기 서적출판(165명), 2위 문교부 독서권장 도서 및 소녀경 파동(122명), 3위 84학년도 검인 | '한국출판판매' 서점 찾은 225명 대상 조사 |

| | | | | |
|---|---|---|---|---|
| | | | 정 교과서 전면 개편(119명), 4위 <82 서울북페어>, 5위 저작권법 개정시안 공청회(108명), 일본연구 서적 출판증가, 세계대백과사전(각각 107명), 항일민족운동관계 문헌전시회(104명) 책정가 판매제 위기(100명), 폐업출판사 · 서점 속출(94명), 세계 대학출판 도서전시회 (93명) 순. | |
| 11 | 부 담 없 이 <즐기는책> 잘 팔린다 | 1983.3.23 | [83년도 베스트셀러] 해외작품-공상과학소설: <E · T>, 『서기2001년』, 『지구에서 온 여자』, 『노예들의 축제』, 아가타 · 크리스티의 추리소설, 『파시팔 · 모자이크』, 『제브라』, 『말코』 등 스파이스릴러, 가야지마 · 도시유끼의 『정사어음』 등 기업소설. 만화로 된 『프로이트』 국내작품-김홍신의 『인간시장』, 이원수의 『야시』, 그림으로 채워진 오규원의 『금수회의록』 영화소설: 『깊은 밤 깊은 곳』, 『바늘구멍』, 『해바라기』 | |
| 12 | 세계명작 안방에 펼쳐진다 | 1984.5.25 | [세계명작 브라운관을 통해 소개] MBC-TV 독서캠페인 프로그램 기획: 『TV세계문학전집』, 『문학산책』, 『책은 마음의 양식』, 『독서토론』 등. 현대에 있어서도 공감대가 큰 50작품을 선정, 3차례의 해외 제작을 거쳐 소개: 『참회록』, 『레미제라블』, 『몽테크리스토백작』, 『적과흑』, 『보바리부인』, 『춘희』, 『젊은 베르테르의 슬픔』, 『빌헬름 텔』, 『안네프탕크 일기』, 『안데르센 동화집』, 『테스』, 『돈키호테』, 『신곡』, 『일리아드와 오딧세이』를 제작. | |
| 13 | <국역고전>이 푸대접 받고 있다 | 1984.11.20 | [민족문화추진회의 고전국역] 『열하일기』(박지원), 『대동야승』(성현 등) 등 41종 254책이 출간. 국민학교용 『바닷속에 묻힌 임금님』, 중학생용 『이야기 대동야승』, 고교생용 『한국명문선』 등 문고 100여 권, 유아용 『그림 삼국유사』 등 출간 | |
| 14 | 해방이후 40년간 쌓은 역량보인다 | 1985.1.29 | [해방 40년 기획물] 『한길현대사상강좌』, 『민족해방의 이념과 역사』, 『사회주의 혁명사』, 『산업사회와 노동자』, 『전쟁과 평화의 구조』, 『정치권력과 민중』, 『현대 한국의 사상적 방향』, 『한국민중사』 등 | |

## 2 부담없이 즐기는 책 인기

<표 13>의 내용 (1), (3), (6), (11)을 통해 1980년대 초기 독서경향의 한 단면을 볼 수 있다. 먼저 (1)을 보면 1980년도 당시의 독서경향이 '종교서적류'와 '가벼운 읽을거리'를 찾는 쪽으로 이원화되고 있다. (1)에서 드러난 바와 같이 종교적인 성격을 띤 신앙고백서, 투병기, 소설 등 대개 종교인들을 필자로 한 책들이 서점가에서 인기를 모았으며, 한편으로는 각종 '논픽션'류가 애독됐다. 평자들은 종교서적 선호 경향은 현실 생활의 각박함을 종교적인 구원 속에서 찾으려는 독자들의 '내향화' 현상으로 풀이했다. 이 기사문에서 나타난 바, 여성 독자와 대학생, 중고생 등 학생 독자들이 대부분 애독자였다는 점도 주목된다. 한편 직장인들은 아무 부담 없이 읽을 수 있는 '재미있는 책'을 찾는 경향을 보였으며,[67] 이에 따라 가볍게 읽을 수 있는 '논픽션'류가 잘 팔렸다. 1980년대 독서경향은 이처럼 '구원'과 '재미'를 함께 바라는 이중성을 보인다.

부담없이「즐기는 책」잘 팔린다
긴장해소용「오락讀書」붐
·企業小說 인기
, 그림 넣은것도

[그림 33] 〈부담없이 '즐기는 책' 잘 팔린다〉(≪중앙일보≫, 1983.3.23)

표 내용 (3)은 '한국인의 독서 형태'를 밝히는 설문 조사로 서울에 거주하는 직장인, 주부, 공장 근로자, 대학생, 고교생 등 1,000명을 대상으로 하였다. 이 조사에서는 주간지, 사회, 어학, 예술, 문학, 기타 교양서적 등 9개 독서물을 "왜, 어떻게 구입하고 읽느냐"고 물었다. 이 조사에서

67) <종교적 서적 · 논픽션이 잘 팔린다>(≪중앙일보≫, 1980.7.4)

독자층이 가장 많이 읽는 책은 '정서물'이었고 독자 대부분이 여성과 노동자였다. 이에 반하여 직장인·대학생·고교생들은 승진, 취직, 시험, 실력향상 등을 위해 '기능물'을 중요시하는 경향을 보였다.

표 내용 (6)은 독자들의 잡지 구독 경향을 보이는 자료로서, 순수 문예지, 일반 종합지의 판매 부수가 전대에 비하여 줄고 있음을 볼 수 있다. 여성·교양 잡지가 독자층을 그런대로 유지 내지는 확대시키고 있는데 비해 문예지와 종합지는 독자층을 잃고 있었다. 잡지계에서는 그 원인을 여성 독자 증가 추세와 대학생 독자의 구매력 감소, 독자들의 흥미 위주의 독서경향 등에서 찾았다.[68]

표 내용 (11)에서는 흥미 위주의 독자 성향이 더욱 두드러지는데 '오락독서'의 경향을 보인다. 표에서 보면 베스트셀러로 꼽히는 책들은 공상과학소설·액션물·기업소설·추리물·영화소설 등과 만화가 들어있는 책·수상집 등이다. 이러한 현상은 독자들이 TV의 영향으로 감각화되고, 복잡한 현대사회 속에서 긴장을 가지고 책을 읽을 여유를 갖기 어려우며, 또 책을 통해 스트레스를 풀어보자는 욕구에서 비롯된 것이다.[69] (8)은 특별히 공단 주변의 노동자들을 대상으로 한 조사로서 마찬가지 현상을 보이는데, 근로자들의 독서취향이 감상적이고 읽는데 부담이 적은 에세이나 소설류가 주류임을 알 수 있다.

### 3 기획 출판과 사회주의 서적붐

1980년대 초기의 또 하나 특징은 기획 출판붐이다. 다음의 기사는 1980년대의 기획물 출판 시대를 예고하는 내용이다.

---

68) <최근 독자들의 잡지 구독 경향>(≪중앙일보≫, 1982.2.10)
69) <부담없이 즐기는 책 잘 팔린다>(≪중앙일보≫, 1983.3.23)

(29) 결국 80년대의 출판은 문학·사회과학 중심의 단행본이 성황을 이룰 것이고 그것은 또 기획이 뒷받침하는, 말하자면 <기획출판의 시대>가 될 것이 예상된다. 또 사실상 그렇게 되었으면 싶다. 60년대를 주름잡았던 전집물이 70년대 들어 기획의 빈곤, 외판조직의 퇴조, 현대인의 바빠진 일상(장편을 읽을 시간이 없다) 등으로 해서 한물 간 건 사실이다. 그러면서도 어떤 종류나 형태로든 전집의 수요는 있게 마련인데 이 역시 종래와 같은 재탕삼탕식이 아닌 새로운 기획 편집에 의한 것이어야 하리라고 본다.

<조망 80년대 문화(10)>(≪중앙일보≫, 1980.2.8)

예상한 바와 같이 출판계에서는 각종 기획도서를 내놓았는데, <표 11>의 내용 (4)를 보면 기획도서 가운데는 한국학에 관한 단행본과 20세기의 문제작을 초역한 '현대세계문학'이 다수였다. 지식산업사, 일조각, 열화당, 창작과 비평사, 평민사 등은 주로 한국학 분야의 책들을, 한길사, 이데아, 중앙일보출판부 등은 고전 위주의 '세계문학'에서 탈피하여, 20세기 이후 작가들의 작품들을 세계문학전집으로 출판하였다. 국내 출판계의 흐름을 보면 1950년대 말~1960년대 초에는 번역물 붐이 일었고, 1960년대 중반기부터는 한국학 붐이 일어났다. 그러나 1970년대 후반부터 다시 번역물 중심으로 출판 경향이 바뀌었다. 그러나 1980년대에 들어서 한국학 붐과 번역물 붐이 동시에 서점가를 장식한 것이다.[70]

古典國譯사업에 큰 공헌
창립 15돌 맞은 民族文化推進會
「大東野乘」「栗谷集」등 百80여卷 발간
古典 影印과 國譯者 양성사업도 벌여
일반보급위해 文庫化 추진

[그림 34] 〈古典國譯사업에 큰 공헌〉(≪중앙일보≫, 1980.9.10)

이와 비교하여 <표 11>의 내용 (2)를 보면 1980년대 초기에는 고적

국역사업도 기획되었음을 볼 수 있다. 1965년 학·예술계와 정부가 공동으로 발족한 '민족문화추진회'가 창립 당초부터 주력해온 사업은 우리 고전의 국역사업이었다. 선인들의 문화전통을 제대로 이해할 수 없음으로써 야기되는 문화전통의 단절을 막기 위해 고전의 현대화가 가장 시급한 사업이라고 판단했기 때문이다.[71] 1980년대에 들어서 그 성과를 보게 된 것이다. 또한 고전을 읽는 독서층의 확대를 위해 '고전문화문고편찬위원회'와 '간행회'가 별도로 설치되고, 아동·청소년 및 일반인을 위해 읽기 쉬운 문고판이 출간되기도 했다. 표 내용 (13)에서 제시한 고전들은 바로 이러한 노력에서 나온 것이었다.

또한 해방 40년을 맞아 시대의 변화를 감지한 출판사들의 야심적인 출판기획이 속속 추진되었다.[72] 특히 표 내용 (14)는 해방 40년인 1985년을 맞아 그간 학계의 연구역량과 출판문화의 기획역량을 합일시켜 보려는 의도에서 기획된 책들이다. 이 기획물들은 전적으로 국내 저작진에 의존한 것으로서 이제 우리 출판문화도 베끼고 번역하는 단계를 지나 체계적으로 창조해낼 때가 된 것이다.[73]

1980년대 초 출판계의 또 다른 현상으로는 금서로 처리해 왔던 이데올로기 관계 서적들이 대폭 해제된 것이다. 급변하는 국제정세 속

70) 한편 세계문학의 재구성을 들고 나온 중앙일보 출판부의 『현대 세계문학전집』 등은 당시까지 국내에 소개되지 않은 외국 유명작가들의 문제작을 대학교수들이 번역했고, 독자들이 부담을 느끼지 않고 낱권으로 사 볼 수 있게 단행본 형태로 발간되었으며, 한글 세대를 위해 가로쓰기 편집을 했다는 것이 공통점이었다(<한국학·20세기 작가 번역물 붐>, ≪중앙일보≫, 1981.9.11).

71) <고전국역사업에 큰 공헌>(≪중앙일보≫, 1980.9.10)

72) 이 시기에는 일제하 서적들에 대한 관심도 대두되었는데, 일례로 1982년 9월 독서주간기념사업으로 교보문고·종로서적·중앙도서전시관·한국출판판매주식회사 등에서는 서울의 대규모 서점에서 도서전시회를 준비했다. 이 전시회에서는 일본교과서 왜곡 문제에 대한 사회적 관심을 반영하여 일제 36년간 한일민족운동 자료, 그 기간의 금서, 일제 탄압에 대한 연구서 등 일제 36년에 관한 도서전시가 3곳에서 기획됐다(<일제 36년 관계도서 대량전시>, ≪중앙일보≫, 1982.9.25).

73) <해방 이후 40년간 쌓은 역량보인다>(≪중앙일보≫, 1985.1.9)

에서 체험적 단계의 반공 수준이 아닌 공산주의에 대한 이론적인 극복이 필요하게 된 것이다.[74] 그 결과 <표 13>의 (9)에서 나타난 바와 같이 이데올로기 서적 출판이 뉴스거리가 된 것이다. 그러나 1980년대 중기에 이르러 그 수위가 높아지자 이념서적에 대한 단속 조처가 다시 강화되기도 했다.[75]

## 4 세계 명작 '안방봄'과 TV 통한 리서치

1980년대 초기 독서계의 특징을 더 들자면 표 내용 (12)와 같이 TV 매체에서 명작 소개, 명작의 드라마화, 독서실태 분석, 독서토론 등 독서 프로그램들이 자주 방송된 점이다. 1980년대는 컬러 TV 시대이기도 한데, 독서의 저해 요인으로 비판의 대상이었던 TV가 독서 유도를 위한 하나의 방편이 되고 있다는 점이 주목된다.

> (30) □…KBS 제1TV 『독서기획』(12일 밤 11시 5분)=<책은 실용품이다>. 우리는 학교만 졸업하면 책과는 담을 쌓는다. 이렇게 되는 이유로는 독서가 생활에 실익을 주지 않는다는 생각이 크기 때문이다. 그만큼 실용적인 전문도서가 없다는 것인가. 우리네 생활의 현장에서 독서의 실태를 조사해 보고 시내서점을 돌아보며 전문도서의 다양화가 이루어지지 않는 원인은 무엇인가 분석한다.
>
> <생활현장 속의 독서실태 살펴>(≪중앙일보≫, 1984.10.12)

> (31) □…MBC-TV 『MBC 베스트셀러장』(2일 밤 9시 50분)=<낙지같는 여자> 한승원 원작 □…KBS 제2TV 『토요명화』(1일 밤 9시 30분)-<지크프리

---

74) <공산주의 이론적 극복필요>(≪중앙일보≫, 1982.2.22)

75) <이문공, <이념서적>단속 배경 설명>(≪중앙일보≫, 1985.5.6)

트> 독일 기사문학의 최대 걸작이며 독일 고전문학의 최고봉인 『니벨룽겐의 노래』를 영화화한 스펙터클 대작.

<볼만한 프로>(≪중앙일보≫, 1984.9.1)

인용문 (30)과 (31)에서 드러난 바와 같이 TV 방송매체가 독서실태 조사와 분석뿐만 아니라 세계명작을 브라운관을 통해 안방에 소개하기도 하는 등 독서운동에 앞장 선 것이다. 특히 원작의 방송화 현상은 앞서 살펴 보았던 1970년대 중반기의 문예영화 붐과 비견할 만하다. 1970년대 원작의 영화화처럼 1980년대 TV의 방송화 현상도 원작에 대한 독서를 유도하는 상승효과를 가져 오게 하였다.

세계名作소설을 오디오로 듣는다

『異邦人』등 내용축소 수록한 카세트 첫선

일부선 "독서습관 해친다" 부정적 견해도

[그림 35] 〈세계名作소설을 오디오로 듣는다〉(≪중앙일보≫, 1985.12.25)

또 하나 흥미로운 현상은 원작의 TV 방송화와 함께 '오디오 소설'이 국내에 처음으로 등장한 것이다. 서점가에 나온 '오디오 소설'은 덕윤출판사에서 낸 『카세트 세계명작』이었다. 작품은 알베르 · 카뮈의 『이방인』, 헤르만 · 헤세의 『데미안』, 생텍쥐페리의 『어린왕자』 등이었다. '오디오소설'은 소설의 내용을 그대로 다룬 것이 아니라 60분 정도에 들을 수 있도록 드라마로 각색하여 카세트에 담은 것으로 원작의 내용이 축약되어 있었다.[76] 이러한 일련의 현상들은 다매체 시대의 독서가 문자를 넘어서는 것임을 보여주는 것이라 할 수 있다.

76) <세계명작소설을 오디오로 듣는다>(≪중앙일보≫, 1985.12.25)

## 5 독서실태 조사를 통한 독서경향

<표 13>의 내용 (5), (7), (15)는 독서실태 조사의 또 다른 결과로 먼저 (5)는 '한국출판판매주식회사'가 1982년도 독서주간(9.24~9.30)에 서점을 찾은 고객 중 700명을 상대로 실시한 '한국국민의 독서의식조사' 결과이다. 이 조사에 따르면 전체 응답자의 55.5%가 책 읽는 국민이 되도록 "정부가 교육 문화 예술 분야에 적극적으로 투자하고 도서관을 많이 지어야한다"고 대답했다. 18%는 "출판사에서 좋은 책을 만들기 위하여 더욱 노력해야한다"고 답했고, 또 다른 18%는 "서점이 기업화되고 대형화되어 독자에게 책을 살 수 있는 기회를 적극적으로 제공해야 한다"고 대답했다.[77]

표 내용 (5)에서 특기할 만한 몇 가지는 남자 대학생들이 서점을 가장 많이 찾는다는 것이고, 책에 사용되는 문체로 국한문혼용체를 써야 한다는 수가 반 이상이나 되었다. 특히 한글 세대가 주독자층이 된 시대적 상황에서 순한글보다는 국한문혼용체를 선호했다는 사실은 의외의 결과로 보인다.

표 내용 (7)을 보면 도시가구가 평균적으로 도서 구입에 지출한 금액이 너무 소액이라는 것을 확인할 수 있다. 이 기사에서 제시한 1977년 출협의 조사로는 우리나라 연간 도서구입량은 1~5권. 하루 평균 독서시간은 1시간 정도가 가장 많았고(46%) 30분도 27%였다. 한달 평균 독서량은 2~3권이 47%, 1권이 20%, 4~5권이 17%였다. 당시 출협의 서점 대상 조사에 의하면 1978년까지 급성장하던 도서 판매량이 1978년을 정점으로 내리막길에 들어서고 있었다. 1975년을 기준으로 했을 때, 매년 30~64%의 증가율을 보이던 것이 1979년엔 7%만

---

77) <도서관부터 많이 지어야 한다>(≪중앙일보≫, 1982.12.21)

증가했고, 1980년엔 8.4% 감소, 81년엔 0.2% 감소했다. 경기 후퇴로 출판이 부진했던 것이다.78)

이러한 독서부진 현상은 표에 제시된 기사 외에 <1년에 한권도 책을 안 읽는다>(≪중앙일보≫, 1982.10.6)에서도 드러난다. 이 기사의 설문 조사 결과 우리 국민이 한해 0.6권 밖에 책을 읽지 않는 것으로 나타났다. 그 원인을 구조적인 측면에서 분석했는데, 교육제도, 독서환경 등의 부정성에서 찾았다. 같은 기사문에서는 당시 서울대 '신문연'에서 '시민생활시간 조사' 결과를 제시하였는데, 이를 보면 국민의 TV 시청 시간이 현저하게 증가했으며, 반면에 독서시간량은 줄어들었다. 스포츠·스크린·섹스 이른바 3S 풍조로 독서 활동이 위축되고, 시각적이고 단편적인 정보가 독서를 대신하고 있었던 것이다.79)

### (2) 1980년대 중후반기 독서경향(1985~1989)

#### ① 통계로 본 독서경향

〈표 14〉 1980년대 중후반기 통계로 본 독서경향(≪중앙일보≫, 1986~1985)

| 번호 | 기사명 | 발행일 | 통계로 본 경향 | 비고 |
|---|---|---|---|---|
| 1 | 사회의식 강한 산문류 활기 | 1986.4.16 | 지식산업사 <우리시대의 목소리』시리즈, 박경리의 『원주통신』, 민두기의 『누가 승자인가』, 이인호의 『문제학생 문제선생』, 한길사 <한길산문정신』시리즈, 함석헌의 『들사람 얼』, 김정한의 『낙동강의 파수꾼』, 최일남의 『이 풍진 세상에서』, 신용하의 『근대 한국과 한국인』, 송기숙의 『녹두꽃이 떨어지면』 등 | |

78) <도서비>(≪중앙일보≫, 1982.8.18)

79) <TV 시청 늘고 독서시간 줄어>(≪중앙일보≫, 1983.12.6), <스포츠·스크린·섹스 '3S' 물결에>(≪중앙일보≫, 1984.4.10)

| 2 | 올 상반기 도서 2천7백만부 발행 | 1986.7.19 | <대한출판문화협회 통계>[발행 종수] 총 3,150종 [발행 부수] 약 27,000,000부. 전년도보다 15·8%의 증가율 학술 참고서와 아동도서의 발행 부수 크게 증가. 증가분야 아동, 학습 참고서, 사회과학, 철학 순, 감소분야는 문학, 종교, 기술과학순. <교보문고 집계> [상반기 종합 베스트셀러] ①『우리를 영원케 하는 것은』(유안진·현대문학사) ②『영원한 세계의 명시』(한림출판사) ③『나의 라임 오렌지나무』(바스근·셀로스·동녘) ④『오늘은 내가 반달로 떠도네』(이해인·성베네딕트 수녀원) ⑤『소설 손자병법1』(정비석·고려원) ⑥『이호암자전』(이병철·중앙일보사) ⑦『여자란 무엇인가』(김용옥·통나무) ⑧『내 혼에 불을 놓아』(이해인·성베네딕트수녀원) ⑨『두레박』(이해인·성베네딕트수녀원) ⑩『민들레의 영토』(이해인·가톨릭출판사) | '대한출판문화협회 통계'와 '교보문고 집계' |
|---|---|---|---|---|
| 3 | 출판기자 선정 <올해의 책> | 1986.10.15 | 『친일문학작품선집』(전2권·김병걸·김규동), 『민요기행』(신경림), 『한국의 굿』(전10권·김수남 사진), 『해방삼년사』(전2권·송남), 『역주 목민심서』(전6권·다산연구회) | 제1회 '올해의 책' |
| 4 | 작년 새로 나온 책 1억부 돌파 | 1987.1.12 | [86년도 출판 통계] 초판발행부수 : 100,631,777부 증판까지 합치면 145,100,138부로 집계. 83년 100,000,000부. 3년만에 150,000,000부 급신장세 [발행종수] 초판 22,132종. 중판까지 합쳐 37,411종 [분야별] 전년도에 비해 증가분야 아동(1,324종 증가), 학습참고서(916종), 사회과학(243종) 순, 감소분야 문학(259종), 예술(152종), 기술과학(137종) 순. [평균 발행부수] 초판 4,547부, 중판 2,910부 전체평균 3,878부. [권당 가격] 4,401원 | 대한출판문화협회 |
| 5 | 문화 여가 | 1987.1.23 | [도서발행] 85년 1년간 33,743종의 책 114,971,000권 발행 [종류별] 학습참고서가 44.1%, 아동도서 13.4%, 문학서적 12.6%, 종교서적 7.4%, 사회과 | |

| | | | | |
|---|---|---|---|---|
| | | | 학서적 4.9%, 기술과학서적 2.9% 등. [독서인구 · 가구당 서적보유] 1년에 1권도 책을 읽지않음 41%(일반서적)~52.7%(교양서적)(85년조사). 독서인구의 연간평균 독서량은 일반서적 11.7권, 교양서적 3.8권. | |
| 6 | 시 · 소설『접시꽃…』,『사람의…』 계속 1위 | 1987.3.25 | 1위: 소설『사람의 아들』(이문열), 시『접시꽃 당신』(도종환), 비시 · 비소설『비밀일기』(스우타운센드), 2위:『사랑하는 아빠가』(패트릭 · 코널리), 10위권 내:『태백산맥』(조정래), 비시 · 비소설 부문 유안진의 수필집,『큰 혁명 작은 혁명』(김동길), 이외수의 에세이집, 소설집『흐르는 북』(최일남),『가시둥지』(조성기),『거리의 악사』(한수산),『천둥소리』(김주영), 시집『미완성을 위한 연가 (김승희),『저 푸른 자유의 하늘』(창작사 23인 신작 시집), 인문 · 사회 · 과학서적『철학이야기』(윌듀란트),『일본서기』(성은구),『여자란 무엇인가』(김용옥),『수수께끼 별곡』(서정범) | 베스트셀러 |
| 7 | 시『홀로서기』 소설『碑銘을…』 <무명> 돌풍 | 1987.4.29 | 시집『홀로서기』(서정윤), 소설『나의 라임오렌지나무』,『레테의 연가』,『비명을 찾아서』 베스트셀러 수위권, 비시 · 비소설 부문『오늘 다 못다한 말은』(이외수),『비밀일기』,『하늘이여 땅이여 사람들이여』,『철학에세이』,『먼 훗날에도 우리는』(유안진) 등 수위권 | 베스트셀러 |
| 8 | 이달의 베스트셀러 | 1987.11.27 | 소설『꼬마 철학자』,『크눌프세 이야기』,『나의 라임 오렌지나무』,『죽음보다 더한 실연』,『광란자』 등의 번역소설이 2, 3, 4, 5, 7위, '김지하붐' 시집『오적』과 에세이집『살림』 각각 3위,『정지용연구』(김정동),『죽음을 넘어 시대의 어둠을 넘어』(황석영),『5 · 18 광주민중항쟁증언록』 등도 수위권 | 종로 · 교보 · 을지 · 신촌 · 한국출판판매 · 동화서적 집계 |
| 9 | 지식인 65% 하루 2시간 이상 독서 | 1988.1.8 | 지식인 60%가 1주일에 한번 이상 서점 방문. 65%가 하루 2시간 이상 독서. 60%가 한달에 평균 2권에서 8권 안팎 독서 [책 선택 조건] ① 저자 | 『출판저널』 전국의 고졸 이상(대학 재학 이상이 |

| | | | | |
|---|---|---|---|---|
| | | | (24.2%) ② 책 내용(23.8%) ③ 책 정보(20.4%) ④ 표지와 제목(12%) 순 [구입동기] ① 공부하는 주제와의 연관성(59.3%) ② 좋아하는 저자(15%) ③ 베스트 셀러이기 때문(12.4%)순 [장서량] (전문서적) 50%가 100권 이하, 34%가 100권 이상 500권 이하, 9%가 500권 이상 1,000권 이하 소유, 1,000권 이상 7.3% (교양서적) 58.2%가 300권 이하, 30%가 300권 이상 1,000권 이하 보유, 1,000권 이상 12% [책을 읽는 이유] 지식(44.5%) · 정신안정(22.5%) · 교양(18 · 9%) | 77 · 6%) 남녀 818명 대상 |
| 10 | 소설『태백산맥』 시『홀로서기 2』 | 1988.1.30 | 소설『태백산맥』(조정래), 시『홀로서기2 점등인의 별에서』(서정윤) 등 1위. 『새벽편지』(정희승), 『햄버거에 대한 명상』(장정일) 등 수위권. 비시 · 비소설『해방전후사의 인식』,『작전명령 화려한 휴가』,『죽음을 넘어 시대의 어둠을 넘어』,『5 · 18광주민중항쟁증언록』,『광주보고서』,『일어서는 당』 등과 백기완의 저서『자주고름 입에 물고 옥색치마 휘날리며』,『통일이냐 반통일이냐』 등 수위권. | 종로 · 교보 · 을지 · 한국출판판매 · 신촌 · 동화서적 등 집계 |
| 11 | 출판 새 풍속 <속편시대> | 1988.2.8 | 『홀로 서기』,『홀로 서기2-점등인의 별에서』, 알퐁스 · 도데의 소설『꼬마철학자-나의 어린시절』,『꼬마철학자2-파리30년』, 바스콘셀로스의 소설『나의 라임오렌지나무』,『나의 라임오렌지나무2-광란자』, 스우타운센드의 소설체 일기『비밀일기』,『속비밀일기-성장의 아픔』, 김초혜의 시집『사랑굿1』,『사랑굿2』. 헤르만 · 헤세의 소설『크눌프』 및 시집『방랑자 크눌프의 추억』은 소설과 시집이 전편-후편형식으로 나온 예. 도종환의 시집『접시꽃 당신』에 이어『접시꽃 당신2』도 출간 예정, 김용옥의 동양사상 입문서『여자란 무엇인가』도『여자란 무엇인가2』로 이어질 계획 | |
| 12 | 단행본 출판사 전문지 창간 붐 | 1988.10.8 | 한길사 월간『사회와 사상』, 형성사 월간『흐름』 까치 계간,『경제와 사회』, 나남 반년간지『사회비평』, 청하 계 | |

| | | | | |
|---|---|---|---|---|
| | | | 간 『현대시세계』, 『현대비평』, 전예원 월간 『여성문학』, 일조각 무크지 『한국사 시민강좌』, 계간문학지 『창작과 비평』, 『문학과 사회』, 『실천문학』 등 복간, 신아 계간 『문학과 의식』 창간 | |
| 13 | 일반독자도 알기 쉽게 풀어쓴 사회과학 출판물 | 1989.10.2 | 한길사 '한길 인문사회과학 기초지식 총서' 100권 계획. 잡지월간 『현실과 대안』, 월간 『한국논단』, 계간 『사상』, 월간 『사회와 사상』 | |
| 14 | 출판 담당기자가 뽑은<올해의 책> | 1989.12.8 | 『해방전후사의 인식』(한길사), 『한국한시』(민음사), 『성서의 세계』(동아출판사), 『한국무신도』(열화당), 『한국원예식물도감』(지식산업사), 『한국사강의』(한울아카데미), 『한국사회구성체 논쟁』(죽산) | |

## 2 베스트셀러로 본 독서경향

4개 대형書店 4월의 집계

詩 『홀로…』 소설 『碑銘을…』 『無名』 돌풍

『라임오렌지나무』 1위로 올라

社會비평 『하늘…』 단번에 3위

[그림 36] 〈시 '홀로서기' 소설 '碑銘을…' 無名 돌풍〉(≪중앙일보≫, 1987.4.29)

<표 14>의 내용 (6)과 (7)에서 드러난 당대 베스트셀러의 특징을 보면 도종환의 『접시꽃 당신』이나 서정윤의 『홀로서기』와 같이 기존의 무명작가들의 작품이 베스트셀러가 된 이례적인 현상을 보였다는 점이다. 또한 '국내저작물의 본격출판시대'이자 '작가위주의 책선택'[80] 경향이 나타났다. 일례로 『사람의 아들』, 『레테의 연가』, 『젊은날의 초상』,

---

80) <여름서점가 국내작품이 석권>(≪중앙일보≫, 1987.7.29)

『우리들의 일그러진 영웅』 등 이문열의 작품들이 인기가 있었고, 『숲속의 방』(강석경), 『야훼의 밤』(조성기), 『태백산맥』(조정래), 『비명을 찾아서』(복거일), 『겨울골짜기』(김원일), 『황색인』(이상문) 등 국내 창작소설 붐이 일었다.

또한 표 내용 (8)을 보면 소년기를 배경으로 하는 소위 '성장기소설'들이 베스트셀러를 차지했다. 『나의 라임오렌지나무』, 『광란자』, 『꼬마 철학자』, 『크눌프-세 이야기』, 『우리들의 일그러진 영웅』 등이 그것이다. 종로서적과 교보문고의 연간 베스트셀러 상위권을 차지한 이 책들은 대다수가 10대들이 구매자였고 이들에 의해 베스트셀러가 결정되었다. 이것은 점차 독서연령층이 낮아지는 현상(10~20대)을 반영하는 것이기도 하다.[81]

<소년기 다룬 성장소설 인기」(≪중앙일보≫, 1987.9.25)에서도 제시한 바, 이같은 '10대 시장'의 일반화와 이들의 수요를 따라가는 출판은 전대에는 볼 수 없었던 현상이다. 10년 전인 1979년의 베스트셀러를 살펴보면 『난장이가 쏘아올린 작은공』(조세희), 『갈 수 없는 나라』(조해일), 『내일은 비』(김병총), 『바구니에 가득찬 행복』(임국희), 『사랑을 위하여』(고은) 등인데 모두가 성인독자들을 겨냥한 책들이었다.[82] 그런데 80년대에 들어서 그 경향이 달라진 것이다. 이는 10대들의 경제적 도서구입 능력이 강화되고 FM 등을 통한 '10대 문화'의 정착이 주요인이었다. 10대 취향 도서가 베스트셀러를 주도하는 현상은 부정적인 현상으로 거론되기도 했다. 독서인구를 넓히는데 기여할 수는 있으나 결과적으로 '사적고백문화'나 '감상주의문화'를 양산하고, 고급문화를 위축시키는 이른바 '문화적 그레샴의 법칙'을 낳을 것이라는 우려에서였다.[83]

---

81) <소년기 다룬 성장소설 인기>(≪중앙일보≫, 1987.9.25)
82) <베스트셀러 중고생이 만든다>(≪중앙일보≫, 1988.3.22)

또한 표 내용 (10)과 (11)를 보면 속편 출판물 발간 현상을 볼 수 있다. 속편이란 말 그대로 전편의 인기를 바탕으로 저자 및 제목의 동일성을 유지함으로써 전편의 독자들을 흡수하기 위한 일종의 '장르적 기술'이다. 이같은 속편현상은 영화 등 대중문화 장르에서는 이미 오래 전에 정착된 것이었으나 출판계에도 적용된 것은 이 시기부터였다.[84] 이같은 속편 현상에 대해 평자들은 당시 독자들의 책 고르기가 '작가위주'에 편중되어 있고 이에 편승한 새로운 출판 현상이라 지적했다

그 외 이 시기의 베스트셀러 경향을 보자면 1980년대 이후에도 여성들의 독서경향이 전 시기와 같이 문학류와 가벼운 읽을거리에 집중되어 있음을 볼 수 있다. ≪조선일보≫의 <독서경향>(1984.9.20) 조사에 따르면 여성 독자 중 30대 이전의 미혼 여성들은 『지적인 여성을 위하여』(김혜원), 『살며 사랑하며 배우며』(레오버스카 글리아저), 『사랑이 깊으면 외로움도 깊어라』(천경자), 『죽음보다 깊은 것』(삼포능자) 등 에세이집을 많이 읽고 있었다. 가정 주부들은 일본소설 『오싱』(하시다 스가꼬) 등 멜로드라마적인 내용의 소설이나, 『지혜롭게 사는 여성』(이시형) 등 화제의 책이나 『아버지 방법 어머니 기술』(정원식), 『어머니 문좀 열어줘』(범서출판사) 등 육아-가정 교육에 대한 서적들을 꾸준히 찾았다. 보다시피 여성 독자들의 독서 수준은 감상적인 문학류나 에세이류 혹은 자녀교육 관련서였다.[85]

### 3 금서(禁書)와 해금(解禁)

<표 14>의 내용 (1), (8), (10), (12), (13)을 통해 독서계의 또 다른

83) <소설 '태백산맥' 시 '홀로서기2'>(≪중앙일보≫, 1988.1.30)
84) <출판 새 풍속 '속편시대'>(≪중앙일보≫, 1988.2.8)
85) <독서경향>(≪조선일보≫, 1984.9.20)

경향으로 사회주의 서적에의 관심을 볼 수 있다. 1980년대 중후반기는 '금서와 해금'의 이념서적이 논란이 되었던 시기이다. <판금된 서적 2백여 종>(≪중앙일보≫, 1985.5.4)에 따르면, 1982년 이른바 금서에 대한 부분 개방(판매허용) 조처 이후 우후죽순격으로 이데올로기 비판서적이 쏟아져 나왔고, 소위 판매가 허용될 수 없는 '좌경화 서적', '위장허가 서적'까지 등장했다.[86] 특히 자율화 이후 점차 격렬해지던 학생들의 시위 구호가 당시 '통일논의자율화', '반공이데올로기 거부'에까지 이르자 당국에서는 대학가 서점에서 팔리는 이른바 이념서적이 영향을 끼쳤다고 판단했다. 이에 문공부는 단속에 나섰고, 출판사와 서점 및 복사업체 등에서 간행물과 유인물을 압수했다.[87]

<85년 이후 6개 출판사 등록취소>(≪중앙일보≫, 1987.6.29)에서 '한국출판문화운동협의회'가 출판사상 처음으로 '출판탄압백서'를 제시했는데, 이를 보면 1987년도만 해도 서점에 대한 당국의 압수수색은 68개 서점에 126회에 걸쳐 실시됐으며 확인된 압수서적만 해도 6,000부에 달하는 것으로 밝혀졌다. 이들 금서 중에는 이미 일반인들에게 널리 알려진 『겨울공화국』(양성우), 『대설남』(김지하), 『지성과 반지성』(김병익), 『전환시대의 논리』(이영희), 『노동의 새벽』(박노해) 등도 포함돼 있었다. 출판인에 대한 조치로는 1985년부터 당시 1987년 5월까지 연행 47명, 장기구금 6명, 구류 13명, 구속 21명 등에 1987년 당시만도 11명이 국가보안법 위반혐의로 구속됐다.[88] 갑작스레 몰아친 '이념서' 단속 회오리는 대학가는 물론 출판계·서점가에까지 충격의 연쇄반응을 일으켰다. 정부 당국의 이념서적 단속에 대한 시비가 분분하게 일기도 했다.[89]

---

86) <판금된 서적 2백여 종>(≪중앙일보≫, 1985.5.4)
87) <이문공, 불온서적 단속>(≪중앙일보≫, 1985.5.7)
88) <85년 이후 6개 출판사 등록취소>(≪중앙일보≫, 1987.6.29)

이러한 상황 속에서 '한국출판문화운동협의회'는 '출판자유의 보장과 출판계 민주화를 위한 대정부 공개요구서'를 문공부에 전달했다.[90] 이에 정부에서는 당정협의를 거쳐 문화민주화 조치 방안을 확정했다.[91] 그 결과 같은 해 10월 판금도서 431종을 해금시켰다.[92] 정부는 이후 1988년 4월에는 납북작가 26명 중 1차적으로 정지용과 김기림 두 작가의 작품을 우선 해금시켰다.[93] 이어 같은 해 7월 문공부는 박태원, 이태준, 현덕, 임화, 김남천 등 월북작가 120여 명의 문학작품의 공식출판을 허용한다고 밝혔다. 8.15 해방 이전에 발표된 월북작가들의 문학작품에 대한 전면적인 해금이 이루어진 것이다. 정부당국의 이같은 조치로 우리 문학사의 공백지대로 있었던 1920년대 후반부터 1940년대 중반까지의 우리 문학이 제자리를 찾게 되었다.[94] 이와 함께 '을유문학사', '삼성이데아', '금성출판사', '동서문화사' 등 대형 출판사들이 월북작가 문학전집 출간에 나서게 되었고, 인기 작가에 국한하지 않고 중요한 작가, 뛰어난 작품을 모두 선정하여 이를 기존의 한국문학전집에 보완시키거나 따로 묶기도 했다.[95]

또한 납·월북작가 작품출판 붐에 이어 이들에 대한 연구도 확산되었다. 이들 작가를 총체적으로 분석한 작가론이 단행본으로도 출간되었고, 해금작가들의 작품을 집중적으로 다루는 문단의 각종 세미나가 열렸다. 주요 문예지들도 월북 문인의 대표작 및 문학이론을 분석

89) <금서충격, 대학·출판가 몸살>(≪중앙일보≫, 1985.5.4), <투망식 '금서' 단속>(≪중앙일보≫, 1985.5.11), <이념서적 압수당한 33개 출판사>(≪중앙일보≫, 1985.5.11)

90) <출판자유·민주화 보장 문공부에 공개 요구서>(≪중앙일보≫, 1987.7.14)

91) <문화민주주의도 '성큼'>(≪중앙일보≫, 1987.8.10)

92) <출판의 자유화시대, 양서경쟁 기대>(≪중앙일보≫, 1987.10.20)

93) <정지용·김기림 작품 해금>(≪중앙일보≫, 1988.4.1)

94) <월북작가 작품 전면해금>(≪중앙일보≫, 1988.7.19)

95) <대형 출판사 탈·월북 작가 작품 본격 발간>(≪중앙일보≫, 1988.10.17), <월·납북작가 해금과 전집 출판 붐>(≪중앙일보≫, 1988.12.7)

한 특집을 시리즈로 내기도 했다.[96] 심지어 북한 사회과학원 등에서 발간한 '조선'의 역사·철학서 등 북한 책자들이 거의 원문 그대로 국내 출판사들에 의해 출간·시판되었고,[97] 40여년 동안 말하지 못한 분단의 비극을 다룬 각종 소설들이 쓰여지기도 했다.[98] 이렇듯 1980년대 중후반기는 분단극복을 위한 문학사 기술작업이 활발히 이뤄진 시기이며, 이의 여파와 함께 '88올림픽' 개최라는 상황으로 인하여 연변 및 동구권 문학, 역사와 관련된 서적 및 다양한 문화가 교류되고 연구되는 등 '문화해빙기'를 맞이했다.[99]

### 4 출판에 한글문화, 국내서적 해외출판

출판에 한글文化 뿌리내린다

著者·출판사·책이름등 우리글로

漢字聖域 평론집에서도 대부분 한글로 써

최근에 나온 책들을 중심으로 살펴본다

인문·사회과학서적 本文도 90%가 漢字안써

[그림 37] 〈출판에 한글文化 뿌리 내린다〉(≪중앙일보≫, 1987.10.9)

1980년대 독서경향에서 또 하나 주목할 것은 출판물에 한글문화가 뿌리내린 시기라는 점이다. 1970년대까지만 해도 출판계는 아직 한자문화가 지배적이었다. 그러나 1980년대에 들어서서 한글문화가 주도하기 시작했다. '책의 생산자'인 저자·출판인과 '책의 소비자'인 독자 대부분이 한문 세대, 일본어 세대에서 해방 이후 한글교육을 받은 이른바 '한글세대'로 교체되었다. 먼

96) <납·월북작가 연구 논의 '봇물'>(≪중앙일보≫, 1988.10.19)
97) <북한서적이 원문 그대로 나와>(≪중앙일보≫, 1988.10.27)
98) <분단·민주화운동 등 소재다양화>(≪중앙일보≫, 1988.10.31)
99) <문화 해빙>(≪중앙일보≫, 1988.1.29), <문학 출판계 다각적 복원작업 전개>(≪중앙일보≫, 1988.1.19)

저 저자 이름이 순한글로 쓰여졌으며, 출판사들의 이름 역시 한길사, 까치, 풀빛, 거름, 나남, 돌베개, 동녘 등이 생겨났고 책제목의 한글화는 더욱 두드러졌다. 당시 서점에 나와 있는 인문·사회과학 서적들은 대학교재 등을 제외하면 90% 이상이 본문을 한글로 쓰고 있었으며 의미가 불분명해질 경우에만 부득이 한글 뒤의 괄호 속에 한자 표기를 했다.[100)]

한편 1980년도 중후반기에는 한국문학을 해외에 알리는 활동도 활발했다. 1986년에는 한국 중견 소설가 윤흥길, 한승원, 최인호, 박범신 등 4명의 신작소설이 국내보다 먼저 일본에서 출간 발표되었고,[101)] 1987년도에는 한림출판사와 해외공보관이 공동 출간한 한국소개 기본도서 『Facts about Korea』가 미국 일리노이주의 책자 대도매상(大都賣商)인 '퀄리티 북스'에서 베스트셀러에 올랐다. 이는 올림픽 등을 앞두고 한국을 알고 싶어하는 외국인들의 독서수요가 크게 늘어났기 때문이다.[102)] 또한 1988년에는 박경리의 대하소설 『토지』(민희직 불역)의 작품성이 인정받아 1989년에 프랑스에서 출판을 약속하기까지 했다.[103)] 1989년 9월에는 공산권 도서축제인 '모스크바도서전'에서 한국으로서는 처음으로 참가하였고,[104)] 같은 시기에 『한국고전 사화집』이 영국의 '케건폴인터내셔널' 출판사에서 출간된 것을 비롯하여 당시 미국, 독일, 말레이시아 등 외국의 유수 출판사에서 현지어로 한국문학에 관한 책이 번역·간행되었다.[105)]

---

100) <출판에 한글문화 뿌리내린다>(≪중앙일보≫, 1987.10.9)
101) <국내평가 안거친 신작소설 해외출판 신중히 고려해야>(≪중앙일보≫, 1986.1.14)
102) <한국소개 영문책자 미 베스트셀러 22위>(≪중앙일보≫, 1987.4.1)
103) <'토지' 작품성 좋아 내년에 불서 출판>(≪중앙일보≫, 1988.9.3)
104) <올 가을 모스크바·프랑크푸르트 국제도서전시회>(≪중앙일보≫, 1989.8.14)
105) <한국고전·현대문학 해외소개 활발>(≪중앙일보≫, 1989.9.16)

마지막으로 <표 14>의 내용 중 (2), (5) 등의 통계치를 보면, 독서 분야에 있어서 전 시기와 마찬가지로 여전히 문학이 우세하며, 아동 분야가 수위권을 차지하고, 참고서의 판매부수가 높음을 알 수 있다. 이것은 그만큼 교육열이 높은 우리의 풍토를 반영한다. 특히 표 내용 (9)는 지식인들의 독서경향을 다양한 측면에서 보여주고 있어 시사하는 바가 크다.

### 5 해방 40년의 베스트셀러

1980년대는 해방 40년이 되어가는 시기이다. 그 사이 독서계에는 많은 베스트셀러가 출판되었다. 베스트셀러는 한 시대의 산물이라 볼 수 있다. 시대가 바뀜에 따라 독자들의 새로운 요구에 따라 출판되었고 이에 잘 부응한 책은 베스트셀러가 되었다. 1985년도에 게재된 <광복 40년을 통해 본 베스트셀러>(≪조선일보≫, 1985.8.16)에서는 40년 격동의 시간 속에 있었던 베스트셀러를 시대 순으로 나열하고 있어 흥미롭다. 그 내용을 정리해 보면 다음과 같다.

먼저 1940년대 배스트셀러로는 『우리말본』을 들었다. 1920년에 쓰기 시작하여 15년이 지난 1935년에 탈고했고 1937년에 책으로 나왔다. 우리문법을 근대적인 시각에서 정립한 것으로 우리말의 법전이라 할 수 있다. 또한 시집으로 윤동주의 유고시집 『하늘과 바람과 별과 시』도 독자들의 눈길을 끌었다. 1948년 1월에 나온 이 책은 문단적 관심과 함께 당시로서는 많은 독자가 읽은 시집이었다.

1950년대에는 전시(戰時)에 부산에서 나온 『학원(學園)』을 베스트셀러로 꼽았다. 당시 읽을거리가 없던 학생층에게 크게 어필하여 잡지로서는 유례없는 부수를 기록하였다. 김래성(金來聖)의 『청춘극장(靑春劇場)』은 전란의 상처 속에서 방황하던 사람들과 일선장병들의

『우리말본』에서 『사람의아들』까지…

光復40년을 통해본 「베스트셀러」

한時代의 절실한 상황 반영

『靑春劇場』『自由夫人』등 50년대 주름잡아

에세이 眞髓 『흙속에…』는 美·日서도 번역

70年代에는 『별들의 故鄕』이 空前의 히트

40年代

50年代

60年代

70年代

[그림 38] 〈光復 40년을 통해 본 베스트셀러〉(≪조선일보≫, 1985.8.16)

마음을 사로잡았다. 이 소설은 1949년 5월부터 신문에 연재되었고 그 해 11월에 1, 2부가 출판됐었다. 6.25 이후 신문 연재는 중단되었으나 인기리에 판매되었다. 한편 『얄개전』은 작가의 치밀하고 극적인 구성 때문에 인기를 얻었고, 1954년 출판된 정비석의 『자유부인(自由婦人)』은 6.25의 충격으로 인한 물질만능주의와 성도덕의 타락을 그린 것이다. 신문에 연재되다 단행본으로 나와 단번에 베스트셀러가 된 책이다. 이 책은 당시 서울대 법대 교수인 황산덕과 필자와의 외설시비가 벌어져 더욱 주목을 끌었다. 이 외에도 모윤숙의 『렌의 연가』도 1950년대에 애독되었던 책이다.

1960년대 초 신태양사가 발행한 『흑막(黑幕)』도 베스트셀러에 속했다. 이 책은 4.19가 일어난 지 두달만인 1960년 6월에 나왔는데, 6.25 혼란기에 있었던 각종 비리를 들춰내고 4.19 당시의 상황으로 끝을 맺고 있다. 시대적 코드와 잘 맞았던 작품이라 인기가 있었다. 1963년도에는 이어령의 에세이 『흙속에 저 바람 속에』가 인기였다.

이 책은 에세이의 진수를 보여준다고 평가받았다. 순수한 한글 제목도 당시로서는 특이한 것이었으며 '이것이 한국이다'라는 부제로 한국의 문화 풍토, 정신풍토를 집중적으로 분석하여 국내에서는 물론 해외에서도 인기가 있었다. 또한 1960년대에는 무협소설이 애독됐다. 1962년 김광주의 『정협지(情俠誌)』는 무협소설의 시초로 50여 페이지 정도의 짧은 이야기가 신문에 연재되었던 것으로 단행본 3권의 방대한 분량으로 만들어졌다.

1970년대는 산업화가 진행되어 그 증후가 나타난 시기였다. 최인호의 『별들의 고향』은 이러한 산업사회에서 생겨난 비운의 여인을 주인공으로 한 책이다. 이 책은 신문연재가 끝난 후 단행본으로 나와 3년간 40만권이 나갔고 영화화되어 더욱 인기가 있었다. 이와 함께 조세희의 『난장이가 쏘아 올린 작은공』도 베스트셀러에 속했다. 이 책은 연작 형태로 쓰여졌으며 산업화의 모순으로 생겨난 근로자의 문제를 파헤친 것으로 대학가의 필독서가 되기도 했다.

1980년대에는 이동철의 자서전인 『어둠의 자식들』이 베스트셀러의 선두주자로 나섰다. 우리 사회의 어두운 세계를 그대로 드러내 보임으로써 사회에 충격을 준 책이다. 이전까지 다루지 않았던 뒷골목의 세계를 생생하게 파헤치면서 불의에 맞서려는 소설로 평가받았다. 황석영의 손질을 거쳐 나온 이 소설은 4년 동안 25만부가 팔렸다. 김홍신의 『인간시장(人間市場)』은 1980년대 베스트셀러 중의 베스트셀러였다. 장총찬이라는 주인공을 등장시켜 사회의 여러 가지 비리를 척결하여 나가는 내용으로 1983년 가을 1백만부를 돌파하는 베스트셀러로 기록되었다. 김성동의 『만다라』, 이문열의 『사람의 아들』도 베스트셀러에 올랐다. 이 두 소설은 모두 종교문제를 다룬 소설로 1980년대 초에 모두 베스트셀러가 되었다.[106)]

## 2) 학생 독서경향

### (1) 아동 독서경향

1980년대 들어서서 유아교육에 대한 관심이 높아지면서 서점가에 유아용 도서가 많이 나왔다. 이에 따라 유아 독서교육에 관한 논의도 활발해졌다. <미취학 아동 독서지도 어떻게 하나>(≪중앙일보≫, 1981.11.7)를 보면 유아 독서지도 방안이 제시되었는데, 먼저 첫째, 유아기의 발달 정도는 나이에 따라 크게 차이가 나므로 3세 전후까지의 동화책이나 그림책의 문장은 아주 간결하고 단순해야 한다. 둘째, 유아 도서는 그림에 세심한 배려를 한 것이어야 한다. 셋째, 그림은 아름다워야 한다. 넷째, 제본도 중요하다 등으로 책 선택 요령이 제시되었다. 또한 유아용 문학이나 그림책은 외국동화·전래동화·창작동화를 고루고루 볼 수 있도록 하라고 제안했다. 외국동화에 치중하는 일반적 경향은 자아 개념 형성기의 유아에게 바람직하지 않다는 것이다. 이 기사에서는 유치원 교사가 가장 많이 활용하고 원아들이 좋아하는 동화를 다음과 같이 제시했다.

> (32) 한국 전래동화=흥부와 놀부, 의좋은 형제, 해와 달이 된 오누이, 금도끼와 은도끼, 혹부리영감, 효녀 심청, 콩쥐와 팥쥐, 호랑이와 곶감, 은혜갚은 까치, 선녀와 나무꾼. 외국동화 = 아기돼지 삼형제, 곰세마리, 검둥이 삼보, 피노키오, 피터팬, 신데렐라, 백설공주, 빨간 모자, 재크와 콩나무. 헨젤과 그레텔. 이외에 미운 오리새끼, 아기곰 푸우, 아기사슴 밤비, 늑대와 일곱 마리 염소 등
>
> <미취학 아동 독서지도 어떻게 하나>(≪중앙일보≫, 1981.11.7)

106) <광복 40년을 통해 본 베스트셀러>(≪조선일보≫, 1985.8.16)

[그림 39] 〈화려한 색깔 엉성한 묘사〉(≪중앙일보≫, 1984.8.22)

아동 독서에 대한 관심은 해방 이후부터 꾸준히 이어져 온 것이지만 특별히 1980년대는 아동도서의 편집면에서 개선책이 대두되었다는 점도 특기사항이다. <화려한 색깔 엉성한 묘사>(≪중앙일보≫, 1984.8.22)에서는 동화책의 삽화가 어린이에게 미치는 영향이 절대적이라 보고 그 문제점을 제기해 주목을 끌었다. 게재 내용을 요약하면, 아동도서에는 풍부한 색은 없어도 이야기를 충분히 전해주는 일러스트레이션의 묘사가 있어야 한다는 것이다. 그러나 우리 아동도서 삽화는 반대로 색감은 풍부하지만 이야기를 충분히 이끌어가는 묘사가 결여돼 있다고 지적했다. 여기서 훌륭한 삽화는 언어의 장벽을 초월하여, 어린이의 마음에 직접 파고 들어가 감동을 주는 절대적인 힘을 발휘하기 때문에 중요하다는 것이다. 그러므로 삽화가들의 노력이 크게 요구된다고 제언했다. 이러한 자극과 함께 당시 아동도서의 출판 경향은 그림 동화책으로서의 기능을 갖춰가고 있었다. 즉 "읽는 것과 보는 것"의 양면성을 동일하게 추구하고 있었다. 아동도서의 60%를 차지하는 저학년용 도서에서 이 현상은 더욱 뚜렷해 페이지마다 삽화를 넣고 컬러화 돼가는 추세였다.

그런데 앞서도 지적한 바 있지만, 학생 독서경향에서는 그들 스스로 어떤 책을 애독하는가도 중요하지만 어떤 책이 양서로 추천되고 있는가도 주시할 필요가 있다. 특히 저학년일수록 학생들 스스로 책을 사서 보는 것보다 부모, 혹은 학교나 교육 단체에서 선택·지도되는 경우가 많기 때문이다. 그러므로 선정 도서도 참고할 필요가 있다.

1980년도 초기 초등학생 추천도서의 한 예를 살펴 보면 다음과 같다.

(33) ▲『이솝이야기』(동물들의 이야기를 빌어 삶의 지혜를 가르치는 우화집) ▲『흥부전』(권선징악의 교훈을 담은 우리나라 전래설화) ▲윤석중 동화집 『열손가락 이야기』(저자의 첫 번째 동화집) ▲마크 · 트웨인의 『왕자와 거지』(얼굴이 똑같은 왕자와 거지가 우연히 겪게되는 모험담) ▲『콩쥐팥쥐』(나쁜 계모 밑에서도 착한 마음을 잃지 않아 복을 받는 콩쥐 이야기 · 한국전래동화) ▲쥘 · 베른의 『15소년 표류기』(무인도에 표류한 15소년의 모험과 용기를 그린 책) ▲박완서 동화집 『마지막 임금님』 ▲『안데르센 동화집』(어린이에게 꿈과 사랑을 가르친 동화작가 안데르센의 작품들) ▲『사랑의 선물』(어린이날을 제정한 소파 방정환 선생의 동화집) ▲마크 · 트웨인의 『톰소여의 모험』(잡초처럼 거칠면서도 싱싱하게 자라는 한미국소년의 모험기) ▲『난중일기』(목숨으로 나라를 지킨 이순신 장군의 일기책) ▲신지식의 『열두달 이야기』(1년 열두달을 주제로 한 신지식의 제1회 아동문학상 수상작) ▲시튼의 『시튼동물기』(갖가지 동물들의 생태를 쉽고 재미있게 엮은 과학서적) 『 디즈니 그림명작 동화』(미 '디즈니 · 프러덕션'과 직접 계약, 계몽사가 제작한 그림동화집) ▲김부식의 『삼국사기』(우리나라 삼국시대의 역사책을 알기 쉽게 풀이한 것) ▲김요섭의 『전철 속에서 읽는 동화』(어른도 함께 읽을 수 있는 동화책) ▲『색동어린이문학

저학년은 「보는책」에서 「읽는책」으로
동화는 韓國 작품·번역물을 골고루
독서안내

[그림 40] 〈저학년은 '보는 책'에서 '읽는 책'으로〉(≪중앙일보≫, 1980.8.2)

전집』(색동회 회원들의 창작동화 · 동요 · 동극 등을 묶은 전집) ▲『그림동화집』(독일의 그림 형제가 쓴 동화) ▲스티븐슨의 소년소설 『보물섬』(해적선에 숨어 보물섬을 찾아가는 용감한 소년의 이야기) ▲허균 장편소설 『홍길동전』(잘못된 신분제도와 지배층의 부패에 항거하는 의적 홍길동의 모험)

<저학년은 '보는 책'에서 '읽는 책'으로>(≪중앙일보≫, 1980.8.2)

(33)의 추천 도서는 당시 어린이들의 독서경향으로 반영되기도 했는데, 추천인은 김재은(이대교수 · 교육학), 어효선(아동문학가), 최영(동화구연가), 어린이회관도서실 등으로서 초등학생이 읽을 만한 책을 추천한 것이다.

위의 <저학년은 '보는 책'에서 '읽는 책'으로>(≪중앙일보≫, 1980. 8.2)에서 추천인들은 초등학생 어린이의 독서지도는 학년과 성장 발달도에 맞추어 이루어져야 한다고 공통된 견해를 보였다. 즉 유치원에서 1~2학년에 이르는 저학년 어린이에게는 상상력을 키워주는 동화로 예쁜 삽화가 실려있는 "보는 책"이 적당하며, 학년이 올라갈수록 언어능력, 사고력 배양을 위한 "읽는 책"으로 옮겨가야 한다는 것이다. 선정된 책을 보면 내용면에서 동화 · 동시 등 문학에서 역사 · 지리 · 과학 · 위인전 등으로 점차 폭이 넓어지고 있다. 그리고 전 시기와 달리 동화는 외국 작품에 치우치지 않도록 한국 전래동화나 창작동화를 선택해 주고 있다.

연령별 독서 자료의 문제는 <새학기 맞는 초중고생 독서지도 방법>(≪중앙일보≫, 1982.3.6)에서도 다루어지고 있다. 초등학교에 들어간 어린이는 1, 2학년 때 권선징악에 눈 뜨게 되고 3학년 때 쯤이면 모험, 4학년 때는 환상과 풍자, 5, 6학년이 되면 소설적인 것에 끌리는 변화 과정을 거친다고 밝혔다. 그러므로 그에 따라 연령별 도서 선택이 달라져야 한다는 것이다. 외국의 경우는 이러한 심리변화에 따라 학년별 서적이 다르게 출판되고 있으나, 우리의 경우 대체로 저학년·고학년용으로만 분류되어 있는 형편이라고 지적했다.

한편 '동방생명'에서는 독후감 대회와 독서실태 조사를 정기적으로 행했는데, 1982년 11월 당시 전국 초·중학생 68,814명(초등학생 50,567명·중학생 18,247명)을 대상으로 독서경향 조사를 실시했다. 이 결과에 따르면 우리나라 초·중학생들은 국내 위인보다 외국 위인을 더 존경하고 문학작품에 있어서도 외국작품들을 더 애독하는 것으로 나타났다. 외국 위인 선호 경향은 고학년으로 올라갈수록 높아져 초등학교 저학년(1~3학년) 어린이들이 존경하는 위인 10걸 중에는 국내인이 7명이나 포함돼 있으나 고학년(4~6학년)과 중학생들의 경우 존경하는 위인 10걸 가운데 국내인이 각각 4명과 3명 밖에 포함되지 않았다.107)

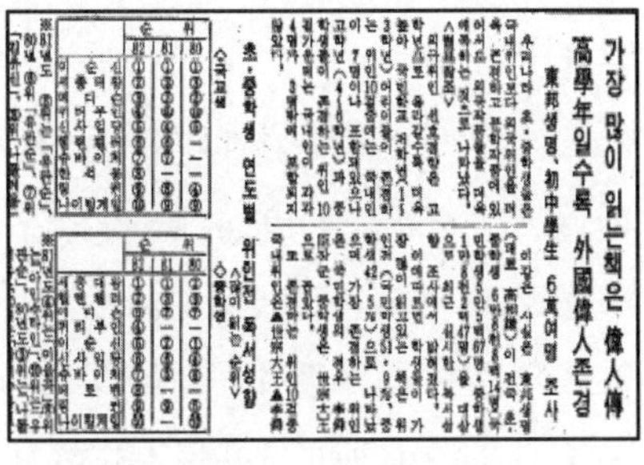
가장 많이 읽는 책은 偉人傳
高學年일수록 外國偉人존경
東邦생명, 初中學生 6萬여명 조사

[그림 41] 〈가장 많이 읽는 책은 偉人傳〉(≪중앙일보≫, 1982.11.17)

(34) 존경하는 위인 10걸 중 국내위인은 ▲세종대왕 ▲이순신 ▲신사임당 ▲한석봉 등 4명이, 외국위인은▲ <에디슨> ▲<퀴리>부인 ▲ <헬렌켈러> ▲<슈바이처> ▲<링컨> ▲<나이팅게일> 순으로 나타났다. 또 80, 81년 조사에서 10걸에 들었던 ▲이율곡 ▲김유신 ▲유관순 등 국내위인이 10위 밖으로 밀려난 반면, <퀴리>부인이 10위에서 4위로 올라서고 <베토벤>이 10걸에 포함된 것으로 나타났다.

<가장 많이 읽는 책은 위인전>(≪중앙일보≫, 1982.11.17)

107) <가장 많이 읽는 책은 위인전>(≪중앙일보≫, 1982.11.17)

그런데 분야면에서 학생들이 가장 많이 읽는 책은 역시 위인전(국민학생 51.9%, 중학생 42.5%)으로 나타났으며 가장 존경하는 위인은 국민학생의 경우 이순신 장군, 중학생은 세종대왕을 꼽았다. <MBC, 어린이 의식 조사>(≪중앙일보≫, 1984.5.29)의 '어린이 특별기획 우리 아이들'에서도 어린이들이 감명깊게 읽은 책으로는 『이순신 전기』 등 위인전으로 밝혀져 어린이 독서가 한 쪽에 치우쳐 있음을 보여주었다.

이와 비교하여 흥미로운 리서치는 당시 '대곡초등학교'에서 초등학생 4~6학년 어린이 180명을 대상으로 실시한 설문 조사이다. "우리나라 역대 위인 중 가장 존경하는 사람이 누구인가"란 질문에서 이순신을 지적한 사람이 70%를 넘었는데 이것은 "초등학교 4학년까지 이순신에 관한 글이 교과서에 9번이나 나오고 있기 때문"이라는 것이다.[108] 이로써 독서가 어린이의 가치관 형성에 미치는 영향을 가늠할 수 있다.

또한 '동방생명'은 제4회(83년) '전국학생 좋은책 읽기운동'에 응모한 초·중·고교생 198,473명의 독후감을 분석하고 발표했다. 그 결과를 보면, 우리나라 청소년들은 학령에 관계없이 닥치는 대로 책을 읽고 있으며, 독후감이 반성문의 양상을 띠고 있다는 것이었다. 대다수의 학생들이 책의 내용을 무비판적으로 받아들이며 독후감 내용이 획일적이고 상투적이라는 평가도 내렸다. 또한 초·중·고교생들이

108) 당시 국립중앙도서관에서도 국민학교 어린이를 위한 추천도서를 내놓았다. ▲3, 4학년 『왕자와 거지』(장수철), 『새』(이준범), 『신사임당』(강성자), 『슈바이처』(오용수), 『열 손가락 이야기』(윤석중), 『줄어드는 아이』(프로린스·하이드), 『링컨』(박화목). ▲5, 6학년= 『올리버 트위스트』(유여촌), 『사랑의 가족』(자프), 『동방의 공자』(이원수), 『집 없는 소녀』(말로), 『악마가 눈물과 보석으로 만든 꿀벌 이야기』(터더·휴즈), 『생각의 꽃씨』(이영희), 『어린이 세시기』(윤석중), 『곤충의 세계』(이준범)>(<새학기 맞는 초 중 고생 독서 지도 방법>(≪중앙일보≫, 1982.3.6)

가장 즐겨 읽는 책은 동화나 소설 등 문학서적류(국교생 67.3%, 중학생 70.88%, 고교생 89.5%), 다음이 위인전 · 과학도서 순이었다.[109]

그리고 이 조사에서는 학생들의 베스트셀러를 다음과 같이 밝혔다.

> (35) 초등학생들의 베스트셀러로는 『콩쥐팥쥐』, 『흥부전』, 『심청전』 등 전래동화와 『백설공주』, 『소공녀』, 『알프스소녀』, 『피노키오』 등 외국 동화가, 중 · 고교생들은 『대지』, 『벙어리 삼룡』, 『무정』, 『마지막 잎새』, 『여자의 일생』, 『상록수』, 『테스』 등을 즐겨 읽는다. 초 · 중학생에게 가장 많이 읽히고 있는 위인전은 『이순신』과 『세종대왕』. 『헬렌 켈러』, 『에디슨』, 『퀴리부인』, 『슈바이처』 등도 인기가 높다.
>
> <학령에 안 맞게 마구잡이 독서>(≪중앙일보≫, 1983.11.25)

한편 1980년대 말 <국교생들이 읽는 책 외국 동화집에 치우쳐>(≪중앙일보≫, 1989.10.5)라는 기사도 주목된다. 이 기사에는 삼성생명이 전국의 국민학교(초등학교) 5~6년생 1,305명, 가정주부 982명, 독서지도 교사 20명을 대상으로 설문 조사한 결과가 게재되어 있다. 독서율은 한달에 1권 이하가 대부분이며(66.3%), 그 외에 1주일에 1권(18.3%), 1주일에 2~3권(15.4%)이었다. 감명 깊게 읽은 책으로는 『헬렌켈러』, 『소공녀』, 『플란

國校生들이 읽는 책

외국童話集에 치우쳐

三星生命서 5~6학년생·가정주부 조사

TV시청등에 시간 뺏겨 그나마 한달에 1권 이하

국내 국민학교 5~6년생들의 독서율은 한달에 1권이하로 낮은 수준이고 감명깊게 읽은 책은 세계명작동화나 외국위인전등 외국문학에 편중돼 있는 것으로 나타났다.

三星生命이 전국의 국민학교 5~6년생 1천3백6명, 가정주부 9백82명, 독서지도교사 20명을 대상으로 설문조사한 바에 따르면 독서율에서 국민학교 5~6년생의 경우 한달에 1권이하가 대부분이며(66.3%), 그외에 1주일에 1권(18.3%), 1주일에 2~3권(15.4%)이었다.

감명깊게 읽은 책은 『헬렌켈러』『소공녀』『플란더스의 개』『장발장』등의 順으로 외국 번역도서가 72.3%를 차지, 어릴때부터 외국문학에 편중된 독서경향을 보이고 있다. 반면 국내도서로는 위인전에서 『이순신』『유관순』등 2권을 제외하곤 10위권안에 든 도서가 없어 어린이들에게 감명을 줄 국내창작동화의 보급과 독서의 유도가 시급함을 나타냈다.

자녀의 독서율이 낮은 이유로 어머니들은▲지나친 TV시청(44.6%)을 가장 많이 꼽았고 그밖에▲과외활동과다(28.7%)▲전자오락(9.%)▲학교숙제과다(8.6%)의 순으로 오락성매체의 급속보급(53.6%)과 학습및 과외활동의 과다가 어린이 독서저해의 주된 요인으로 드러났다.

한편 독서지도교사들은 독서를 방해하는 사회환경요인으로▲향락풍토의 만연(35%)▲불량서점과 오락탈법팜(22.5%)▲입시위주교육체계(15%)▲가정의 독서지도결여(10%)등 사회구조적책임과 어른들의 무관심을 지적했다.

[그림 42] 〈國校生들이 읽는 책-외국 童話集에 치우쳐〉(≪중앙일보≫, 1989.10.5)

109) <학령에 안 맞게 마구잡이 독서>(≪중앙일보≫, 1983.11.25)

더스의 개』, 『장발장』 등의 순으로 외국 번역도서가 72.3%를 차지했다. 반면 국내도서로는 위인전에서 『이순신』, 『유관순』 등 2권을 제외하곤 10위권 안에 든 도서가 없어 어릴 때부터 외국문학에 경도된 현상을 보였다.

다음으로 아동의 독서경향 중 만화 독서 취향에 대해 살피고자 한다. 바로 전 시기까지 어린이의 독서 저해 요소로 만화를 비판하는 경우가 많았고 이의 단속을 강화시키자는 논의도 많았다. 그러나 1980년에는 만화에 대한 우려의 소리가 그다지 높지 않았다는 것이 특징적이다.

<어린이들 순정만화 좋아한다>(≪조선일보≫, 1981.5.12)를 보면, 어린이들의 '만화독서' 취향이 달라졌다. 어린이들의 정서와 학습생활에 큰 비중을 차지하고 있는 어린이 만화는 종래와는 달리 스포츠, 우주시대의 공상과학 분야에 관심이 높아지고 있었다. 이것은 어린이 독서경향의 일면을 새롭게 보여주고 있는 것으로서 만화의 장점으로 꼽히는 흥미 유발을 학습동기 부여, 사고력과 지적 능력의 개발에 적용할 경우 효과를 볼 수 있다는 점을 고려하게 하였다. 당시 어린이 월간지 『새소년』이 전국 초등초등학교 3학년부터 6학년까지 남녀 어린이 5,230명을 대상으로 설문을 실시했는데, 그 결과로 '한국 어린이 만화독서 성향과 가치관 분석'을 발표했다. 이에 따르면 감동, 순정물이 전체적으로 가장 많은 편이나 스포츠, 공상과학 등을 비롯하여 충

여성 가정
『어린이들 순정만화 좋아한다』
——국민학생 「만화독서취향」조사
創作物에도 좋은 반응보여
스포츠人氣… 女學生도 많이 읽어
空想과학물에 관심크고

[그림 43] 〈어린이들 순정만화 좋아한다〉(≪조선일보≫, 1981.5.12)

효예절, 위인전물이 날로 많이 읽히고 있었다.

특히 주목되는 점은 순수 동심의 세계를 그린 창작물의 인기도가 높아지고 있어 우리 만화계도 창작물 개발의 필요성을 인지하게 되었다. 만화를 통한 어린이들의 가치관 문제는 "대체로 밝고 건강한 미래 지향적 요소를 얻고 있다"고 평가하고 있어 우리나라 만화 출판계도 건전하고 유익한 판로로 떠오르게 되었다.

마지막으로 <국교생들이 읽는 책 외국 동화집에 치우쳐>(≪중앙일보≫, 1989.10.5)를 통해 당시 독서환경에 대해 살펴 보겠다. 이 기사문에서 부모들은 자녀의 독서율이 낮은 이유로 지나친 TV시청(44.6%), 과외활동 과다(28.7%), 전자오락(9%), 학교숙제 과다(8.6%) 등을 꼽았다. 이는 오락성 매체의 급속한 보급과 학습 및 과외활동의 과다가 어린이 독서 저해의 주된 요인으로 작용했기 때문이다. 한편 독서지도 교사들은 독서를 방해하는 사회 환경 요인으로 향락풍토의 만연(25%), 불량서적과 오락물 범람(22.5%), 입시위주 교육체계(15%), 가정의 독서지도 결여(10%) 등 사회구조적 책임과 어른들의 무관심을 꼽았다.[110]

### (2) 중고생의 독서경향

동방생명의 제6회 대회(85년도) 실시 결과를 게재한 <초중고생들 독서, TV영향 많이 받는다>(≪중앙일보≫, 1985.12.3)를 보면, 전국 248,638명의 초·중·고교생이 참가하였는데 이들의 독후감 분석 결과 청소년들은 TV영화·만화를 보고 그 원작을 찾는 경향이 두드러졌다. TV가 독서성향까지 좌우한 것이다.

일례로 당시로는 6년간 한번도 애독서 10위권에 이르지 못했던 『빨

110) <국교생들이 읽는 책 외국 동화집에 치우쳐>(≪중앙일보≫, 1989.10.5)

간머리 앤』이 TV 방송 이후 갑자기 초등학교 동화 부문 6위로 부각됐으며, 『사랑과 진실』 단행본에 대한 독후감도 많았다는 것이다. 동화의 경우는 『콩쥐팥쥐』, 『심청전』, 『흥부전』 등 전래동화와

독서
초중고생들 독서, TV영향 많이 받는다
國校生 국내동화보다 外國동화 더 읽어
東邦生命 독후감분석

[그림 44] 〈초중고생들 독서, TV영향 많이 받는다〉(≪중앙일보≫, 1985.12.3)

『신데렐라』, 『소공녀』, 『백설공주』 등 외국동화에 치중되어 있고 국내 창작동화를 보고 쓴 독후감은 거의 없었다. 이밖에도 『무적철인 제로』, 『잘한다 형제 신통이』 등을 읽고 독후감을 쓰거나, 중·고생들의 경우 무협지를 읽고 독후감을 쓰는 경우도 있어 청소년들의 올바른 도서 선택 지도가 절실함을 보여주었다.

마지막으로 1980년대 독서경향을 드러내는 기사로 <학습 참고서가 안 팔린다>(≪중앙일보≫, 1981.3.6)가 주목되는데, 여기에서는 과외 금지, 대입 본고사 폐지, 초·중·고교 학력 평가 고사 중단 등과 연결되어 학습지도 안 팔릴 뿐더러 입시 지옥·시험의 부담에서 벗어난 학생들이 해방감에 젖어 독서조차 하지 않는다고 밝혔다. 청소년들의 독서열의 부족은 활자 미디어보다는 전파(TV)의 홍수에 덮여 있는 시대적인 문제라고 보았다. 이 기사에서는 '전파매체세대'인 청소년은 문제에 대한 심각한 접근이나 사색을 싫어하고, 눈으로 본 내용에 감각적으로 반응하며 몸으로 익히는 특성을 지녔다고 지적하였다.[111] 따라서 책을 안 읽거나 읽더라도 충동적인 욕구를 빠르게 채

111) <학습 참고서가 안 팔린다>(≪중앙일보≫, 1981.3.6)

울 수 있는 것으로 기울어질 수밖에 없고, 영화나 TV 매체에 노출된 어린이들이라 자라나면서 이 현상은 더욱 심화될 것이라 우려했다.112)

학생讀書 외국文学 편중

삼성생명, 독후감응모 5천편 분석

랭킹 20位권 80%가 번역서

主婦는 베스트셀러 좋아해

[그림 45] 〈학생讀書 외국文學 편중〉(≪조선일보≫, 1989.12.9)

한편 1989년 삼성생명 '독후감대회'에서 5,000편의 독후감을 분석한 결과 우리나라 중고생들이 인상깊게 읽은 애독서들은 대부분 외국문학 번역서에 편중되어 있고 그 종류도 다양하지 못한 것으로 밝혀졌다. 이 분석에 따르면 청소년들이 독후감 대상으로 삼은 책들 중 가장 많이 선택된 20권을 추린 결과 그 중 80%인 16권이 외국서적의 번역본이었으며, 전체적으로도 응모자의 58.1%가 번역서를 읽고 독후감을 쓴 것으로 집계되었다.

그리고 애독서 3위까지를 보면 중학생은 『어린왕자』, 『나의 라임오렌지 나무』, 『아낌없이 주는 나무』의 순서로 나타나 소설을 많이 읽고 있는 것으로 나타났다. 또 고교생은 『갈매기의 꿈』, 『데미안』, 『이방인』이 3위까지를 차지해 마찬가지 현상을 보였다. 한편 독후감에 나타난 도서의 선택 동기를 보면, 중고생은 '읽고 싶어서 스스로 골랐다' (43.9%), '부모 등 주위 사람의 권유'(30.2%), '우연히'(14.5%), '학교 숙제 때문에'(6.8%), 'TV, 영화를 보고'(2.7%) 등 비자발적 동기로 책을 고르는 경향이 많아 각급 교육과정에서의 체계적인 독서교육이 요구되고 있음을 드러냈다.113)

한편 1980년대 말 서울 YMCA가 서울 지역 12개 중·고교 남녀 학

---

112) <천원내고 쏜살같이>(≪중앙일보≫, 1981.5.2)
113) <학생독서 외국문학 편중>(≪조선일보≫, 1989.12.9)

생 2,000명을 대상으로 '청소년의 독서생활에 대한 조사'를 실시했다. 그 결과를 정리하면 <표 15>와 같다.

〈표 15〉 청소년의 독서생활에 대한 조사(1989년 6월)

| 설문내용 | 응답결과 |
|---|---|
| 독서교육수혜여부 | "학교에서 독서교육을 받은적이 없다"(50.7%) "있다"(44.8%-이 중의 33.4%는 "별로 도움이 안되거나 없는 편이 낫다") |
| 독서교육필요성 | "매우 필요하다"(69.8%) 그 이유는 ▲여가선용을 위하거나 ▲교양 · 정보 ▲정신적 성숙을 위해서 |
| 한달평균독서량 | 1~2권(41.4%), 거의 읽지 않는다(23.0%). 중 · 고교생 3분의 1(33%)이 독서를 안함<br><독서하지 않는 이유> ▲학교 공부때문에(46.2%) ▲TV가 더 재미있어서(29.1%) ▲독서환경이 갖춰지지 않아서(10.9%) ▲책값이 너무 비싸서(6.0%) |
| 도서지출비 | ▲전혀 지출하지 않는다(49.6%) ▲2,500~4,500원(18.5%) ▲2,000원 정도(17.9%) ▲5,000원 이상(9.3%) |
| 독서자료선택 | 부모 · 친구 등의 권유(48.3%) 언론매체의 서평(22.1%), 출판사의 홍보(2.5%) |
| 즐겨읽는책 | ▲외국 소설류(18.8%) ▲국내소설(16.5%) ▲만화(14.1%) ▲학생잡지류(13.0%) ▲수필(10.4%) ▲시집(8.0%) |

이 조사 결과에서 서울 시내 중 · 고교 학생의 반 이상은 학교에서 독서교육을 받은 적이 없으며 고교생의 3분의 1은 시간이 없거나 TV가 더 재미있어 책을 거의 읽지 않는 것으로 나타났다.[114)]

이와 관련하여 이미 <'독서교육' 시야가 너무 좁다」(≪중앙일보≫, 1986.4.29)에서도 우리나라 독서교육의 문제점이 제시되었다. 이 조사는 YMCA에서 실시한 것으로, 첫째, 독서교육의 시야가 좁고 매우 낙후되어 있다는 것이다. 독서교육에서 어떤 능력을 길러야 하는가에 대한 합의가 이루어져 있지 않고, 독서교육에 대한 저서도 찾기 힘들

114) <고교생 3분의 1이 독서 안한다>(≪중앙일보≫, 1989.6.8)

고 국어학자는 많지만 국어교육 학자는 극히 드문 편이라 지적하고 있다. 둘째, 학생들의 독서교재가 교과서로 획일화되어 있다는 것이다. 학생들은 교과서 이외의 다른 읽기 자료를 접할 기회를 거의 갖지 못하면서 성장하며, 독서할 시간을 갖지 못하고 교과서 해설식 참고서에 탐닉하고 있는 실정이라 자라나는 세대의 창의성을 말살하는 현상과 다를 바 없다고 비판했다.[115] 이를 보면 체계적인 독서교육(읽기교육)은 최근에 들어서서야 이루어졌음을 알 수 있다.

위의 YMCA 조사에서 또 하나 흥미로운 것은 설문 대상 학생들의 상당수는 부모가 "신문 · 월간잡지 외에 책을 거의 보지 않는다"거나, "독서와는 전혀 관계없다"고 응답하였고, "부모가 시간만 나면 수시로 책을 본다"는 36.9%로 나타났다는 점이다. <학부모들 책과 담쌓았다>(≪중앙일보≫, 1987.8.6)라는 기사에서도 당시 우리나라 학부모들 10명 중 4명이 한달에 3~4시간 정도 밖에 책을 읽지 않는다고 밝혔으며, 또 10명 중 1명꼴은 평소 책을 전혀 읽지 않는 것으로 드러났다.[116]

이의 결과 독서부진 현상을 타개하기 위한 독서 프로그램과 책들이 만들어졌다. 부모와 자녀가 함께 읽는 편지글, 철학동화, 가정교육동화, 만화, 생활, 시 등 다양한 형태가 선보였다.[117] 또한 '대한출판문화협회'에서는 독서진흥을 위해서는 우선 "책이 있는 가정", "책을 읽는 식구"가 대전제로 되어야 하고 교과서 위주가 아닌 일반 교양서의 독서지도를 학교교육이 맡아야 할 것이라고 강조했다.[118] 학생들의 독서지도는 학교와 가정의 상호 협력하에 이루어져야 함을 다시

115) <'독서교육' 시야가 너무 좁다>(≪중앙일보≫, 1986.4.29)
116) <학부모들 책과 담쌓았다>(≪중앙일보≫, 1987.8.6)
117) <부모 · 어린이 사이 다리 놓는다>(≪중앙일보≫, 1988.1.11)
118) <책은 머리를 발달시킨다>(≪중앙일보≫, 1988.11.10)

금 인식케 하는 내용들이라 할 수 있다.

### (3) 대학생 독서경향

1980년대 대학생들의 독서경향은 일반 독서경향과 일치되는 점이 많기 때문에, 여기에서는 특징적인 면만 지적해 보고자 한다. 1980년대 초 대학생들의 독서경향 중 대표적인 것 중 하나는 사회과학 서적, 그 중에서도 역사관·역사의식 등을 다룬 사서(史書)에 관심이 높았다는 점이다. <역사의식 다룬 사서에 관심>(≪중앙일보≫, 1980.3.28)을 보면 우리의 근대사를 조명한 『해방전후사의 인식』, 자본주의의 근원을 밝히고 있는 『자본주의발달사』, 『노동의 역사』 등이 계속 베스트셀러로 꼽혔으며, 이영희 교수의 『전환시대의 논리』는 젊은 층의 주목을 받았다. 이외에도 『김구』, 『신채호』 등 역사상의 인물들을 다룬 책들이 애독되었는데 이러한 독서경향은 과도기·전환기로 불리는 당시대에 정확한 좌표를 찾아보려는 노력으로 분석되었다.

한편 소설 부문에서는 『만다라』, 『사람의 아들』, 『인간의 새벽』 등 새로운 시각으로 인간 본연의 문제에 깊이 천착한 일련의 작품들이 계속 읽혔으며 수난에 찬 근대사를 그린 『토지』도 대학가에 많은 독서군을 키웠다.119) 특히 이념서적에 대해서는 문교부의 지시에 따라 각 대학마다 '대학문화육성위원회'를 설치하여 독서지도 등을 시행했다.120)

[그림 46] 〈젊은이들의 독서경향〉(≪중앙일보≫, 1982.10.5)

119) <역사의식 다룬 사서에 관심>(≪중앙일보≫, 1980.3.28)
120) <이념서적 독서 등 지도>(≪중앙일보≫, 1982.3.5)

<젊은이들의 독서경향>(≪중앙일보≫, 1982.10.5)에서는 대학가의 독서경향을 한마디로 "낭만주의 시대는 가고 현실주의 시대가 도래했다"고 표현했다. 1980년대에 들어 황석영의 『어둠의 자식들』로 대표되는 논픽션 및 르포소설이 이동철의 『꼬방동네 사람들』로 이어져 계속 호응을 얻었다. 또한 김홍신의 『인간시장』, 『바람 바람 바람』 등의 르포소설는 다른 차원에서 젊은이의 호응을 얻었다. 이러한 현상은 현실에 대한 욕구불만을 해소하는 한 방편으로 풀이되기도 했다. 또한 일본의 역사교과서 왜곡사건 이후 대학생들의 일본에 관한 관심도 한층 높아졌다. 당시 베스트셀러로 등장한 이어령의 『축소지향의 일본인』은 한국인의 시각에서 일본의 문화와 의식구조를 날카롭게 꼬집어 대학가의 공감을 얻었다. 뿐만 아니라 한국근세사와 경제, 사회사상에 관한 대학생들의 관심도 여전해 『한국경제의 전개과정』, 『경제사입문』, 『한국민족주의론』 등이 많이 읽혔다.[121]

## 3. 1980년대 독서 대중화 운동의 의의

지금까지 1980년대 독서운동과 독서경향을 살펴 보았다. 그 내용을 간략히 정리하면 다음과 같다. 먼저 1980년대 초기에 정부는 '국민독서생활화'운동을 펼쳐 양서 선정과 지도를 적극적으로 실시했다. 또한 주부 대상의 도서관 운동도 주목된다. 평생교육의 차원에서 뿐만 아니라 가족 전체의 독서 생활화에 효과적이었다. 도서관 외에도 '대한출판문화협회', 일반 문화 단체들이 각종 독서 프로그램과 책읽기 캠페인으로 독서 인구를 개발하는 데 공이 컸다. TV가 독서운동의

121) <젊은이들의 독서경향>(≪중앙일보≫, 1982.10.5)

주자로 나서게 되었다는 점도 이 시기의 특기 사항이다.

1980년대 중후반기 독서운동도 도서관 중심의 정책적인 독서운동, 출판계 및 언론매체의 독서운동, 각종 문화단체 및 기타 독서운동 등으로 대표된다. 도서관에서는 전대와 마찬가지로 각종 캠페인과 전시회, 세미나 및 특강, 독서 대회와 수상 등을 통해 독서풍토를 조성하고 국민개독운동에 앞장섰다. '문턱 없는 도서관'을 만들기 위해 다양한 프로그램도 마련했다. 학생 대상의 '독서교실'과 '어린이 독서주간'을 통한 각종 행사가 펼쳐졌으며, 독서상담실을 설치하여 관련 상담과 안내 등을 함으로써 국민의 독서 진작에 힘을 기울였다.

1980년대 중후반기의 출판사 및 언론사, 각종 문화단체의 독서운동도 주목할 만하다. 출판사들이 다양한 문화행사를 통해 독서운동을 전개했으며, 신문이나 방송 매체에서도 독서특강, 독서토론, 독서진단, 도서전시회 및 독서캠페인 등의 프로그램을 강화함으로써 독서인구 저변확대에 힘썼다. 또한 독서클럽(독서대학) 붐이 일기도 했다. 일반인, 학생, 공단 근로자들 등 다양한 계층의 독서모임이 일상에 뿌리 내리게 된 것이다.

독서경향은 주요 독서통계와 독서내용 등으로 나누어 살폈다. 초기 일반 독서경향을 보면 부담없이 즐기는 책이 인기 있었으며, 기획출판붐과 사회주의 서적붐이 일었고, TV를 통해 독서경향이 파악되고 명작이 방송화되는 등의 움직임이 활발했다. 한편 학생 독서경향은 아동, 초중고생, 대학생 등 수준별로 고찰했다. 선정 도서는 전대와 유사하며, 위인전이 지배적으로 읽혔고, 외국 명작 등을 애독하는 경향이었으며, 대학생의 경우는 사회주의 서적에 탐닉하는 경향을 보였다.

1980년대 중후기의 일반 독서경향을 보면, 무명작가들의 작품이 베스트셀러로 부상하는 현상을 보였고, 국내 작가의 작품이 인기가 있었으며, '성장기소설'들이 베스트셀러를 차지했다. 구매자 대다수가 10대들이었고 이들에 의해 베스트셀러가 결정되었다는 점도 주목된다. 이것은 점차 독서 연령층이 낮아지는 현상(10~20대)을 반영하는 것이기도 하다. 속편 출판물 발간 현상도 특징적인데 당시 독자들의 '작가위주' 편중현상과 이에 편승한 새로운 출판현상을 반영한다. 또한 1980년대 말 월북작가들의 문학작품에 대한 전면적인 해금이 이루어져 그 분야의 문학 작품이 많이 읽혔다. 한편 주목할 것은 출판물에 한글문화가 뿌리내리고, 해외에 우리의 국내 저서가 적극적으로 소개되었다는 점이다.

한편 학생들의 독서경향은 다양한 통계로 제시되고 있는데, 그 경향이 다종다기하다. 그러나 수준별 상관없이 외국 문학을 탐닉한다는 공통적인 문제점이 드러났고, 매체의 영향력으로 학생들의 독서 내용도 변화되고 있었다. 또한 1980년대는 소위 '7 · 30 교육개혁'으로 공교육 내의 독서교육이 강화된 시기이다. 또한 논술과 관련된 대학입시 교육정책의 변화로 독서의 필요성이 대두되었다. 대학에서도 교양과목이 개편되었고, 독서 관련 지도가 필수적이었다. 이러한 교육환경의 변화와 함께 학생들을 위한 수준별 도서목록이나 독서지침서들이 마련되었다는 점도 주목할 만하다.

# Ⅶ. 1990년대 독서 대중화 운동

## 1. 도서관 및 각종 단체의 독서운동

### 1) '작은 도서관 운동'과 정보문화센터

#### (1) '작은 도서관 운동'과 지역문화 선도

1990년대 초기에는 지역 주민을 대상으로 한 '작은 도서관' 이 서울을 비롯한 전국 각 지역에서 지역문화 공간의 역할을 담당하였다. 이러한 지역도서실에서는 무료 또는 소액의 대여료만 받고 지역주민에게 도서대출을 해 주거나, 독서토론회와 각종 강습반 등 소모임 활동을 통해 독서 풍토를 형성하는 데 노력하였다.

(36) 당시 이러한 지역도서실은 서울의 경우 면목동의 「푸른 소나무」, 신림 7동의 「난곡 주민도서실」, 신림 4동의 「책 마을」, 장안동의 「새빛 무료도서실」, 홍은 2동의 「사랑방 주민 도서실」, 금호동의 「밀알의 집」, 무학동의 「그루터기」, 구로동의 「두레방」과 「한벗」, 가리봉동의 「반달」, 당산동의 「새날을 여는 집」, 성수동의 「열린 글방」등 줄잡아 20여 곳이었고, 이밖에 인천

의 「글서당」, 안양의 「안양독서회」, 경남 진주의 「책나눔 사랑나눔」, 김제의 「새날문고」 등이었다. 이들 도서실의 공통적인 운영방식은 회원들에게 매달 2,000~4,000 원의 회비를 받거나 책 2~3권을 기증 받는 형태였다.

<지역도서실 문화공간으로 정착>(≪중앙일보≫, 1992.4.10)

한편 국립중앙도서관의 경우 '도서관 문학학교'를 열고 가문뿌리 찾기(한국인의 계보), 자녀교육을 위한 어머니 독서지도, 세계의 고전 읽기 등 3개 강좌로 구성된 강의를 진행시키기도 했다.[1)]

특히 1990년대에 보다 활성화된 '이동도서관'[2)]은 독서 인구를 보다 증가시키는 계기를 마련하였다. '서울시립도서관', '남산도서관', '새마을운동 중앙협의회' 서울지부 등이 운영하였는데, 아파트 단지 등 동네를 순회하며 책을 빌려주었다. 책을 싣고 다니며 회원들에게 즉석에서 필요한 책을 빌려주고 반납도 받는 이동도서관은 공공도서관이 집에서 멀리 떨어져 있어 이용하기 불편한 사람들에게 독서의 기회를 마련해 주었다. 1991년 한햇 동안 397,923명이 이용하였고, 하루 평균 1,737명이 이동도서관을 찾은 것으로 집계됐다. 도서 대출 권수는 1,057,533권으로 전년도인 1990년에 비해 약 44%가 늘어났다. 이용자의 60.8%가 주부로 압도적이었는데, 특히 고졸 이상의 학력을 가진 20대 후반~40대 초반의 주부들이 주류를 이루고 있었다.[3)] 이 시스템은 주부층 독서인구 개발에 효과적이었음을 반영한다.

---

1) <잊혀져가는 우리의 뿌리 찾는다>(≪중앙일보≫, 1991.10.15)
2) 이동도서관은 1980년대 초기부터 시작되었다. 소위 '자동차 이동도서관(Book Mobile)'이라 하여 주민들의 호응이 높았다(<마을순회 자동차도서관이 는다>, ≪중앙일보≫, 1984.8.29).
3) <주부들에 인기 높다>(≪중앙일보≫, 1990.3.21), <구별로 이동도서관 차량 3권까지 빌려줘>(≪중앙일보≫, 1990.5.11)

도서관에서는 1991년도부터 보다 본격적인 이동도서관 운영에 나섰고, 지역을 순회하며 책을 대출해주던 것에서 한층 나아가 역, 터미널, 운동경기장 등에 대기하면서 인근 주민이나 경기를 기다리는 사람들에게 책을 열람할 수 있도록 했다. 이 도서관은 대형버스를 열람실로 특수 제작하여, 버스에 서가를 설치하고 열람석은 물론 냉·온장고까지 비치해 무료로 음료까지 제공했으며, 신간·우량도서와 VTR·TV까지 설치하여 비디오 프로그램도 시청할 수 있게 했다. 뿐만 아니라 전시·공연 등 각종 문화행사 정보자료도 비치했다. 열람도서관에는 항상 전문 사서가 동승하여 이용에 따른 문의나 도서정보를 제공하고 자녀의 독서지도 방법, 효과적인 독서방법, 책 고르는 법 등의 의문 사항에 대해 직접 이용자들의 자문에 응했다.[4] 이러한 시스템과 유사하게 지방에서는 주민들이 전화나 서신으로 대여를 신청하면 직원이 현지를 출장하면서 각종 도서를 대출·반납하는 업무를 보기도 했다.[5]

### (2) 정보문화센터로서의 도서관

1990년대 도서관의 또 다른 역할로는 찾아오는 사람만을 대상으로 한 소극적인 도서관 개념에서 과감히 탈피하여, 정보문화센터로서의 역할을 강화했다는 점이다. 즉 국립중앙도서관의 경우 도서관에 찾아오지 않고도 정보를 검색·수집할 수 있는 체제를 갖춰 서비스에 들어갔으며 전국의 공공도서관과 대학도서관을 하나로 묶는 전산망 구축을 추진하였다. 또 도서정보가 전산화됨에 따라 혼란을 겪고 있는 도서정보의 표준화를 위해 퍼스널 컴퓨터 및 대형컴퓨터용 소프트웨

---

4) <이동 열람도서관 본격 운영>(≪중앙일보≫, 1991.7.14)
5) <마포도서관 무료방문대출>(≪중앙일보≫, 1993.10.27), <도서 방문대출제 실시>(≪중앙일보≫, 1994.6.22)

어를 개발하고 보급하였다. 열람의 편의를 위해서 중앙도서관에 소장된 국내도서 전량(全量)을 검색할 수 있는 단말기를 늘려 기업정보 자료실, 어문학 자료실, 도서관문화 자료실 등도 대폭 확충했다. 이와 연결하여 당시 가장 획기적인 서비스로 관심을 끄는 것은 '글방전화'였다. 각종 서비스가 추가된 '글방전화'는 직접 도서관에 오지 않고도 집이나 사무실에서 모든 소재에 대해 궁금한 정보를 문의해 볼 수 있었으며 팩스를 이용하여 구체적인 자료를 받아볼 수도 있었다.6) 전 시기에 비하여 1990년대의 도서관은 그 기능이 더욱 다양화되었다고 할 수 있다.

1990년대 중후반기에 들어서면서 이제 단순하게 책을 빌려 읽거나 공부하는 장소로만 이용돼 오던 공공도서관이 지역 문화 활동과 평생교육의 장으로서 자리잡게 되었다. "정보화 시대를 맞아 도서관도 시대에 맞게 바뀌어야" 한다는 발상의 전환으로 단순한 도서정보 제공보다는 교양학습, 문화체험 등을 할 수 있는 교육장으로 탈바꿈한 것이다.7) 독서지도는 물론 문화 행사로 주부, 청소년, 어린이 등이 참여하는 다양한 강좌를 정기적으로 개최하고, 무료로 어린이를 위한 영어 교육 비디오나 영화도 상영하였다. 이러한 활동 가운데 도서관으로 주민들을 불러들임으로써 결과적으로 독서 인구를 확산시키는 계기가 되었다.

당시 각 도서관의 독서운동을 구체적으로 보여주는 대표적인 사례를 들면, 먼저 '중랑구립도서관'은 일반 독서운동 외에 '자녀독서지도를 위한 학부모 강좌를 개최하여 독서의 필요성과 책 선정 방법들을 강의했으며, 전국 규모의 '한밭도서관'은 최신 어학기기를 도입하여 어학 학습 지원 기능을 강화하는 한편 사랑의 책 돌려보기 운동, 독서

6) <도서관정보 수집 앉은 자리서 한다>(≪중앙일보≫, 1993.4.18)
7) <공공도서관 평생교육장으로 탈바꿈>(≪중앙일보≫, 1998.6.9)

회 운영, 자료 전화 예약 이용제 실시 등 독서 인구의 저변 확대에 앞장섰다. 또한 시각 · 청각 장애자와 환자에 대한 순회 대출, 경로당 방문 봉사 등 소외 계층에 대한 도서 대출 서비스를 시행했다.

특히 장애인들을 위한 독서운동의 활성화는 1990년대 전반적인 특징이기도 하다. 실제로 그 단초는 이미 1980년대 초기부터 일기 시작했지만 이 시기에는 보다 적극적인 움직임을 띠었다. 일례로 1997년도에는 시각 장애인을 위한 ‘음성 독서 서비스’까지 제공되었다. 시각 장애인들이 점자(點字)도서관에 가지 않고도 각종 서적을 집에서 열람할 수 있게 된 것이다. ‘가상 PC도서관’을 통하여 전국의 시각 장애인들에게 이러한 서비스가 제공된 것이다. 이를 통해 시각 장애인들은 집에서 컴퓨터 통신으로 각종 문학, 교양, 전문 서적에 관한 내용을 스피커로 들을 수 있게 되었다. 또한 시각 장애인들은 ‘가상 PC도서관‘에 입력돼 있는 각종 서적을 점자책으로 인쇄할 수도 있었다.[8]

‘대구시립 서부도서관’의 경우는 향토 문인 자료 코너를 설치하는 등 지역 중심의 장서 구입을 통해 도서관 서비스의 차별성을 기했으며, 대전 ‘유성구도서관’은 “이용자 중심의 도서관”이라는 표어를 내걸고 독서상담제 운영을 통해 독서지도 활동을 활발히 펼쳤다. 경북 ‘상주도서관’은 학교도서실 지원 전담반을 운영하여 학생들의 도서관 이용을 극대화하는데 기여하였다.[9] 뿐만 아니라 각 도서관은 정보화 · 첨단화가 급속히 이뤄지고 있는 현대 사회에 걸맞게 데이터 센터, 정보 분석 센터로서의 기능도 동시에 추구하였다.

---

8) 이 기사가 실린 <시각장애인 도서열람 PC도서관 내달 개관>(≪중앙일보≫, 1997.3.19) 외에도 <장애인, 불우아동 책 읽어주기>(≪중앙일보≫, 1996.9.8), <경북맹인복지연합회 건물 내 점자도서실 만들기로>(≪중앙일보≫, 1997.1.21), <녹음도서 보급 장애인에게 희망>(≪중앙일보≫, 1997.3.25) 등에서도 소외된 계층을 향한 독서운동이 적극적으로 시행되었음을 확인할 수 있다.

9) <대전 한밭도서관 최우수 도서관 선정>(≪중앙일보≫, 1999.12.2)

### (3) '독서의 달' 행사와 '국민독서생활화'

1920년대부터 정기적으로 시행되었던 독서주간은 이 시기에는 '독서의 달'로 확대되고 책과 독서의 생활화를 위한 기념행사가 전국 각지에서 풍성하게 개최되었다. 전국 공공도서관과 각종 독서 단체, 지방자치 단체 및 기업체를 포함한 다수 기관들이 연합하여 대규모 독서 문화 행사가 펼쳐졌는데, 문학 강좌나 독후감 공모 같은 평범한 행사부터 우수 만화 전시, 국악교실, 시낭송회, 독서 퀴즈왕 선발 대회 등 다양한 행사가 열렸다.[10)]

특히 1999년도에는 정부 차원에서 연중 내내 '국민 독서 생활화' 캠페인이 대대적으로 열렸다는 점이 주목된다. "읽으면 행복합니다"라는 모토 아래 전 국민 책읽기 운동이 대대적으로 펼쳐졌다. 이 시기 문화부는 출판 산업을 지식 문화의 핵심 산업으로 육성하기 위해 '출판문화정보산업단지'와 '출판종합유통센터' 건립, 양서 출판 지원 강화 등과 함께 '출판진흥법'을 마련하기로 했다.[11)] IMF 등의 경제 공황으로 부진했던 독서계를 새롭게 진흥(振興)시키려는 정책상의 한 움직임이라고 하겠다.

책키북키
Chacki & Booky

국민 독서 생활화
정부, 연중 캠페인

'읽으면 행복합니다'.
전국민 책읽기 운동이 대대적으로 시작됐다. 신낙균 문화관광부장관은 지난 7일 "21세기 문화의 세기를 앞두고 국민의 지식기반 확충을 위해 연중 책읽기 캠페인을 벌여나가겠다"고 밝혔다.
문화부는 이 캠페인의 효과적인 추진을 위해 책과 꽃을 모티브로 한 엠블럼과 아기 호랑이를 형상화한 캐릭터 '책키북키(Chacki & Booky - 사진)'를 보급한다.
'책키북키'는 '책' 'Book' '열쇠(Key)'의 합성어. 이 캠페인 홍보를 위해 KBS는 오는 17일부터 '나를 움직인 한 권의 책'이라는 독서권장 시리즈를 방영한다. 문화부는 출판산업을 지식문화의 핵심산업으로 육성하기 위해 출판문화정보산업단지와 출판종합유통센터 건립, 양서 출판 지원강화 등과 함께 출판진흥법을 마련하기로 했다. 출판진흥법은 '출판사 및 인쇄소의 등록에 관한 법률'이나 '외국간행물 수입배포에 관한 법률' 등 출판 관련 법체계를 하나로 통합하기 위한 것이다. 문화부는 또 특별 기획사업으로 밀레니엄 독서상징 조형물 '새천년 책의 탑(가칭)'을 건립하기로 했다.
김국진 기자
<kookjin@joongang.co.kr>

[그림 47] '국민독서생활화' 캠페인을 위한 '책커북커' 캐릭터(〈국민독서생활화〉(≪중앙일보≫, 1999.5.10)

---

10) <9월 독서의 달 맞아 기념행사 풍성>(≪중앙일보≫, 1997.9.5)
11) <국민독서생활화>(≪중앙일보≫, 1999.5.10)

## 2) '책의 해'와 '도서관 및 독서진흥법'

### (1) '책의 해' 선포

1993년은 '책의 해'로 선포된 연도이다. 이 한해는 "책을 펴자, 미래를 열자", "책읽는 사람이 이끄는 사회"라는 표어를 내걸고 독서문화를 보급하기 위한 각종 행사가 펼쳐진 시기이다. '책의 해' 조직위원회가 주최하는 각종 도서전시회, 도서 교환시장, 명작의 고향 탐방, 전국순회 독서강연회 등을 비롯하여 독서운동을 위한 시민단체가 결성돼 회원모집에 들어가는 등 독자들의 관심에 따라 여러 가지 기회를 접할 수 있게 되었다.

'93 책의해
책을펴자미래를열자
"책을 펴자, 未來를 열자"
책의 해 선포식
讀書문화 보급, 각종행사 펼쳐

[그림 48] 〈'책의 해' 선포식〉(≪중앙일보≫, 1993.1.19)

국립중앙도서관에서도 '책의 해'를 맞아 '어머니 책상갖기운동'을 전개했다. 기존에도 '샛별', '샘물', '아람' 등의 동아리를 통해 '주부 독서클럽 배가운동'을 벌이고 있었는데 이와 함께 맞물려 주부 독서붐을 일으켰다.12) 대형서점에서도 책을 매개로 하는 다양한 문화이벤트를 가졌고, '구간명저(舊刊名著)' 할인판매, '알뜰 도서 교환시장' 개장, 작가와의 대화, 독서회원제 도입, 크레디트 카드 발행 등을 실시하였고, 신간정보・베스트셀러 안내, '홈쇼핑'을 통한 통신판매의 활성화 등을 전개했다. 이에 서점가의 매출이 대폭 증가하는 등 책에 대한 관

12) <책의 해 이색 캠페인 독서 사색>(≪중앙일보≫, 1993.5.11)

심이 어느 때보다 높아졌다. 특히 서점들이 마련한 행사는 독자들과 만나는 현장에서 이루어진다는 점에서 독서문화 확산에 크게 기여하였다.[13]

### (2) '도서관 및 독서진흥법' 추진

책의 해 조직위는 '책의 해'를 기하여 책 읽는 환경을 제도적으로 마련해보자는 취지에서 '도서관 및 독서진흥법'을 추진했다.[14] 정부 출연금과 개인의 기부금으로 독서진흥기금을 마련하고, 대형 건축물을 지을 때 '작은 도서관'을 짓게끔 권장하며, 또 읍·면·동 단위의 행정기관에 공공문고 설치를 의무화하고 문고 및 기부금에 과세 특혜를 적용한다는 등의 내용이 골자였다.

당시 논자들은 독서진흥법이 단순히 책읽기를 권장하는 수단으로 끝나지 않고 문화정책의 중요한 전기가 되기 위해선, 도서실이 독서·독서실이라는 단순 개념을 넘어 복합 문화공간 개념으로 확대되어야 한다고 주장했다. 즉 지방 자치단체나 지역 기업들이 참여해 '작은 도서관'을 짓고, 그 속에 도서관과 컴퓨터실, 오디오실, 비디오실 등을 구비함으로써 지역문화의 복합적 문화공간으로 동네의 사랑방 역할을 해야 한다는 것이다.[15] 2000년대 오늘날 소위 '정보도서관'이 바로 이러한 기능을 담당하고 있는데, 바로 1990년대 초부터 그 필요성이 요구되었고 바로 지금 여기에서 이루어진 것이다.

---

13) <책의 해 선포식>(≪중앙일보≫, 1993.1.19), <대형서점 책의 해 행사 다양>(≪중앙일보≫, 1993.2.6), <다양한 '책의 해' 행사>(≪중앙일보≫, 1993.3.16)

14) 독서 진흥을 위한 법안은 다음과 같은 변천 과정을 보인다. 1963년 10월 28일 최초 '도서관법'(법률 제1424호)이 개정되었고, 1987년도에는 '개정도서관법', 1991년도에는'도서관진흥법', 1994년도에는 '도서관 및 독서진흥법' 등이 제정되었다(한성택(2002), 「도서관 및 독서진흥법 변천과정에 관한 연구」, 『한국도서관·정보학회지』 제33권 제4호, 한국도서관·정보학회, p.307 참조).

15) <독서진흥법의 뜻 살리려면>(≪중앙일보≫, 1993.8.7)

### 3) 독자중심의 출판계, 다양화된 독서프로그램

#### (1) '도서상품권'과 '서울도서전' 부활

1990년대 초기는 출판계가 그 어느 때보다 활성화되었던 시기이다. '책의 해'가 설정되어 독서붐이 거국적으로 일어났고, 1970년대 이후 중단되었던 '도서상품권'과 '서울도서전'의 부활 등 출판문화 육성 무드가 형성되었다. 도서상품권 제도는 1970년 3월 한국출판금고가 500~2,000원권 공통도서권 4종을 발행·판매함으로써 우리나라에서 처음 선보였다. 그 후 재무부가 과소비 조장 등을 이유로 1975년에 상품권제 자체를 폐지함에 따라 자취를 감추었다. 출판업계는 10여 년 동안 당국에 도서보급 및 독서인구 증대를 위한 유통구조 개선책의 한 방법으로 도서상품권 제도를 부활시켜줄 것을 계속해서 요구해 왔다.[16] 1991년 4월 드디어 문화부는 건전 출판문화 육성과 국민의 독서생활화를 위해 도서상품권 5,000원권을 발행하였다.[17] 이로써 가맹점이 늘고 선물로 도서상품권을 주고받는 풍토가 조성되어 독서인구 확대의 한 계기를 이루었다.[18]

「책의 해」도서상품권 새 바람
「세뱃돈」으로도 인기
매출량 3~5배나 늘어
기업·정치인 대량주문도

[그림 49] 〈책의 해 도서상품권 새 바람 '세뱃돈'으로도 인기〉(≪조선일보≫, 1993.1.18)

또한 1990년도부터 '대한출판문화협회'가 주최하는 '90서울도서

16) <도서상품권제도 부활 움직임>(≪중앙일보≫, 1990.6.24), <도서상품권 15일부터 발매>(≪중앙일보≫, 1991.4.11)

17) <건전출판문화 육성위해>(≪중앙일보≫, 1990.4.12)

18) <가맹점 늘고 선물로 인기 도서상품권 뿌리 내린다>(≪중앙일보≫, 1991.9.6), <설날 세배선물은 도서상품권으로>(≪중앙일보≫, 1993.1.19)

전'이 다시 열렸는데, 이 도서전은 1980년대 초에 방송국과 연합한 대대적인 도서전으로 책의 축전과 같은 행사였다. 그러나 1985년 이후 중단되었다가 무려 5년만에 재개된 행사라는 점에서 의미가 있었다.[19]

### (2) 독서교육 프로그램의 다양화

1991년에 우리나라에서는 처음으로 독서교육을 전문으로 하는 기관이 생겨나 관심을 모았다. 사단법인 한우리 독서문화 운동본부의 '한우리 독서 문화대학'이 그것이다. "독서를 통한 건전한 정신풍토와 올바른 가치관의 정립"을 내걸고 직장인 · 주부들을 대상으로 독서회원을 모집하였다. 매달 필독도서 2권씩을 의무적으로 읽고 그때마다 독후감 리포트를 제출함으로써 독서학점을 이수하게 되어 있었다. 독서 운동의 지방 확산을 위해 직할시 · 도청 소재지, 대단위 공업단지 등에 지부를 설치하는 한편, 각 기업체들과 직장 내 종업원들을 대상으로 한 설치 운영에도 주력하였고 정기적으로 국민필독서를 선정하여 제시하기도 했다.[20]

한편 1990년대 중후반기는 각 대학 부설 '평생교육원'이 정착화된 시기이다. 소위 '사회교육원'이라 하여 대학교 시설과 교수진을 활용한 성인 교육 프로그램이 대학 내에 자리잡은 것이다. 사회교육원은 다양한 프로그램으로 운영되었는데, 각 학교마다 독서 관련 프로그램은 필수적으로 포함되어 있었다. 특히 '독서지도자 전문교육과정', 즉 '독서지도사' 양성 프로그램의 호응도가 높았다.[21]

---

19) <5년만에 부활 서울도서전 다채로운 행사>(≪중앙일보≫, 1990.10.7)

20) <국내 첫 독서 전문교육기관 개설>(≪중앙일보≫, 1991.3.10), <국민 필독도서 1차 50권 선정>(≪중앙일보≫, 1990.4.10)

21) <대학평생교육>(≪중앙일보≫, 1995.1.22)

(37) 독서지도사가 주부들 사이에 신종 직업으로 자리잡아 많은 인기를 끌고 있다. 독서지도사란 초·중등 학생들을 대상으로 4~7명의 소그룹을 만들어 토론과 책읽기, 글쓰기 등을 지도하는 사람을 의미하는데, 독서지도사가 되려면 최소한 고졸 이상의 학력을 가져야 하고, 국가자격증은 없지만 대학교 부설 평생교육원이나 문화센터 등 사회 단체에서 수료증을 받으면 어느 정도 공신력을 인정받을 수 있다.

<독서지도사 주부 부업으로 각광>(≪중앙일보≫, 1998.4.5)

특히 대학에서는 현직 대학교수나 강사의 지도 하에 심리, 교육학 등 이론 교육과 함께 독서지도 실습, 글쓰기 지도법, 논리 이해 등 실무교육이 체계적으로 실시되어 인기가 높았다. 여기에다 '한우리 독서문화운동본부'에서는 교육 후 취업을 알선해 주기도 했다. 이것은 주부 취업이라는 현실적인 문제와도 관계된 것이지만, 독서에 대한 관심이 고조되고 이에 따라 전문화된 독서 지도의 필요성이 더욱 증대되었음을 의미하기에 시사하는 바가 크다.

독서 교육 프로그램은 일반 기업체의 사내 교육에서도 실시되었다. 일례로 '진로그룹'은 임직원들의 자기 계발과 최신 경영 정보의 습득을 위해 "독서통신교육과정"이란 이색적인 프로그램을 실시하였다. 계열사 임원과 차장급 이상의 직원을 대상으로 하는 이 제도는 회사 선정 필독서를 분기마다 한권씩 읽고 경영에 반영토록 하는 것이었다.[22)]

---

22) <진로, 「독서 통신교육과정」 실시>(≪중앙일보≫, 1995.2.16)라는 이 기사 외에 <전남장성 공무원 매달 책 읽은 뒤 독서대회 열어>(≪중앙일보≫, 1998.12.12)라는 기사를 보면 공무원이 다달이 한 권씩 선정된 책을 정독한 뒤 평가받는 독서대회를 열기로 했다. 또한 <매주 모여 책읽는 '경영자 독서모임' 화제>(≪중앙일보≫, 1999.5.10)를 보면, 95년부터 매주 월요일, 산업정책연구원의 '경영자 독서모임'이 있었는데, 최고 경영자들에게 경제 관련 책을 읽게끔 하는 프로그램을 실시하였다.

1990년대에는 독서회도 다시 활성화되었다. 독서모임은 1980년대 초에 활발했다가 후반기에 들어 주춤한 현상을 보였다. 그러나 1990년대 들어서 '한국애서가클럽', '주부독서클럽', '주부독서대학', '어린이독서클럽', '독서동호인' 등의 독서회가 곳곳에서 조직된 것이다.[23] 또한 각 지역 '구민회관'에서 주로 공공도서관 도서관에서 행했던 독서경진대회·독서대학 등을 열고 주민 독서 분위기를 조성했다는 점도 주목된다.[24]

### (3) 도서대여점의 번창과 '책 바꿔읽기'

1990년대에 또 하나 주목되는 것은 '도서대여업'이 서울을 중심으로 수도권 일대에서 크게 번창했다는 점이다. 직원이 직접 사무실을 찾아다니며 책을 배달하는 소위 '가방 책돌리기' 영업이 큰 규모로 자리잡았으며 체인 형태로 급증하는 추세였다.[25] 도서대여점은 1950년대에도 이미 존재했었다. 곧 대서점(貸書店)이라 하여 책이 귀하던 시절 도서를 제공해 주는 한 창구가 되기도 했다. 그러나 1960년대 이후 자취를 감추기 시작했는데, 이것은 물론 경제성장과 무관하지 않다. 빌려 읽었던 사람들이 사 읽는 추세로 바뀐 것이었다. 그런데 1990년대에 들어 다시금 전국적으로 도서대여점이 번창하기 시작했다. 평자들은 이것은 "책은 읽고 보관하는 것이 아니라 읽고 버리는 것"이라는 일반적 인식이 팽배해 있었기 때문이라고 지적했다. 일례로 베스트셀러의 경우 비록 흥미있게 읽기는 하되 장서(藏書)로서 가

23) <책의 해 이색 캠페인 독서 사색>(≪중앙일보≫, 1993.5.11), <좋은 책 읽는 풍토 조성한다>(≪중앙일보≫, 1992.2.20), <독서인구 확대에 앞장 한국 애서가클럽>(≪중앙일보≫, 1991.9.27), <대구지역 독서동호인회 호응 독서모임 늘어>(≪중앙일보≫, 1994.2.22).

24) <독서경진대회 등 열어>(≪중앙일보≫, 1991.12.3), <선수촌아파트 마을문고 인기>(≪중앙일보≫, 1992.8.17)

25) <대여책방 가맹점 서울에만 2백여 군데 성업 중>(≪중앙일보≫, 1994.3.2)

치가 없다고 생각하는 풍토가 그것을 반영했다.[26)]

한편 이 시기에 재고 도서 할인 행사나 헌책 바꿔읽기 등이 잦아졌다는 점도 한 특징이다. <안보는 헌책 보고싶은 책과 교환>(≪중앙일보≫, 1992.3.30), <할인매장 대형서점 급증>(≪중앙일보≫, 1992.7.24), <알뜰 도서교환 시장 개설>(≪중앙일보≫, 1992.10.8), <책 바꿔 읽읍시다>(≪중앙일보≫, 1994.10.11), <알뜰 책 교환장터 개설>(≪중앙일보≫, 1994.9.3) 등을 보면 서점이나, 백화점, 문화단체 등이 중고서적의 교환과 할인판매를 자주 가졌다는 것을 알 수 있다. 일례로 '새마을문고중앙회'나 '독서새물결운동 추진위원회'에서는 주로 대도시 밀집지역인 시청 주변이나 번화가에서 '알뜰도서 교환시장'을 여는 일이 많았다.[27)] 책이 귀하여 대출에 의존했던 과거와 다른 풍경으로서 그만큼 축적된 도서가 산적했다는 것을 의미한다.

출판사·서점·책 대여점

[그림 50] 〈출판사, 서점, 책 대여점〉(≪중앙일보≫, 1994.12.26)

한편 1990년대 중후반기에는 재고 도서 유통 관련 논쟁도 뜨거웠다. 재고 도서는 말 그대로 도매상, 출판사 창고에 '잠들어' 있는 책들이다. 1990년대 중반 이후 심화된 출판 불황 탓에 책의 반품률이 30%

26) <책대여 전문점 인기>(≪중앙일보≫, 1994.4.24), <출판사, 서점, 책 대여점>(≪중앙일보≫, 1994.12.26)

27) <다 읽은 책 무료로 바꿔줍니다>(≪중앙일보≫, 1995.5.24), <새마을문고중앙회, 알뜰도서 교환시장 개설>(≪중앙일보≫, 1996.5.12), <새마을문고중앙회 광주광역시지부, 알뜰도서 무료교환시장>(≪중앙일보≫, 1997.10.7)

까지 높아지면서 재고 도서 또한 급증하였다. 이에 재고 도서 전문 유통 기구의 필요성이 제기되었고 출판계는 할인 판매와 정가제 문제로 논란이 일기도 했다.[28)]

### (4) 출판산업의 전산화와 대형서점의 독서운동

1990년대에 들어서서 정보화 사회의 핵심인 출판 산업의 전산화가 보다 시급한 문제로 떠올랐다. 출판계 자체의 노력 뿐만 아니라 국가 차원의 지원·육성이 필요하다는 의견도 나왔다. 이에 '93서울도서전'에서는 BOOK-NET 프로그램을 마련하여 1. 국내외 각종 출판정보를 검색하는 데이타베이스 서비스, 2. 독자와 출판사·서점을 중계하는 통신판매, 3. 독자들이 참여해 독후감 발표와 토론, 독서클럽 운영 등을 할 수 있는 전자게시판, 4. 서점과 출판사 간의 거래정보 처리를 자동화해 주는 EDI(전자자료교환) 서비스 등의 컴퓨터 프로그램을 선보였다.[29)] 책이 다른 매체와의 경쟁 속에서 존속하기 위해선 문화매체로서 인식되어야 하며, 멀티미디어 시대에 어린이와 청소년에게 독서습관을 만들어주기 위해서는 책 뿐 아니라 모든 매체를 통합하여 동원하는 것이 필요하다는 견해도 보였다.[30)]

한편 1990년대 중후반기에는 주로 대형 출판사나 서점 등이 중심이 되어, 독서 인구 저변 확대를 위한 다양한 활동상들을 보였다. 실제로 출판계의 독서운동은 자본 논리에 의한 것이라고 할 수 있다. 그러나 결과적으로 일반 대중의 독서를 유도했다는 점에서 그 운동의 효과를 간과할 수 없다 하겠다.

---

28) <재고도서 유통기구 설립논쟁>(≪중앙일보≫, 1997.9.19)

29) <출판산업 전산화 더딘 걸음>(≪중앙일보≫, 1991.6.21), <출판정보통신망 독자에 꼭 필요>(≪중앙일보≫, 1993.5.9)

30) <멀티미디어 시대 책의 진로와 전망>(≪중앙일보≫, 1993.11.19)

먼저 '교보문고'는 "책사랑 운동"[31]이라는 이름으로 독서운동을 벌였다. 이 서점은 특히 회원제를 통한 책 판매 제도를 효과적으로 도입하였다. 1993년부터 독서인구 장려를 위해 '교보북클럽'이라는 제도를 실시했는데, 회원제 도서 통신 판매 제도로서 회원들은 교보가 매달 발행하는 도서 정보지 『지구촌 책정보』를 받아보고 필요한 책을 전화나 인터넷, PC 통신 등으로 신청하면 집에서 우편으로 받을 수 있었다. 1996년도 들어 회원이 100,000명을 돌파했는데, 당시 교보뿐 아니라 종로, 영풍 등에서도 이 제도를 운영하였으나 100,000 회원을 돌파한 것은 교보가 처음이었다.

이러한 북클럽 제도는 고정 독서인구를 확보하는 장치가 되었다. 뿐만 아니라 회원 관리의 전산화로 이들에 대한 도서 데이터베이스가 만들어져 도서시장의 수요와 공급을 과학적으로 파악할 수 있게 되었다. 1996년 당시 교보 북클럽 회원들은 20~30대가 전체 80%, 직업별로는 직장인과 대학생이 58%를 차지했으며, 남녀 비율은 7대 3 정도였다.[32] 이들은 도서 시장의 실구매층인데다 책의 판매 경향을 좌우하는 세대로 이에 대한 분석 자료는 나름대로 의미가 컸다. 이들이 선택한 베스트셀러들은 양서 고르기의 기준이 되기도 했기 때문이다.

한편 '한길사'는 "독자가 참여하는 출판"을 모토로 최초로 영화 시사회와 흡사한 시독회(試讀會)라는 독서행사를 열었다. 시독회란 출판사가 책을 정식 출간하기 전 가제본을 일부 독자들에게 나눠주고 일정 기간 후 독자들로부터 전화나 팩스로 독후감, 홍보 방법에 관한 의견을 받는 한편 출판사와 독자가 한자리에 모여 품평회를 갖는 것을 말한다.

---

31) <교보문고, 외국서적 할인 판매>(≪중앙일보≫, 1996.7.27)
32) <교보 북클럽 회원 10만명 돌파>(≪중앙일보≫, 1998.11.6)

1995년 9월 당시 한길사는 일본인 여류 저술가 시오노 나나미의 『로마인 이야기1』과 『남자들에게』를 놓고 독자들과 만났는데,[33] 일종의 출판 모니터제였다. 또한 이 출판사는 독자들과 출판인들을 위한 복합 문화공간으로서 '한길북하우스'를 열고 독자와 저자, 출판인들이 다양한 주제로 자유로운 대화와 토론을 나누었는가 하면, 독자들의 독서 모임이나 연구 모임 등을 위해 문화 공간을 열어 놓았다. 이것은 기존의 출판계와 달리 독자들의 반응과 그 편리를 우선시했다는 점에서 주목할 만하다.[34]

독자위한 문화공간 한길북하우스 오픈

독자들과 출판인들을 위한 복합문화공간 '한길북하우스'(사진)가 16일 문을 열었다.

이 공간은 낮에는 한길사가 출간한 1천4백여종의 책을 비롯, 열화당·민음사의 서적들이 전시·판매되는 서점으로, 저녁에는 독자와 저자·출판인들이 다양한 주제로 자유로운 대화와 토론이 이루어지는 문화공간으로 이용된다.

한길북하우스는 24일 체코의 국민작가로 존경받는 차페크를 주제로 '차페크 문학과 체코 맥주의 밤' 행사를 마련하며 '한국사 이야기'를 읽는 이이화 독자클럽 모임(12월1일), '로마인 이야기'를 읽는 사람들 모임(12월8일), 전문번역가들의 모임(12월15일) 등을 연이어 열 계획이다.

한길북하우스는 서울강남구신사동 강남출판문화센터 2층에 50평 규모로 마련됐으며 50명 정도가 모일 수 있다. 한길사는 독자들의 독서모임이나 연구모임 등 독서·출판에 관련된 행사에 한해 이 공간을 무료로 개방해 줄 계획이다. 02-3446-4811.

신용호 기자

[그림 51] 〈한길사, 복합문화공간 한길북하우스 오픈〉(≪중앙일보≫, 1998.11.17)

'한림출판사'도 서울 종로 코아빌딩 6층에 자리잡은 그림책 전문 무료 도서실로 '꿈꾸는 방'을 운영해 다양한 연령층의 어린이들에게 볼만한 그림책을 비치해 놓았다.[35] 삼성플라자의 서점 '북 앤 리더스'도 국내 처음으로 북카페를 무료로 운영했다. 북카페에서는 구입한 책은 물론 매장 안의 책을 마음대로 들고 와서 읽을 수 있었다.[36] 여기에 편의점들도 소설은 물론 일반 교양도서 도서 판매에 적극 나섰다. 편의점들은 기존에도 소규모 도서판매 코너를 마련해 놓고 서적류를 판매하고 있었지만 시사지나 여성지 등 잡지류와 베스트셀러

33) <책 출판전 "시독회" 통해 독자 의견 수렴>(≪중앙일보≫, 1995.9.12)
34) <한길사, 복합문화공간 한길북하우스 오픈>(≪중앙일보≫, 1998.11.17)
35) <그림책 전문 무료도서실 '꿈꾸는 방'>(≪중앙일보≫, 1997.1.15)
36) <삼성플라자의 이색코너 '북 카페'>(≪중앙일보≫, 1997.11.29)

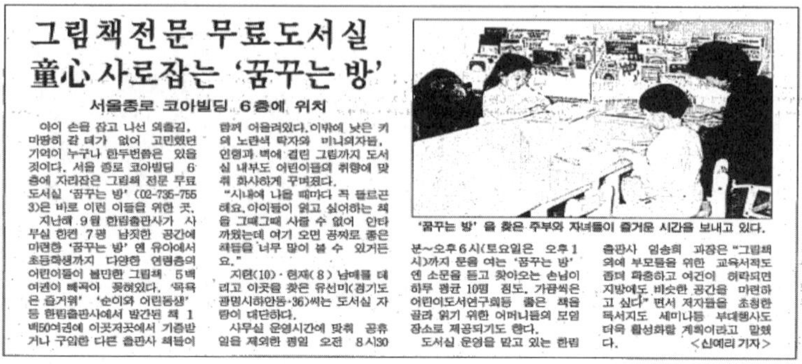

## 그림책전문 무료도서실 童心 사로잡는 '꿈꾸는 방'

**서울종로 코아빌딩 6층에 위치**

아이 손을 잡고 나선 외출길, 마땅히 갈 데가 없어 고민했던 기억이 누구나 한두번쯤은 있을 것이다. 서울 종로 코아빌딩 6층에 자리잡은 그림책 전문 무료 도서실 '꿈꾸는 방'(02-735-7553)은 바로 이런 이들을 위한 곳.

지난해 9월 한림출판사가 사무실 한켠 7평 남짓한 공간에 마련한 '꿈꾸는 방'엔 유아에서 초등학생까지 다양한 연령층의 어린이들이 볼만한 그림책 5백여권이 빼곡이 꽂혀있다. '목욕은 즐거워' '순이와 어린동생' 등 한림출판사에서 발간된 책 1백50여권에 이곳저곳에서 기증받거나 구입한 다른 출판사 책들이 함께 어울려있다. 이밖에 낮은 키의 노란색 탁자와 미니의자들, 인형과 벽에 걸린 그림까지 도서실 내부도 어린이들의 취향에 맞춰 화사하게 꾸며졌다.

"시내에 나올 때마다 꼭 들르곤 해요. 아이들이 읽고 싶어하는 책을 그때그때 사줄 수 없어 안타까웠는데 여기 오면 공짜로 좋은 책들을 너무 많이 볼 수 있거든요."

지현(10)·현재(8) 남매를 데리고 이곳을 찾은 유선미(경기도 광명시하안동·36)씨는 도서실 자랑이 대단하다.

사무실 운영시간에 맞춰 공휴일을 제외한 평일 오전 8시30분~오후 6시(토요일은 오후 1시)까지 문을 여는 '꿈꾸는 방'엔 소문을 듣고 찾아오는 손님이 하루 평균 10명 정도. 가끔씩은 어린이도서연구회등 좋은 책을 골라 읽기 위한 어머니들의 모임 장소로 제공되기도 한다.

도서실 운영을 맡고 있는 한림출판사 임송희 과장은 "그림책외에 부모들을 위한 교육서적도 좀더 확충하고 여건이 허락되면 지방에도 비슷한 공간을 마련하고 싶다"면서 저자들을 초청한 독서지도 세미나등 부대행사도 더욱 활성화할 계획이라고 말했다. <신예리 기자>

'꿈꾸는 방'을 찾은 주부와 자녀들이 즐거운 시간을 보내고 있다.

[그림 52] 〈그림책 전문 무료도서실 童心 사로잡는 '꿈꾸는 방'〉(≪중앙일보≫, 1997.1.15)

위주의 소설, 만화, 주간지 등을 주로 취급했을 뿐 교양, 생활 도서는 거의 다루지 않았다.[37] 그러나 1990년대 중반기에 들어서면서 그 판도를 달리한 것이다.

이즈음부터 '사이버 책방'이 시작되었다는 점도 주시된다. 지금은 일반화된 것이지만 당시로는 서점을 직접 가지 않고도 대형서점을 샅샅이 들여다 보고 책을 구입할 수 있다는 것이 획기적인 것이었다. 1997년에 '종로서적'에서 처음 개설하였고, 이후 '영풍문고', '교보문고' 등이 이러한 가상서점을 열었다.[38] 특히 '영풍문고'는 1999년도부터 미국의 대표적인 서점 '반스 앤 노블스', 일본 출판 판매의 '혼노타운, 유럽의 '베텔스만' 과 전략적 제휴를 맺고 자사 웹사이트 화면에서 곧바로 외국 사이버 서점으로 들어가 책을 구입하게끔 했다.[39] 이 가상서점들은 각종 도서 판매와 함께 문화정보, 독자의 소리, 각종

---

37) <편의점 도서판매 적극 나서>(≪중앙일보≫, 1995.9.20)

38) 이와 함께 인터넷을 통해 해외잡지를 구독 신청하는 사람이 늘기도 했다. 인터넷에는 수천종의 잡지사이트가 개설돼 있기 때문에 그 사이트에 접속해 전자메일로 신청하면 시간도 절약하고 대행사 수수료도 절약할 수 있어 일거양득인 셈이다. 대표적인 대행사로는 전자잡지판매점(The Electronic Newsstand)이 있었다(<해외잡지 구독대행 사이트 눈길>, ≪중앙일보≫, 1996.9.24).

39) <영풍 가상서점 美·日과 제휴 外>(≪중앙일보≫, 1999.11.25)

이벤트 소개 등 다양한 코너를 만들어 문화 광장의 역할도 담당했다.[40)]

한편 1990년대 중후반기에 출판계의 특기 사항은 1999년도에 1990년대 초부터 숙원이었던 인쇄 산업 단지가 파주에 건립됐다는 점이다. 이는 국내 첫 인쇄 전문 산업 단지로, 수도권 지역에 무질서하게 흩어져 있던 인쇄업체들이 한 곳에 모이게 된 계기가 된 것은 물론 시스템의 현대화로 고부가 가치의 실현도 가능하게 되었다. '자유로' 인근에 480,000 여평 규모로 조성된 '출판 문화 정보 산업 단지'에 이어 '인쇄단지'까지 확보함으로써 파주는 출판문화의 메카로 발돋움하게 되었다.[41)]

### (5) 매체 및 기타 독서운동

1990년대에도 신문사는 물론 방송매체를 통한 독서운동도 보다 확산된 움직임을 보였다. 신문사는 독서란을 통하여 다양한 독서 기사를 게재하여 여론 지도에 나섰고, 독후감 공모를 정기적으로 시행했다. 또한 중앙일보사는 1998년도 1년간 국내에서 출간된 신간 도서를 대상으로 '98 좋은책 100선'을 뽑았고, 이후부터 매년 한차례씩 국민 모두가 읽을 만한 대중적 양서를 엄격한 심사 과정을 거쳐 선정했다. 분야별 전문가 12명으로 구성된 심사위원회에서 예심, 분야별 심사,

---

40) 이와 함께 인터넷을 통해 해외잡지를 구독 신청하는 사람이 늘기도 했다. 인터넷에는 수천종의 잡지 사이트가 개설돼 있기 때문에 그 사이트에 접속해 전자메일로 신청하면 시간도 절약하고 대행사 수수료도 절약할 수 있어 일거양득인 셈이다. 대표적인 대행사로는 전자잡지판매점(The Electronic Newsstand)이 있었고, 이 사이트 외에 이와 비슷한 구독 대행 서비스 사이트로 'http://www.enews.com' 'www.shopsite.com/mag azinemecca, http://expres smag.com' 등이 있었다(<해외잡지 구독대행 사이트 눈길>, ≪중앙일보≫, 1996.9.24; <교보 등 3개 서점 '사이버 책방' 운영>, ≪중앙일보≫, 1998.7.6).

41) <파주인쇄산업단지>(≪중앙일보≫, 1999.12.7)

본심을 거쳐 선정하였는데 초등부 25권, 중고등부 25권, 대학·일반부 50권을 선정했다.42)

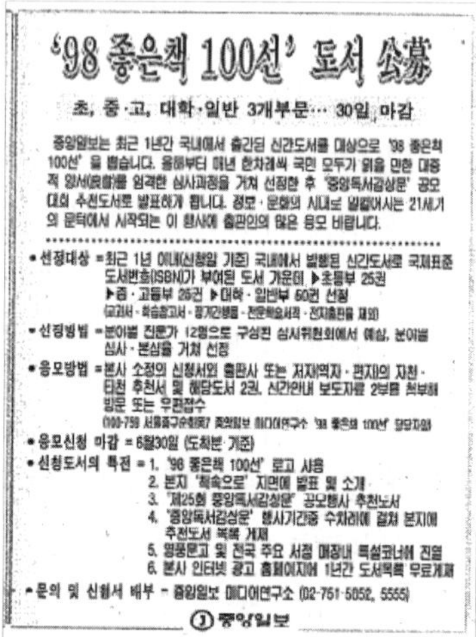
'98 좋은책 100선' 도서 公募

초, 중·고, 대학·일반 3개부문… 30일 마감

중앙일보는 최근 1년간 국내에서 출간된 신간도서를 대상으로 '98 좋은책 100선' 을 뽑습니다. 올해부터 매년 한차례씩 국민 모두가 읽을 만한 대중적 양서(良書)를 엄격한 심사과정을 거쳐 선정한 후 '중앙독서감상문' 공모대회 추천도서로 발표하게 됩니다. 정보·문화의 시대로 일컬어지는 21세기의 문턱에서 시작되는 이 행사에 출판인의 많은 응모 바랍니다.

- 선정대상 =최근 1년 이내(신청일 기준) 국내에서 발행된 신간도서로 국제표준도서번호(ISBN)가 부여된 도서 가운데 ▶초등부 25권 ▶중·고등부 25권 ▶대학·일반부 50권 선정 (교과서·학습참고서·정기간행물·전문학술서적·전지출판물 제외)
- 선정방법 =분야별 전문가 12명으로 구성된 심사위원회에서 예심, 분야별 심사·본심을 거쳐 선정
- 응모방법 =본사 소정의 신청서와 출판사 또는 저자(역자)·편자의 자천·타천 추천서 및 해당도서 2권, 신간안내 보도자료 2부를 첨부해 방문 또는 우편접수 (100-759 서울중구순화동7 중앙일보 미디어연구소 '98 좋은책 100선' 담당자앞)
- 응모신청 마감 =6월30일 (도착분 기준)
- 신청도서의 특전 =1. '98 좋은책 100선' 로고 사용
  2. 본지 '책속으로' 지면에 발표 및 소개
  3. '제25회 중앙독서감상문' 공모행사 추천도서
  4. '중앙독서감상문' 행사기간중 수차례에 걸쳐 본지에 추천도서 목록 게재
  5. 영풍문고 및 전국 주요 서점 매장내 특설코너에 진열
  6. 본사 인터넷 광고 홈페이지에 1년간 도서목록 무료게재
- 문의 및 신청서 배부 - 중앙일보 미디어연구소 (02-751-5052, 5555)

중앙일보

[그림 53] 〈'98 좋은책 100선' 도서 公募〉 (≪중앙일보≫, 1998.6.23)

이 시기에 ≪도서신문≫이 재창간되었다는 점도 특기 사항이다. 이 신문은 단순한 정보 제공보다 책에 대한 깊이 있는 분석으로 그 내용과 의미를 제대로 전달하겠다는 취지로 창간된 것이다. 매일같이 쏟아지는 신간들의 흐름을 잡아 주고 책들의 홍수 속에서 길을 잃기 쉬운 독자들에게 나침반 역할을 자처하고 독서의 대중화를 목표로 삼고 있었다. 문화시평 '오피니언'란은 출판계 의견의 수용, 문단이야기, 대중문화 리뷰 등 편집의 다양성을 꾀한 지면으로 흥미를 끌기도 했다.43) 이렇듯 독서 전문 신문이 발간되었다는 것은 그만큼 독서 인구가 증가되고 독서지도가 보다 절실해졌다는 것을 의미한다.

방송에서도 신간 안내와 함께 서평을 곁들이고, 작가와 만나보는 프로를 마련하였으며, 출판계 소식과 독서요령을 알려주었다. 독서토론회를 정기적으로 내보기도 하고 방송국 자체에서 문학캠프를 열고 독서교육을 실시하기도 했다.44) MBC 라디오의 '독서문화상' 등은 독서 인구 저변 확대의 한 움직임으로 작용하기도 했다.45)

42) <'98 좋은책 100선' 도서 공모>(≪중앙일보≫, 1998.6.23)
43) <재창간 도서신문>(≪중앙일보≫, 1997.7.25)
44) <출판계 소식과 독서 요령>(≪중앙일보≫, 1990.8.17), <문학 강좌 무대 녹음 방송>(≪중앙일보≫, 1990.8.3), <사회·교양>(≪중앙일보≫, 1992.1.29), <E. H. 카 『역사란 무엇인가』>(≪중앙일보≫, 1993.6.29)

이 외에도 각종 단체에서는 전 국민 독서생활화와 청소년 독서교육 정착을 위해 각종 독서상을 마련하고 있었는데, '독서운동추진위원회'는 '독서대상'을 매년 실시하였고, 중앙일보사와 '영풍문고'가 주관하는 '중앙독서감상문 대회', '새마을운동중앙협의회'의 '국민독서경진대회' 등이 개최되었으며, 또한 지하철 독서마당도 점점 증가하였다. 1999년 당시 서울 '도시철도공사'는 이미 55개 역에 독서마당을 설치하여 시민들의 호평을 얻었다.[46] 뿐만 아니라 '독서새물결운동' 추진위원회에서도 월간 『독서새물결소식』을 제작하여 각급 학교 및 도서관공서, 기업 등에 배포하여 독서하는 사회 분위기 조성에 기여하였고. 새마을문고중앙회에서는 '독서토론대회', 또 '고전 읽기 백일장'을 통해 1960~1970년대 이후 소홀했던 고전 읽기 운동을 다시금 일으켰다.[47] 각 문화단체들도 방학마다 학생들을 위한 독서캠프를 개최했고, 동네 주부들이 서재나 거실을 개방하여 독서지도, 동화구연 등을 하는 '동네 어린이도서실' 붐도 일었다.[48]

### 4) 문화단체와 교사, 학부모가 함께 하는 학생 독서운동

#### (1) 학생 독서운동의 실태

전대로부터 전국 공공도서관에서는 학생 독서운동으로 독서지도, 도서관 이용법, 좋은 책 고르는 방법, 독후 감상문 쓰기법 등 독서지도에 앞장섰고, 방학 기간을 이용하여 '독서교실'도 꾸준히 운영하였

---

45) <독서운동추진委 제정 독서대상 시상식>(≪중앙일보≫, 1995.12.16), <중앙 독서감상문 공모>(≪중앙일보≫, 1997.7.19)

46) <지하철 5·7·8호선에 만남의 공간 대폭 확충>(≪중앙일보≫, 1999.8.11)

47) <고전 읽기 백일장대회>(≪중앙일보≫, 1992.6.20)

48) <자연을 벗삼는 여름캠프 활짝>(≪중앙일보≫, 1993.6.29), <동네 어린이도서실 붐>(≪중앙일보≫, ≪중앙일보≫, 1993.9.20)

다.[49] 지방의 경우 공공도서관에서는 '순회 독서교실'이라는 이름 하에 도서관이 없는 지역을 돌며 독서교육을 실시했다.[50] 1990년대 초부터 미취학 아동의 도서관 이용률이 증가했다는 점도 주목된다. 그것은 도서관마다 유치원 견학 프로그램 등을 통해 미취학 아동들에게 도서관 이용을 적극 유도하고 있는데다 조기교육 분위기에 따라 일찍부터 자녀에게 독서습관을 길러주려는 젊은 어머니들이 많아졌기 때문이다.[51]

그런데 학생 독서운동은 공공도서관보다 일반 사립도서관에서 더 활발하게 전개되었다. 특히 어린이 대상의 독서운동이 눈에 띄는데, '어린이도서관'이 곳곳에 세워졌다. 1998년도 9월 당시 '어린이도서관'은 전국적으로 50여 곳이었는데. 대부분 전직 교사, 독서 운동가들의 사비(私費)로 세워진 도서관이었고, 14곳은 에스콰이어 재단의 '인표어린이도서관'이었다. 규모는 작은 공간이었지만 동화를 읽고 토론하는 '독서교실'과, 책을 원작으로 하는 영화를 상영하는 '비디오교실' 그리고 '유아동화구연교실' 등을 운영하였고,[52] '독서퀴즈대회', '나도 작가라고요' 등의 프로그램을 마련으로써[53] 어린이 전문도서

[그림 54] 〈어린이전용 도서관 6곳 겨울방학프로다양〉(≪중앙일보≫, 1994.12.13)

49) <독서왕 선발 등 행사 다양>(≪중앙일보≫, 1995.5.7), <220여 도서관에 여름 독서교실>(≪중앙일보≫, 1995.7.23)

50) <여름 순회독서교실 운영>(≪중앙일보≫, 1994.8.1)

51) <공공도서관마다 어린이 독서열기>(≪중앙일보≫, 1994.8.30)

52) <전국 어린이도서관, 무료 · 염가로 책 대여>(≪중앙일보≫, 1998.3.6)

53) <어린이전용 도서관 6곳 겨울방학 프로 다양>(≪중앙일보≫, 1994.12.13)

관의 역할을 담당했다.

또한 각종 문화 단체와 교사 및 학부모의 어린이 독서지도 활동도 펼쳐졌다. 조기교육 분위기에 따라 일찍부터 자녀에게 독서습관을 길러주려는 젊은 어머니들이 많아지면서[54] 주부들의 어린이 독서지도 활동도 활발했다. 자녀 독서지도는 전 시기부터 여성들의 몫으로 인식되었고 그 활동이 이어져 오고 있었지만 이 시기에 들어서 보다 적극적인 양상을 보인 것이다. 특히 이들 단체 중 '어린이 도서연구회'와 '동화를 읽는 어른 모임'의 활동이 가장 활발했다.

먼저 '어린이 도서연구회'는 양서 추천에 앞장 선 단체로 주목된다.

> (38) '어린이 도서연구회'는 양서 추천에 앞장 선 단체로 주목된다. 이 단체에서는 부모나 교사들이 자녀 및 학생을 지도하는데 도움이 될만한 양서 목록을 연령에 맞게 정기적으로 제시해 주고 있다. 이 목록은 전국 각지의 어린이 전문 서점과 도서관 등을 통해 무료 배포되기도 한다.
>
> <기자가 권하는 어린이책 목록 무료 배포>(≪중앙일보≫, 1995.3.6)

보다시피 '어린이 도서연구회'는 양서 추천에 앞장 선 단체였다. 이 단체에서는 부모나 교사들이 자녀 및 학생을 지도하는데 도움이 될만한 양서 목록을 연령에 맞게 정기적으로 제시해 주었다. 이 목록은 전국 각지의 어린이 전문 서점과 도서관 등을 통해 무료 배포되었다.[55] 국내 출판 시장은 이윤 추구 결과 전집류 위주의 어린이 도서가 휩쓰는 상황이었다. 이러한 가운데 좋은 책을 어린이에게 선보이려는 노력을 기울인 것이다. 어린이의 경우 독서지도가 무엇보다 필요한 시기인데 이 단체의 활동상은 좋은 본보기가 되었다.

---

54) <공공도서관마다 어린이 독서열기>(≪중앙일보≫, 1994.8.30)
55) <기자가 권하는 어린이책 목록 무료 배포>(≪중앙일보≫, 1995.3.6)

'어린이 도서연구회'는 학부모와 교사를 대상으로 독서 및 글쓰기 지도 및 어린이 문학 강좌[56]를 열기도 했다. 아동문학가, 교수, 인형극 연구가 등이 '좋은 책 어떻게 고를까', '책 읽고 이렇게 해보세요', '독서지도 수업안 짜기', '동화 읽고 인형극 하기' 등 독서교육 강연회를 개최했으며, 대형서점과 연계하여 '엄마와 함께 하는 책방 나들이'라는 독서 프로그램을 운영하기도 했다. 이 프로그램에서는 동화를 읽어주고, 학부모와 어린이들이 감상을 나누며, 주인공의 생각을 그림으로 그리게 하는[57] 등 흥미로운 내용으로 어린이 독서를 유도하였다.

『기자가 권하는 어린이책 목록』무료배포

어린이도서硏 本紙교육면 칼럼모아 제작

어린이들에게 마음 놓고 권할만한 책, 부모나 교사들이 자녀및 학생을 지도하는데 도움이 될만한 책들만 가려뽑은 도서목록이 나왔다.

어린이도서연구회가 최근 엮어낸 『기자가 권하는 어린이 책 목록』은 93년 4월부터 中央日報가 교육面 「아이사랑 책사랑」을 통해 계속 소개해온 어린이책들을 한데 모은 양서목록.

장삿속만 앞세운 전집류 위주의 어린이도서가 휩쓰는 국내 출판시장에서 그래도 어린이들의 마음을 아름답고 건강하게 키우려는 정성이 깃든 좋은 책들만 가려뽑아 그 내용뿐 아니라 독서 대상층까지 안내한 것이 가장 큰 특징이다.

이 책자는 전국 각지의 어린이 전문서점과 가정도서관등을 통해 무료배포된다. ☎4992.

[그림 55] 〈'기자가 권하는 어린이책 목록' 무료 배포〉(≪중앙일보≫, 1995.3.6)

한편 '동화를 읽는 어른 모임'이라는 단체의 활동도 활발했다.

> (39) '동화를 읽는 어른 모임'은 현재 경기도 수원, 성남, 시흥, 광명과 경북 안동 등 전국 7개 지역에서 회원들이 활동하고 있다. 이 모임은 서울에 본부를 두고 매일 오전과 오후에 '전래동화 연구', '창작동화 비평', '그림책 비평', '서양 어린이 동화 연구', '만화공부', '동화창작', '독서지도 연구'. '어린이 문학사 연구' 등 8개의 분과별 모임을 갖고 동화책을 연구하고 있다. 또한 책에서 읽은 내용을 현장에서 체험할 수 있도록 격월로 '독서기행'이라는 이채로운 행사도 열고 있다.
>
> <동화를 읽는 어른모임 전국 확산>(≪중앙일보≫, 1995.3.18)

---

56) <어린이 문학 강좌 개설>(≪중앙일보≫, 1995.9.5)

57) <교사, 학부모 독서교육 강연회>(≪중앙일보≫, 1996.1.11), <종로서적, 어린이도서硏, 엄마들을 위한 '책방나들이' 운영>(≪중앙일보≫, 1996.6.20)

이 단체는 부모들이 앞장서서 동화책을 먼저 읽은 후, 좋은 책은 권장하고 나쁜 책은 가려내는 이색 모임으로서, 1980년대 초반부터 교사, 학부모, 동화작가 등 10여 명에서 출발했는데 1990년대 중반 이후부터 그 활동이 더욱 활기를 띠었다. 1995년 당시 경기도 수원, 성남, 시흥, 광명과 경북 안동 등 전국 7개 지역에서 회원들의 모임이 있었다. 인용문에서도 제시된 것처럼 이 모임은 서울에 본부를 두고 매일 오전과 오후에 '전래동화 연구', '창작동화 비평', '그림책 비평', '서양 어린이 동화 연구', '만화공부', '동화창작', '독서지도 연구', '어린이 문학사 연구' 등 8개의 분과별 모임을 갖고 동화책을 연구하였다.[58] 이들은 매주 토론을 통해 좋은 창작 동화 한권을 선정하고 그 독서지도법을 논의했고, 직접 독서를 지도했다.

뿐만 아니라 이 단체에서는 각 지역마다 어린이 전용 도서관을 개설하여 학생들이 책에 흥미를 가질 수 있도록 다양한 행사도 열었다. 즉 고교생 이하 모든 어린이가 책을 무료로 열람할 수 있게 하고 각종 슬라이드, 비디오 등을 자료로 빌려 주는 것은 물론 인형극 공연, 슬라이드 상영회, 명작 비디오 상영회 등 아이들이 즐거운 마음으로 쉽게 찾을 수 있는 복합 문화공간의 도서관을 만든 것이다.[59] 책에서 읽은 내용을 현장에서 체험할 수 있도록 격월로 '독서기행'이라는 이채로운 행사도 열었다. 사서는 자원 봉사자로서 부모 중 신청자로 하여금 맡게끔 되어 있었는데 그래서 더욱 책임있는 독서 안내자로 활동하였다.

이 외에도 YMCA와 각종 청소년 단체에서는 독서지도사 강좌를 개설하여 학부모나 그룹지도 희망자를 대상으로 독서교육을 실시했

58) <"동화를 읽는 어른모임" 전국 확산>(≪중앙일보≫, 1995.3.18)
59) <어린이 전용 도서관 제주서 개관>(≪중앙일보≫, 1998.9.16), <어린이 전용 도서관 운영>(≪중앙일보≫, 1999.10.29)

다는 점도 특기할 만하다.[60]

(2) 신문과 인터넷, 캠프를 통한 독서운동

[그림 56] '아그그 독서통장'

1996년부터 새로 시행된 고등학교 제6차 교육과정에 '독서' 과목이 추가되었다. 그러나 교과서의 서술 방향이 독해 능력을 기르는 데 치우쳐 있다는 인식이 지배적이었다. 이에 시대에 맞는 독서 교육으로서 '정보 활용 능력'을 수용해야 할 필요성이 대두되었다.

1990년대 중반부터 일기 시작한 신문 NIE 교육은 이와 관련된 한 움직임이기도 했다. 살아있는 정보들이 게재된 신문은 이런 문제를 해결하는데 효과적인 매체로 인식되었고, 읽기와 토론을 위한 다양한 소재를 얻을 수 있는 통로로 여겨져 이후 하나의 붐을 형성하기도 했다.[61] 중앙일보사는 '아그그 21'이란 읽기교육 캠페인을 벌였다. 이것은 '읽기통장'을 만들어 통장에 독서 목록을 저축하는 것인데, 저축률에 따라 다양한 혜택을 줌으로써 학생들의 독서 의욕을 유발시켰다. 이 프로그램은 기존의 독후감이나 독서일기와 다른 색다른 시도라 각 초등학교에서 활용하는 곳이 많았고, 일반 학원, '엑스포 과학 공원', '호암아트홀', '호암박물관' 등에서도 읽기통장을 가진 어린이들을 우대하기도 했다.[62]

---

60) <YMCA 일하는 여성의 집, 일일교사 강습 학부모 모집>(≪중앙일보≫, 1996.4.17)
61) <독서지도 3>(≪중앙일보≫, 1995.10.19)
62) <미래형 독서교육 프로그램 '아그그 21' 첫선>(≪중앙일보≫, 1998.6.2), <미래형

학생 독서지도를 위한 저널의 지면도 증가했다. 일례로 ≪중앙일보≫만 해도 <독서지도-극화수업>(≪중앙일보≫, 1995.12.16), <독서지도-요약하기>(≪중앙일보≫, 1995.12.23), <도서정보 활용>(≪중앙일보≫, 1996.1.19), <도서정보 활용2>(≪중앙일보≫, 1996.2.2) 등과 같은 독서지도 관련 기사가 지속적으로 게재되었다.

독서 감상문 대회의 심사평도 간간히 실려 독서와 글쓰기의 표준으로 제시되기도 했다. 이는 사회적인 차원에서도 독서교육이 점차 체계화되고 있음을 의미한다.

> (40) 응모자들이 유의해야 할 문제로 자신의 독서 능력, 수준, 심미적 취향 등에 맞는 작품(저서)을 골라 읽을 것, 짧은 분량이지만 독서 대상으로 선정한 작품의 성격과 개요 및 특징들을 간명히 알려 줄 것, 단편소설집 같이 여러 편의 글들이 한 권으로 편집된 경우는, 그 책의 특성을 요약하는데 주의할 것 등을 지적하고 싶다. 정서법, 맞춤법, 오자, 한자쓰기 등 글쓰기의 기초조건인 표기 원칙에도 유의할 필요가 있다.
>
> <제26회 중앙독서감상문 심사평>(≪중앙일보≫, 1999.10.15)

한편 인터넷 시대에 발맞추어 하이텔 주부 동호회 '좋은책 모임'에서는 회원들이 한달에 한번씩 정기 모임을 갖고 외부 강사의 강연회나 세미나 등을 열었다. 자녀의 독서 지도와 육아도서에 관해 정보를 나누는 것이 주요 활동으로서, 동호인들은 평소에 통신으로 좋은 책을 서로 소개하고 독후감 등을 나누었다. 이 모임에서 가장 강조하는 것은 전집으로 책을 사 주지 말자는 것이었다. 대부분 가정에서 위인전, 명작 동화류의 전집을 일괄 구입하여 비치해 두고 있지만, 비싼

---

읽기 프로그램 인기>(≪중앙일보≫, 1998.6.16)

돈을 들여 사놓은 책들이 아이들의 흥미도 끌지 못하고 공간만 차지하는 경우가 많았다. 동호인들은 "낱권의 좋은 책을 사보는 방향으로 책 문화를 이끌어 나가자"자는 계몽운동을 펼쳤다.63)

이 시기에는 인터넷 책방도 활성화되어 시간을 절약하면서도 어린이 책 관련 정보를 폭넓게 찾아볼 수 있었다. 전문가들의 서평이 담긴 홈페이지에서 책에 관한 기초 정보를 검토한 뒤 책을 고르는 것은 서점에서 무작위로 책을 고르는 것보다 더 효과적이었고, 또 자신이 주인공이 되는 동화책을 제작할 수 있게 하는 등 책에 흥미를 일으킬 수 있는 사이트도 다양하게 열려 독서의 흥미를 높였다.64)

매체의 독서운동도 주목된다. 먼저 방송 독서 프로그램은 어른을 염두에 둔 경우도 있었지만 대부분 학생들을 주시청자로 삼고 방영하였다. 먼저 EBS-TV의 경우, 대표적인 독서 정보 프로그램으로 위성 1TV의 '즐거운 책읽기'와 '책이 있는 스튜디오'가 대표적이었다. 전자는 중고생이 읽어야 할 양서를 소개하고 다양한 생각거리를 제시하였으며, 후자는 '오늘의 책', '테마독서' 등의 코너 등을 통해 베스트셀러나 분야별 양서를 소개하고 이를 집중 분석하며, 관련 지역을 취재하기도 했다. 또한 지상파 KBS1의 독서 전문 프로인 'TV책방', '책으로 만든 TV'에서도 신간 소개, 작가와 화제작, 명사 독서 소개 등 다양한 내용을 방영하기도 했다. 특히 당시에는

히트영화와 관련서적 집중 소개

오늘의 채널톱

EBS-TV

『책이 있는 스튜디오』

책읽기는 싫어도 영화보기는 좋다. 하지만 거꾸로 영화가 좋아서 책을 찾게 된 사람도 적지 않다. 독서정보 프로『책이 있는 스튜디오』. 이번 주는 80년대 후반이후 붐을 이룬 영화관련 서적을 집중 소개한다. 밤7시5분. 「오늘의 책」코너는 이 분야 최고 베스트셀러로 꼽히는 『영화의 이해』(지네티著·현암사)를 집중조명하고 「테마독서」 코너는 붐에 편승한 졸속출판물의 문제점도 진단한다. 〈李后男기자〉

[그림 57] 〈EBS-TV '책이 있는 스튜디오'〉(≪중앙일보≫, 1995.3.24)

63) <책 낱권으로 사주기 운동 펼쳐>(≪중앙일보≫, 1996.2.29)
64) <다양한 정보로 자녀들 책 골라주기 수월>(≪중앙일보≫, 1999.7.15)

대입 논술시험 탓에 책에 대한 관심도도 높아진만큼 시청자들의 관심을 유도했다.65)

그런데 독서 프로는 TV보다 라디오 쪽이 활발했고, 청취자들의 반응도 좋아 안정적인 프로로 자리를 잡아갔다. 대상도 어린이에서 성인까지 다양했다. 대표적인 프로만 꼽아도 5개였는데, 그 중 EBS-FM의 '책나라 여행'과 '책과의 만남'이 어린이들과 청소년들에게 인기였다. 특히 후자는 문학적 가치가 높은 작품을 철저히 분석해 독서교육의 나침반 역할을 했다. SBS-FM에서도 '김영수의 책하고 놀자'는 출판평론가가 진행하는 독서 프로그램으로서 서점, 학교, 관공서, 백화점 등 현장에 오픈 스튜디오를 마련한 것이 특징이었다. KBS는 AM에 독서 프로를 배치했다. 도서, 출판사, 동향 등을 종합적으로 정리하는 1라디오의 '책마을 산책'과 특정 작품이나 경향을 집중 탐구하는 2라디오의 '라디오 독서실이 편성돼 있었다.66)

한편 독서캠프가 활성화된 것도 1990년대 중후반기적 특성이다. 독서캠프는 주로 여름방학을 이용하여 열렸는데, 자연을 접할 수 있는 지역에서 교과 과정에서 소홀히 다뤄졌던 독서지도 강좌, 독후감 나누기, 연극으로 만들기 등의 활동으로 책에 흥미를 갖도록 유도했다. 이러한 캠프를 주최한 단체들을 보면 민간 독서단체인 어린이 도서연구회의 '숲속나라 동화캠프', 한우리 독서문화운동 본부의 '여름독서캠프' 등이 있었고, 이밖에 전국의 지역도서관, 어린이 전문도서관, 아동도서 출판사, 문학 단체 등도 여러 형태의 독서캠프를 개최하였다.67) 한국유스호스텔 연맹같은 경우는 명작의 고향을 찾아 떠나

---

65) <EBS 청소년·교양프로 독서·클래식 등>(≪중앙일보≫, 1999.8.5)

66) <EBS TV "책이 있는 스튜디오">(≪중앙일보≫, 1995.3.24), <독서프로 홀대하는 TV>(≪중앙일보≫, 1999.2.11)

67) <동화나라 캠프 어린이들 연극 꾸미며 자기표현>(≪중앙일보≫, 1997.7.31), <어린이 방학 독서캠프>(≪중앙일보≫, 1998.7.2), <섬진강 여름학교 열어>(≪중앙일

는 '독서여행'을 실시한 점이 이색적이었는데, 일례로 문학에 관심있는 중고교생을 대상으로 이효석의 『메밀꽃 필 무렵』의 작품 배경지인 봉평 일대를 여행하는 행사를 벌이기도 했다.68)

(3) 학교 독서교육

1990년대에는 사회적인 학생 독서운동이 각종 단체를 통해 전개됨과 동시에 학교 독서운동도 적극적으로 펼쳐졌다. 구체적인 몇 가지 사례를 보면, 1999년 당시 교육부로부터 독서교육 시범학교로 지정된 울산의 '백합초등학교'는 복도, 계단, 게시판에 독서표어, 좋은 책 소개 내용, 독후감, 줄거리 그림 등을 연중 게시했고, 어린이의 독서 습관을 길러 주기 위해 1. 한 달에 한번 부모와 서점가기, 2. 온 가족 하루 30분 이상 책 읽기, 3. 책 바꿔보기, 4. 가족 독서신문 만들기, 5. 학부모 독후감 대회 등 다섯 가지의 '가족 독서 운동'을 펼쳤다. 한편 집에 방치해 둔 책들을 모아 도서실을 꾸미고 필독서와 권장 도서를 정기적으로 추천했다. 학생들은 한 달에 한 번 학급별로 독서 토론회를 열고 5~7명씩 둘러 앉아 줄거리, 느낌 등을 발표하고 등장인물의 성격을 분석한 뒤 격론을 벌이기도 했다.69) 부천 계남 초등학교의 경우는 토요일마다 일주일 동안 읽은 책 중 독서 감상문 한 편씩을 내야 했다. 학교에서는 어린이들의 수준에 맞는 양서를 정기적으로 추천함으로써 주변의 불량도서 및 불량만화로부터 방어막이 되기도 했다.70)

1998년도에 교육부는 대입 준비로 왜곡된 학교 교육을 정상화하기

---

보≫, 1999.7.12)

68) <한국유스호스텔연맹, 명작의 고향 찾아 독서여행>(≪중앙일보≫, 1996.10.23)

69) <울산 백합초등학교 독서열기>(≪중앙일보≫, 1999.11.2)

70) <단체우수상 부천계남초등>(≪중앙일보≫, 1998.10.30)

위해 '새 학교 문화 창조' 방안을 발표했다. 이러한 교육 시책 속에서 비교과적 영역인 독서가 보다 중시되었다. 이에 일선 고등학교에서는 '학급문고'를 운영하고 도서선정위원회를 구성해 자체적으로 선정한 필독 도서를 제공하며, 학생들에게 독서를 하도록 권장하는 한편 독서감상문을 작성케 하는 경우가 많아졌다.71)

대학생 대상의 독서교육도 주목할 만하다. 1997년도 <각계 전문가들이 추천하는 신입생 권장도서>(≪중앙일보≫, 1997.2.11)를 보면 대학 신입생을 위한 추천 도서 관련 기사가 실려 있어 눈에 띈다. 당시 각계 전문가 5명이 추천하는 양서들이 제시되고 있는데, 종래에는 초·중·고생 대상의 추천 도서만이 주로 소개되고 대학생들을 위한 도서 선정은 그다지 많지 않았었다. 그런데 '한국간행물윤리위원회'에서 "대학 신입생이 읽어 좋은 책"을 선정한 것이다.72) 주로 일반인과 묶여 소홀했던 대학생 독서교육에도 관심이 인 것이다. 학교 자체 내에서도 양서 추천을 통해 학생들의 독서를 유도하고자 했다.

각 대학의 독서교육에 대한 대표적인 내용을 몇 가지 살펴 보면 먼저 호남대는 '교양세미나'로, 대불대는 '자율세미나'로 불리우는 프로그램으로 지도 교수와 학생이 매주 1차례 독서 토론회를 가졌다. 이 토론회는 학생과 교수가 함께 책을 읽은 뒤 생각을 교환하는 자리였다. 이 프로그램은 학점이 인정되는 공식적인 학교

良書는 대학생활의 양식

각계 전문가들이 추천하는 신입생 권장도서

'그리스 로마신화'등 東西洋의 핵심 고전 역사·문화 이해 도와

[그림 58] 〈각계 전문가들이 추천하는 신입생 권장도서〉(≪중앙일보≫, 1997.2.11)

71) <단체우수상 대구정화여고>(≪중앙일보≫, 1998.10.30)
72) <각계 전문가들이 추천하는 신입생 권장도서>(≪중앙일보≫, 1997.2.11)

행사로 강제성을 띠었다.[73] 인하대는 학년별로 동서양 명저를 지정해 독후감을 발표토록 하는 '97 여름 책벌레 선발'이라는 독서 경시대회를 열었다. 여기에서 20명을 선발하여 15명에게는 유럽행 왕복 항공권을, 나머지 5명에게는 미국행 왕복 항공권을 제공하기로 했다. 신세대인 재학생들이 PC 통신과 인터넷 등에 치중하고 독서를 진부한 것으로 여겨 도서 대출이 크게 줄자, 학교측에서 재학생들에게 독서를 권장하기 위해 적극적으로 나선 것이다.[74] 배낭여행이 붐을 타기 시작한 1990년대에 학생들의 독서 진작을 위한 흥미로운 풍속도라 할 수 있다.

마지막으로 1990년대의 학생 독서운동과 비교하여 학계에서의 독서교육(읽기교육) 연구 동향을 살펴보고 마무리 지으려고 한다. 1990년대는 5차 교육과정기(1988~1992)가 끝나고 6차 교육과정기(1992~1997)가 진행되던 시기이다. 이 시기에는 기초 교육의 강화, 정보화 사회에 대응하는 교육의 강화, 교육과정의 효율성 제고를 지향하였다. 국어과 교육과정은 언어 사용 기능의 신장을 궁극적 목표로 하여 기능 중심 교과로서의 성격을 부각시켰다. 이에 따라 교수, 학습 상황에서의 주체를 학생으로 하고 언어 사용의 결과(product)보다 과정(process)을 중시하였다. 그리고 이러한 교육과정의 정신이 보다 효율적으로 현장 교육에까지 미칠 수 있도록 하기 위하여 교수학습의 실제성을 중시하고 교육과정 '내용'의 진술 속에 구체적인 방법을 제시하고자 하였다.[75]

또한 1992년에 개정 고시된 6차 교육과정기(1992~1997)의 구성 방향은 첫째, 민주주의 공동체 의식 함양에 역점을 두는 교육, 둘째, 변

---

73) <대학 교수와 학생의 자리 프로그램 마련>(≪중앙일보≫, 1997.3.22)
74) <인하대 여름책벌레 선발대회>(≪중앙일보≫, 1997.5.27)
75) 손영애(2002), 『21세기 국어교육학의 현황과 과제』, 한국문화사, p.32.

화에 대한 창조적 대응력을 배양하는 교육, 셋째, 교육의 보편성과 특수성의 조화를 추구하는 교육, 넷째, 학습자의 경험 세계가 중시되는 교육 등 네 가지로 정리된다. 이러한 이념적 지향을 고려하면서 국어과 교육과정은 목표와 내용, 방법 및 평가에 관한 사항을 일관된 축으로 구성하여 보다 체계적인 국어과 교육을 실행하고자 하였다. 이에 따라 국어과 교육과정 구조의 체계화, 목표 체계의 구조화, 내용의 정선 및 내적 구조화, 지도 및 평가 지침의 구체화를 기본 방향으로 삼았다.[76]

또한 6차 교육과정기는 실용 중심 교육을 지향하던 시기로서, 학문 중심 교육과정과 활동 중심 교육과정의 통합 절충을 통해 교육의 실용성을 강조하였다. 즉 관련 분야의 학문이 제공해 주는 지식 또는 개념을 구조화해서 가르치는 교육에 역점을 두는 한편, 국어사용 기능을 신장시켜 주는 교육을 강조하였다. 특히 주목할 것은 고등학교의 경우, 공통 필수 과목으로 '국어'를, 그리고 과정별 필수 선택 과목 또는 과정별 선택 과목으로 '화법', '독서', '작문', '문법', '문학'이 설정되었다는 점이다.[77] 결과적으로 기존에 없던 '화법'과 '독서' 과목이 신설된 것이다. 이러한 국어과 상황에서 당시 독서교육(읽기교육) 관련의 단행본은[78] <표 16>과 같다.[79]

---

76) 박영순(1997) 「국어교육과 한국어교육」, 『한국어학』 6집, 한국어학회, pp.122~123 참조.

77) 정준섭(1996), 「국어과 교육과정의 변천」, 대한교과서주식회사, p.213.

78) 관련 연구물들은 학술지 게재 논문, 석박사 학위논문 등도 함께 살펴 보아야 한다. 그러나 지면상 연구의 총체적인 측면을 보여주는 단행본만을 살폈다.

79) 윤여탁 외(2006), 앞의 책, pp.449~452.

〈표 16〉 1990~1995년도 독서교육(읽기교육) 관련 단행본

| 번호 | 저자 | 제목 | 연도 | 출판사 | 범주 |
|---|---|---|---|---|---|
| 1 | 녹진 편집부 | 무엇을 어떻게 읽을 것인가 | 1990 | 녹진 | 독서방법 |
| 2 | 김수남 | 책나라로 가는 길 | 1991 | 현암사 | 독서일반 |
| 3 | 임성훈 | 독서학습 | 1992 | 읽음사 | 독서일반 |
| 4 | 전국교직원노동조합 | 책마을로 가는 징검다리 | 1992 | 돌베개 | 독서일반 |
| 5 | 정범모 | 대학생활과 독서 | 1992 | 서울산업대학 학생생활연구소 | 독서대상 |
| 6 | 조혜정 | 탈식민지 시대 지식인의 글읽기와 삶읽기(1) | 1992 | 또하나의문화 | 독서대상 |
| 7 | 김기중 | 리더빌리티: 읽기의 이론과 실제 | 1993 | 일진사 | 독서이론 |
| 8 | 신헌재 외 | 독서교육의 이론과 방법 | 1993 | 서광학술자료사 | 독서이론 및 방법 |
| 9 | 안도섭 | 책과 어떻게 친구가 될까 | 1993 | 소나무 | 독서방법 |
| 10 | 이유선(역)/ Wolfgang Iser | 독서행위 | 1993 | 신원문화사 | 독서일반 |
| 11 | 차봉희 | 독자반응비평 | 1993 | 고려원 | 독서대상 |
| 12 | 한겨레신문사 문화부 | 책 이야기 | 1993 | 한겨레신문사 | 독서일반 |
| 13 | 허병두 | 열린교육과 학교도서관 | 1993 | 고려원 미디어 | 독서대상 |
| 14 | 고은 | 책 어떻게 읽을 것인가 | 1994 | 민음사 | 독서방법 |
| 15 | 박수자 | 독해와 읽기지도 | 1994 | 국학자료원 | 독서방법 및 지도 |
| 16 | 오연희(역)/ Adler | 논리적 독서법 | 1994 | 한국독서 교육연구원 | 독서방법 |
| 17 | 조동일 | 독서 · 학문 · 문화 | 1994 | 서울대학교출판부 | 독서일반 |
| 18 | 허재영 | 고교독서의 길잡이 | 1994 | 서광학술자료사 | 독서대상 |
| 19 | 이대규 | 수사학: 독서와 작문의 이론 | 1995 | 신구문화사 | 독서이론 |
| 20 | 최진(역)/ E. 버니스 컬리넌 | 독서왕이 성공한다 | 1995 | 프레스빌 | 독서일반 |

<표 16>의 독서관련 단행본을 내용적인 측면에서 범주화하면, 독서일반(김수남, 임성훈, 전국교직원노동, 이유선 역, 조동일, 최진 역), 독서방법(녹진 편집부, 신헌재 외, 안도섭, 고은, 박수자, 오연희 역), 독서대상(정범모, 조혜정, 차봉희, 허병두, 허재영), 독서이론(김기중, 신헌재 외, 이대규), 독서지도(박수자) 등 다양하게 쓰여졌음을 확인할 수 있다.

## 2. 1990년대 독서경향

### 1) 일반 독서경향

#### (1) 1990년대 초기 독서경향

#### [1] 통계로 본 독서경향

1990년대의 독서경향은 바로 전 시기와 마찬가지로 출판계, 여론조사기관, 통계청 등 다양한 단체나 기관에서 다각도로 이루어졌다.

먼저 1990년대 초기의 독서경향 몇 가지를 꼽아 보면 <표 17>의 내용과 같다.

〈표 17〉 1990년대 초기 통계로 본 독서경향 (≪중앙일보≫, 1990~1994)

| 번호 | 기사명 | 발행일 | 통계로 본 경향 | 비고1 |
|---|---|---|---|---|
| 1 | 교육비부담 힘겹다 | 1990.12.26 | 일반서적 1권 이상 보유가구(91.4%) 국민 1인당 읽는 책(잡지 제외): 4.8권(84년 6.9권. 잡지구독률: 27.5%(85년에 비해 9.7% 포인트 감소) | 기획원 조사 '올 한국사회 지표' 2 |

| 2 | 한국인 독서량 한달 1.21권꼴 | 1991.9.27 | [1개월간 독서경험-잡지 제외] '있다'(39.0%) '한달에 단 한권의 책도 읽지 않는다'(61%). 월간독서율: 89년(32.0%), 90년(40.2%) 독서율: 나이가 적을수록, 직업별로는 학생과 사무근로자가 최고. 전체 월평균: 1.21권. [읽고싶은 책] 현대소설(23.0%), 역사·시대소설(15.5%), 수필(14.9%), 사상(철학·종교 등)(14.2%), 사회과학 (정치·경제 등)(10.2%), 취미·실용서(10.2%), 추리공상소설(9%) [성별선호도] 남자: 역사·시대소설, 현대소설, 사상, 사회 과학 순, 여자: 현대소설, 수필, 취미·실용서, 사상 순 [도서구입 실태] 1개월간 구입여부(잡지 제외) 구입한 적이 있다(28.3%) 구입 권수: 1권(8.0%), 2권(7.4%), 3권(4.6%), 4(2.2%), 5권 이상(6.0%) [월간책구입율] 87년(18.5%), 89년(25.2%), 90년(27.6%), 91년(28.3%) 책 구입율은 독서율과는 반대로 매년 조금씩 증가. 월평균 구입량(1.63권) 90년(1.08권)에 비해 0.55권 증가. | 한국갤럽 전국 만 20세 이상 남녀 1,500명 개별면접(제주도 제외) 3 |
|---|---|---|---|---|
| 3 | 물질에만 관심…정신투자는 인색 | 1992.10.4 | [성인 월간독서량(주간지·월간지 제외)] 한권의 책도 읽지 않음(전체61%: 20대(38%), 30대(57%), 40대(70%), 50대(87%) 87년(62.1%), 89년(68%), 90년(60%). 91년도부터 독서부진율 다시 증가 | 한국갤럽조사연구소 |
| 4 | 책 보유량 | 1993.4.21 | [90년 가정 평균 책보유량] 81.1권 (도시지역(6.5권, 시골지역 37.2권) '한권도 없다'(8.6%), 20권 이하(25.2%), 50권 이하(24.5%), 100권 이하(19.0%), 200권 이하(13.7%), 500권 이하(7.5%), 501권 이상(1.5%) [학력별] 국졸이하(32.7권), 중졸(51.4권), 고졸(81.1권), 대졸이상(207.1권) cf) 85년 75.5권(도시지역 96.3권, 시골지역 39.1권) | 통계청 조사 |
| 5 | 성인 하루 독서 시간 TV시청의 1/4불과 | 1993.11.10 | [성인 주말 소비 시간(괄호안은 평일)] TV.비디오 시청 1시간 53분(1시간 45분), 라디오·음악듣기 45분(1시간 3분), 책·만화읽기 32분(33분), 신문보기 30분(32분), 영화관람 23분(8분), 잡지읽기 10분(10분)의 순<br>[여가활용 순위와 하루 평균 소요시간] 고교생 ① TV·비디오 95분 ② 공부 86분 | '한국출판연구소'와 '책의 해 조직위원회'의 '제1회 국민독서실태조사' |

| | | | | |
|---|---|---|---|---|
| | | | ③ 라디오 · 음악 80분 ④ 놀기 ⑤ 독서 각 51분, 중학생 ① 공부 1백3분 ② TV · 비디오 1백2분 ③ 학원 · 과외 78분 ④ 라디오 · 음악 64분 ⑤ 독서 46분의 순, 국교생 ① TV · 비디오 98분 ② 공부 93분 ③ 학원 · 과외 78분 ④ 독서 65분 ⑤ 놀기 [학생들의 독서장애 요인] 국교생 ① 독서싫증 ② 학원 · 과외 ③ 공부, 중학생 ① 공부 ② 독서싫증 ③ 학원, 과외, 고교생 ① 공부 ② 독서싫증 ③ 책 선택 곤란 [책을 읽는 목적] (성인) 지식. 정보 37%, 교양. 인격26.2%, 시간 보내기 15.7% (학생), 재미 즐거움 36.8%, 지식 · 정보 34.8%, 학과도움 12%, 올바른 사람 11% [좋아하는 독서분야] (성인) 국내소설, 종교서적. 번역소설 순, (국교생) 추리 · 모험 · 괴기소설, (중학생) 탐정 · 공상과학 소설, (고교생) 번역소설 순. [국민독서진흥책에 바라는 것] (성인대상) 저속 TV, 비디오, 출판물 규제가 20.6%, 언론계 독서캠페인 18.9%, 입시위주 교육개선 16.1%, 도서관 · 문고 신설 기능강화 11.1%, 학교도서관 신설 활성화 10.7%, 학교 독서교육 활성화 8.3%의 순 | |

<표 17>의 (1), (2)를 보면 교과서 · 참고서 · 잡지 등을 뺀 가구당 서적 보유량과 독서량 등이 나타나 있는데 그 수치가 미흡함을 알 수 있다. (5)와 같이 독서보다는 TV · 비디오 시청과 같은 오락을 즐기는 경향이 많아지고 있어 전 시기에 비하여 독서량이 감소하고 있다. 특히 (2)는 한국갤럽이 제37회 독서주간을 맞아 제주도를 제외한 전국의 만 20세 이상 남녀 1,500명을 개별 면접하여 한국인의 독서 및 도서구입 실태를 조사한 결과로서 1991년도 전국 독서실태를 다양한 측면에서 제시하고 있어 특징적이다.

표 내용 (3)에서도 성인들 60% 이상이 책을 전혀 읽지 않는 독서부진 현상을 보여주고 있는데, 앞 시기보다 더욱 저조한 수치이다. 같은 기사에서는 외국과 비교하여 독서통계를 제시하고 있는데, 당시

프랑스의 경우 1년에 5권 이상의 책을 읽는 비율이 13%, 10~24권이 38%, 1~9권이 24%였으며 한권도 읽지 않는 비율은 25%였다. 또한 일본의 국민학생(초등학생)들이 1년에 평균 100권의 책을 읽는데 비해 우리나라 국민학생(초등학생)들은 2.8권에 그쳐 현저한 차이를 드러냈다. 또 국민학생(초등학생) 가운데 32%는 교과서 이외의 책은 전혀 읽지 않은 것으로 나타났다. 이들은 학원 또는 집에서의 과외활동(38.4%)·학교공부(28%)가 독서에 가장 큰 장애요인이라고 응답했다.

표 내용 (4)는 93년도 통계청 조사로서 당시 우리나라 각 가정의 책 보유량을 조사한 내용이다. 특기할만한 것은 가구주의 학력이 대졸 이상인 경우, 당시로부터 5년 전에는 평균 234.7권이었으나 조사 당시에는 207.1권으로 오히려 줄어든 것이다. 사회 오피니언 리더층이 오히려 책 사기에 인색한 것을 보여주는 결과이다.[80] (5)는 '한국출판연구소'와 '책의 해 조직위원회'가 실시한 '제1회 국민독서실태 조사' 결과이다. 제주도를 제외한 전국의 성인과 학생을 모집단으로 18세 이상 성인 2,000명과 초·중·고 학생(초등학생은 4학년 이상) 2,700명을 표본으로 뽑아 설문한 내용이다. 표본 대상이 포괄적이고 독서에 중점을 둔 심도깊은 조사였는데, 성인과 학생 모두 여가 시간에 가장 많이 하는 활동이 TV·비디오 시청이었다. 책 읽는 시간은 그것의 4분의 1에 지나지 않았다.[81]

몇 까지 통계에서 나타난 우리나라 국민의 독서경향을 보면, 1990년대에 들어서 독서운동이 그 어느 때보다 활발히 일어났던 것에 비해 실제로 독서율은 그다지 높지 않았다고 판단된다.

다음 <표 18>은 특별히 신문에 게재된 베스트셀러를 도표로 정리한 것이다. 연도별로 보면 아래와 같다.

---

80) <책 보유량>(≪중앙일보≫, 1993.4.21)
81) <성인 하루 독서시간 TV시청의 1/4 불과>(≪중앙일보≫, 1993.11.10)

〈표 18〉 1990년대 초기 연도별 베스트셀러 (≪중앙일보≫, 1990~1994)

| 연도 | 베스트셀러 |
| --- | --- |
| 1990 | 오쇼 라즈니쉬의 명상록 『배꼽』, TV 인기물과 관련된 『소설동의보감』, 미래진단서 앨빈 토플러의 『권력이동』, 이태형의 『2000년의 한국』, 기업경영 관련서 『시민을 위한 경제이야기』(이영탁), 『경제 에세이』(권오철), 『저 낮은 경제학을 위하여』(정운영), 『재미있는 경영이야기』(조동성 외), 『작은 밑천으로 돈버는 이야기』(매일경제신문), 『이런 직업이 당신을 기다리고 있다』(조경동), 『오퍼상으로 성공하는 방법』(박주로), 『새로운 인생 내 가게』(심지편집부) 등. 『깊은 밤 깊은 곳에』, 『게임의 여왕』 등 시드니 셀던의 연작 시리즈. 노장사상류 『노자철학 이것이다』(김용옥 · 통나무), 『감산의 장자풀이』(감산덕청/오진탁 옮김 · 서광사), 『감산의 노자풀이』(동) 『도일성서와 함께 읽는 노자』(노소현 · 예인들), 『노자, 그 불교적 이해』(감산덕청/송찬우 옮김 · 세계사), 『장자(철학우화1) 학의 다리가 길다고 자르지 마라』(윤재근 · 둥지), 『장자(철학우화2) 털끝에 놓인 태산을 어이할까』(윤재근) |
| 1991 | 라즈니쉬의 잠언 『배꼽』, 외국의 추리소설 『양들의 침묵』, 『쥬라기 공원』, 실용서 『컴퓨터는 깡통이다』, 유머집 「최불암 시리즈」 11종, 「맹구 시리즈」 4종, 「노사연 시리즈」 3종, 「대발이 시리즈」 3종에 『캠퍼스 유머 여행』, 『사회주의가 뭐 길래』, 『화장실에서 보는 책』 등 30종. 중국 고대 역사적 인물 『소설 제갈공명』, 『소설 강태공』, 『소설 이태백』, 『소설 맹자』, 『소설 논어』, 일본관련서적 『일본의 외교정책』(을유문화사), 『일본 자본주의논쟁』 (지식산업사), 『일본기업의 야망』(비봉), 『돈많은 일본 가난한 일본인』(삶과꿈) |
| 1992 | 역사인물 이야기 『소설 토정비결』, 『소설 목민심서』, 『소설동의보감』, 대하소설 『단야』(5권) 등과 『세상을 보는 지혜』, 『벽오금학도』, 『스칼렛』, 미국의 추리소설 · 과학소설 아이자크 아시모프의 『파운데이션』, 마이클 크라이튼의 『주라기 공원』, 토머스 해리스의 『양들의 침묵』 등이 유행. 일본번역서 『대망』(1, 2권)이 『질풍』, 『울지 않는 새는 죽여라』, 『야망은 꿈인가』, 『덕천가강』 등의 제명으로 재출간 나가오카 게이노스케의 『오다 노부다가』, 시바 료타로의 『덕천가강』, 『제국의 아침』(전8권), 『언덕 위의 구름』(전10권), 오다 마코토의 『소설 임진왜란』, 미야모토 도쿠조의 『왕사』, 『질풍』(언어문화사간 · 허문열 역), 『울지 않는 새는 죽여라』, 『야망은 꿈인가』. 나가오카 게이노스케의 『오다 노부나가』, 『일본문학 · 사상명저사전』 등. 만화류 『장길산』(백성민), 『객주』전10권(이두호), 한길사의 『사군여 새벽을 노래하라』(이현세), 『아마겟 돈』(이현세), 『오! 한강』(허영만), 민예사의 『신의 아들』(박봉성) |
| 1993 | 중복출판붐, 『어린왕자』 63개사. 『논어』 50개사, 『데미안』 41개사, 『명심보감』 37개사, 『좁은문』 28개사, 『삼국지』 27개사, 『시티 오브조이』 5종, 『연인』 9종, 『제3공화국』 4종, 『드라큐라』 2종, 60, 70년대 소설붐, 『김약국의 딸들』, 『서편제』, 『파시』, 『시장과 전장』, 『별들의 고향』, 『부초』 등. 비문인들의 작품집, 『여자의 남자』(김한길), 『베니스의 개성상인』(오세영), 『무궁화꽃이 피었습니다』(김진명), 『목민심서』(황인경), 『과학원 아이들』(이영섭) 역사 · 대하소설류 『인간시장』 20권(김홍신), 『토지』 13권(박경리), 『세종대왕』 12권(박종화), 『선도체험기』 16권(김태영), 『장길산』 5권(황석영), 『태백 |

| | |
|---|---|
| | 산맥』 10권(조정래), 유주현의 『북극성』, 『소설 대원군』, 『소설 조선총독부』 각 5권, 유현종의 『대조영』(5권) 『소설 임꺽정』, 『소설 연개소문』(이상 7권씩), 『바람과 구름과 비』 10권(이병주), 『지리산』(7권), 『장군의 시대』(5권), 정동주는 『백정』(10권), 『단야』(7권), 『민적』(5권). 홍성원의 『남과북』, 『먼동』(이상 5권씩) 『달과 칼』(5권), 『변경』 5권(이문열), 『녹두장군』 7권(송기숙) 등. 논리시리즈 『논리야 놀자』, 『고맙다 논리야』 등(아동용) |
| 1994 | 점 · 풍수설류 『팔자대로 산다』(김병석 지음. 무궁화), 『알기 쉬운 역점 길흉법』(김백만 지음. 관음출판사), 『믿거나 말거나』(목정언. 동양역의학 연구원), 『터』(손석우. 답게), 『일터와 집터』(김두규 편역. 포도원), 『성공하는 집, 실패하는 집』(송영미. 참샘) 생활정보서 의료정보도서로는 『名醫』(웅진출판), 『명의 명클리닉』(21세기북스), 『명의. 병원 소프트』(사계절), 『병원정보 소프트』(21세기북스), 시장소개 서적 『서울의 시장』(공간)과 민속예술행사 소개 서적 『알뜰 시장 소프트』(장백) 본격소설류 『화두』(최인훈), 『한말씀만하소서』(박완서) 『깊은 슬픔』(신경숙), 『너에게 가마 나에게 오라』(송기원) 역사소설류 『동학제』(한승원), 『아리랑』(조정래), 김성동의 『길-어두운 숲속에서』, 『만다라』, 『집』. 책정보지 『책과 인생』, 『월간 책』, 『출판정보』, 『책이야기』, 『문화라이프』, 『圖書新聞』, 『뿌리와 날개』, 『새책소식』, 『북 네트』 등 |

## 2 오락과 실용, 대중추수의 출판 현상

외국 추리·과학소설 붐

본격文學소설 안읽힌다

재미와 지식 묶어 요즘 독자취향 부합

'현실일탈·倫理的판단 기피성향 많아진탓' 분석

[그림 59] 〈외국 추리 · 과학소설 붐 본격 文學소설 안 읽힌다〉(≪중앙일보≫, 1992.8.21)

<표 18>에서 드러난 점은 1990년대에 초기에는 전대와 비교하여 교양 · 지식 습득에서 오락 쪽으로 독서경향이 바뀌어가고 있다는 것을 알 수 있다. 학술 · 교양서적을 찾는 일반 독자들은 줄어들고 유머집, 추리소설, 실용서 등 가벼운 읽을거리들이 즐겨 읽혔다. 고학력자 간에도 어려운 책 읽기를 기피하고 재미나 실용적인 정보를 얻기 위한 편의주의적 독서가 대세를 이루었다. 동구 공산권 붕괴 이후, 이념 서적의 퇴조 현상[82]이

82) <변신 바쁜 사회과학 출판사들>(≪중앙일보≫, 1991.8.7), <읽는 사람 없는 「사회

학술·교양 서적에까지 빠르게 확산된 것이다. 이 때문에 자구책을 찾아 나선 인문·사회과학 출판사들은 다른 분야로 눈을 돌리거나 전문학술서 발행을 꺼리는 분위기였다.83) 전반적인 사회 분위기가 안정을 잃은 채 혼미를 거듭함에 따라 독자들도 사색을 요구하는 책보다 흥미 위주로 책을 선택하거나 충동구매에 이끌렸으며, 또한 출간되는 책의 종류도 엄청나게 늘어나 광고가 뒷받침이 안 될 경우 내용이 아무리 좋더라도 치열한 경쟁을 뚫지 못해 사장되는 경향이 높아졌다.84) 또한 낙서나 개그 같은 시, 옛날 얘기 같은 소설로 인해 본격 문학이 위기를 맞고 있다는 소리도 높았다.85)

구체적인 예로 <표 18>을 보면 1990년대 초반에 『배꼽』이 2년 동안이나 베스트셀러 자리를 지켰다. 이 책은 라즈니쉬의 수많은 담론집 가운데서 그럴듯한 잠언만 골라 짜깁기한 것이다. 여기에 대중성이 강한 해외 번역서들도 인기가 있었다. 특히 1990년도를 시작으로 시드니 셸던의 작품들은 선풍을 일으킬 정도로 애독되었다. 문학성보다 말초적인 재미와 오락적 요소만을 전달하는 셸던의 작품들은 출판사마다 제목을 달리하여 중복 출판했다. 한 예로 『The Other Side of Midnight』만 해도 출판사마다 『한밤의 저쪽』, 『깊은 밤 깊은 곳』, 『배반의 축배』, 『한밤의 축제』 등 다양한 제목으로 출판해 대형서점에서 따로 독립코너를 마련해야 할 정도였다.86) 셸던의 이름이 들어가 있는 책은 어느 것이나 베스트셀러가 될만큼 독자들의 비상한 관심과 인기를 끌었다. 이와 더불어 아이자크 아시모프의 『파운데이션』, 마이클 크라이튼의 『쥬라기 공원』, 토머스 해리스의 『양들의 침묵』

---

과학」서적>(≪중앙일보≫, 1991.11.6)

83) <독서-재미 위주로 흐른다>(≪중앙일보≫, 1992.4.24)

84) <판매실적 곤두박질 「인스턴트 책」만 찾아>(≪중앙일보≫, 1991.7.12)

85) <낙서·개그 같은 시 옛날 얘기 같은 소설>(≪중앙일보≫, 1992.3.27)

86) <미 시드니 셸던 소설 중복 출판 극성>(≪중앙일보≫, 1990.9.30)

등 미국의 추리소설·과학소설들도 인기작이었다.[87] <외국 추리·과학소설 붐 본격문학소설 안 읽힌다>(≪중앙일보≫, 1992.8.21)에서는 이러한 출판 시장의 경향에 대해서 다음과 같이 분석했다. 즉 흥미위주의 외국 번역소설이 붐을 이루는 까닭은 기발한 착상, 엽기성 등 흥미를 끌만한 요소들과, 동시에 적당한 지식을 원하는 독자들의 취향에 부합됐기 때문이라는 것이다. 또한 문학을 하나의 상품으로 취급하는 대자본이 이러한 소설들을 독서시장의 총아로 발돋움하게 만들었다고 지적했다.[88]

이에 반하는 본격소설은 1990년도 중반기로 향하는 1994년도에 이르러서야 등장하는데, 최인훈의 『화두』, 박완서의 『한 말씀만 하소서』 등이 상업소설들을 물리치고 대형서점 베스트셀러에 올랐다.[89] 연이어 중진작가들의 장편소설인 한승원의 『동학제』, 조정래의 『아리랑』, 김성동의 『길-어두운 숲속에서』 등이 속속 등장하게 되는데,[90] 1990년대 초기의 말초적인 대중문학에 대한 회의가 이러한 작품을 만들어낸 것이다.[91]

한편 <표 18>의 1991년도를 보면 『쥐불암 시리즈』, 『맹구 시리즈』,

---

87) <외국 추리·과학소설 붐 본격문학소설 안 읽힌다>(≪중앙일보≫, 1992.8.21)
88) <외국 추리·과학소설 붐 본격문학소설 안 읽힌다>(≪중앙일보≫, 1992.8.21)
89) <본격소설 봄 출판街 강타 최인훈씨 화두 히트>(≪중앙일보≫, 1994.4.6)
90) <중견작가 한승원·조정래·김성동 장편 잇따라 출간>(≪중앙일보≫, 1994.7.24)
91) 종말론과 상업주의가 더욱 위세를 떨치던 당시, 문단·독서시장에서 순수소설 수호에 나섰다. 권오룡·김사인·임우기·황현산·현준만 등 자유주의 문학에서 급진주의 문학에 이르기까지 각기 다른 성향의 평론가 5명은 "소설의 진실과 21세기 삶의 희망을 위해 젊고 진실한 소설을 모아 읽히겠다"며 '21세기 작가총서 간행위원회'를 구성, 1차로 김성동·김원우·이인성·김영현의 작품 선집 4권을 '도서출판 솔'을 통해 선보였다. 이문열·박범신·임철우·오정희·이창동·김한길 등의 작가로 이어지며 매달 1~2권씩 펴냈다. 「21세기 작가총서」는 대상이 해방 이후에 출생한 작가들로 제한된 것이 특징이다. 순수 한글세대의 작가들이 갖고있는 언어·문학의식을 역시 젊은 평론가들이 분석하여 독자들이 새 세대의 소설과 비평의 감각·의식을 더불어 접할 수 있게 했다(<「참 소설」을 위한 40대 홀로서기>, ≪중앙일보≫, 1992.6.8).

『노사연 시리즈』 등의 유머집들이 몇 종씩 출판되었는데, 인기 TV 프로그램의 말장난을 모방했거나 인기 연예인을 주인공으로 한 넌센스성 웃음거리를 모은 것들이다. 그런데도 짧은 기간 안에 적게는 수천권에서 많게는 수만권씩 팔려 나갔다.[92]

[그림 60] 〈독서-재미 위주로 흐른다〉(≪중앙일보≫, 1992.4.24)

<소비풍조 · 젊은층 허탈감 반영>(≪중앙일보≫, 1992.4.24)에서는 이러한 현상에 대해 다음과 같이 분석하였다. 아직은 생산적인 활동에 주력해야 할 우리 사회가 너무 일찍 대량 소비 단계로 들어서서 그 결과 과소비, 오락, 향락을 부추기는 풍조가 만연하게 되었고, 이에 독서도 소비적, 오락적 경향으로 흘렀기 때문이라는 것이다. 또한 20대 주독자층이 명상 서적에서 우화 시리즈로 옮겼다가 다시 유머집으로 넘어가는 등의 변화를 보이는 것은 사회주의권 붕괴에 따른 허탈감의 반영이라고 지적했다.

실용주의적 서적도 인기가 있었다. 『컴퓨터는 깡통이다』처럼 100,000부 이상 팔린 실용서나 『시민을 위한 경제이야기』, 『재미있는 경영이야기』, 『작은 밑천으로 돈버는 이야기』, 『땅 · 투기의 대상인가, 삶의 터전인가』 등 돈벌이와 관련된 경제 관련 서적들이 독서계의 주목을 끌었다.[93] 그러면서 또 한편에서는 노자 · 장자 등의 도가 철학을 다룬 책들이 쏟아져 나왔는데 상당한 독자층을 형성했다는 점도 아이러니하다. 노장 원전의 번역서 내지 역주본은 이미 1970년

92) <독서-재미 위주로 흐른다>(≪중앙일보≫, 1992.4.24)
93) <돈벌이 서적 인기 높다>(≪중앙일보≫, 1990.12.26)

대 초부터 여러 출판사에서 나와 독자들에게 읽히고 있었다. 그런데 1990년대에 철학 우화 『장자』 시리즈가 특별히 주목받은 이유는 지은이의 주관적 관점에서 재해석하고 알기 쉬운 현대적 문체로 번안해, 장자의 철학사상을 재미있는 이야기로 풀어준 것에서 비롯된 것이다.[94]

또한 1990년대에는 『만화로 보는 자본주의와 공산주의』, 『만화와 함께 보는 음악사』라는 책처럼 재미와 지식을 주는 만화책이 나오면서 만화가 긍정적으로 인식되었다는 점도 주시할만 하다.[95] 이러한 무드에 힘입어 대본소 중심에서 서점 중심을 겨냥한 성인용 장편만화가 출판되었다. 풀빛의 『장길산』(백성민), 『객주』 전10권(이두호), 한길사의 『사군여 새벽을 노래하라』(이현세), 『아마겟 돈』(이현세), 『오! 한강』(허영만), 민예사의 『신의 아들』(박봉성) 등은 이미 대본소를 통해 상당한 인기를 누렸던 만화들인데 서점용으로 재출간되었다.[96]

[그림 61] 〈성인만화 '서점판매시대' 개막〉(≪중앙일보≫, 1992.8.14)

---

94) <이야기로 풀어 쓴 장자철학>(≪중앙일보≫, 1991.12.22)

95) <두 가지 출판의 경우>(≪중앙일보≫, 1990.4.8), <클래식 입문서 출간 봇물>(≪중앙일보≫, 1994.10.27)

96) <성인만화 「서점판매시대」개막>(≪중앙일보≫, 1992.8.14)

위에서 살펴보았듯이 1990년대 초에는 다종다기한 출판 현상(독서 현상)을 보이는데, 그럼에도 한 마디로 요약하면 오락과 실용, 대중추수의 출판 현상(독서 현상)이라고 할 수 있겠다.

## ③ 일본 서적의 인기와 대하 역사소설 붐

1991년도부터 독서계에 나타난 또 다른 특징은 소련 공산당 몰락 이후 일본 관련 도서가 증가하였다는 점이다. 세계 각국이 일본의 급성장을 경계하며 일본을 제대로 알려고 노력하는 반면 36년간 지배를 받아온 우리만 유독 일본의 잠재력을 과소 평가해온 데 따른 반성에서 비롯된 것이다. 일본을 제대로 알고 세계 질서 재편의 흐름에 효과적으로 대응하는 것이 우리 민족번영의 관건이라고 생각한 것이다.97)

이에 따라 『일본의 외교정책』, 『일본 자본주의논쟁』, 『일본기업의 야망』 등 일본의 이해를 돕는 저서들이 속속 출간되었다. 여기에 무라카미 하루키 등 일본 인기 작가들의 대중소설들, 즉 오다노부나가·도쿠가와 이에야스·도요토미 히데요시 등 일본 영웅소설들이 앞다투어 출판되었다. 『대망』이 1, 2권으로 축약돼 각기 다른 출판사에 의해 『질풍』, 『울지 않는 새는 죽여라』, 『야

출판계 日관련서적 늘어난다
"성장비결 바로알자"

[그림 62] 〈출판계 日 관련 서적 늘어난다〉(≪중앙일보≫, 1991.11.1)

97) <출판계 일 관련 서적 늘어난다>(≪중앙일보≫, 1991.11.1), <세 무장 미화시킨 일시대소설 이상붐>(≪중앙일보≫, 1992.4.12)

망은 꿈인가』, 『덕천가강』 등의 제명으로 재출간되었다. 이외에도 시바 료타로의 3부작 대하소설 중 1부 『제국의 아침』(전8권), 3부 『언덕 위의 구름』(전10권) 등과 대중 · 추리문학 등도 번역됐다.[98]

1990년대 초기는 일본 대중문화가 무분별하게 들어오고 있던 때로서 일본만화, 잡지, 가요 등의 베끼기가 특히 문제시되었던 시기였다. 문학, 사상 등 정신적 영역에서마저도 일본 베끼기가 논란이 되었다.[99] 젊은 작가들이 일본 하루키 등의 인기소설에 빠졌을 뿐 아니라 그 윗세대들도 알게 모르게 그들의 작품, 평론, 학문에서 일본을 베끼고 있다는 비판의 소리도 일었다. 이러한 자성의 분위기 속에서 일본 근 · 현대 100년에 걸친 문학과 사상의 흐름을 조감할 수 있는 『일본문학 · 사상명저사전』(고재석 저)이 출간되기도 했다.[100]

한편 1992년도부터는 대하 역사소설 붐도 일었다. 『소설 제갈공명』, 『소설 강태공』, 『소설 이태백』, 『소설 맹자』, 『소설 논어』 등 중국 고대 역사적 인물들에 관한 소설들도 인기가 있었고,[101] 이지함, 정약용, 허준, 임꺽정, 연개소문, 황진이, 김옥균 등 한 시대를 풍미했던 역사적 인물을 다룬 『소설 토정비결』, 『소설 목민심서』, 『소설 동의보감』 등이 교보서점 등 대형서점에서 베스트 순위에 올랐다. 출판사들은 이와 같이 1990년대 들어 역사적 인물소설이 잘 읽히는 이유를 '당대의 삶을 총체적으로 그린 모범적 장편 부재', '후기자본주의의 파편화된 삶에서 총체적인 옛 선인들의 삶의 형태에 대한 향수', '다

---

98) <한일 「문학역조」심각하다>(≪중앙일보≫, 1992.5.14)

99) '오늘의 작가상' 수상작가 박일문은 수상작 『살아 남은 자의 슬픔』이 하루키의 표절이라 주장한 시인 장정일, 그리고 이를 게재한 『문학정선』 발행인 김수경 등을 출판물에 의한 명예훼손 등 혐의로 대구지방검찰청에 고소했다(<문단 '일작가 모방' 일파만파>, ≪중앙일보≫, 1992.9.1).

100) <『일본문학 · 사상 명저사전』 근 · 현대사 흐름 한눈에>(≪중앙일보≫, 1993.5.31)

101) <서점가에 추리 · 중국역사인물 소설 불티>(≪중앙일보≫, 1991.8.16)

른 인물의 삶에 대한 인간본연의 호기심' 등에서 찾았다.102)

## 4 중복 출판과 본격문학 복고바람

앞서 인기 작품 출판 현상에서도 보았듯이, 출판계의 고질적 병폐인 중복출판은 1990년대에 들어서 더욱 성행했다. 그것은 문고판, 전집류, 아동용, 단행본 등 전 분야에서 이루어졌다. 1993년 당시 대한출판문화협회가 조사한 바에 따르면 10개 이상의 출판사가 중복 출판한 책만 해도 50여권에 이르렀다.

[그림 63] 〈중복출판 또 다시 기승〉(≪중앙일보≫, 1993.3.12)

<중복출판 또 다시 기승>(≪중앙일보≫, 1993.3.12) 보면 당시 최고 중복출판은 『어린왕자』로 무려 63개사가 참여했다. 다음은 『논어』 50개사, 『데미안』 41개사, 『명심보감』 37개사, 『좁은 문』 28개사, 『삼국지』 27개사 등으로 집계됐다. 이밖에 시드니 셸던의 전 작품이 21개 출판사에 의해 번역돼 나왔다고 한다. 특히 영화가 상영되면 같은 내용의 소설들이 급하게 번역 혹은 번안 구성돼 서점가에 나왔는데, 이 같은 예로 『시티 오브조이』가 5종, 『연인』이 9종, 『제3공화국』이 4종, 『드라큐라』가 2종 나왔다. 이 기사문에서는 중복출판이 성행하는 가장 큰 이유는 출판사 입장에서 보면 대개 큰 돈은 못 벌더라도 기본 부수는 쉽게 넘긴다는 사실을 인지함이며, 지방의 경우 특히 수익이

102) <황진이 김옥균 정약용 『역사인물 소설』 쏟아진다>(≪중앙일보≫, 1992.6.12)

높은 것으로 알려져 있어 출판사들이 쉽게 다가서기 때문이라고 보았다. 그러나 이러한 출판 현상은 시류에 편승한 급조 출판이라 그 질이 떨어지는 경우가 많아 규제와 자성이 필요하다고 지적받기도 했다.[103)]

한편 독서계에 1960, 1970년대 소설이 재발간되는 현상도 나타났다. <독서계 60~70년대 소설 복고바람 분다>(≪중앙일보≫, 1993.8.25)를 보면, 1962년 발표된 박경리의 장편『김약국의 딸들』과 1964년 작품『파시』, 1968년에 발표한『시장과 전장』각 2권이 다시 나왔고, 1970년대와 1980년대 초 발표된 이청준의 중·단편 8편을 모은『서편제』가 대형서점 집계 베스트셀러 수위를 오르내리며 독서계에 복고 바람을 일으켰다. 여기에 최인호, 한수산 등의 작품으로 1970년대 발표작인『별들의 고향』,『부초』등도 재출간되었다.

당시 비평계에서는 이러한 현상을 두 가지 원인에서 찾았다. 첫째, 독자들이 1990년대 들어 풍미했던 역사인물 소설에 식상하였고, 둘째, 허황된 옛 이야기, 포스트모더니즘을 내세워 신변잡기적 감상이나 털어놓는 소설에 식상하였기 때문에 독자들은 새로운 본격장편을 원하게 되었다는 것이다. 그러나 그 욕구를 충족시킬만한 작품이 나오지 못하고 있는 현실 때문에 복고붐이 일었다는 결론이다.[104)] 이를 통해 당시 독서계는 전환을 요구하는 시대였음을 알 수 있다.

### ⑤ 유럽의 한국문학 붐, 오디오북과 전자책, 기타 독서경향

1993년도 <유럽 출판계 전속계약붐>(≪중앙일보≫, 1993.3.8)이라는 기사를 보면, 이문열, 최인호, 김성동, 오정희 등 10여 명의 작품이

---

103) <중복출판 또 다시 기승>(≪중앙일보≫, 1993.3.12)
104) <독서계 60~70년대 소설 복고바람 분다>(≪중앙일보≫, 1993.8.25)

[그림 64] 한국을 연구한 서적들(〈유럽 출판계 전속계약 붐〉, ≪중앙일보≫, 1993.3.8)

프랑스와 이태리 등에서 잇따라 출간되어, 유럽 독서계에 한국 문학붐이 일고 있었음을 볼 수 있다. 프랑스의 '악트쉬드'가 1990년 이문열의 『금시조』를 처음으로 번역, 출간하면서 한국소설에 손을 대기 시작했고, 잇달아 이청준, 조세희, 이균영, 김승옥, 최인호의 작품집을 펴냈다.[105] 또 동구권과의 교류가 활발해지면서 폴란드의 주요 문예지인 계간 『세계문학』에서 전권을 한국문학 특집으로 꾸미는 등 한국문학에 대한 관심이 고조되고 있었다. 이에 문학계에서는 국내 작품의 해외 소개가 중요하고도 시급한 명제로 부상하게 되었다.[106]

한편 이 시기에는 컴퓨터 통신망으로 원하는 책 내용 전체를 온라인으로 읽는 PC '전자책' 이용이 늘기 시작했다. 전문회사들의 판매 서비스, 유통망도 다양해져 국내 독서문화에 새로운 바람을 암시했다.[107] 전자책은 당시 일반인에겐 아직 생소한 개념이었으나 장소나 시간에 구애받지 않고 원하는 책을 바로 그 자리에서 받아볼 수 있다는 장점으로 전망을 지닌 분야였다.

1994년경에 성인용 도서에도 듣는 책, 즉 '오디오북' 출간이 점차 늘어났다는 점도 주목된다. 이미 1989년부터 출간되기 시작했으나 일반화되지 못하다가 이 시기에는 그 종류와 출간량이 늘어나는 추세였다. 그 예로 『어린 왕자』, 『동봉스님이 엮은 오디오 반야심경』, 『한

---

105) <유럽 출판계 전속계약 붐>(≪중앙일보≫, 1993.3.8)
106) <한국문학 해외소개 힘쓸때>(≪중앙일보≫, 1993.12.2)
107) <전자책 서비스다양 독서계 새바람>(≪중앙일보≫, 1994.8.27)

국사 강의』, 『음악의 이론』, 『음악의 역사』 등이 나왔다. 특히 오디오북의 가장 많은 분량을 차지하는 것은 듣기라는 형식과 가까운 낭송시집 분야로서, 『화사집』(서정주), 『만남에서 동반까지』(박열), 『동반에서 영원으로』(박열) 등이 꾸준히 팔렸다.108)

[그림 65] 오디오북(〈독서도 음악감상 하듯 오디오북 출판 활기〉, ≪중앙일보≫, 1994. 2.23)

'책의 해'인 1993년도에는 논리 입문서와 에세이집이 각각 1, 2위를 다투는 특이한 현상을 보였다. <논리입문. 에세이 베스트셀러 1, 2위 석권>(≪중앙일보≫, 1993.12.6)에서 밝힌 바, 『반갑다 논리야』와 『여보게 저승갈 때 뭘 가지고 가지』가 그 예이다. 전자는 어린이 도서로 출간되었는데, 논리적 사고력을 중시하는 대학수학능력 시험제도의 도입에 따라 초·중·고생 모두에게 애독되었다. 논리학, 즉 철학책이 베스트셀러가 된 것은 우리나라 출판사상 처음이었다. 수필집 역시 베스트셀러가 된 것은 1967년 전혜린의 『그리고 아무 말도 하지 않았다』 이래 26년만의 일이었다. 솔직하고 친근한 분위기로 엮어나간 이 책은 정신적으로 기댈 곳 없는 현대인들에게 마음의 휴식처를 제공하는 내용과 지속적인 광고 효과가 맞물려 인기가 있었다.109)

또한 1994년도 말에는 『팔자대로 산다』, 『알기 쉬운 역점 길흉법』, 『믿거나 말거나』 시리즈, 『사주』, 『터』 등 점이나 풍수 관련 서적들이 인기를 얻었는데, 미신에서라도 위안을 얻어야 하는 사람들의 고달픈

108) <독서도 음악 감상하 듯 오디오북 출판 활기>(≪중앙일보≫, 1994.2.23)
109) <논리입문. 에세이 베스트셀러 1, 2위 석권>(≪중앙일보≫, 1993.12.6)

삶을 반영한다고 보았다.110) 정보를 효과적으로 수집하고 활용하는 방법을 담은 종합 안내서도 속속 출간되었다. 『93 비즈니스 정보백과』, 『은행소프트』, 『경제정보 소프트』, 『경제기사 읽는 법』, 『경제기사 소프트』, 『알뜰 시장 소프트』 등 경제 관련 서적과 의료정보 도서 『명의(名醫)』, 『명의 명클리닉』, 『명의 · 병원 소프트』, 서울의 유명 전문 시장을 소개한 『서울의 시장』, 민속예술 행사 등을 소개한 『알뜰 시장 소프트』 등 주제도 세분화되어 다양하게 선보였다.111) 각종 정보가 홍수를 이루는 현대사회에서 정작 필요한 정보의 소재와 그 수집 및 정리, 활용 방법을 알아야겠다는 소위 '정보 마인드'가 점차 확산되고 있었음을 반영한다.

### (2) 1990년대 중후반기 독서경향

#### 1 문학 분야의 다양한 독서경향

가. 여성화와 세계화

1990년대에 이르러서도 독서계는 '여성화' 현상이 뚜렷했다. 특히 문학계에서 그 현상이 두드러졌는데, 문단에서도 여성 작가들이 장악하는 형편이었다.

> (41) '종로서적', '교보문고' 등 대형 서점의 1년간 베스트셀러 집계 결과 공지영의 『고등어』와 양귀자의 『천년의 사랑』이 소설 분야 1, 2위를 차지했다. 그 외에도 신경숙의 『깊은 숨을 쉴 때마다』, 김미진의 『모짜르트가 살아

---

110) <점, 풍수 관련서적 날개 돋쳤다>(≪중앙일보≫, 1994.2.12)

111) <정보수집 · 활용 안내서 봇물>(≪중앙일보≫, 1993.9.26), <생활정보서 주제 세분화 내용도 짭짤>(≪중앙일보≫, 1994.2.16).

있다면』, 김형경의 『세월』 등이 10위 이내를 차지했으며, 순위에는 오르지 못했지만 신경숙의 『외딴 방』, 박완서의 『그 산이 정말 거기 있었을까』 등도 문단의 주목을 받는 화제작으로 꼽혔다.

<문단의 여성화 세계화 뚜렷>
(≪중앙일보≫, 1995.12.16)

文壇의 여성화·세계화 뚜렷
소득 1만弗 시대의 문화 <2>
문학

[그림 66] 〈文壇의 여성화, 세계화 뚜렷〉
(≪중앙일보≫, 1995.12.16)

(41)에서 보다시피 베스트셀러에 속하는 작품들은 대부분 30대 여성 소설가들의 작품들이다. 30대 초반의 동세대에 속하는 여류들은 단순히 잘 팔리는 작가로만 분류되지 않고, 문단에서 문학성도 평가받는 작가들이었다.112) 이들 여성작가들은 자전적 성장소설이나 결혼과 이혼 등 가족의 문제를 여성의 시각에서 다루었는데 여성 독자층에 의해 베스트셀러가 되었다. 이것은 여성 독자들이 차지하는 비중이 남성에 비하여 훨씬 커졌다는 사실을 반영한다.113) 당시 여성소설 붐에 대하여 평자들은 "80년대까지만 해도 권력과 이념 등 거대 담론이 지배적이었으나 1990년대 들어 개인의 실존이나 그것을 결정하는 가족의 문제와 같은 작은 담론이 더 주목받기 때문"이라고도 분석했다.114)

위 기사 내용을 인용하자면 '종로서적', '교보문고' 등 대형 서점의

112) 신경숙은 올해 '현대문학상'을, 이혜경은 권위 있는 신인문학상으로 꼽히는 '오늘의 작가상'을 각각 차지했다. 김형경은 1994년도에 국민일보 1억 원 고료 문학상을 받은 바 있고, 공지영은 해마다 주요 문학상의 강력한 후보자로 꼽히고 있었다.

113) 김선남(2002), 『독서문화 베스트셀러』, 일진사, p.150.

114) <30대 여성소설가 베스트셀러 장악>(≪중앙일보≫, 1995.6.6)

1년간 베스트셀러 집계 결과 공지영의 『고등어』와 양귀자의 『천년의 사랑』이 소설 분야 1, 2위를 차지했다. 그 외에도 신경숙의 『깊은 숨을 쉴 때마다』, 김미진의 『모짜르트가 살아있다면』, 김형경의 『세월』 등이 10위 이내를 차지했으며,

30대 여성소설가 베스트셀러 장악

공지영씨 「고등어」 40만부 찍어

신경숙·김형경씨 작품도 인기

개인·가족문제 중시경향 반영

[그림 67] 〈30대 여성소설가 베스트셀러 장악〉 (≪중앙일보≫, 1995.6.6)

순위에는 오르지 못했지만 신경숙의 『외딴 방』, 박완서의 『그 산이 정말 거기 있었을까』 등도 문단의 주목을 받는 화제작으로 꼽혔다.

각종 문예지는 문단의 여성화 현상을 특집으로 다루었다. ≪소설과 사상≫ 가을호에 <여성작가들의 등장과 문단의 여성화>(김성곤)에서는 “작가들의 관심이 외면적인 것에서부터 내면적인 것으로, 현실적인 것에서 환상적인 것으로, 집단적인 것에서 개인적으로 침잠해 감에 따라 여성 작가들이 부상하고 문학 역시 심각하게 여성화해 가고 있다”고 진단했다. 『세계의 문학』 가을호에서 배은경은 공지영, 최영미, 공선옥, 김형경 등 30대 여성 작가들의 책이 잘 팔리는 원인을 다음과 같이 분석했다. 1980년대부터 강한 자기 실현 욕구를 보여온 젊은 여성층, 즉 “빈 둥지 증후군”을 겪고 있는 40~50대 전업 주부들의 정체성 위기가 여성들로 하여금 글쓰기와 독서에 관심을 갖게 하는 한 요인이 되었다는 것이다. 또한 여성 작가의 작품 혹은 여성의 자기 정체성을 확인해 가는 페미니즘 계열의 작품이 잘 팔리게 된 것은 여성 독자층의 증가를 의미하는데, 이는 소득 10,000달러의 선진 산업사회로 진입하면서 여성들의 사회적 갈증과 여가시간의 증가에서 비롯된 것이라고 지적했다.[115]

한편 여성 독자가 우세인 독서계를 반영하듯 출판가에서는 20대 직장 여성을 공략하는 전략이 지배적이었다. 출판계에서는 이들의 정서를 염두에 두고 기획 단계부터 광고까지 일관되게 그들의 감수성을 자극하는 전략을 세웠다. 예컨대 모성애를 자극한다든가, 성공에 대한 환상을 심어준다든가, 적절한 수준의 교양을 보장한다는 것 등으로 다음과 같은 책들이었다.

(42) 양귀자의 「천년의 사랑」, 쥐스킨트의 「좀머씨 이야기」, 김정현의 「아버지」, 잭 캔필드의 「마음을 열어주는 101가지 이야기」, 아키히로의 「20대에 하지 않으면 안 될 50가지」 등.

<20대 직장 여성이 베스트셀러 좌우>(≪조선일보≫, 1998.3.19)

그런데 대형서점 중에서 20대 직장 여성들이 가장 많이 찾는 곳은 '영풍문고'와 '을지서적'이었다. 그래서 종합성이 강한 '교보문고'나 인문분야가 강세인 '종로서적'과 달리 이 두 서점에서는 이들 취향에 맞는 책들이 순위에서 강세를 보였다. 당시 2~3년 동안 베스트셀러 1위에 올랐던 책들은 대개 여성 독자들의 구매력 때문이었다.

한편 당시 독서계의 또 다른 특징은 작품의 무대가 세계화되었다는 점이다. 이상 문학상 수상작인 윤후명의 『하얀 배』는 중앙 시베리아 카자흐스탄을 무대로 하고 있다. 강력한 후보작의 하나였던 윤대녕의 『피아노와 백합의 사막』 역시 중국 돈황을 다녀온 11박 12일간의 실크로드 기행소설이다. 동인문학상 수상작인 정찬의 『슬픔의 노래』는 바르샤바(아우슈비츠)를 배경으로 하고 있으며 강력한 후보작의 하나였던 고종석의 『제망매』는 파리를 무대로 하고 있다. 이같은

115) <문단의 여성화 세계화 뚜렷>(≪중앙일보≫, 1995.12.16)

작품 무대의 확산은 당시 우리나라 대학생의 13.5%가 외국 여행 경험자라는 통계에서도 나타난 바 소득 수준 증가에 따른 세계화의 일환이라 볼 수 있다.116)

나. 본격소설, 대하소설 붐

1996년도 독서 시장에서는 예년과 달리 대중소설류가 아닌 본격소설들이 국내 소설은 물론 독서 시장 전체를 이끄는 현상도 보였다. 또 때마침 새로운 본격소설들이 잇따라 출간되며 호조를 보여 1990년대 들어 침체된 문단을 고무시켰다.

> (43) 이청준 씨의 『축제』와 이상문학상 수상 작품집 『천지간』이 국내 소설부문 1, 2위에 올라 있다. 또 홍상화 씨의 『사랑은 길을 잃지 않는다』, 조세희 씨의 『난장이가 쏘아올린 작은 공』, 오정희 씨의 『새』, 은희경 씨의 『새의 선물』, 김이소 씨의 『거울 보는 여자』, 현대문학상 수상 작품집 『곰 이야기』 등이 10위 안에 올라 있다. 『축제』와 『천지간』은 종합부문에서도 교보문고에서는 1, 4위, 종로서적에서는 2, 5위를 차지하고 있어 본격작가의 작품이 올 독서계를 이끌고 있는 것으로 드러났다.
>
> <본격 소설 많이 읽혀 문단 활기>(≪중앙일보≫, 1996.7.28)

그런데 <본격 소설 많이 읽혀 문단 활기>(≪중앙일보≫, 1996.7.28)에 따르면, 1997년도 출판계에서는 여름 독서 시장을 휘어잡으려는 야심찬 기획으로 남북통일, 남북 가상전쟁을 다룬 대중소설류가 속속 출간되었다. 그러나 한권도 순위권에 오르지 못하였다. 1990년대 들어 『무궁화꽃이 피었습니다』 등의 대중소설을 수백만 부씩 읽

116) <문단의 여성화 세계화 뚜렷>(≪중앙일보≫, 1995.12.16)

던 독서 시장이 본격소설로 회귀하는 기미를 보이고 있었던 것이다.

특히 『난장이가 쏘아올린 작은 공』의 경우 시사하는 바가 컸다. 1978년 출간된 이 작품은 꽉 짜인 구성과 시적, 우화적 문체, 그리고 산업사회의 소외계층을 다룬 주제의식 등으로 우리 시대 고전으로 꼽히던 작품이다. 그런데 적지만 한달에 2,000~3,000부씩 꾸준히 팔리면서 다시 베스트셀러에 오를 정도로 많이 읽히고 있었다. 반면에 시드니 셀던, 존 그리샴 등의 흥미 본위의 외국 소설들이 베스트셀러에서 수그러들고 있었다. 이것은 독자들의 본격소설에 대한 관심을 드러내는 바라고 하겠다.

5년 공백깬 土地 제5부 첫권

"24년째 집념: 내년 여름에 대단원"

8·15까지 3代 百年史 「恨의 응어리」 담아

[그림 68] 〈24년째 집념 내년 여름에 대단원〉(≪조선일보≫, 1993.7.10)

이와 맞물려 박경리의 대하소설 『토지』와 조정래의 『태백산맥』은 스테디셀러로서 꾸준히 독서 시장을 점유했다. 1990년 10권으로 완간된 『태백산맥』은 당시 400만 권을 넘었고, 1994년 16권으로 완간된 『토지』는 300만 권, 1996년도에도 하루 각 2,000여 권씩 꾸준히 나가는 슈퍼 스테디셀러였다. 또한 해외 독서 시장 진출을 통해 노벨상 도전을 시도했다.[117)]

---

117) 특히 이 두 대하소설을 펴낸 솔출판사와 해냄출판사가 각기 작품에 대한 평론집, 사전 등의 출간과 대규모 세미나, 문학기행 등의 행사를 통해 국민 도서로 굳히려는 노력을 보였다. 솔출판사는 최일남, 박완서 등 동료 문인들의 인간 박경리와 작품에 대한 『수정의 메아리』, 평론집 『한과 삶』, 『한 생명 대자대비』과 『토지사전』, 『그림으로 보는 토지』 등을 펴냈다. 해냄출판사에서는 중국 옌벤(延邊) 동포의 문학연구 단체인 '옌벤문학예술연구소' 연구원 6명의 공동 연구로 『태백산맥연구』를, 또 문학평론가 권영민의 『나의 태백산맥 산책』 등을 펴냈다(<24년째 집념 내년 여름에 대단원>, ≪조선일보≫, 1993.7.10; <"토지" "태백산맥" 고전굳히기 한창>, ≪중앙일보≫, 1996.3.9).

한편 1997년도에는 대하소설류가 인기였다. 최명희의 『혼불』이 30~50대 층을 다시 문학 독자로 끌어들였다. <대하소설 '혼불' 불티 80일 만에 50만권 팔려>(≪중앙일보≫, 1997.3.18)의 게재 내용을 보면, 한길사에서 총 10권으로 출간된 『혼불』이 1997년 3월 들어서 하루 3,000~5,000권씩 팔리고 있었다. 10대 후반에서 20대 후반에 걸친 세대가 주독자층을 형성하고 있는 문학 시장에서 『혼불』은 주로 기성세대를 주독자층으로 갖고 있는 것이 특징이었다. 세기말적인 혼란기에 우리 말 본디의 아름다움과 잊혀지고 사라진, 우리 것들에 대한 간절한 향수가 기성세대들을 유도했다는 평가를 받기도 했다.[118]

또한 1997년도 말에는 강승원의 『남한강』 3권이,[119] 1998년도에는 장편소설 『홍어』가 독자들을 끌어들였다. 특히 <김주영 장편소설 '홍어' 불황 출판가 새바람>(≪중앙일보≫, 1998.3.24)을 보면, 1998년 2월 초 출간된 이 작품은 한달 보름 만에 50,000여 권이 팔렸으며, '전국서점조합연합회'와 '대한출판문화협회'가 공동 집계한 '금주의 베스트셀러' 종합 5위에 올랐다. 같은 기사에 게재된 서점 관계자의 말에 따르면 이 책은 20~50대에 걸치는 폭넓은 독자층을 확보하였다. 여기에 은희경의 『아내의 상자』, 김진명의 『하늘이여 땅이여』 등이 일정 독자층을 확보하면서 신작이 침체한 출판시장을 끌어가는 견인차 구실을 했다.[120]

---

118) <대하소설 '혼불' 불티 80일 만에 50만 권 팔려>(≪중앙일보≫, 1997.3.18)

119) <강승원 장편 '남한강' 격동의 지난 100년 민초들 삶 재구성>(≪중앙일보≫, 1997.12.2)

120) <도매상 부도등 '빈사의 출판계'>(≪중앙일보≫, 1998.6.19)

다. 시집과 산문집, 자전적 에세이류에 홍미

1997년도 7월에는 『마음을 열어주는 101가지 이야기』 3권(이레), 『하늘 호수로 떠난 여행』(열림원), 『외눈박이 물고기의 사랑』(열림원)이 7월 교보문고 종합 베스트셀러 상위권에 올랐다. 불황으로 침체기에 빠졌던 서점가에 '류시화 신드롬'이 일고 있었던 것이다.[121)]

그러면서 또 한편에서는 중견 시인 정호승의 『사랑하다가 죽어버려라』(창작과 비평사)가 1997년 7월 시집 베스트셀러 수위를 오르내렸다. 여기에 중견 시인 김혜순의 시집 『불쌍한 사랑 기계』(문학과 지성사)도 문단의 비상한 관심을 끌었다. 기발한 발상으로 너무 튀는 신세대 시에 식상한 문단과 독자들에게 세월을 지낸 작가의 개성적인 언어가 주목을 받게 된 것이다.[122)] 한편 산문집이 인기를 누렸다. 그것은 다름 아닌 중진 작가 이문구의 『나는 남에게 누구인가』(엔터)와 중진 시인 신달자의 『고백』(문학수첩) 등이었다. 시나 소설에선 찾기 힘든 작가의 진솔한 육성이 당시 IMF의 독서 시장 불황 중에도 독자들에게 호응을 얻었던 것이다.[123)]

이와 더불어 문단에 논쟁이 일었다. 문단에 의미 있는 질문을 던지게 한 작가는 이문열, 이인화였다. 1980년대 민주화와 사회 정의를 외치던 민중 문학이 퇴조를 보이면서 1990년대 문학은 개인적 내밀한 체험, 감상, 명상, 그리고 신세대적 감성과 재미있는 이야기거리가 아무런 저항 없이 주류를 이뤄왔다고 반성의 소리를 낸 것이다.

한편 1998년도에는 문단의 자성의 소리와 다른 색깔의 자전적 에세이류가 속출했다. 즉 박원숙의 『열흘 운 년이 보름은 못울어』 이후

121) <불황속 서점가 '류시화 바람' 산문, 시집도 불티>(≪중앙일보≫, 1997.7.8)
122) <문단, 중견작가 문학성 주도 속 본격 문학논쟁 활기띤 듯>(≪중앙일보≫, 1997.7.15)
123) <작품 통해 진솔한 육성>(≪중앙일보≫, 1997.6.17)

전원주, 서정희, 신은경, 최진실 등 연예인들의 책내기가 유행처럼 번지기도 했다.[124] 여기에 1999년도 출간 두 달이 되기 전에 70만부를 기록한 탤런트 서갑숙의 『나도 때론 포르노그라피의 주인공이고 싶다』가 베스트셀러 1위에 올랐다. 이 책은 음란성 시비로 화제를 모았다. ‘간행물윤리위원회’가 19세 구독 불가판정을 내렸고 검찰에서 음란성 여부를 내사하기도 한 작품이다. 당시 이 책을 제외하면 베스트셀러 부수가 예년의 절반에도 못 미쳐 출판 불황을 반영하기도 했다.[125]

중견작가 ‘文學性’ 주도속 본격 문학논쟁 활기띨듯

[그림 69] 〈문단, 중견작가 문학성 주도 속 본격 문학논쟁 활기띨 듯〉(≪중앙일보≫, 1997.7.15)

라. 추리 공포물과 무협소설 열풍

1990년대 중반의 또 다른 독서경향으로 번역 추리, 공포물이 독서 시장에서 인기작으로 등장했다. 또한 국내 작가들 사이에서도 추리, 공포물에 대한 관심이 높아졌다. <‘공포특급3’ 국내작가 9명 신작 모아 출간>(≪중앙일보≫, 1995.6.27)에 의하면 윤대녕, 이순원, 이승우 같은 젊은 작가들이 자신의 소설에 추리적 기법을 적극 도입하는가 하면 1995년도에 들어 유홍종, 이상문 같은 작가들이 번역물과의 경쟁을 선언하며 본격 추리물을 각각 내놓았다. 뒤이어 젊은 작가 9명이 공동으로 여름 독서 시장을 겨냥한 공포 소설집 『공포특급3』(한뜻출판사)가 출판되어 문단의 추리, 공포물 붐을 실감케 했다.

124) <실용서, 판타지소설 유행>(≪중앙일보≫, 1998.12.15)
125) <유통질서 좀먹는 책가격 할인경쟁>(≪중앙일보≫, 1998.11.10)

〈표 19〉 1990년대 중반기 국내외 추리 공포물

| 국내 추리 공포물 | 국외 추리 공포물 |
|---|---|
| 유홍종의 『그림자 사냥』, 이상문의 『춤추는 나부』, 『공포특급3』(고원정 「나 그리고 나」, 김연수 「언덕위의 바보」, 문형렬 「지하철의 유령들」, 박덕규 「우물 사나이」, 이승우 「악몽, G30117의 어떤 하루」, 이진우 「종말의 신」, 임동헌 「시간의 무덤을 찾아서」, 최수철 「영혼의 피」, 황병하 「위험한 전쟁」 등 9편의 신작을 수록) | 모파상의 『유령』, 『박제된 손』, 『괴물들의 어머니』, 스티븐 킹의 『죽음의 신』, 낸시 A. 콜린스의 『에이프라』, 조지 마틴의 『샌드 킹』, 로버트 블로치의 『지옥으로 가는 열차』, 메이싱 클레어의 『증거의 본질』 |

또한 1996년 노태우(盧泰愚) 전 대통령 비자금 사건 이후, 마치 시류를 탄 듯 무협소설이 인기를 끌고 있었다. "소설보다 재미있는 현실정치"라는 말이 나올 정도로 무협소설을 찾는 발길이 끊이지 않는 현상이 벌어졌다.[126] <무협소설이 잘 팔린다>(≪중앙일보≫, 1996.1.11)를 보면, 해방 이후부터 차기 대권 경쟁을 거쳐 남북 통일까지 한국 정치의 행보를 빗댄 『대도무문(大道無門)』은 1995년 11월까지 월평균 10,000여 부가 나갔으며, 12월 들어서서는 종전의 두배 가까운 20,000여 부가 주문된 것으로 나타났다. 고전에 해당하는 작품들의 열풍은 더욱 두드러졌다. 모두 10여 개 넘는 판본이 나온 『삼국지』 시장에서 '민음사'는 소설가 이문열의 번역본이 150,000부나 나가는 호조를 보였다. 출판 경기가 좋았던 3~4년 전을 웃도는 실적으로 『수호지』, 『열국지』도 평소보다 평균 20% 이상 신장된 판매량을 보였다. 도서 대여점의 무협소설 인기도 대단했다. 『독보건곤』, 『유객』 등 일부 작품의 경우 성인 예약자가 쇄도했고, 평균 5일은 기다려야 책을 접할 수 있을 정도였다. 민음사 측에서는 "일반 국민들은 현 정국을 중국의 춘추 전국시대로 바라보는 것 같다"며 "무협소설 열풍은 답답한 한국 정치에 식상한 일반인들의 실망도

126) <무협소설이 잘팔린다>(≪중앙일보≫, 1996.1.11)

300萬이 푹 빠진 '무협지 삼매경'

탈태환골(脫胎換骨)—. 창작 무협소설이 거듭나고 있다. 무협소설에 대한 독자인식이 바뀌고 독자층이 폭발적으로 늘어나는가 하면 전업작가군이 등장하면서 단행본 출간이 자리를 잡았다. 이는 창작무협이 '음성 유통망을 통한 대본소 전용소설' '쓰나마나 읽으나마나한 황당무계한 글'이란 혹평에서 벗어나 대중문학의 한 장르로 자리잡아가고 있음을 말해 준다.

[그림 70] 〈300萬이 푹 빠진 '무협지 삼매경'〉(≪중앙일보≫, 1997.3.15)

간접적으로 담고 있다"고 해석했다.127)

무협소설 독자층은 1997년도에도 폭발적으로 늘어났으며, 전업 작가군이 등장하면서 단행본 출간이 자리를 잡아갔다. 창작 무협소설이 "음성 유통망을 통한 대본소 전용소설"로 황당무계한 글이란 혹평에서 벗어나 대중문학의 한 장르로 자리잡아가고 있었던 것이다.128)

<300만이 푹 빠진 무협소설>(≪중앙일보≫, 1997.3.15)에 의하면 당시의 무협류는 소위 '신무협소설'이라 불리웠다. 황당무계한 얘기와 천편일률적인 구성에서 탈피해 삶과 해학을 담아내고 있는 이 작품들은 독자들의 무협소설에 대한 인식을 변화시켰다고 한다. 대형서점 해당 코너가 만원을 이루고, 지하철에서 무협지를 읽는 풍경이 자연스러워졌으며, 신문 연재소설로 무협류가 등장하고 PC 통신에는 동호회까지 개설됐다. 무엇보다 고정 독자층이 증가하는 추세를 보였다. 이러한 붐을 타고 무협 출판사들이 줄줄이 단행본 출판으로 선회해 대본소용 무협은 아예 자취를 감추었고 전 시기까지의 '무협소설=대본용'이란 등식을 완전히 무너뜨렸다.129)

127) <무협소설이 잘팔린다>(≪중앙일보≫, 1996.1.11)
128) <300만이 푹 빠진 무협소설>(≪중앙일보≫, 1997.3.15)
129) <300만이 푹 빠진 무협소설>(≪중앙일보≫, 1997.3.15)

## ② 인문, 교양 서적에 대한 관심과 원서(原書) 독서시대

1996년도에 들어서서 또 다른 독자층들은 깊이 있는 인문, 교양 서적에 관심을 보였다. 당시 출판계는 화제성 일화나 별난 에피소드들을 모은 감각적 혹은 상업적인 책들이 주류를 이루었다. 주제만 조금 무거워도 독자로부터 외면당하고 출판사들 또한 진지한 책의 발행을 꺼리는 악순환이 계속됐다. 그러나 <깊이 있는 인문, 교양서 인기 상승>(≪중앙일보≫, 1996.5.5)을 보면, 1996년도에 들어 대형서점들의 인문 분야 베스트셀러 목록에서 인문 교양서들이 수위권에 들었다.

'2000년前 로마'로 가는 역사여행

日작가 시오노 나나미, 大作「로마인 이야기」집필 박차

[그림 71] 〈日 작가 시오노 나나미, 大作 '로마인 이야기' 박차〉(≪조선일보≫, 1995.10.20)

1996년도에는 특히 역사물에 대한 관심이 눈에 띄게 높아졌는데, 대표적으로 시오노 나나미의 저술들이 인기였다. 『로마인 이야기』 3권 등 모두 9권이 나온 시오노 나나미의 저서는 당시 40여만 부가 팔리는 호조를 보였다. 여기에 우리 역사를 다룬 책들도 주목받았다. 1995년 8월 이후 당시까지 3권이 나온 『역사신문』은 60,000여 부의 판매고를 기록하였고, 조선 왕조 오백년 역사를 간추린 『한권으로 읽는 조선왕조실록』도 발간 한달 반만에 20,000여 부가 팔렸다. 또 극작가 신봉승이 조선사의 뒷얘기를 풀어간 『조선사 나들이』도 좋은 반응을 얻었다. 이밖에 『우리 역사의 여러 모습』, 『김현구 교수의 일본 이야기』, 『고고학 이야기』도 꾸준히 팔렸다. 여기저기서 재미있는 에피소드들을 짜깁기, 편저 형식으로 간행된 기존 서적들과 달리 해당

[그림 72] 90년대 중후반기 역사물(≪중앙일보≫, 1996.11.12)

분야에서 일정한 지식을 축적한 전문가들이 집필한 점도 긍정적으로 평가되었다. 다시 말해 내용의 폭과 깊이가 한층 성숙해지고 단순한 지적 자극의 차원을 넘어 일반인들의 교양 수준을 풍요롭게 하였던 것이다.

1996년도에 본격적으로 일기 시작한 역사서 열풍은 1997년도에도 상승류를 타며 독자의 인기를 끌었다. 역사서의 서술 방법에도 커다란 변화가 왔다. 시와 이야기로, 만화로, 연표로, 소설로, 신문으로, 그리고 주제별로 다양한 변화가 일었다.

『우리 역사』의 경우 딱딱한 교과서식이나 흥미 위주의 다이제스트식 서술에서 벗어나 주요 사건과 사실을 과감하게 이야기체로 풀어놓았다. 『우리 역사를 읽는 33가지 테마』는 정치, 문화, 학문, 생활 등 33가지의 주제를 통해 우리 역사 전반을 분석하였다. 『만화로 보는 한국현대사』는 해방기부터 당대까지 격동의 세월을 세권의 책 속에 담았다. 이 책은 흔한 역사책에서 볼 수 있는 해설을 생략하고 처음부터 끝까지 한편의 드라마처럼 꾸미고 많은 인물들의 대화를 통해 우리 현대사를 보여주었다. 이와 함께 기사, 해설, 만평, 토픽 등 일간신문 형식에 우리 역사의 흐름을 담은 『역사신문』도 1997년도에 5권으로 완간됐다. 또한 도서출판 '일빛'이 한국사와 세계사의 흐름을 상세한 연표로 정리하였으며, 도서출판 지성사도 일제 강점기를 배경으로 독립을 쟁취하려는 조선인들의 주체적 노력을 가상소설로 엮어냈다.[130]

<활짝 열린 人文교양서적 시장>(≪중앙일보≫, 1996.11.12)에서는

[그림 73] 90년도 중후반기 인문 교양서들

김홍신의 『인간시장』과 최인호의 『별들의 고향』으로 대표되던 1970년대의 문예시대, 이영희의 『우상과 이성』과 한완상의 『민중과 지식인』이 즐겨 읽히던 1980년대 사회과학서 시대에 이어, 1990년대 중반으로 접어들면서 바야흐로 인문 교양서 시대가 활짝 열렸다고 하였다. 이러한 현상에 대해 평자들은 그 원인을 두 가지로 꼽았다.

첫째로 1980년대 사회과학 서적을 탐독했던 고급독자들이 이동, 유입되고 있다는 사실에서 찾았다. 1980년대 사회과학 독자들의 관심의 폭이 넓어지면서 인문서적 쪽으로 기울어지고 있다는 것이다. 이는 또 20대가 이끌던 국내 독서 시장의 주도권이 30, 40대로 분산되고 있음을 의미한다고 보았다. 둘째로 때마침 불어닥친 세계화와 정보화도 인문 서적 붐을 형성했다고 보았다. 여기에 대입 수능 시험으로 종합적인 사고 추리력의 중요성이 크게 높아짐에 따라 인문 쪽에 대한 관심이 높아졌다는 점도 지적했다.131)

이와 더불어 각 출판사들은 인문, 사회, 과학 분야의 전문사전들이 속속 출간하기도 했다.132) 사전류의 출판 정도가 한 나라의 출판 수준을 가늠한다는 점에서 이러한 현상은 우리 독서계의 기초가 다져지는 한 단면을 보여주었다.

---

130) <역사서들 형식파괴 변신 시도>(≪중앙일보≫, 1997.1.14)

131) <활짝 열린 人文교양서적 시장>(≪중앙일보≫, 1996.11.12)

132) 『윤리학사전』(백의刊), 『한국사회주의운동인명사전』(창작과 비평사), 『성학(性學)사전』(강천刊, 오스트리아빈 성과학연구소 엮음), 『미학사전』(예경刊), 『철학사전』(도서출판 예경), 『윤리학사전』, 『정신분석학 용어사전』(도서출판 백의)(<性. 미학 등 다양한 주제 학문기본書 전문사전 잇따라 선보여>, ≪중앙일보≫, 1996.8.24)

한편 1995년도 독서경향의 또 다른 현상으로 '원서(原書) 독서' 경향을 들 수 있다. <출판계 불황속 외국 원서 불티>(≪중앙일보≫, 1995.9.3)를 보면, 세계화 추세, 영어 조기교육, 다양한 외서 정보 등이 맞물려 외국어 해독 능력을 어느 정도 갖춘 사람이면 원서를 직접 읽고 그 책에 담긴 정보를 정확하게 소화하겠다는 쪽으로 기울고 있었다. 이런 분위기에 힘입어 사상 최악이라는 출판계의 불황에도 불구하고 원서 판매량은 크게 늘어나는 경향을 보였다. 원서 취급점 중 국내 최대인 교보문고 외서 코너의 경우 1995년도 상반기 판매 부수가 260,000여 권으로 1994년도 상반기에 비해 무려 20%나 늘어났다고 한다.[133)]

독자들이 즐겨 찾는 외국 서적의 장르도 과거의 참고서 중심에서 벗어나 아주 다양해졌다. 소설, 경제경영, 미래서, 아동물은 물론 용어가 비교적 난해한 대중 과학서까지도 즐겨 읽혔다. 이중 독자들이 가장 애호하는 분야는 크게 두 부류로, 미래 예측서와 소설류였다.

〈표 20〉 90년대 중반기 인기있는 외국서적

| 미래 예측서 | 소설류 |
|---|---|
| 앨빈 토플러의 『Powershift』(권력이동), 『FutureShock』(미래충격), 『The Third Wave』(제3의 물결), 폴 케네디의 『Preparing for the Twenty-First Century』(21세기 준비), 『The Rise and Fall of the Great Powers』(강대국의 흥망) 등 | 제임스 월러의 『The Bridges of Madison County』 외에 에릭 시걸의 『Love Story』, 『Doctors』, 마거릿 미첼의 『Gone with the Wind』(바람과 함께 사라지다), 윌리엄스의 『Dead Poets Society』(죽은 시인의 사회), 존 그리셤의 『TheClient』(의뢰인) 등 |

같은 기사에서는 우리나라 원서 독서의 특징은 미국 문화의 세계

133) 교보문고, 종로서적, 영풍문고, 을지서적 등 서울 시내 주요 대형서점 외서 코너의 집계에 따르면 제임스 월러의 『The Bridges of Madison County』(매디슨 카운티의 다리), 생텍쥐페리의 『어린왕자』 영어판 『The Little Prince』, 앨빈 토플러의 『Powershift』(권력이동) 등은 판매 부수가 국내 도서로서도 넘기 어려운 10,000부를 넘어섰다(<출판계 불황속 외국 原書 불티>, ≪중앙일보≫, 1995.9.3).

지배를 반영하듯 영어 서적 편중 현상이 갈수록 두드러지고 있다고 밝혔다. 일본 서적 독서 인구는 해를 거듭할수록 줄어드는 추세이고 프랑스어로 쓰여진 생택쥐페리의 작품이 영어 번역판으로 읽히고 있었으며, 또 즐겨 읽히는 책들이 대부분 국내에 번역 소개된 작품들이라는 점도 지적하였다. 이는 일부 독자들이 국내 번역 수준에 불만을 품고 있음을 말해주는 부분이기도 하다.134)

### 3 실용적 서적과 인터넷 웹진, 팬터지 소설 인기

<출판>(≪중앙일보≫, 1995.12.17)에 게재된 기사 내용을 보면, 1995년도 한 해 각광을 받았던 분야 중 하나가 실용서였다. 실용서도 요리, 디자인, 육아 등으로 점점 세분화되는 경향을 보였다.135) 1995년 베스트셀러 50위권에는 컴퓨터 분야가 4종, 외국어가 4종, 요리 관련서가 2종이 들어 있었다. 당시 평자들은 이러한 독서경향을 “가능한 한 많은 정보와 다양한 정보”에 대한 욕구를 드러내는 새로운 독서 취향이라고 판단했다.136) 이러한 경향은

실용서·팬터지 소설 크게 유행

98 문화계 송년 브리핑

출판

도매상 연쇄부도 후 생존노력 활발

내년엔 아동·청소년도서 쏟아질 듯

[그림 74] 〈실용서, 팬터지 소설 크게 유행〉(≪중앙일보≫, 1998.12.15)

134) <출판계 불황 속 외국 原書 불티>(≪중앙일보≫, 1995.9.3)

135) 대원사의 『빛깔있는 책들』 시리즈, 현암사의 『우리가 알아야 할 100가지』 시리즈, 한호림의 『꼬리에 꼬리를 무는 영어』, 임채성의 『컴퓨터 길라잡이』, 전유성의 『컴퓨터 일주일만 하면 전유성 만큼 한다』, 조화유의 『이것이 미국영어다』, S. J. 몰린스키의 영어 회화 교재 『사이드 바이 사이드』, 유태종의 『음식궁합』, 이정순의 『강한 여자는 수채화처럼 산다』(<출판>, ≪중앙일보≫, 1995.12.17)

136) <출판>(≪중앙일보≫, 1995.12.17)

불황이 보다 심화된 1990년대 말까지 이어졌다.

1990년대 중후반기는 인터넷 문화가 성장하면서 웹진이 독서 문화의 한 현상으로 자리잡았던 시기이기도 하다. 웹진에 실린 글의 공통적 특징은 '가벼움'이었다. 글을 쓰고 읽는 층이 신세대가 주를 이루었기 때문에 톡톡 튀는 표현, 빠른 호흡 등이 특징이었다. 이에 반해 '무거운' 주제의 웹진들도 나왔는데, 일례로 1997년도 12월 ≪샨티≫ 발행인은 '오늘의 작가상' 수상 작가 구광본, 기획 위원은 시인 송재학, 노태맹, 소설가 우광훈, 그리고 작가 장정일이었다. ≪샨티≫는 "인문주의적 웹진"으로 순수 문학에서부터 TV 비평까지 다루어 범주가 넓은 편이었다. 기존의 웹진보다 깊이 있는 시각과 진지한 문체로 차별화를 시도했다.[137] 한편 1999년도에는 '사이버' 세계에 나타났다 사라지는 수많은 1인 잡지들이 춘추전국 시대를 이루었다. 말 그대로 1인 잡지는 기획, 편집, 기사 작성을 혼자 다 해내는 잡지였다. 이를 중계해 주는 중계 사이트 '이지페이퍼'(http://www.ezpaper.com)의 경우 1999년 10월 당시 1,653명의 발행인과 395,903명의 구독자를 갖췄을 정도였다.[138]

한편 1998년 중반기에는 『드래곤 라자』(황금가지)를 비롯한 『용의 신전』(자음과 모음), 『링』(씨엔씨미디어) 등 팬터지 소설이 불황 중에도 독서 시장을 압도하고 있었다. 평자들은 팬터지 소설이 신화시대, 즉 입에서 입으로 꿈을 전하던 구전시대를 연상케 한다고 말했다. 누구든 이야기를 짓고 읽고 거기에 덧붙이거나 고칠 수 있는 PC 통신, ID만으로도 통하는 익명의 공간에서 누구든 자신의 환상을 마음껏 펼칠 수 있게 되었기 때문이다.[139] 팬터지 소설은 유명 출판사의 책

137) <내달 1일 웹진 '샨티' 창간>(≪중앙일보≫, 1997.11.24)
138) <광활한 사이버 영토, 매니어들 잡지 천국>(≪중앙일보≫, 1999.11.1)
139) <'팬터지' 인기몰이…불황 문화계 효자역할>(≪중앙일보≫, 1998.7.24)

으로 나와 베스트셀러 대열에 올랐으며 영화, 만화, 애니메이션, 컴퓨터 게임 등에 연결되면서 호황을 누리기도 했다.

기타 몇 가지 1990년대 중후반기적 독서경향을 언급하자면, 경제 불황이 심화된 1997년도에 김정현의 소설 『아버지』가 베스트셀러로 자리잡고 3월 현재 120만 부나 팔린 것으로 집계되었다. 경제적 힘을 잃은 가장들의 이야기가 시대를 반영하기에 독자들의 호응이 높았다. 한편 1998년도 잡지계에 2,000원 가격대의 변형 신국판 크기의 미니 월간지가 앞다퉈 창간되었다. 1998년 출판 시장은 IMF 영향으로 1997년도보다 30% 이상의 매출 부진 현상을 보였다.[140] 잡지의 경우 전통의 문학 계간지들이 책값 인상, 지면 축소, 휴간 등에 들어가는 형편이었다. 그럼에도 불구하고 ≪열린 생각≫(1997년 12월 창간), ≪아낌없이 주는 나무≫(1998년 1월 창간), ≪좋은 느낌 좋은 만남≫(1998년 2월 창간) 등이 많이 읽혔다.[141] 이러한 현상에 대해서 평자들은 힘들고 고달픈 시대에 지적 욕구보다 감성적인 부분을 충족시키려는 사람들의 욕구에서 비롯된 것이라고 진단하였다.[142]

### 2) 학생 독서경향

#### (1) 아동 독서실태

##### ① 독서환경 및 아동 도서의 경향

---

140) <출판계 단행본 한권 '1만원시대'>(≪중앙일보≫, 1998.1.9)

141) 여기에 ≪해피 데이스≫(1997년 9월)와 당시 1~2년 사이에 생긴 ≪행복≫(통권 15호), ≪작은 것이 아름답다≫(통권 21호)와 100,000부가 넘는 부수를 자랑하는 소설잡지계의 베테랑 ≪좋은 생각≫(통권 73호)까지 가세했다. 물론 이 분야의 원조격인 ≪샘터≫(통권 336호) 역시 건재했다(<변형신국판 미니월간지 창간 붐>, ≪중앙일보≫, 1998.2.9).

142) <변형신국판 미니월간지 창간 붐>(≪중앙일보≫, 1998.2.9)

1990년대 초 <서울시 국교 3분의 1 도서실 전무>(≪중앙일보≫, 1993.3.11)에 따르면, 1993년도 서울시 교육청의 조사 결과 서울 시내 국민학교(초등학교)의 절반 이상이 도서실이 없거나 도서실이 있는 경우에도 장서수가 법정 기준에 크게 못 미치는 것으로 나타나 '책의 해'를 무색케 했다. 당시 시내 490개 국민학교(초등학교) 중 34.5%인 169개교가 아예 도서실이 없는 것으로 나타났다. 또 '학교시설 설비 기준령'에 규정된 학급당 100권 이상의 단행본을 비치한 학교도 전체의 54.9%인 269개교에 불과했다.

더구나 이들 학교가 보유한 도서의 상당수는 발간한 지 5년 이상이 돼 1988년 고시된 새 맞춤법 및 표준어규정에 맞지 않아 어린이들의 독서교육용으로 적합하지 않은 실정이었다.[143] 또한 초등학생 대부분이 공부 스트레스에 시달리고, 학원을 마친 어린이들은 독서보다는 TV나 비디오 시청, 운동에 여가를 보내는 것으로 밝혀졌다.[144]

한편 한국간행물 윤리위원회가 1992년도에 12개 초등학교 4, 5, 6학년 614명을 대상으로 실시한 '어린이 독서경향 및 독서환경 실태조사' 결과에 따르면, 학생들이 가장 좋아하는 책이 명랑소설(23.5%)과 공포추리소설(22.1%)로 나타나 흥미위주의 독서경향을 보였다. 또 책의 구입면에서 어린이가 직접 사는 경우(42.3%)가 어른이 사주는 경우(20.8%)보다 훨씬 많아 범람하는 아동 도서시장 속에 어린이들이 무방비 상태로 놓여있는 것으로 드러났다.[145] 그런데 어린이가 직접 책을 사는 경우가 많아졌다는 점은 전 시기와 대별되는 특기사항이다.

---

143) <서울시 국교 3분의 1 도서실 전무>(≪중앙일보≫, 1993.3.11)

144) <국교생 69%가 성적 고민>(≪중앙일보≫, 1993.4.16)

145) <국내창작 봇물 외국작품 풍성 전래동화 발굴 어린이 책 다양해졌다>(≪중앙일보≫, 1992.5.4)

1990년대 초 <책읽기>(≪중앙일보≫, 1992.8.1)라는 기사를 보면, 당시 국민학교(초등학교) 학생들이 가장 인기있는 책으로 꼽은 것이 『드래곤 볼』, 『닥터 스럼프』, 『북두신권』 등 일본 번역 만화들이었다. 또한 대개 집집마다 부모가 사준 50~100권 한 질로 된 동화책, 위인전 등 아동도서를 많이 가지고 있었지만 정작 학생들은 잘 읽지 않는다고 했다. 그 이유는 양이 너무 많아 보기도 전에 질리고, 글씨가 작고, 책표지도 딱딱하고 모두 같은 모양인데다, 실제로 시대에 뒤떨어진 내용이 많아 재미없다는 것이었다. 특히 우리나라 위인전은 현실감이 없고 재미가 없어 끝까지 읽어본 적이 없다고 말했다. 대부분의 아이들은 위인전을 학교에서 독후감 숙제 등으로 내줘 강제로 읽은 몇 권을 빼고는 끝까지 읽은 것은 외국 위인전 1~2권에 불과하다고 했으며, 숙제로 읽는 위인전도 대부분은 어린 시절 이야기는 건너뛰고 숙제에 필요한 부분만 발췌해 읽는 경우가 많았다고 한다.

"흥부가 복받던 시대 끝났어요"

책읽기

아이들 세계

교훈주려 '애쓰는' 위인전은 따분

일본책 나쁜것 많지만 재미있고 현실감

[그림 75] 〈책읽기〉(≪중앙일보≫, 1992.8.1)

이 기사문에서 밝힌 바, 어린이들이 그래도 읽은 것 중 가장 재미있게 읽은 위인전은 에디슨과 같은 외국의 위인들이었다. 이순신 장군, 세종대왕 등 우리 선조 위인을 꼽는 경우는 거의 없었다. 오히려 우리 선조들 중에는 훌륭한 과학자도 없고 순전히 장군이나 정치가뿐이라고 불평하기도 했다. 여기에서 1980년대 학생 독서경향과 비교해 보면 그 변화상을 감지할 수 있다. 1982년도 '동방생명'의 '학생독서실태' 조사[146]에 따르면 학생들이 가장 많이 읽는 종류가 위인전(국민학생 51.9%, 중학생 42.5%)으로 나타났으며, 가장 존경하는 위인은 국민학생(초등학생)의 경우 이순신 장군을, 중학생은 세종대왕을 들었고, 1984년 'MBC, 어린이 의식' 조사 결과에서도 어린이들이 감명깊게 읽은 책으로 『이순신 전기』 등 국내 위인을 꼽았다.[147]

이와 다르게 1990년대 들어서서 어린이들이 위인전을 별로 읽지 않는다는 점이 상반적이다. <책읽기>(≪중앙일보≫, 1992.8.1)를 보면, 어린이들이 간혹 위인전을 읽는다 해도 에디슨 등 외국 위인을 선호하는 경향이었다. 그리고 외국의 위인을 좋아하는 이유로 든 것은, 아이들의 관심 분야인 과학 분야에서 탁월한 업적을 남겼다는 것, 그리고 실수도 하고 어른들의 이해를 받지 못해 야단을 맞으면서도 위대한 업적을 남겼다 것 등이었다. 여기에다 재미있는 동화로는 '안데르센 동화'를 꼽았고 학교에서 읽으라는 우리나라 동화는 가장 재미없는 책[148]이라고 말하기도 했다.

위와 같은 서구 추수의 독서풍토를 바꾸려는 의도에서 '어린이도서연구회' 등의 단체에서 독서운동을 벌였다. 전국을 돌며 '어린이와 책' 문화 행사를 열고, 어린이들에게 국내 작가가 쓴 책들을 읽도록 하는 행사를 펼쳤으며, 어린이 책 전시와 판매, 책그림 전시회, "우리 아이들에게 어떤 책을 골라줄까"를

겨울방학 부모와 함께 「책나라」 여행을…
어린이도서연구회·서울YWCA서 우수추천도서 발표

[그림 76] '어린이도서연구회'의 선정도서(≪중앙일보≫, 1993.12.17)

146) <가장 많이 읽는 책은 위인전>(≪중앙일보≫, 1982.11.17)
147) <MBC, 어린이 의식 조사>(≪중앙일보≫, 1984.5.29)
148) <책읽기>(≪중앙일보≫, 1992.8.1)

주제로 한 학부모 대상 독서강연회, 가족신문 전시회, 인형극 공연, 그림책 슬라이드 상영 등 그 내용도 다양했다.[149] 더 나아가 각종 문화 단체에서는 어린이 독서 안내를 위한 양서 목록을 제시했다. 이 시기에 주로 선정된 도서를 몇 개 들면 다음과 같다.

(44) ▲동시=『어린이 낭송 시집』(예림당) 『한국 명작 동시』(가나) 『착한 것 찾기』(미리내) 『바람과 빈병』(아동문예) 『어린 떠돌이』(창작과 비평) 『눈 사람의 휘파람』(늘푸른) 『장미 스님』(아동문예) 『꽃보다 별보다 아름다운 이야기』(윤성) 『헨리와 말라깽이』(현암사) 『잿빛 토끼와 파란 장화』(신구미디어) 『두만강 해란강 전설』(지경사) ▲전기=『할아버지 손은 약손』(소년한국일보) 『저 월계관을 향하여』(백호) ▲ 역사=『흥미로운 국보여행』(산하) ▲ 수기=『안녕할 수 없는 세월』(지경사) ▲과학= 『파브르 곤충기』(고려원미디어) 『참붕어의 사랑 고백』(웅진) 『재미있는 발명 여행』(명지) 『뇌 속의 여행』(서광사) ▲ 체험담=『이럴 때 아빠가 좋아요』(아동문예 작가회 · 어린이재단)

<우수도서 20권 발표>(≪중앙일보≫, 1992.12.26)

(45) ▲방정환: 『사랑의 선물 1, 2』(신구미디어) ▲마해송: 『사슴과 사냥개』(창작과 비평사), 『떡배 단배』(신구미디어) ▲이원수: 『갓난 송아지』(삼성미디어), 『꼬마 옥이』, 『해와 같이 달과 같이』(창작과 비평사) ▲이주홍: 『피리부는 소년』(상 하), 『못나도 울엄마』, 『사랑하는 악마』(창작과비평사) ▲권정생: 『짱구네 고추밭 소동』(웅진출판), 『하나님의 눈물』, 『하나님이 우리 옆집에 살고있네요』(산하), 『몽실언니』, 『점득이네』(창작과비평사) ▲이현주: 『아기 도깨비와 오토제국』(웅진출 판), 『날개달린 아저씨』(창작과 비

149) <방정환 등 국내작가 동화선정 전국 돌며 책전시. 독서 강연>(≪중앙일보≫, 1994.10.28)

평사) ▲손춘익: 『새를 날려보내는 아저씨』, 『어린 떠돌이』(창작과 비평사), 『도도새와 카바리아 나무』(웅진출판) ▲윤기현: 『해가 뜨지않는 마을』, 『서울로 간 허수아비』, 『회초리와 훈장』(산하) ▲장문식: 『누나와 징검다리』(창작과 비평사), 『도둑마을』(산하) ▲이금이: 『가슴으로 크는 나무』(계몽사), 『밤티마을 큰돌이네』(대교출판), 『영구랑 흑구랑』(현암사)

<방정환 등 국내작가 동화선정 전국 돌며 책전시 독서 강연>(≪중앙일보≫, 1994.10.28)

어린이 도서연구회 행사일정

| 참여모임 | 날짜 | 장소 | 내용 |
|---|---|---|---|
| 어린이도서연구회 (02)733-4992 | 11월 7~12일 | 어린이도서연구회 | 도서전시회, 그림전시회, 가족신문전시회, 독서강연회(11/7, 11/9) |
| | 3~6일 | [illegible] | 도서전시회, 그림전시회 |
| 경기광명모임 (02)681-1100 | 4~5일 | 광명시민체육센터 | 도서전시회, 그림전시회 |
| 인천부평모임 (032)519-2310 | 11~12일 | 부평4동성당 | 도서전시회, 그림전시회, 인형극공연(11/11), 독서강연(11/11) |
| 노원상계모임 (02)931-3644 | 12~13일 | 상계서설유치원 | 도서전시회, 그림전시회 |
| 경기시흥모임 (032)693-6249 | 2~3일 | 시흥작은자기마을 | 도서전시회, 그림전시회, 인형극초청공연(11/2), 독서강연(11/3), 슬라이드상영(11/3) |
| 강동고덕모임 (02)441-8259 | 7~9일 | 고덕 아파트 어린이책방 | 도서전시회, 그림전시회 |
| 경북안동모임 (0571)53-7847 | 12~16일 | 안동시립도서관 | 도서전시회, 그림전시회, 독서강연(11/12) |

방정환등 국내작가 童話선정

全國돌며 책전시·독서 강연

어린이 도서연구회 「우리동화 읽기」 行事

「우리 아이에게 우리 책을」. 태어나자마자 이유식에서 놀잇감·책에 이르기까지 온통 서양 것으로 길들여져 자라는 어린이들에게 한국의 문화와 역사의 향기도 익혀가며 자랄수있도록 하기 위한 행사가 열린다.

어린이도서연구회(회장 곽종○)가 11월 2일부터 16일까지 서울·광명·부평·시흥·안동 등 전국을 돌며 …

… 요』(산하), 『몽실언니』『점득이네』(창작과비평사)▲이현주 : 『아기도깨비와 오토제국』(웅진출판), 『날개달린 아저씨』(창작과 비평사)▲손춘익 : 『새를 날려보내는 아저씨』『어린 떠돌이』(창작과 비평사), 『도도새와 카바리아 나무』(웅진출판)▲윤기현 : 『해가 뜨지않는 마을』『서울로 간 허수아비』『회초리와 훈장』(산하)▲장문 …

[그림 77] 〈방정환 등 국내작가 童話선정 全國 돌며 책 전시, 독서 강연〉(≪중앙일보≫, 1994.10.28)

(44)는 '한국어린이 독서문화회'에서 1992년 후반기 우수도서 20권을 선정한 것이고 (45)는 어린이 도서연구회가 선정한 10명의 국내 동화작가와 그 작품이다. 이를 보면 주로 국내 저서를 분야별로 제시하고 있음을 알 수 있다. 바로 전 시기까지의 도서 목록에서는 주로 위인전이 다수인 경우가 많았는데 그러한 틀을 깨고 있다는 점도 주목된다.

중반기에 해당하는 1995년도에 '어린이도서연구회'는 서울, 인천, 대구, 부산 지역 570명의 4~6학년 어린이와 410명의 학부모를 대상으로 독서의식을 조사했다. 그 결과가 <어린이도서연구회 독서의식 조사>(≪중앙일보≫, 1995.5.17)에 게재되었다. 그 내용에 따르면 당시 서점에서 팔고 있는 책들이 재미있고 내용이 알차서 좋다는 어린이는 약 15% 뿐이었고 대부분의 어린이가 '폭력적인 내용이 너무 많다', '웃기는 책이 너무 많아서 읽어봤자 아무 도움이 안 된다', '동네 서점에는 볼만한 책이 없다', '나쁜 책은 못 사가게 말려야 하는데 한

권이라도 더 팔려고 내버려둔다', '시시하다', '딱딱하다' 등 부정적인 의견이 압도적이었다. 학부모들도 흥미 위주, 지나친 폭력, 어린이 정서를 해치는 귀신이야기 등 공포물과 상업적 저질 만화 공해, TV 프로그램에 맞춘 번역 기획물 홍수 등을 우려했다.

어린이들이 친구에게 권하고 싶은 책들 가운데는 『무궁화꽃이 피었습니다』, 『그대를 잊을 수만 있다면』, 『메밀꽃 필 무렵』, 『누구를 위하여 종을 울리나』, 『죄와 벌』 등 성인 및 청소년 도서들을 추천한 경우가 상당수였다. 그런가 하면 어른들이 어린이에게 권하고 싶다는 책들 가운데 『테스』, 『주홍글씨』 등 세계 명작과 『YS는 못말려』, 『청춘예찬』, 『백마타고 온 사람』, 『나의 문화유산 답사기』 등 어린이들 수준에 맞지 않는 베스트셀러들이 상당수 포함돼 있어 어린이들의 독서지도가 얼마나 서툰지를 드러냈다. 이같은 실정에 대해 '어린이도서연구회'는 어린이 전문서점과 어린이도서관 확충, 학교 교과과정을 이용한 체계적 독서지도, 저질 출판물에 대한 규제 및 불매운동, 믿을만한 '좋은 책 목록' 제작 배포 등이 시급하다고 결론지었다.[150)]

'어린이도서연구회'는 이에 "자연을 사랑하는 어린이, 이웃을 사랑하는 어린이"를 주제로 추천 목록을 발표했다.

(46) ◇ 우리나라 동화 ▶어, 내 표범팬티 어디갔지?(길벗) ▶친구 없이는 못살아(산하) ▶누나와 징검다리(창작과비평사) ▶정말 바보일까요(사계절) ▶이 세상 모든 것은 생각에서 나왔대요(지식산업사) ▶사과나무밭 달님(창작과비평사)▶미운 돌멩이(오늘) ▶뿔귀신 아버지(산하) ◇ 다른나라 동화 ▶무지개 물고기(시공사) ▶큰 다람쥐와 작은 코뿔소(중앙미디어) ▶생쥐와 고래(다산기획) ▶세계 교과서에 실린 명작동화(일과 놀이) ▶사람은 무엇으

150) <어린이도서연구회 독서의식 조사>(≪중앙일보≫, 1995.5.17)

로 사는가(창작과비평사) ▶곰돌이 푸우는 아무도 못 말려(아름드리) ▶하늘을 나는 교실(시공사) ▶초록여우(우리교육) ▶저만 알던 거인(분도) ◇ 옛이야기 ▶요술부채(국민서관) ▶진달래가 된 소년(창작과비평사) ▶하늘을 날으는 아이(동화나라) ▶호랑이 꼬리에 지은 절(대원사) ▶소금장수의 재주(창작과비평사) ▶꿀떡해버린 꿀떡(창작과비평사) ▶차돌 깨무는 호랑이(사계절) ▶항아리 안에 있는 사람(고려원미디어) ▶안녕, 꾸러기 친구 도깨비야(중앙일보사) ◇ 지식의 책 ▶과학여행(아름드리) ▶가을 이야기(마루벌) ▶도요새의 가슴앓이(천재교육) ▶꿈꾸는 황금사자별(현암사) ▶우리 물고기 기르기(현암사)

<어린이도서연구회, "가을에 권하는 책" 선정>(≪중앙일보≫, 1995.10.10)

(46)의 추천 도서를 보면 국내 창작 동화가 다수를 차지하고 있다. 이것은 기존의 세계명작과 전래동화 혹은 전집류의 위인전 틀에서 벗어난 것을 의미한다. 당시 '어린이도서연구회' 외에 '서울 YWCA' 권장 도서 가운데 3분의 1 가량이 국내 동화로 이뤄졌으며 '교보문고', '종로서적', '영풍문고' 등 서울 시내 대형 서점의 목록에도 높은 비중을 보였다. 이와 함께 출판계와 작가들도 우리 정서와 환경에 맞는 책을 내려는 의지를 보였고 판매율도 급증하게 되었다.[151] 1990년대 말기에는 국내 명작을 쉽게 다룬 책들도 인기였다. 일례로 『어린이를 위한 한국명작 문고』(문학세계), 『새롭게 만나는 우리명작 단편집』(다림) 등으로 초등학교 고학년 아이들을 위한 서적들이었다.[152]

151) <창작동화 아동문학 主流로 부상>(≪중앙일보≫, 1996.4.28)

152) 전자는 한국의 명작, 명저를 읽기 쉽도록 풀어 쓴 것으로서 「메밀꽃 필 무렵」(이효석), 「흙」(이광수), 「상록수」(심훈), 「사랑방 손님과 어머니」(현진건), 「백범일지」(김구), 「방정환 동화집」(방정환), 「북간도」(안수길), 「한국명작 동요동시 선집」(윤석중 외) 등이 수록되었고, 후자는 「농구화」(김동리 단편집), 「우리들의 일그러진 영웅」(이문열), 「소나기」(황순원), 「봄봄」(김유정) 등을 실었다. 이 책들은 어린이들에게 우리 근대문학의 향기를 전하는 통로가 되었다(<어린이 눈

한편 어린이들이 생활 주변에서 겪는 소소한 경험과 솔직한 감정을 어린이 눈에 맞춰 풀어내는 외국 생활동화도 활발하게 출간되었다. 동화 자체가 어린이들의 이야기를 담아낸 것이긴 하지만 당시 붐을 이루고 있는 외국 생활동화는 교훈, 도덕 등을 의도적으로 강조하는 국내 창작물과 달리 어린이들의 일상을 있는 그대로 보여주는 것이 특징이었다. 독일 동화 『동화나라』 시리즈 전12권, 프랑스, 영국, 미국 동화 『난 책 읽기가 좋아』 시리즈 25권, 갈리마르사의 전집류 등이 그것이다.[153] 또한 1999년도 말에는 영국의 한 무명 여류작가가 쓴 『해리 포터』 시리즈가 전 세계 28개 언어로 130개국에서 출판돼 1,000만부 이상이 팔렸고, 한국에도 상륙해 '해리포터 신드롬'을 예상케 했다.[154]

꿈동산 책동산

◇명언도 알고 위인도 알고(동양―서양편·김예심 위음·우진출판·각권 5천원)=동서양의 명언을 주제에 맞춰 분류, 재미있고 유익하게 풀어낸 책. 위인들의 삶과 사색을 바탕으로 한 명언을 위인의 삶과 함께 소개했다(초등학교 고학년용).

◇아빠 힘내세요(배선자 지음·사계절·6천원)=IMF를 맞은 한 가정이 경제위기를 극복하는 과정을 그린 장편 동화. 아빠의 방황, 엄마의 취직, 누나의 아르바이트, 이사 등 우여곡절을 지루하지 않고 생동감있게 풀어나갔다(초등학교 고학년용).

◇조선시대 그림여행(우문정·열린교육 해오름 지음, 대교출판·6천5백원)=조선시대 화가 김홍도가 동화 속에 등장, 조선시대의 그림 세계를 해설한 책. 한국 미술사를 전공한 필자가 선정한 조선시대의 대표적 그림들을 컬러로 볼 수 있다(초등학교 고학년용).

◇생각을 키우는 글쓰기(전4권·열린교육 해오름 펴냄·대교출판·각권 8천원)=가족·놀이·음식·환경·성 등 생활 속의 친근한 주제를 이용, 생각하고 글을 쓰는 힘을 길러주는 책. 4권의 책으로 학년별 수준에 맞췄다(초등학교 전학년용).

◇윌드리드 할머니와 밤(아놀드 로벨 그림·헬리 두반 라이언 글·정대련 옮김·시공사·6천원)=밤만 되면 잠자기 싫어 억지를 부리는 아이들의 심리를 그린 그림책(초등학교 저학년용).

[그림 78] ≪중앙일보≫, 1999년 7월 15일자 어린이 책 소개

<국내 어린이도서 출판 현황 어떠한가>(≪중앙일보≫, 1997.5.2)의 내용은 1990년대 후반기의 아동도서 출판에 대해 시사하는 바가 많은데, 당시 중앙일보사는 어린이날을 맞아 어린이 도서 출판 현황에 관한 설문조사를 실시했다. 그 결과 관계자들은 양(量)과 질(質) 모두 예전보다 많이 나아졌다고 응답했다. 이들의 응답을 정리해 보면 아동책에서도 단행본의 약진이 눈에 띄었다. 전집 중심의 대형 출판사

높이 맞춘 '명작의 순례' 시리즈물 눈길>, ≪중앙일보≫, 1999.7.15).
153) <지금 독서시장은 프랑스 열풍>(≪중앙일보≫, 1996.12.17)
154) <'해리 포터' 신드롬>(≪중앙일보≫, 1999.11.23)

틈바구니에서 '민음사', '시공사', '사계절' 등 단행본 출판사들도 아동 도서 출판에 나섰고,[155] '길벗어린이', '보리', '보림' 등 아동도서 전문사의 움직임도 활발했다. 소재면에서도 다양성을 보였다. 전래동화, 위인전류에서 벗어나 창작동화, 그림책, 과학이나 역사학습물, 만화, 정보서 등으로 영역이 넓어졌다. 유아, 초등학교 저학년, 고학년 등 연령별 세분화도 꾸준히 진행되었고 일러스트 수준도 상당히 높아졌다.[156] 이 시기에 들어 급증한 고학력 부모들의 신중한 책 선택이 변화의 배경이라 할 수 있다.

한편 <자녀 독서안내서>(≪중앙일보≫, 1997.2.4)를 보면, 당시 국내에 소개된 어린이 책은 무려 4,100여 종이나 되었다. 한세대 전인 1970년도에 360종에 불과했던 것과 비교하면 괄목할 정도로 증가했다. 같은 기사에서는 이쯤 되면 학부모들의 독서지도도 바뀌어야 하며, 어린이들에게 책을 읽으라고 강요하는 단계는 이미 지났다고 지적했다. 옥석을 가려 권할 줄 아는 안목까지 요구된다는 것이다. 이렇듯 어린이와 청소년의 독서 지도에 대한 관심이 높아지는 가운데 학부모와 교사들을 위한 지침서들도 잇달아 선보였다.

(47) 『나의 책 달력』(어린이도서연구회/사계절), 『어린이를 위한 권장도서 목록』(어린이도서연구회/사계절), 「글쓰기 교실」 시리즈(『나도 쓸 수 있어요』(1학년), 『글쓰기는 생각을 키워 주어요』(2학년), 『책 읽고 이렇게 해 보세요』(3학년), 『글쓰기는 자신 있어요』(4학년), 『글쓰기는 마음을 가꿔 주어요』(5학년), 『글쓰기는 생각을 키워 주어요』(6학년)(한국글쓰기연구회/웅진), 『독서 교실』 시리즈(『마음을 열고 책을 읽어요』, 『내 생각 이렇게 깊어졌어요』,

155) 당시 출판사들이 불황 타개책으로 어린이 책으로 진출했는데, '문학동네'에 이어 '문학과 지성사', '창작과 비평사' 등의 출판사에 이어 '생각의 나무', '푸른숲' 등도 어린이 책 출간에 나섰다.

156) <국내 어린이도서 출판현황 어떠한가>(≪중앙일보≫, 1997.5.2)

『책 읽고 이렇게 해보세요』(어린이도서연구회/웅진), 『조성자 선생님 글짓기-책읽고 토론하고 글쓰기』(샘터), 『이오덕 글이야기』(산하), 『어린이 글짓기 소프트 200-시인 엄마가 들려주는 2백 가지 글쓰기 방법』(문학아카데미), 『그림으로 익히는 논리』(사계절)

<책읽기 글쓰기 어린이용 지침서 봇물>(≪중앙일보≫, 1995.1.24)

(47)에 제시된 지침서 중에서 특히 어린이 교육 문화 단체인 '어린이도서연구회'의 저서들이 돋보였다. 먼저 『나의 책 달력』은 초등학생들의 사고력, 표현력, 창의성을 길러줄 수 있는 읽을거리들을 제시해 주었고, 또 읽은 내용을 바탕으로 글을 쓰거나 연극으로 꾸며기, 그림으로 그리기, 관련 내용 조사하기는 등 다양한 방법을 활용토록 한 것이 특징이다. 『독서 교실』 시리즈는 어린이들이 다양한 글들을 읽고 나서 그림 그리기, 다음 이야기 이어쓰기, 연극하기, 시로 써보기 등을 유도했다. 『어린이를 위한 권장 도서목록』는 유아부터 국민학교 어린이들이 단계별로 읽을 만한 양서를 뽑아 간단한 설명을 곁들인 책으로, 성장 발달 단계에 맞는 책을 골라주는 데 좋은 길잡이가 되었다. 한편 '한국글쓰기연구회'가 학년별로 엮어낸 「글쓰기 교실」 시리즈도 어린이가 보고, 듣고, 겪고, 느끼고, 생각한 것들을 말한 다음 글로 써 보도록 구성했다. 『조성자 선생님 글짓기-책읽고 토론하고 글쓰기』도 1년 동안 매주 한 차례씩 읽고 쓰는 연습을 체계적으로 해볼 수 있도록 꾸며져 있었다.[157]

### 2 만화에 대한 새로운 인식

1990년대 초기부터 학습만화가 다수 출판되었다. 특히 중후반기에

157) <책읽기 글쓰기 어린이용 지침서 봇물>(≪중앙일보≫, 1995.1.24)

는 멀티미디어 정보시대를 맞이하면서, 선진 각국 전문가들은 2000년대에 크게 각광받을 예술 장르로 만화와 애니메이션을 꼽았다. 우리 문화권에서 기존의 기성세대들은 만화에 대한 부정적인 시각을 지녀왔다. 그러나 1990년도 이후 만화에 대한 새로운 변화를 보였다.

1990년대 초에 출판계에서는 어린이에게 친숙한 만화라는 형식으로 어려운 역사나 과학지식을 습득할 수 있도록 하였다. <초중생에 인기 높은 학습만화 마구잡이 해적판 요주의>(≪중앙일보≫, 1990.12.10)의 보도에 따르면, 계몽출판사의『학습만화한국사』, 웅진출판사의『애니메이션 한국의 역사』등의 전집이 좋은 반응을 얻었다. 이같은 학습만화 붐이 불기 시작한 것은 유럽의 풍물사를 담은 이원복의『먼나라 이웃나라』가 1,000,000부 가량 팔리면서부터이며 이후 다수의 출판사들이 학습만화 시장에 뛰어들었다.

학습만화의 내용도 광범위해져 초기의 명심보감, 삼강오륜, 고사성어 등을 알기 쉽게 풀이한 고전물이나 과학, 수학 등 학습만화에서 역사, 위인전, 성교육을 주제로 하는 것, 교과서를 만화화한 것까지 다양했다.[158] 이러한 붐과 함께『겨레의 인걸 100인』을 비롯해『떠돌이 검둥이』,『공룡나라 우리엄마』등 교훈을 주는 만화들도 출판되었다. 1990년대에 들어서 만화가 긍정적인 측면에서 아동들의 독서자료로 활용된 것이다. 한편에서는『드래곤 볼』,『시티 헌터』등 불법 일본만화 추방운동이 펼쳐지기도 했다.[159] 또한 1993년 어린이날에는 서울 YWCA에서 "어린이날 선물은 좋은 만화로 합시다"를 내걸고 교보문고에서 '좋은 만화 잔치'가 열렸다. 불량·폭력 만화의 홍수 속에서 어린이들에게 주부 모니터 요원들이 꼼꼼히 가려 뽑은 만화들을 골

---

158) <초중생에 인기 높은 학습만화 마구잡이 해적판 요주의>(≪중앙일보≫, 1990.12.10)

159) <교훈주는 만화만 펴낼 생각>(≪중앙일보≫, 1992.9.30)

어린이날 최고의 선물
좋은 만화 잔치

[그림 79] 〈어린이날 최고의 선물 좋은 만화 잔치〉 (≪중앙일보≫, 1993.4.23)

라볼 수 있도록 도와주기 위한 행사였다.160)

1990년대 중반기의 <만화도 예술장르로 본격 자리매김>(≪중앙일보≫, 1996.5.12)에 의하면 정부까지 적극적으로 나서 '국제만화페스티벌'을 개최하고 영상시대에는 만화도 정보를 전달하고 판단력을 향상시키는 효과적인 수단이 될 수 있다는 인식을 보이기 시작했다. 게재된 기사를 보면 당시까지 '만화예술과'를 신설한 대학만도 전국적으로 10여 개에 이르렀다. 또한 단행본 출판사들이 대거 만화 출판에 뛰어들고 있었던 시기이기도 하다.

(48) 일본 도카이(東海)대 교수로 재직 중인 셰스후이(謝世輝)의 『만화로 보는 세계사』 1·2권과 『만화로 보는 세계 인물사』 1·2권(중앙일보사刊), 홍콩 천천일보(天天日報)의 수석 아티스트로 일하는 젊은 만화가 리즈칭(李志淸)의 20권 짜리 장편만화 『만화 인간삼국지』(홍익리서치刊), 최근 21권으로 완간된 이두호의 『임꺽정』(프레스빌刊), 난해한 공업수학을 만화로 풀어쓴 조재경의 『공업수학이라면 이제 만화로 공부하세요』 1·2권(선우刊) 등. 모두 만화가 지니는 재미를 빌려 어려운 학문이나 역사, 지식, 정보를 전달하려는 노력이 돋보이는 작품들이다. 87년 네덜란드, 프랑스, 독일 등 유럽국가의 문화사를 만화로 그려낸 이원복 덕성여대 교수의 6권 짜리 『먼나라 이웃나라』(고려원刊)도 바로 그런 작품이며 이 만화시리즈는 8년 동안 무려 30

160) <어린이날 최고의 선물 좋은 만화 잔치>(≪중앙일보≫, 1993.4.23)

만 질이나 팔리는 대성공을 기록했다. 이에 힘입어 고려원에서는 일본, 미국, 중국편까지 올해 안으로 펴낼 계획이다. 또 우리나라의 대표 만화가 이현세 씨가 도서출판 해냄에서 올 하반기부터 단계적으로 100권으로 묶을 우리나라 역사 시리즈도 벌써부터 관심을 끌고 있다. 『만화로 보는 세계사』와 『만화로 보는 세계인물사』는 「꿈나무 문고」로 출간되었지만 어른들이 읽어도 유익한 내용을 듬뿍 담고 있다.

<만화도 예술장르로 본격 자리매김>(≪중앙일보≫, 1996.5.12)

단행본 출판사들이 펴내는 만화들은 나름대로 실용적인 정보와 지식을 담아 종래 흥미 위주의 소재에서 탈피하고 있다는 점에서 긍정적으로 평가 받았다. 번역 만화 중에서는 일본 만화의 비중이 크게 줄어들고 있다는 점도 하나의 특징이었다.

이러한 분위기 속에서 1990년대 후반기에는 교과서에서 순정물에 이르기까지 만화로 탈바꿈하지 않은 것이 없을 정도로 '만화 전성시대'를 이루었다. 1999년 11월에는 무협만화 『열혈강호』가 한국 만화사상 초유의 200만부 돌파 초(秒)읽기에 들어갔다. 이는 우리 만화 시장도 드디어 '대형 베스트셀러'를 생산할 수 있게 됐음을 알리는 사건이기도 했다.[161] 또한 비슷한 시기에 『포켓 몬스터 스페셜』, 『포켓 몬스터를 찾아라』, 『포켓 몬스터와 놀자』, 『전격 피카추』 등이 교보, 영풍 등의 대형서점에서 아동 서적 부문 베스트셀러 1위에 올랐다. 교육용 만화가 아닌 일반 만화가 베스트셀러 순위 1위에 오른 것은 초유의 일이었다. 1999년 당시 SBS에서 방영 중인 만화영화 역시 시청률 20%를 웃돌았으며, 인형, 운동화, 가방, 과자 등 캐릭터 상품에 대한 초등학생들의 선호 역시 과거 『세일러 문』 수준의 인기를 재연

161) <무협물 '열혈강호'…만화 2백만부 시대 열어>(≪중앙일보≫, 1999.11.5)

[그림 80] 만화잡지

했다.[162] 뿐만 아니라 만화 잡지 시장에서 ≪케이크≫, ≪센≫, ≪코믹 엔진≫, ≪영≫ 등 청소년 대상 잡지가 잇따라 창간됐다.[163] 이제 어린이, 청소년들에게 무작정 못 보게 하는 것만이 능사가 아닌 시대가 되었다. 이에 만화도 청소년들의 발달 심리에 맞춰 적극적으로 개발한다면 무한한 가능성이 있으니 만화 읽기를 지도하는 것이 옳은 대처법이라는 의견도 나오게 되었다.[164] 1950년대 이후 줄곧 청소년 독서의 저해요소로 취급되었던 만화에 대한 인식이 달라진 것이다.

한편 출판사들은 국내 창작동화, 외국 현대 명작동화, 전래동화 등은 물론 교양, 교육, 철학 동화류 등을 장기 기획물로 출판했다. 그 결과 아동도서 선택의 폭이 넓어지고 질적으로도 향상되었다. 민음사에서는 '어린이책' 기획 시리즈로 『서정주 세계 만화집』 전5권, 『프랑스 동화』 전10권, 『영국 · 미국동화』 전9권 등을 펴냈고, 국민서관에서는 전래동화 · 세계동화 · 생활동화 등 주제별로 나눠 이야기를 모은 유아용 그림동화 『어린이 나라』 전9권, 창작동화 『어린이와 함께 보는 창작동화집』 전13권을 펴냈으며, 신구 미디어에서는 한국의 대표적 동화작가들의 작품집인 '어린이를 위한 사랑의 선물' 시리즈로 방정환의 『사랑의 선물』을 비롯하여 마해송의 『떡배 단배』, 강소천의 『나는 겁쟁이다』 등을 펴냈다.

---

162) <신비 · 친근감으로 '포케몬' 동심 잡았다>(≪중앙일보≫, 1999.11.16)
163) <만화 잡지 청소년 대상 잇단 창간>(≪중앙일보≫, 1999.11.23)
164) <무조건 막기보다 본 후 내용 요약토론>(≪중앙일보≫, 1997.1.8)

이와 함께 외국 회사와의 계약에 의한 아동도서 출판도 늘었다. 도서출판 파랑새에서는 세계적인 만화 제작사인 미국의 월트디즈니와 저자권 계약을 하고 '월트디즈니 문고'로 『디즈니의 인어공주』, 『디즈니의 미녀와 야수』 등을 펴냈고, 동학사는 아르헨티나의 아르헨토레스사와 계약하여 아벨산타크루스의 『천사들의 합창』 전10권을 완간하였다. 이러한 움직임으로 아동 도서시장도 안데르센으로 대표되는 세계 고전 아동문학의 틀을 벗어나게 되었다.[165]

또한 컴퓨터 시대에 발맞춘 출판 형태들도 나타났다. 종이에 인쇄된 책 대신 컴퓨터 화면의 그림동화와 연재만화를 즐기는 PC 독서문화가 전개된 것이다. 1993년 2월 한국 PC통신은 한국 전래동화와 세계명작, 그림동화 등을 인터넷을 통하여 연재하기 시작했고 호응도 좋았다.[166] 이와 함께 스크린북, 게임북, 하이퍼북 등 어린이와 학부모들의 눈길을 끄는 어린이 도서들이 잇따라 선보였다. 종래의 책 개념과 다른 이런 종류들은 TV나 전자오락에 탐닉하는 대부분의 어린이들에게 인기가 높았다. 그 한 예로 『월리를 찾아라』 시리즈나 『슈퍼마리오』 시리즈는 선풍적인 인기를 얻었다.[167] 한편에서는 이러한 현상에 대해 흥미위주의 오락성이 높아 차분히 정독하는 습관을 들이지 못하게 한다는 우려를 보였다.[168]

---

165) <국내창작 봇물 외국작품 풍성 전래동화 발굴 어린이 책 다양해졌다>(≪중앙일보≫, 1992.5.4)

166) <컴퓨터시대 어린이들 독서풍속 바꾼다>(≪중앙일보≫, 1993.2.9)

167) <흥미 파고드는 어린이 게임북>(≪중앙일보≫, 1993.12.6)

168) 한편 어린이들만을 위한 어린이 전문책방이 생기기도 했다. 영리를 목적으로 하지 않는 어린이 전문책방은 유아용 그림책과 동화책, 교육용 만화책, 백과사전류만 취급하며 오락 만화책과 참고서류는 팔지 않았다. 「초방」, 「산샘」, 「여우오줌」, 「동화나라」등이 그 예였다(<어린이 전문 책방 성업>, ≪중앙일보≫, 1993. 8.2).

### (2) 교육 정책과 중고생의 독서실태

우리의 교육 현실에서 사회나 학교에서 벌이는 학생 독서운동은 취학 전 아동이나 초등학생 시기에 거의 집중되어 있다고 해도 과언이 아니다. 중고생의 경우는 입시로 인한 교과 공부로 독서시간이 절대적으로 부족했기 때문이다. 그럼에도 시기별 독서양상을 보면, 정책적인 변화로 인해 독서교육이 강화되는 경우가 종종 있다.

전자도서
컴퓨터시대 어린이들 독서풍속 바꾼다
PC통

[그림 81] 〈컴퓨터시대 어린이들 독서풍속 바꾼다〉(≪중앙일보≫, 1993.2.9)

1970년대 후반의 경우, 초·중·고생들의 독서생활을 보다 체계적으로 지도하기 위한 정책이 서울시 교위당국에 의해 추진되기도 했다. 즉 시교위 당국은 각급 학교별로 우량도서 20권씩을 선정하여 1주 1시간씩 일제히 독서시간을 갖고 학생들로 하여금 이 책들을 반드시 읽도록 지시했다. 독서지도를 정규 교과활동의 일환으로 추진케 하려는 의도에서 비롯된 것이었다.169)

1980년대 초에는 특히 공교육 내에 큰 변화가 일었던 시기로서 대학입시에서 본고사가 폐지되고 과외수업이 금지되었다. 소위 '7·30 교육개혁'이라고 불리운 이 교육개혁은 '입시위주교육'에서 '전인교육'으로 전환한다는 취지에서 비롯되었다. 달라진 교육 정책에 따라 고교교육 전반에서도 변화를 보이기 시작했다. 영어, 수학, 국어에만 치중했던 종전의 교육에서 '특별활동' 시간을 활용한 독서, 수예, 서예, 운동 등의 교육으로 비중이 옮겨갔다.170) 이러한 교육 환경의 변

169) <독서지도>(≪중앙일보≫, 1978.4.26)
170) <과외없앤건 아주 잘한 일 본고사 폐지엔 찬반 갈려>(≪중앙일보≫, 1980.9.22),

화와 함께 1980년대 초 정부의 '국민독서생활화' 운동 추진 방안에서는 특별히 학교교육을 통한 독서생활 정착에 가장 큰 역점을 두고 있었다. 초·중·고교에서 학년별로 알맞는 필독도서를 선정하고 독서결과를 학습성적 평가에 반영케 했으며, 대학에서도 각기 도서선정위원회를 두고 독서지도를 강화시키도록 하였다.171) 또한 1986학년도부터 대학입시에 논술고사를 포함한다는 보도가 있자 독서의 필요성이 더욱 절실한 실정이 되었다. 그러다 1988년도에 논술시험이 없어지게 되자 학교에서 독서지도 시간을 폐지하는 등 독서교육이 소홀해지기 시작했다.172)

이러한 흐름에서 1990년도 기사 중 <한 권이라도 끝까지 읽게>(≪중앙일보≫, 1990.7.19)를 보면, 당시의 독서실태를 잘 반영해 준다. 이 기사문은 YMCA에서 서울지역 중고교생 2,000명을 대상으로 한 설문조사를 게재한 것이다. 이를 보면 당시 한달 평균 독서량은 1~2권이 41.4%, '거의 읽지 않는다'가 23.0%로 나타났고. 책을 읽지 않는 이유로는 '학교공부 때문에'가 46.2%, 'TV가 재미있어서'가 29.1%, '독서환경이 갖춰지지 않아서'가 10.9%로 나타났다.

또한 1992년도 한국 갤럽이 9개 학교에서 면접조사를 한 결과를 게재한 <서울 중고생 "휴일에 독서한다" 9.7%>(≪중앙일보≫, 1992.5.28)에서는 다음과 같은 결과가 나타났다.

(49) [최근 3개월간 독서량] 평균 2.7권, 한 권도 읽지 않음 14.5%고, 여학생(82.5%), 남학생(61.8%), 평일 독서(34%), 휴일 독서(9.7%), cf) 휴일에 TV를 보거나 라디오를 듣는다(52.7%) 국내작가(25.7%)보다 외국작가(74.3)를 선호

---

<인간교육의 여건>(≪중앙일보≫, 1980.10.14)

171) <독서의무화 교육>(≪중앙일보≫, 1981.11.7)

172) <어린이에겐 책과 사랑을>(≪중앙일보≫, 1987.4.30)

하며, [좋아하는 작가] 황순원(5.3%), 시드니 셸던(3.85), 헤르만 헤세(3.1%), 생텍쥐페리(2.9%), 셰익스피어(2.9%), 톨스토이(2.7%), 헤밍웨이(2.2%), 이광수(2.2%) 순 [가장 재미있게 읽은 책] 『삼국지』, 『소설 동의보감』, 『배꼽』, 『양들의 침묵』, 『잃어버린 너』 순 [가장 감명깊게 읽은 책] 『잃어버린 너』, 『소설 동의보감』, 『죽은 시인의 사회』, 『나의 라임 오렌지 나무』, 『스무 살까지만 살고 싶어요』 순 [도서선택 요인] ▲친구 · 선배 의견(24.9%) ▲책의 표지 · 제목(24.5%) ▲광고나 책 소개 기사 ▲베스트셀러 ▲가족의 의견 순. 조사대상 학생의 84.2%가 폭력적이거나 성적인 충동을 일으키는 불량서적을 접촉한 경험, 접촉기회 '친구가 가지고 있는 것을 통해서'(76.6%)가 압도적이었다. 조사대상 9개 학교 중 5개 학교만이 도서실을 구비, 비치도서 중 읽을 만한 책이 '많다'(39.8%), '많지 않다'(45.8%) 도서실이 '독서용'(9.4%)보다 '공부용'(56.5%)

<서울 중고생 "휴일에 독서한다" 9.7%>(≪중앙일보≫, 1992.5.28)

위 두 조사에 의하면 중 · 고교생들은 학교 공부나 TV 등으로 인하여 독서를 거의 하지 않는다는 사실을 확인할 수 있다.

그런데 또 다시 1992년도에 들어서면서 대학수학능력 시험의 경향이 바뀌게 되었다. 언어영역의 경우 어휘력, 문장 독해력, 언어 추리력 등을 특정 과목에 편중하지 않고 통합교과적인 소재를 사용하여 출제한다는 것이었다. 기존의 학력고사 국어처럼 국문학, 국문학사, 문법 등 지식 위주의 문제는 묻지 않고 교과서 밖의 문장도 폭넓게 출제된다는 것이다. 따라서 학생들은 교과서에만 얽매이지 말고 문학, 사회, 과학, 역사, 철학 등 다양한 분야의 책을 평소 두루 읽어 폭넓은 교양을 쌓아야만 했다. 교사들도 주입식 교육에서 벗어나 토론 · 토의 방식을 통해 문제를 해결하는 수업을 진행하였다. 학생들에게 신문 · 잡지는 물론 문학, 철학, 과학 등 다양한 분야의 책을 읽도록 독서환경을 조성하기도 했다. 학생들의 이해력·사고력·추리력·비판력 등을 길러주는 것이 중요한 문제로 인식되었기 때문이다.[173] 고교 수업에서 독서가 그 어느 때보다 필요한 실정이 되자 대부분 고교들이 자율학습 시간을 이용하여, 주 1시간 정도 의무적으로 책을 읽게 하는 '독서교실'을 운영하기도 했다.[174]

청소년 독서문화 크게 달라졌다
「修能」영향 독서길잡이책 '불티'
출판사들 高校이어 中學生用 잇따라 출판
교양도서도 30%급증- 참고서시장은 흔들

[그림 82] 〈청소년 독서문화 변화-수능 영향 독서길잡이책 불티〉(≪중앙일보≫, 1993.12.29)

결과적으로 수험생을 비롯한 청소년들 사이에 독서 풍토가 형성되기 시작했다. 독서경향도 신간 베스트셀러에 한정되던 것이 종합적인 사고능력을 키울 수 있는 현대문학, 고전, 철학, 과학 분야에까지 확대되었다. 이에 따라 대형서점들의 문학, 일반상식, 과학서적 코너 등은 청소년들로 크게 붐볐다.[175] 그 결과 종래의 참고서 시장이 흔들리는 대신 청소년들이 읽을만한 교양도서 판매량은 급증했다. 학습지 시장도 완연히 달라지는 추세였다. 종래의 문제집이나 참고서 판매량이 줄어든 대신 수학능력 시험을 치루어야 할 청소년들이 널리 읽어야 할 교양도서들이 출판되기 시작했다. 청소년들을 위한 단행본 도서가 드물던 현실에서 『한국인의 과학정신』(평민사), 『내 작은 인생이 흔들려요』(한아름), 『상식속의 철학, 상식밖의 철학』(새길), 『환상의 수리탐구여행』(장백), 『그 산하 그 인걸』(배영사), 『너의 용기만큼 큰 산』(사계절) 등이 출판되었다. 교과서와 참고서를 빼고는 달리 읽을 만한 책도, 읽을 시간도 없다시피 하던 청소년들에게 수능시험의

173) <대학수학시험 다양한 독서 통해「생각하는 힘」배양>(≪중앙일보≫, 1992.5.18)
174) <고교마다 독서·영어듣기 비상>(≪중앙일보≫, 1993.6.22)
175) <수능준비에 더위도 잊고>(≪중앙일보≫, 1993.7.21)

영향으로 독서문화가 형성된 것이다.176)

또한 <수능준비에 더위도 잊고>(≪중앙일보≫, 1993.7.21)에 제시된 바, 중고등 학생들을 위한 독서교육 잡지들이 독서생활의 길잡이 역할을 표방하고 잇따라 선보였다. 그 예로 지학사의 『고교 독서평설』, 『중학독서평설』, 『중학생 독서친구』, 『만화 독서광장』, 『디딤돌』, 『고교 독서평설』, 『글과 생각』, 『독서광장』 등 고교생 대상 독서잡지 뿐만 아니라 중학생 대상의 잡지까지 출간되었다. 한편 『즐거운 독서여행』(내일을 여는 책) 1, 2 등 청소년을 위한 독서 지침서, 『놀면서 하는 공부』, 『웃으면서 하는 공부』(한민사) 등 사고력, 탐구력을 기를 수 있는 공부 방법 안내서 등이 인기를 모았고, 그런가 하면 『교과서 속의 숨은 이야기』(동쪽나라)처럼 교과서와 관련된 근본 원리 및 사실을 중심으로 상식과 이해를 넓힐 수 있는 책들도 출판되었다.177)

이러한 상황 속에서 '한국간행물 윤리위원회'에서 청소년들이 읽어야할 '좋은 책 30종'을 선정하여 발표하기도 했다. 참고로 선정된 권장도서 30종은 다음과 같다.

(50) ▲『꽃과 소녀와 달과』(김동리/제3기획) ▲『미술의 길』(임영방/벽호) ▲『사랑하는 사람을 위하여』(정호승/제3기획) ▲『시간의 종말』(크리슈나무르티/고려원) ▲『새로운 철학이 열리다』(한스 라이헨 바하/새길) ▲『노벨상을 가슴에 품고』(오길록 外/동아일보사 )▲『과학과 근대세계』(화이트헤드/

176) 그럼에도 불구하고 학교 도서실이 제구실을 못했다. 전인교육의 밑바탕으로 독서지도의 필요성이 강조되고, 특히 대입 수능시험과 논술시험 도입에 따라 학생들 사이에 독서열기가 한층 뜨거워지고 있지만 대부분의 학교 도서실이 학생들의 이같은 욕구를 충족시킬만한 도서를 보유하고 있지 못한 실정이었다. 1994년 4월 당시 서울 시내 학교도서실의 학생 1인당 보유 장서수는 중학교 1.71권, 고교 3.01권. 그나마 낡거나 오래된 책이 대부분이었다(<中·高校 도서실 유명무실-장서 낡고 신간 거의 없어 외면>, ≪중앙일보≫, 1995.4.18).

177) <청소년 독서문화 변화-수능 영향 독서길잡이 책 불티>(≪중앙일보≫, 1993.12.29)

을유문화사) ▲『아원자 입자의 발견』(스티븐 와인버그/민음사) ▲『한국인이여 잠에서 깨어나자』(조규하/고려원) ▲『21세기 경제정책의 대전환』(이형구/고려원) ▲『유럽을 움직이는 사람들』(정영수 외/현암사) ▲『발로 쓴 세계청소년의 생활과 미래』(이재욱, 신명신/실록) ▲『저 흙 속에도 신바람을』(성진근/을유) ▲『조지워싱턴』(플랙스터/고려원) ▲『우리의 선사문화』(이융조 外/지식산업사) ▲『민요와 민중의 삶』(한국민속학회/우석) ▲『상식 속의 상식』(도널 에이브리스/장택) ▲『그래도 바람개비는 돈다』(이어령/동화서적) ▲『자기를 팔만큼 가난하지 않고 남을 살만큼 부유하지 않은』(피천득 외/범우사) ▲『재미있는 고전여행』(김창현/김영사) ▲『가정교육』(조선일보 사회부/우석) ▲『부끄런 A학점보다 정직한 B학점이 낫다』(박광철/비전) ▲『하늘이 알고 땅이 알고』(하태성/갑인) ▲『마음의 샘』(박제천/문학아카데미) ▲『인간관계 개선훈련』(유동수/청년문화사) ▲『생활에서 수학을 이해하는 책』(안재구/일월서각) ▲『다섯개의 창이 있는 집』(유경환/동아) ▲『우리나라 아이들이 좋아서』(이준관/대교) ▲『숨어서 빛나는 이야기』(편집부/국민서관) ▲『어린이 상식백과』(전경재/동화문학사)

<이런 책이 마음의 양식-간행물윤리위 30권 선정>(≪중앙일보≫, 1994.4.20)

위의 추천도서는 간행물윤리위가 각계 전문가들의 추천 및 서평위원회의 심사를 거쳐 선정한 것이다. 선정도서는 연 4회에 걸쳐 제시되었다.

한편 1995년도에 교육부가 발표한 소위 '5·31 교육개혁'으로 전 과목 총점 위주였던 기존의 내신 성적 대신 교과별 성적, 석차와 특별활동, 자격증, 품성 등 특기 사항에 관한 평가가 입시에서 중시되었다. 이와 함께 독서와 사고력을 요하는 수능시험, 논술고사, 특별활동, 면접 등이 학교 교육에서 강조되었고,[178] 독서와 토론의 중요성이 대두되었다. 뿐만 아니라 6차 교육과정에서는 과정별 선택 과목이 5차의 28개에서 53개로 늘어나 국어의 경우 선택과목으로 문학, 작문, 문법 외에 화법, 독서가 더 개설되었다.179)

이러한 교육 정책의 변화와 함께 각종 저널의 독서지도란이 증면되었고 『책 읽기 소프트』, 『초독서공부법』과 같은, 책 선택과 효율적인 독서법을 제시하는 서적들이 인기가 있었다.180) 뿐만 아니라 NIE 관련 서적들이 속출하기도 했다. 한편 대학별로 논술을 어떤 방향에서 제출했는가가 독서 대상의 결정 요인이 되었다.

책 제대로 읽읍시다

『책읽기소프트』 『초독서공부법』 올바른 독서방법 제시해 눈길

박정호 기자

남아수독오거서(男兒須讀五車書)라는 옛말이 있다. 다섯 수레를 가득 채울 만큼 책을 많이 읽자는 뜻. 그러나 쏟아지는 신간 속에서 옥석(玉石)을 가려내기란 쉽지 않다. 독서에도 기술과 훈련이 필요하다는 말이다.

최근 선보인 『책 읽기 소프트』(박기현 지음·새길刊)와 『초독서공부법』(한종겸 지음·프레스빌刊)은 정보의 홍수 속에서 올바른 책 선택과 효율적인 독서법을 제시한다.

『…소프트』는 중고생 이상 일반인을, 『…공부법』은 어린이의 학부모를 겨냥하고 있다.

우선 『…소프트』는 고전·소설·시·수필·희곡·실용서·경제서·역사서·사회과학서·과학서·신문·잡지 등 분야에 따라 다양한 책 읽기를 안내한다. 예컨대 철학서는 명상에 잠기듯 천천히 읽고 단락이 끝날 때마다 느낌과 요지를 메모하라고 권장한다. 또 정독·다독·속독의 장단점과 정보 입수 요령도 수록했다.

『…공부법』은 아동 심리·교육이론과 2년여의 독서지도 체험을 접목한 책. 무조건 책을 많이 읽는다고 상상력·어휘력·사고력·창작력이 향상되지 않기 때문에 아이들이 책에 흥미를 갖게 하는 방법, 유아부터 초등학생까지 연령별로 적합한 지도법 등을 읽어야 한다고 말한다. 자신에게 걸맞은 방법은 역시 스스로 터득해야 할 일이겠으나 참고로 할만한 독서 지도서들이다.

[그림83] 〈'책읽기소프트', '초독서공부법' 올바른 독서방법 제시해 눈길〉(≪중앙일보≫, 1996.6.9)

그런데 이러한 안내서와 달리 실제적으로 청소년용 책이 부족한 형편이었다. <청소년용 '눈높이 책'이 없다>(≪중앙일보≫, 1998.2.6)는 전국 중·고교 270개교 독서 지도교사를 대상으로 한 설문조사 내용이다. 이에 따르면 중고등학교 독서 지도교사들이 당시 학생들에게 추천한 도서 중 가장 기억에 남는다고 꼽은 책들은 『나의 문화유산 답사기』, 『마음을 열어주는 101가지 이야기』, 『삼국지』, 『토지』, 『람세스』, 『태백산맥』, 『역사신문』, 『연어』, 『아리랑』, 『아버지』 순이었다. 보다시피 성인용 도서와 다른 점이 별로 없다. 그만큼 청소년의 눈높이에 적합한 책이 없으며, 교사들도 그저 인기 도서를 권장했던

178) <97 대학입시 제도 개편 의미와 과제>(≪중앙일보≫, 1995.12.20)
179) <고교 시간강사. 순회교사 공식 제도 내년 전면 도입>(≪중앙일보≫, 1996.4.15)
180) <"책읽기소프트", "초독서공부법" 올바른 독서방법 제시해 눈길>(≪중앙일보≫, 1996.6.9)

것으로 보인다. 뿐만 아니라 추천서들이 문학류에 편중됐음을 확인할 수 있다. 그런데 보다 근본적인 문제는 딱히 청소년에게 맞는 책이 나와 있지 않았다는 점이다.[181)]

### (3) 대학생 독서실태

20세 이상인 대학생들의 독서경향은 거의 일반인 독서경향과 일치한다. 앞서 다루었기에 몇 가지 특기 사항만을 살펴 보면 다음과 같다.

1990년대 초 대학생 독서경향의 한 단면을 드러내는 기사로서 <대학생들 "금서 읽어봤다" 44%>(≪중앙일보≫, 1990.4.15)는 주목할 만하다. 이 기사에서는 '한국출판연구소'가 전국 대학생 670명을 대상으로 한 '대학생 독서실태 조사' 결과를 게재하고 있는데, 그 내용을 정리하면 다음과 같다.

> (51) 금서를 읽어본 경험(44%), 북한원전 읽어보았다(20%). 연평균 독서량: 평균 18.5권, 감명깊게 읽은 책 순위: ① 어린왕자 ② 데미안 ③ 대지 ④ 태백산맥 · 삼국지 · 나의 라임오렌지나무 ⑤ 죄와 벌 ⑥ 사람의 아들 · 좁은 문 ⑦ 지와 사랑 · 생의 한가운데 · 이방인 ⑧ 노인과 바다 · 바람과 함께 사라지다 · 천국의 열쇠 · 철학에세이 · 성경 ⑨ 젊은 날의 초상 · 여자의 일생 ⑩ 세계는 넓고 할일은 많다 · 성자가 된 청소부 · 수레바퀴 밑에서 · 어머

---

181) 같은 기사 내용을 보면, 독서지도 교사의 전문화도 보완할 과제라고 지적했다. 전담교사를 둔 곳은 27%에 지나지 않았으며 그것도 대부분이 한 명에 그쳤다. 나머지는 국어교사(44%)나 담임교사(17%)가 비정규 시간을 통해 형식적으로 독서지도를 꾸려가는 것으로 나타났다. 독서지도의 내용도 체계적, 종합적 교육과 거리가 멀었다. 독후감 쓰기, 권장도서 목록 배포, 독서토론회 등이 단골메뉴. 교과 학습과 연계된 글 읽기, 도서관을 이용한 학습자료 검색, 활용법, 독서력 향상 프로그램 등이 시급한 실정이었다. 특히 고등학교의 경우 독서교육이 대부분 논술지도 형식으로 진행돼 사고력 개발보다 점수따기에 급급한 것으로 조사됐다(<청소년용 '눈높이 책'이 없다>, ≪중앙일보≫, 1998.2.6).

니 · 제인 에어 · 탈무드 · 파우스트 등. [좋아하는 저자] ① 헤르만 헤세 ② 펄벅 ③ 이문열 ④ 생텍쥐페리 ⑤ 도스토예프스키 ⑥ 조정래 ⑦ 앙드레 지드 ⑧ A. J. 크로닌 · 루이제 린저 ⑨ 헤밍웨이 ⑩ 카뮈 · 톨스토이 순 [책을 못읽는 이유] ① 다른 일 때문에 시간이 없어서 ② 공부 때문에 ③ 어떤 책을 읽어야 좋을지 몰라서 ④ 읽고싶은 책을 사거나 빌릴 수가 없어서 순위

<대학생들 "금서 읽어봤다" 44%>(≪중앙일보≫, 1990.4.15)

(51)을 보면 대학생 대부분이 금서라 칭한 책들을 읽었고, 외국저서와 외국작가들을 선호함을 볼 수 있다.

이어지는 기사문의 내용을 보면, 대학생들이 가장 감명깊은 책을 읽었던 나이는 평균 18세로 나타났으며 이를 다시 각급 학교 시절로 환산하면 이들 책을 중 · 고교 시절에 읽었다는 비율이 전체의 54%를 차지하였다. 여기에서 청소년기의 독서가 한 개인의 일생에 크게 영향을 미치고 있다는 사실을 보여준다. 또한 독서교육을 받은 일이 없다고 응답했고, 입학 이후 독후감 숙제가 한 번도 없었다는 비율도 전체의 절반에 가까운 49%나 되었다. 책을 추천하거나 내용을 소개하는 등 독서지도를 통해 교수 · 부모들이 대학생들에게 미치는 영향은 매우 미미했음을 드러낸다. 대학생들의 설문 결과 독서교육의 부재, 책에 대한 정보의 결핍, 도서관 장서의 문제가 심각하다는 결론이 나타났다.

한편 '한국대학신보'가 전국 20개 대학 1,987명을 대상으로 설문조사를 실시했는데, 다음과 같은 결과가 나타났다.

(52) 여가 활용 방법: '독서'(27.4%), 연극 · 영화관람(24.5%), 음악감상(20.9%), 운동(12.2%) 등의 순. 전공서적 등을 포함한 월독서량: 1~2권(31%), 3~5권(43.9%), 5권 이하(74.9%)

<대학생 가장 잘가는 곳 술집 35%>(≪중앙일보≫, 1994.12.18)

物質에만 관심…精神투자는 인색

책 너무 안읽는다

成人 61%가 月 한권도

나이들수록 책 멀리해 情報化사회대처 의문

入試에 찌들려 어릴때부터 독서習慣 못길러

[그림 84] 〈物質에만 관심…精神투자는 인색〉(≪중앙일보≫, 1992.10.4)

조사 과정 중 드러난 점은 중·고등학생 시절의 독서부족으로 기본적인 책들인데도 이해하지 못하는 학생들이 많았다. 이 조사 통계에 따르면 매년 도서발행 부수는 늘어났으나 참고서가 차지하는 비중이 1989년 48.4%, 1990년 49%, 1991년 64% 등이었다. 이것은 갈수록 실제 독서가 이루어지고 있지 않음을 반영한다. 이렇듯 낮은 독서율은 사회적인 투자가 부족함에서 비롯되었다고 진단했다.

당시 세계 주요 대학 학생 1인당 도서수(한국대학 교육협의회·92년)를 비교해 보면 서울대가 48권인데 비해 일본 동경대 296권, 영국 옥스퍼드대 593권, 미국 미네소타대 251권 등으로 대학에서조차 책에 대한 인식이 뒤처지는 실정이었다.[182] 또한 선호하는 책을 보면 역사물, 명상록, 추리소설류 등 당시 일반 베스트셀러이기도 하며, 도서실은 미흡한 실정이고 여전히 '공부방'의 역할을 하고 있었다.

이러한 풍토에서 "대학정신을 되찾자"라는 표어를 내걸고 일부 대학교수들이 '작은 대학운동'을 전개했다. 지적·도덕적·문화적으로 황폐화된 대학을 살리기 위해 소위 '작은 대학'이라는 독서 강좌를 열었다. 이 대학의 수강생들은 1년간 적어도 20권의 책을 읽어야만 했다. 학생들은 2주 1권 독파를 원칙으로 플라톤의 『국가론』, 아리스

182) <물질에만 관심…정신투자는 인색>(≪중앙일보≫, 1992.10.4)

토텔레스의 『정치학』, 칸트의 『실전이성비판』, 헤겔의 『법철학』, 마르크스의 『공산당선언』 등이 포함된 필수도서 15권과 역사, 현대문명론, 예술 및 미학 관련 선택도서 5권을 섭렵하게 되어 있었다. 20권의 책을 읽은 후엔 6개월에 걸쳐 연구 논문을 작성하고, 역시 토론으로 진행되는 논문 심사에 통과해야만 졸업하게 되었다.[183]

이렇듯 대학에서도 새롭게 독서 분위기를 조성하려는 움직임이 일기 시작한 것이다. 뿐만 아니라 그동안 소홀히 해 왔던 교양교육의 필요성이 대두되었다. 즉 대학의 교양 과정에서 독서관련의 강좌를 마련하고 학생들에게 과제물을 내주며, 독서 결과를 심도있게 발표하고 토론하는 과정을 거쳐야 한다는 것이다. 이러한 새로운 교육방식이 빨리 정착되고 확산되기 위해서는 고전(古典)에 국한된 교재만이 아니라 보다 폭넓은 텍스트를 개발해야 하고, 강의 방식도 보다 면밀히 연구해야 한다는 주장도 보였다.[184]

한편 1990년대 중후반기 대학생들의 독서경향은 전공 서적, 취업 관련 서적 중심의 실용적인 방향으로 흐르고 있었다. 대학도서관에서 전공 관련 서적의 대출은 꾸준히 늘고 있었으나 문학 및 인문 교양 서적은 점점 학생들로부터 소외되고 있었다. 이것은 불황을 겪던 사회 상황이 지배적인 영향을 끼친 것으로 보인다.

<대학생들 독서취향 실용적인 전공서적, 취업서적 등으로 옮겨가>(≪중앙일보≫, 1997.6.11)를 보면 대학 구내 서점이나 학교 주변 서점의 책 판매량도 이같은 추세를 반영하고 있었다. 전공 관련 서적이나 공무원 수험서 등은 갖다 놓기 무섭게 팔려나가나 일반 교양서적은 그렇지 못한 형편이었다.

---

183) <지성인배출 모토 교수들 앞장 '작은 대학'>(≪중앙일보≫, 1993.5.8)
184) <교양교육이 필요한 까닭>(≪중앙일보≫, 1994.11.12)

> (53) 10일 경북대 도서관에 따르면 지난 3월부터 5월까지 전체 대출서적 117,900여권 가운데 전공관련 서적이 58,200여 권이 대출돼 49.4%를 차지했으나 문학서적은 23.2% 27,400여 권, 기타 종교나 예술관련 서적은 27.4% 32,200여 권이 대출되는데 그쳤다. 지난 해에도 연간 대출 서적 358,900여권 가운데 문학서적은 30.9%,기타 교양서적은 26.6% 대출되는데 그쳐 학생들이 갈수록 전공관련 서적을 읽는데 급급한 것으로 나타나고 있다. 이같은 현상은 교내 구내 서점이나 학교 근처 서점에서도 마찬가지로 나타난다.
>
> <대학생들 독서취향 실용적인 전공서적, 취업서적 등으로 옮겨가>
>
> (≪중앙일보≫, 1997.6.11)

(53)은 특정 한 대학을 예로 든 경우이나, 게재된 기사를 보면 당시 대학 전반적인 독서경향이 실용 서적으로 옮겨가고 있다고 밝혀 있다. 대학생들의 독서경향은 일반 독서경향의 한 부분을 차지하고 있기도 하지만, 경제 공황이 심화된 1990년대 후반기로 옮겨가면서, 현실적인 문제로 인하여 학생들의 독서경향도 점차 변화되고 있었던 것이다. 1990년대 초까지도 교양 서적을 찾는 학생들이 더러 있었으나 취업 경쟁이 치열해짐에 따라 학점 관리, 수험 준비를 위해 이같은 책을 많이 찾았다는 것이다. 이러한 추세는 대학생들이 수업과 성적에 충실해지는 긍정적인 측면도 있었으나 한편으론 전공서적, 취업준비 서적이 대학가를 휩쓰는데 대한 우려의 목소리도 높았다. 자기 전공 분야의 지식만 쌓고 일찍부터 취업 준비에 몰두하는 경우 사회가 진정으로 필요로 하는 다양한 시각이 결핍될 수 있는 여지가 있었기 때문이다.[185]

---

185) <대학생들 독서취향 실용적인 전공서적. 취업서적 등으로 옮겨가>(≪중앙일보≫, 1997.6.11)

## 3. 1990년대 독서 대중화 운동의 의의

지금까지 1990년대의 독서대중화 운동을 살펴보았다. 이를 초기와 중후반기를 나누어 제시해 보면 다음과 같다.

1990년대 초기는 도서관을 통한 독서운동, '책의 해'와 '도서관 및 독서진흥법'을 통한 독서운동, 출판계와 문화단체를 통한 독서운동 등으로 나누어 살폈다. 그 결과 도서관에서는 매년 '독서주간'에 다양한 행사로 '책의 축제'를 마련하였고 이를 통해 정기적으로 독서붐을 일으켰다. 뿐만 아니라 평소에도 각종 프로그램을 통해 일반인과 학생들의 독서를 유도했다. 특별히 1993년도는 '책의 해'로서 거국적인 독서운동이 펼쳐져 독서계가 활성화된 계기가 된 시기이다. 출판계나 여러 문화단체들의 독서운동도 활발했다.

1990년대 초기의 독서경향은 통계에 나타난 독서경향과 내용으로 본 독서경향으로 나누어 고찰하였다. 통계의 경우에서는 통계 수치로 다양한 측면의 독서경향을 확인할 수 있었다. 특히 1990년대 초는 그 어느 때보다 독서운동이 활발했던 데 비해 실제로 독서율은 저조했다는 점이 눈에 띈다. 내용의 경우는 일반독서와 학생독서로 구별하여 분석했는데, 일반의 경우 1990년대 초기에는 교양·지식 습득에서 오락 쪽으로 독서경향이 바뀌어가고 있었고, 일본을 제대로 알고 효과적으로 대응하려는 풍토에서 일본서적이 대거 출판되었으며, 과거를 들어 당대를 경계하게 하는 역사물이 시대적 요구에 의해 읽혀졌음을 알 수 있었다. 또한 고질적인 중복출판 현상이 1990년대에 풍미했으며, 1990년대 초반기 흥미위주의 독서가 1990년대 중기로 가는 시기에는 본격문학으로 돌아섰음을 볼 수 있었다. 또한 유럽에 한국문학 붐이 일던 시기로 주목되며, 오디오북과 전자책 등 기타 독서경향은 매체가 급변하는 시대적 요구에 의한 흐름으로 판단된다.

학생 독서경향은 수준별로 살폈는데 사회나 학교에서 벌이는 학생 독서운동은 실제로 취학 전 아동이나 초등학생에 거의 집중되어 있다고 해도 과언이 아니다. 중고생의 경우는 입시로 인한 교과 공부로 독서 시간이 절대적으로 부족했기 때문이다. 그럼에도 시기별 독서양상을 보면, 정책적인 변화로 인해 독서교육이 강화되는 경우를 볼 수 있었다.

1990년대 중후반기의 독서운동에서 일반 독서운동은 지역문화 활성화와 평생교육으로서의 도서관 독서운동, 출판계의 독서운동, 기타 단체 및 매체의 독서운동 등으로 나누어 살펴 보았다. 분석 결과를 요약해 보면, 먼저 단순하게 책을 빌려 읽거나 공부하는 장소로만 이용돼 오던 공공도서관이 지역 문화 활동과 평생교육의 장으로서 자리잡았음을 확인할 수 있었다. 주부, 청소년, 어린이 등이 참여하는 다양한 강좌를 정기적으로 개최하고, 각종 독서 프로그램을 통해 독서지도에 앞장섰다. 또한 출판계와 서점의 독서운동도 활발하였다. 이 시기 서점업계의 두드러진 현상은 매장의 복합화 경향이다. 다양한 이벤트성 공간 배치로 독서자의 흥미를 끌었다. 뿐만 아니라 전산화, 인터넷 서점화 등의 변화를 보였다. 여기에 언론계인 신문사 및 방송매체 독서운동도 가세하여 1990년대 중후반기의 일반 독서운동은 다양하게 펼쳐졌다.

학생 독서운동은 문화단체와 교사, 학부모가 함께 하는 독서지도, 신문과 인터넷, 캠프를 통한 독서운동, 학교 독서교육 등으로 나누어 살폈다. 그 결과 학생 독서운동 중 어린이 대상의 독서운동이 가장 활발했음을 볼 수 있었다. '어린이도서관'이 곳곳에 세워졌고, 각종 문화 단체와 교사 및 학부모가 어린이 독서지도에 나섰다. 특히 이들 단체 중 '어린이 도서연구회'와 '동화를 읽는 어른 모임'이 가장 활발했다. 중고등 학생의 경우, 교육정책의 변화로 '정보 활용 능력'을 수용해야 할 필요성이 대두되었다. 1990년대 중반부터 일기 시작한 신문 NIE 교육, 독서지도서의 속출, 독서지도란 증면 등 입시를 위한 독서지도가 눈에 띄었다. 방송 독서운동도 다양했다. 독서 프로그램은 어른을 염두에 둔 경우도 있지만 대부분 학생들을 주시청자로 삼고 방영한 경우였다. 또한 이 시기에 독서캠프가 활성화된 것도 특기 사항이다. 독서캠프는 주로 여름방학을 이용하여 열렸는데, 자연을 접할 수 있는 지역에서 교과 과정에서 소홀히 다뤄졌던 독서지도 강좌, 독후감 나누기, 연극으로 만들기 등의 활동으로 책에 흥미를 갖도록 유도했다. 한편 학교 독서운동도 함께 펼쳐졌다. 1996년부터 새로 시행된 고등학교 제6차 교육과정에 '독서' 과목이 추가되고 입시 정책이 변화되자 독서가 중요하게 떠올랐다. 일선 고등학교에서는 '학급문고'를 운영하고 필독 도서를 제공하며, 학생들에게 독서를 권장하는 한편 독서감상문 노트를 적도록 하는 경우가 많아졌다. 각 대학에서도 지도 교수와 학생이 함께 하는 독서 프로그램이 증가하였다.

둘째, 독서경향도 일반 독서경향과 학생 독서경향으로 나누어 살폈다. 그 결과 먼저 일반 독서경향의 경우, 문학 독서경향은 여성화와 세계화, 본격소설, 대하소설 붐, 시집과 산문집, 자전적 에세이류에 흥미, 추리 공포물과 무협소설 열풍 등의 양상을 띠었다. 한편 또 다른 독서경향으로 인문, 교양 서적에 대한 관심도 보였다. 여기에 세계화 추세, 영어 조기교육, 다양한 외서 정보 등이 맞물려 원서 판매량은 크게 늘어나는 경향을 보였다. 1990년대 중후반기는 인터넷 문화가 성장하면서 웹진이 독서 문화의 한 현상으로 자리잡았던 시기이기도 하며, 팬터지 소설이 불황 중에도 독서 시장에서 호황을 누리기도 했다.

다음으로 학생 독서경향을 보면, 1990년대 중후반기에는 아동용 서적에 대한 관심의 증가와 함께 양적인 면에서나 질적인 면에서 상당한 약진을 보이던 때였다. 이 시기에 들어 급증한 고학력 부모들의 신중한 책 선택이 변화의 배경으로 꼽혔다. 소재면에서도 다양성을 보였다. 전래동화, 위인전류에서 벗어나 창작동화, 그림책, 과학이나 역사학습물, 만화, 정보서 등으로 영역이 넓어졌다. 유아, 초등학교 저학년, 고학년 등 연령별 세분화도 꾸준히 진행되었고 일러스트 수준도 상당히 높아졌다. 여기에 학부모와 교사들을 위한 지침서들도 잇달아 선보였다. 한편 멀티미디어 정보시대, 영상시대에 걸맞게 만화도 정보를 전달하고 판단력을 향상시키는 효과적인 수단이 될 수 있다는 인식을 보이기 시작했다. 그 결과 교과서에서 순정물에 이르기까지 만화로 탈바꿈하지 않은 것이 없을 정도로 '만화 전성시대'를 이루었다. 또한 청소년 독서경향은 교육 정책의 변화와 함께 책 선택과 효율적인 독서법을 제시하는 서적, NIE 관련 서적들이 속출하기도 했다. 한편 대학별로 논술을 어떤 방향에서 제출했는가가 독서 대상의 결정 요인이 되었다. 대학생들의 지배적인 독서경향은 전공 서적, 취업 관련 서적 중심의 실용적인 방향으로 흐르고 있었다. 대학도서관으로부터 전공 관련 서적의 대출은 꾸준히 늘고 있었으나 문학 및 인문 교양 서적은 점점 학생들로부터 소외되었다. 이것은 불황을 겪던 사회 상황이 영향을 끼친 것으로 보인다.

1990년대 중후반기는 IMF의 충격으로 출판계나 서점업계의 연쇄부도가 잦았던 시기이다. 그 어느 때보다 어려움을 겪던 때였던 것이다. 그럼에도 불구하고 여전히 사회적인 독서운동은 지속되었고, 오히려 독서운동으로 불황을 이겨나가려는 노력이 엿보였다.

또한 1990년대 중후반기의 특징적인 독서경향을 짚어 보았는데, 일반 독서의 전반적인 경향은, 다양한 분야의 책들이, 때로는 서로 상반적인 성향의 책들이 서로 교차하며 베스트셀러로 떴다 지는 현상을 보였다. 반면에 스테디셀러는 그다지 찾아보기 쉽지 않았다. 스테디셀러는 오랜 기간 독자들의 검증을 받은 책들로서 스테디셀러가 많을수록 개별 출판사들의 '저력'도 축적되기 마련이다. 하지만 그렇지 못한 게 당시의 현실이었다. 이것은 시대적 불안에서 기인한 듯하다. 학생 독서경향은 아동 독서물에 대한 관심이 그 어느 때보다 지대했다는 점과, 입시정책이 청소년 독서에 지배적인 영향력을 끼쳤다는 점이 특징적이었다.

# Ⅷ. 2000년대 독서 대중화 운동

2000년대의 출판계는 IMF의 충격이 여전히 잔존하여 불황 상태가 지속된 시기였다. 그러한 가운데서도 여전히 사회적인 독서운동은 지속되었고, 특히 어린이 독서운동은 강화되었다. 또한 일반인 독서의 경우 전 시기와 비교해 볼 때, 밀리언셀러로 부상하는 베스트셀러를 거의 찾기 어려웠다. 독서경향도 이전 시기처럼 지배적인 현상으로 묶여지기 어려운 면도 많았다. 다소 산만한 성향을 띠고 있어서 그 주 경향을 정치하게 분석하기가 쉽지 않았다. 그럼에도 불구하고 멀티미디어 세대에 맞는 오디오북, 전자책 등의 상승세는 지배적인 경향으로 부각되었다. 또한 학생 독서물에 대한 관심과 학습지의 호황, 입시 정책과 청소년 독서의 장려 등은 교육열이 지대한 우리 사회의 풍토를 다시금 확인케 하는 측면이었다. 이 장에서는 2000년대의 시기적 상황을 염두에 두면서 독서운동은 어떻게 전개되었으며, 독서경향은 어떠한 양상을 띠고 있는지 살펴 보고자 한다.

# 1. 도서관 및 각종 단체의 독서운동

## 1) 도서관의 정보화 및 복합문화공간화

[그림 85] 정보도서관

2000년대에 들어 도서관의 정보화 사업은 전대에 비하여 보다 첨단화되었다. 2000년도 초에 정부에서는 인터넷 '국가전자도서관(http://www.dlibrary.go.kr)'을 통해 국내 모든 도서관 소장 도서의 목록과 목차를 검색할 수 있게끔 조처하였고, 2001년부터 2002년까지 연차적으로 전국의 공공도서관 381곳 모두에 신형 컴퓨터 장비를 갖춘 디지털 자료실을 마련하였다. 자료실에는 원하는 자료를 쉽게 찾을 수 있는 검색 엔진과 영어, 일어 등의 외국어를 한글로 자동 번역해주는 프로그램 등도 구안하였다. '문화체육관광부'와 '국립중앙도서관'에서는 이런 내용을 골자로 한 '도서관 정보화 추진 종합계획'을 발표하기도 했다.

(54) 올해 안에 3백 75억원을 들여 전국의 공공, 대학, 특수도서관에 있는 모든 소장자료(도서, 논문, 잡지 9천7백만책)의 목록과 소장 도서의 목차(1백만책)에 관한 데이터베이스(DB)를 구축하게 된다. 자료 목록 DB는 현재 국립중앙도서관, 국회도서관, 법원도서관, 학술정보연구원 등 7개 주요 도서관이 합동해 만든 국가전자도서관에서 전체 도서관 자료의 56%(5천4백만책)를 구축, 서비스 중이다.

<내년부터 모든 도서관자료 인터넷 검색 가능>(≪중앙일보≫, 2000.3.15)

내년부터 모든 도서관자료 인터넷 검색가능

문화부 '정보화계획' 발표

내년부터는 인터넷 국가전자도서관(www.dlibrary.go.kr)을 통해 국내 모든 도서관 소장 도서의 목록과 목차를 검색할 수 있게 된다.

또 내년부터 2002년까지 연차적으로 전국의 공공도서관 3백81곳 모두에 신형 컴퓨터(5~50대)를 갖춘 디지털 자료실이 생긴다. 자료실에는 원하는 자료를 쉽게 찾을 수 있는 검색엔진과 영어·일어 등의 외국어를 한글로 자동 번역해주는 프로그램 등이 설치될 예정이다.

문화관광부와 국립중앙도서관은 14일 이런 내용을 골자로 한 '도서관 정보화 추진 종합계획'을 발표했다.

이에 따르면 올해 안에 3백75억원을 들여 전국의 공공·대학·특수도서관에 있는 모든 소장자료(도서·논문·잡지 9천7백만책)의 목록과 소장 도서의 목차(1백만

[그림 86] 〈내년부터 모든 도서관자료 인터넷 검색 가능〉(≪중앙일보≫, 2000.3.15)

주최측은 이러한 작업을 통하여 2001~2002년에는 학술 서적을 중심으로 자료의 전체 내용, 핵심 단어, 요약문 등을 확인할 수 있는 원문, 키워드, 초록(抄錄) DB도 각각 300,000책 분량씩 만들 계획을 가지고 있었고, 이를 위해 문화체육관광부는 국립중앙도서관에 신간을 납본할 때 키워드와 초록을 의무적으로 제출하도록 '도서관 및 독서진흥법 시행령'을 개정하는데 착수했다.[1] 이러한 정보화 추진 사업들은 지식경영사회에서 공공도서관의 역할이 보다 중요해졌음을 의미한다. 이후 공공도서관의 데이터베이스 구축은 정보 수요자의 시간과 노력을 훨씬 줄이게 되는 결과를 낳았다.[2]

2002년도에 '문화체육관광부'는 또 다시 도서관 발전 종합계획을 발표했다. 2003년부터 2011년까지 9년간 2,500,000,000,000억 원의 재원을 마련해 투자하겠다는 계획 하에, 전국의 공공도서관과 대학도서관을 하나의 네트워크로 묶고자 했다. 먼저 2003년까지는 전국 437개 공공 도서관을 하나의 네트워크 속에서 움직일 수 있게끔 했다. '국립도서관'에서 당시 구축하고 있는 도서 DB를 기초로 전국의 공공 도서관들을 하나의 전산망으로 연결함으로써 다른 도서관에서 소장하고 있는 장서의 목록, 책 목차, 내용 요약(초록) 등을 검색할 수 있도록 하려는 의도에서였다. 이를 통해 다른 지역 도서관의 장서를 검색·대출하는 상호대차, 근처 도서관에서 대출한 책을 타 도서관에

1) <내년부터 모든 도서관자료 인터넷 검색 가능>(≪중앙일보≫, 2000.3.15)
2) <정보 재가공할 전문사서 채용해야>(≪중앙일보≫, 2001.4.2)

반납하는 공동 대출·반납이 가능해질 수 있도록 하였다. 또한 공공도서관마다 디지털 자료실도 만들어 e-북, CD롬 등 멀티미디어 자료들을 대출해 주었다. 또 책마다 전자칩을 부착하여 자동 대출과 반납이 가능해졌다.[3)]

뿐만 아니라 도서관에서 책만 읽는다는 생각은 이제 진부한 것이 되었다. 전 시기부터 공공도서관은 복합 문화공간으로 변모해오고 있었던 터이지만, 2000년대를 맞은 현대 도서관은 각종 문화 프로그램을 마련한 종합 문화공간으로서 확고하게 자리잡게 되었다. 논술특강, 어학강좌, 독서교실, '영어동화'('우리동화') 들려주기, 독서능력과 정신 집중력 향상을 위한 속독법 공개 강좌, '자녀지도를 위한 무료 국어교실', 각종 문화강좌 등 다양한 프로그램을 마련하여 일종의 문화학교로서 역할하게 된 것이다.[4)] 소위 정보도서관(정보문화센터)이라 하는 '작은 도서관'도 지역마다 설립되어 주민들에게 도서 대여나 다양한 독서 장려 프로그램은 물론 각종 문화 활동을 펼침으로서 평생교육의 장이 되었다.[5)] 그런데 하나 아이러니한 것은 2006년 1월 현재 우리나라 도서관은 모두 10,000개 내외였다. 그나마 전체 도서관 가운데 90% 이상은 학교도서관이며, 5%에도 미치지 못하는 공공도서관의 경우도 반 이상이 교육청 소속이었다. 이에 도서관 부족과 함께 장서 부족 현상이 이전 시기와 같이 논란의 대상이 되기도 했다.

---

3) <공공도서관 하나로 묶는다>(≪중앙일보≫, 2002.8.7)

4) <국립중앙도서관, 학부모에 독서지도법 강좌>(≪중앙일보≫, 2000.4.3), <대전시내 도서관들 외국어·논술 무료강좌 풍성> ≪중앙일보≫, 2000.1.15), <고양은 공공도서관 선진 도시>(≪중앙일보≫, 2008.3.24)

5) 그 외 주목되는 몇 가지를 부연하면, '금천도서관'의 경우는 시각 장애인을 위해 음성안내시스템을 갖춘 컴퓨터실이 마련돼 있고 장애인 무료 셔틀버스를 운행하였고, '부산시민도서관>' '도서택배 대출제도'를 운영하고 있었다(<문화가 있는 공간 도서관>, ≪중앙일보≫, 2001.11.3; <부산시민도서관 택배대출>, ≪중앙일보≫, 2001.11.30).

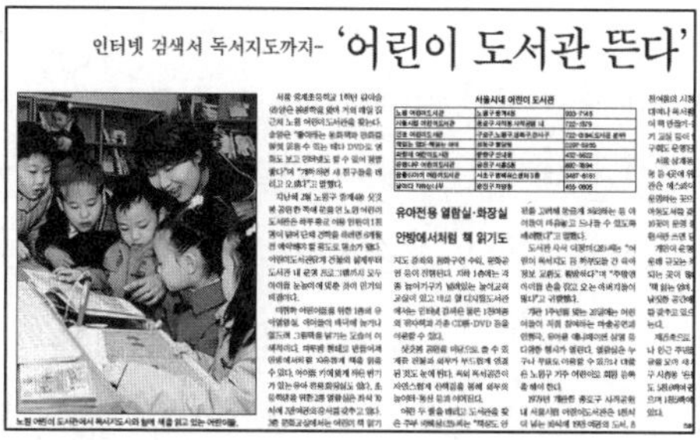

인터넷 검색서 독서지도까지- '어린이 도서관 뜬다'

서울시내 어린이 도서관

유아전용 열람실·화장실

안방에서처럼 책 읽기도

[그림 87] 〈어린이 도서관 뜬다〉(≪중앙일보≫, 2004. 2.19)

그런데 이러한 와중에서도 어린이 도서관은 2000년대 들어 더욱 활성화되었다. 구체적으로 몇 가지 사례를 보면, 먼저 '노원 어린이 도서관'은 하루 평균 이용 인원이 1,000명이 넘어 단체 견학을 하려면 6개월 전에 예약해야 할 정도였다. 어린이 도서관답게 건물의 설계부터 도서관 내 운영 프로그램까지 모두 아이들 눈높이에 맞추어졌다. 미취학 어린이들을 위한 1층의 유아 열람실은 마루방 형태로 만들어져 안방에서처럼 자유롭게 책을 읽을 수 있었다. 초등학생을 위한 2층 열람실은 좌석 70석에 20,000여 권의 장서를 갖추고 있다. 2층 문화교실에서는 어린이 책 읽기 지도 강좌와 동화구연 수업, 문화공연 등이 진행되었다. 지하 1층에는 각종 놀이기구가 비치되어 있는 놀이교육 교실이 있고, 디지털도서관에서는 인터넷 검색은 물론 1,000여 종의 전자책과 각종 CD롬·DVD 등을 이용할 수 있었다. 여기에 어린이들이 직접 참여하는 마술공연과 인형극, 유아용 애니메이션 상영 등 다양한 행사가 열렸다.6)

'서울시립 어린이도서관'도 1,000석이 넘는 좌석에 190,000여 권의 도서, 8,000여 점의 시청각 자료를 갖추었다. 책 대여나 독서활동 외에도 서예, 어린이 책 만들기, 영어동화 구연, 종이접기 교실 등이 열리며 어린이 독서연구회도 운영되었다. 서울 상계동·구로동·월곡동·가양동 등 4곳에 위치한 '인표 어린이도서관'은 에스콰이아문화

6) <어린이 도서관 뜬다>(≪중앙일보≫, 2004.2.19)

재단이 설립·운영하는 곳으로 각각 10,000권 이상의 아동도서를 갖추고 있으며 지방에도 10곳이 운영되었다.[7]

한편 민간 어린이 도서관 운동도 활발했다. 개인이 운영하는 어린이 도서관 가운데 규모는 작더라도 알차게 운영되는 곳도 많았다. 행당동에 위치한 '책 읽는 엄마, 책 읽는 아이'는 30평 남짓한 공간에 5천 권 이상 아동도서를 갖추고 있었다. 대전에서는 엄마들이 중심이 된 어린이 도서관 개설 붐이 일기도 했다. 2000년 '모퉁이 도서관(전민동)'이 문을 연 뒤 2005년에는 '알짬(석교동)'이 설립되었고, 2007년에는 '짜장(중촌동)', '또바기(와동)', '해뜰마을(관저동)', '짝꿍마을(태평동)', '강아지똥(대성동)' 등이 차례로 설립되었다. 이들 7개 어린이 도서관은 '대전 마을어린이 도서관협의회'를 만들고 작은 문화자치를 지역에서 운영해 가고 있다.[8] 서울 시내 및 전국 공공 도서관 중 상당수도 어린이 전용 열람실을 따로 마련해 두었다. 어린이 전용 열람실에는 아동 도서 뿐 아니라 아이들을 위한 비디오, 오디오 자료 등을 갖추고 있다.

한편 2000년대에 들어 동사무소가 '주민자치센터'로 전환되면서 자율적인 문화 예술 활동과 정보·생활 공간을 제공하게 되었다. 특히 청소년 놀이공간에 주력하였는데, 공간 확보가 되는 지역에서는 청소년 사랑방과 각종 공연을 할 수 있는 무대, 동아리방, 이벤트룸이 갖춰지고 정보검색을 위한 인터넷방과 정보상담실, 자료실 등도 설치하였다. 독서공간, 비디오감상실, 음악연습실, 공연연습실, 미술창작실 등 문화 체험공간도 들어서는 곳이 있었으며, 도서 대출로 인근 청소년이나 일반인에게 독서의 기회를 제공하기도 했다.[9] 동사무소가

---

7) <어린이 도서관은 지식 놀이터>(≪중앙일보≫, 2007.1.17)

8) <주민 참여 공공도서관 늘리자>(≪중앙일보≫, 2007.10.10)

9) <경기 읍-면-동사무소에 청소년 놀이시설 마련>(≪조선일보≫, 2000.1.20), <영등

'주민자치센터'로 전환되면서 결과적으로 공공도서관에 준하는 활동을 펼치게 된 것이다.

## 2) 대형서점과 방송 독서운동과 독서인구 개발

바로 이전 시기인 1990년대는 IMF의 충격으로 출판계나 서점업계의 연쇄부도가 잦았던 시기이다. 그 어느 때보다 어려움을 겪던 때였던 것이다. 경제 불황이 다소 극복된 2000년대에 들어선 초기는 아직도 그 충격에서 벗어나지 못한 상태였다. 그런 중에도 대형서점과 인터넷 서점, 도매점이 성장을 하긴 했으나, 중·소형 서점의 폐업, 전업이 속출하였다. 1999년도의 4,595개 점에서 2000년도에는 3,459개 점으로 줄어들어 무려 1,136개 점이 문을 닫은 것으로 드러났다.[10] 또한 한국 출판문화의 상징인 종로서적이 부도를 내고 문을 닫게 되었다. 종로서적의 폐점은 책꽂이나 서대에 책을 전시하는 낡은 판매 방식으로는 서점이 살아남을 수 없음을 극명하게 보여주었다. 이미 대세가 돼버린 인터넷 서점과 대형서점화 추세 속에서 어떻게 지역 서점이 살아남을 수 있을지에 대한 근본적인 모색이 필요하게 된 것이다.[11]

한편 IMF 직전까지 문화복합 공간으로 역할했던 서점의 활동상도 찾기가 힘들었다. 단지 대형 출판사 등을 통한 독서운동의 움직임이 있었을 뿐이었다. 대표적으로 교보문고는 2000년에 독서인구 저변 확대를 위해 대구와 부산에 '교보문고 정보센터'를 개설했다. 대구시 동

---

포 대림 1동 사무소>(≪조선일보≫, 2000.2.10), <청주 미니도서관>(≪중앙일보≫, 2001.8.24)

10) 이중한 외(2001), 『우리 출판 100년』, 현암사, p.219.

11) <95년 된 서점 문닫은 까닭>(≪중앙일보≫, 2002.6.6)

구 동성로의 정보센터는 400평 공간에 20,000여 종의 책을 갖춘 도서 정보실과 CD-ROM 검색 센터, 북카페, 갤러리를 갖추고 있었다. 또한 교보문고는 고객 서비스 향상을 위해 국내 처음으로 북마스터 제도를 도입했다. 북마스터는 10년 이상의 근무 경력을 가진 사원 중 내부 심사를 거쳐 뽑힌 정예 요원들이었다. 이들은 기존 도서 안내 직원과 달리 매장에서 책을 찾는 독자들과 도서 상담 및 안내, 독서 설계와 같은 실질적인 컨설팅을 해주고 문화행사 기획 및 특설코너 개발, 독서정보 수집 등의 업무를 중점적으로 맡았다.[12] 인터넷 영풍문고도 월간 『베스트셀러』와 제휴해 베스트셀러 기사를 동시 게재하기로 했다. 1998년 11월에 창간된 『베스트셀러』는 문학과 문화의 대중성 확보에 주력하고 있는 대중 문학잡지였다. 인터넷 영풍문고가 이 잡지와 제휴함으로써 네티즌들에게 웹서비스를 제공하게 된 것이다.[13]

그런데 출판계와 서점들의 독서운동이 위축된 상황과 달리, 매체 독서운동은 비교적 활발했다. 특히 방송 매체를 통한 독서 프로그램이 활기를 띠었다. 먼저 2000년도 KBS1 라디오의 독서 관련 프로그램으로 '이주향의 책마을 산책'이 있었다. 독서인구가 줄고 인문서적 판매가 감소하고 있는 현실에서 청취자들의 호응을 얻는 프로그램이었다. 매주 수요일 한 권의 책을 놓고 생방송 중 전화로 청취자의 의견을 직접 듣는 '집중토론', 저자 이외에 책 만들기의 숨은 주역들을 소개하는 '책마을 사람들', 많이 들었으나 쉽게 손이 가지 않았던 책을 소개하는 '다시 읽는 고전', 작가별로 작품 세계를 정리하는 '작가수첩' 등 크고 작은 코너들로 구성되어 있었다. 당시 이 프로그램에는 소설가 박범신을 시작으로 최창조, 이윤기, 이경자, 이두호 등 다양한 작가들을 공동 진행자로 초청했다. 여기에 EBS도 '정운영의 책으로

---

12) <교보문고, 국내 처음으로 북마스터 9명 선발>(≪중앙일보≫, 2000.3.10)
13) <교보문고 정보센터 개설>(≪중앙일보≫, 2000.2.10)

읽는 세상'이 신설되었다. 이 프로그램 역시 신간 정보를 알리는 데 그치는 것이 아니라 매회 한 사람의 저자를 초청해 토론하는 방식으로 꾸몄다.[14] 당시 지상파 TV에 독서 프로그램이 전무한 현실이었는데, 이렇듯 독서 프로그램들이 브라운관에 등장하게 된 것이다.

# TV가 '바보상자' 만은 아니라오

## MBC, 내달 10일부터 공익성 오락 프로 '!(느낌표)' 방영

그동안 공익성 오락 프로그램을 여러 편 제작한 MBC의 김영희 PD가 다시 한번 '꿩도 먹고 알도 먹기'에 도전한다. 다음달 10일부터 매주 토요일 밤 9시45분에 방영하는 '!(느낌표)'가 그것. 김 PD는 '21세기위원회' '칭찬합시다' 등에서 가벼운 터치로 시청자들의 공감과 감동을 끌어내는 재능을 보여주었다. 그는 "주말 저녁의 가족시간대가 종전의 오후 7시 전후에서 9시 이후로 이동했다"며 "온 가족이 머리를 맞대고 생각해 볼 수 있는 거리를 제공하겠다"고 말했다.

김 PD는 우선 일급 개그맨들을 대거 기용했다. 이경규·신동엽·박경림·김용만·유재석 등 5명이 그들. 김용만과 유재석이 짝을 지어 진행하는 '책을 읽자'는 말 그대로 책읽는 풍토를 일깨워 보자는 의도다. 서울에 동지에 3천권의 책을 갖춘 간이서점을 설치한 뒤 게임을 하면서 책을 나눠주는 등 캠페인 성격을 가미할 생각이다.

신동엽의 '하자! 하자!'는 툭하면 '담배 피우지 마라' '술 마시지 마라'며 금지의 목청만 높은 사회 분위기에 청소년 문제에 관한 다른 해법을 제시하겠다는 취지에서 탄생했다. 도시와 인간이 공존하는 방식을 모색하는 이경규의 '다큐멘터리-도시속 야생동물 보고서'도 야심작 코너. 박경림의 '길거리 특강'에서는 역이나 공원·광장처럼 항시 사람들이 모이는 곳에 은퇴를 앞둔 교수 등 연륜있는 인사들을 초청해 10분간 대중 강의를 하도록 할 계획이다.

29일 오후 첫 촬영에 나선 김 PD는 '오락과 교양'의 균형을 유지하기가 어렵지 않겠냐는 질문에 "어차피 오락프로인 만큼 재미가 70%, 정보와 교양이 30% 정도가 될 것"이라면서 "같은 시간대에 방영하는 KBS '태조 왕건'에 시청률이 밀리겠지만 굳이 의식하지 않겠다"고 말했다.

이영기 기자
<leyok@joongang.co.kr>

[그림 88] 〈MBC 내달 10일부터 공익성 오락 프로 '! 〈느낌표〉' 방영〉(≪중앙일보≫, 2001.10.30)

이후 TV 독서 프로그램이 연달아 방영되기 시작했다. 2001년도부터 시작된 KBS-1TV 'TV, 책을 말하다', MBC의 '! 느낌표의 책을 읽읍시다', 2002년도의 EBS '책과 함께 하는 세상'에 이어 MBC-TV '행복한 책읽기'가 가세했다. KBS1의 'TV, 책을 말하다'는 첫 방송부터 시청자들의 호응을 얻었다. 1부 '그들은 책을 읽었다'와 2부 '책읽기의 유혹'으로 구성되었다.[15] 특히 MBC '!느낌표'의 '책을 읽읍시다'는 지나가는 사람들과 책에 대해 이야기하고 퀴즈도 풀어보는 프로로 상당한 인기를 누린 프로그램이다. '책을 읽읍시다'에서 소개한 『괭이부리말 아이들』, 『봉순이 언니』는 방영 당시 『반지의 제왕』, 『해리포터와 마법사의 돌』을 제치고 나란히 베스트셀러 1, 2위(교보문고)를 차지했다. 그만큼 출판계에 미치는 파장이 컸다.[16]

---

14) <이주향 교수 KBS 1라디오 '…산책' 진행>(≪중앙일보≫, 2000.11.7)

15) <KBS '…책을 말하다' 호평>(≪중앙일보≫, 2001.3.7), <KBS 독서프로 재미·교양 동시에 노려>(≪중앙일보≫, 2001.4.25)

16) <MBC '! 느낌표' 독서캠페인 말은 많지만 공정성 유지하며 오래 남길> (≪중앙일보≫, 2002.2.26), <MBC '느낌표' 독서·아침밥 캠페인 화제>(≪중앙일보≫,

당시 프랑스의 '부이용 드 퀼튀르'(문화의 용광로), 미국의 '북 클럽', 독일의 '문학 사중주' 등은 지구촌의 대표적 TV 독서토론 프로그램들이다. 이 프로의 진행자인 프랑스 베르나르 피보, 미국 오프라 윈프리, 독일 마르셀 라이히 라니츠키 등은 대중과 책의 만남을 TV 매체를 통해 주선하는 스타급 BJ(북자키)였다. 방송과 책이 만나는 이러한 프로그램들은 우리에겐 부러움의 대상이었는데, 국내에도 학식있는 저명인사들이 진행[17]하는 유사한 프로그램들이 생겨난 것이다.[18] 책 시장 확대와 그 시장의 왜곡이라는 찬사와 비판이 동시에 쏟아졌지만, 한동안 TV 내 책읽기 프로그램의 실종 상태에서 이러한 프로그램들의 선전(善戰)은 독서 대중화에 영향력을 끼친 것이다.

또한 신문 저널에서도 양서 추천 활동이 활발했다. 일례로 중앙일보사는 신간 도서를 대상으로 '좋은책 100선' 행사를 가졌다. 이 행사는 1998년부터 독서 대중에게 양서를 소개하고, 출판인에게는 의욕을 북돋우기 위해 시작된 것이다. 기본적인 심사 기준은 '국민 정서함양에 적합하고', '창의성과 논리성을 높이고 지적 호기심을 고취하며', '건전한 도덕관과 가치관 정립에 적합한 도서'라는 것이었다. 국내 저명 인사들로 구성된 심사위원들에 의해 연령대별로 양서가 선정되었다.[19] 뿐만 아니라 신문사별로 북리뷰 섹션을 통해 출판계의 전반적인 흐름에 관한 정보와 신간 서평이 증면되기도 했다.

기타 몇 가지 주목되는 독서운동을 살펴 보면, 먼저 지하철 독서운동은 전 시기에 이어 꾸준히 전개되었다. 서울이나 지방의 지하철 문

---

2002.1.15)

17) 일례로 '이주향의 책마을 산책'은 이주향 교수(수원대 철학과)가, '정운영의 책으로 읽는 세상'은 정운영 교수(경기대 경제학부), 'TV, 책을 말하다'에서는 박명진(서울대언론정보학과) 교수가 메인 MC였다.

18) <데스크쪽지>(≪중앙일보≫, 2002.4.13)

19) <2001 좋은 책 100선 공모>(≪중앙일보≫, 2001.6.2), <어떻게 선정했나>(≪중앙일보≫, 2001.6.30). <행복한 책읽기 서평자문위 발족>(≪중앙일보≫, 2001.11.3).

달리는 지하철에서 '책의 향기' 가…

4호선서 '월드컵 축하 도서 전시' 행사

내달부터 하루10회 운행
서울·충무로驛엔 판매대
"외국인에 한국역사 알려"

[그림 89] 지하철 책열차(메트로 북메세)(≪중앙일보≫, 2002.2.6)

고는 기증된 책의 보유량이 늘어나 승객들에게 더욱 도서를 가깝게 했으며, 2002년도에는 독서문화 활성화를 위해 서울 지하철 4호선에서 '2002 메트로 북메세'를 운영하기도 했다. 마침 월드컵 기간과 맞물려 있어 외국인들에게 국내 출판문화를 소개하는 좋은 문화 관광 상품이 되었다. 차량 외부에 훈민정음을 비롯한 다양한 한글체와 금속활자체 등을 이미지화한 특별 전동차는 당시 승객 2천여 만명에게 '달리는 책 박물관' 역할을 하였다.[20]

한편 2005년도부터 '와우북 페스티벌'이라는 책의 축제가 열렸다. 독자가 저자를 만나고 다양한 책 관련 문화이벤트를 경험할 수 있는 자리로서 독서진흥을 위한 행사였다.[21] 또 하나 흥미로운 것은 2000년대에 들어서 군 병영 내에 도서관을 건립해주는 "진중 도서관 건립 운동"이 펼쳐졌다는 점이다. 1999년 발족된 '사랑의 책 나누기 운동본부'는 교수·출판평론가 등 각계 인사로 구성된 추진위원 20명, 실무위원 20명을 중심으로 2003년 당시까지 모두 14곳의 진중 도서관을 개관했다. 도서관 한곳 당 평균 3,000여 권씩, 모두 1,500여 종 42,000여 권의 책을 군에 기증했다.[22] 국방홍보원 국군방송에서도 주간 독서 프로그램 '책마을 사랑방'을 장병과 일반 청취자들에게 선보

20) <지하철 문고에 책 기증 잇따라>(≪중앙일보≫, 2000.10.5), <지하철에 책을 싣고>(≪중앙일보≫, 2002.2.6)
21) <지적으로 놀아 볼까 오늘부터 홍대 앞서 '와우북페스티벌'>(≪중앙일보≫, 2007.10.5)
22) <책 읽는 병영 행복한 군대>(≪중앙일보≫, 2003.1.24)

였으며,[23] 2003년도에 국회에서는 '국가는 각급 부대에 병영도서관을 설치할 수 있다'는 내용의 신설 조항을 담은 도서관 및 독서진흥법 개정안을 통과시켰다. 이에 따라 국방부의 도서 구입 예산이 큰 폭으로 늘어날 수 있게 되었다.[24]

### 3) 학생 독서운동 및 학교 독서교육의 체계화

#### (1) 학생 독서운동

앞서 살폈듯이 학생 독서운동은 이전 시기부터 주로 아동 대상의 활동이 주를 이루어 왔다. 특히 1990년대 중반기부터는 2000년대에 이르러 보다 체계적인 운동으로 발전되었고, 그 중 '어린이도서연구회'와 민간단체인 '동화 읽는 어른 모임'이 가장 활발한 움직임을 보였다. 특히 '동화 읽는 어른 모임'은 지역마다 회원을 두고 부모와 아이가 함께 하는 독서 모임이었다.

"동화속 맑은 세상, 아이들에 줘야죠"
제주 인사이드
'동화읽는 어른모임'
주1회 동화읽고 독서회
7년만에 회원 220여명
표현력도 풍부해져

[그림 90] 지역마다 결성된 '동화읽는 어른모임'(≪중앙일보≫, 2004.4.23)

기사에 게재된 대표적인 활동들을 소개해 보면, 먼저 '강릉 동화읽는 어른 모임'은 1년에 한번씩 동화구연 공연을 했다. 그림자극, 슬라이드극 등으로 일반인들에게도 알려져 성황을 이루었다.[25] 또 전주의 '온고을 동화 읽는 어른 모임'

23) <국군방송도 독서 프로그램>(≪중앙일보≫, 2003.4.11)
24) <군부대 '북스타트' 출범>(≪중앙일보≫, 2003.5.8)
25) <'동화 읽는 어른 모임' 인기>(≪중앙일보≫, 2001.1.29)

회원들은 아이들의 눈높이에 맞는 동화책을 골라 함께 읽은 뒤 정기적으로 만나 토론하고 독서 지도를 어떻게 할 것인가 등의 고민을 나누었다. 이들은 책 속에만 갇혀 있는 게 아니라 5월이나 6월에는 아이들과 함께 갯벌탐사에 나섰고 수목원 등으로 '들풀기행'을 가기도 했다. 또 '내고장 작가와의 만남'이나 신문을 활용한 NIE 교육도 실시했다. 가을이면 '동화와 함께 한 문화 한마당'을 열어 책의 축제를 마련했다.26) '동화 읽는 어른들의 모임'은 각 지역마다 결성되어 있었는데 다른 어떤 단체보다 어린이 독서운동에 기여하는 바가 컸다.

한편 1990년대 중반기부터 일었던 아동 도서에 대한 관심이 이 시기에는 정착되는 분위기였다. 수도권 곳곳에는 유아와 초등학생 대상의 전문 서점들이 여러 개 운영되었다. 대부분 5년 이상 운영된 서점들로서 어린이들의 독서 취향에 알맞게 책을 비치하고 있었을 뿐 아니라 어린이들의 관심을 끌 수 있는 다양한 이벤트를 준비해 자연스럽게 책과 친해지도록 유도했다.27) 이렇듯 어린이를 위한 전문 서점의 출현은 고학력 부모들이 급증하고 아동 독서에 적극적인 관심을 기울였음을 보여준다.

학생 독서운동과 관련하여 '독서인증제', '독서능력 측정' 등이 거론된 점도 주목할 만하다. 2004년 4월 일반인을 대상으로 제1회 '한국

26) <전주 '동화 읽는 어른 모임'>(≪중앙일보≫, 2001.3.29)

27) 그 예를 들어 보면 서울 강남구의 '초록공간' 어린이들의 눈높이에 맞는 책을 상담해 주면서 도서관과 비디오, CD도 대여해 주었으며, 우리 그림책 즐기기, 어린이 독서지도 등을 1주일에 1회 정도 정기적으로 열었다. 서대문구의 '초방'은 1980년부터 시작되어 어린이들의 지식 창고 역할을 하고 있는 국내 최초의 어린이 서점이었으며, 분당의 '가을 글방'도 서점과 함께 도서관도 운영하였고, 동요 부르기, 시 낭송, 매직풍선 만들기 등 행사도 열었다. 양지마을의 '파란나무'에선 이전에 읽었던 책의 내용과 나이를 고려해 책을 추천해 주었고, 일산의 '동화나라'는 어린이 복합 문화공간이라 불릴 정도로 다양한 문화공간으로 운영되었다. 또한 '행복한 왕자'는 어린이 책만을 전문적으로 대여하는 도서대여점이며, '해피프린스'는 어린이 동화책만 판매하는 곳이라는 점이 특징적이었다(<서울・경기지역 '어린이 전문서점' 각광>, ≪중앙일보≫, 2001.1.19, p.18).

독서능력검정시험'이 실시되었다. '전국 독서새물결모임', '한국독서능력평가원', ≪중앙일보≫ 등이 연합하여 시행했는데, 학생들의 독서 의욕을 높여 학습 능력을 향상시키려는 취지를 지녔다. 시험은 제7차 교육과정을 고려해 읽기·쓰기·말하기 능력을 종합적으로 측정할 수 있도록 하며, 1년에 봄·가을로 두번 치렀다. 최하 10급에서 최고 1급까지 10등급으로 되어 있으며, 1~2급은 3급 자격을 얻어야 응시할 수 있게 했다.28)

독서능력 무료 검사

한우리 독서문화운동본부

어린이에 있어서 독서의 중요성은 아무리 강조해도 지나치다 할 수 없다. 하지만 무조건 책만 읽는다고 될 일이 아니다. 책의 내용을 이해하고, 거기에 자신의 생각을 보태 소화할 수 있어야 한다.

무엇보다 어린이의 능력이나 수준에 맞는 책을 선정해 주어야 흥미를 갖고 책을 읽게 된다.

어린이의 독서능력을 측정해주는 곳이 있다.

사단법인 한우리독서문화운동본부다.

한우리는 전국을 돌며 초등학생을 대상으로 독서수준진단 검사를 해주고 있다.(사진) 검사는 무료다.

독서태도와 독서력 등 두 가지 분야에서 아이들의 독서 수준을 파악할 수 있다고 본부 관계자는 말한다.

독서태도는 독서를 잘하기 위한 기본적인 능력을 말한다. 책을 읽는 것에 대한 흥미 정도와 책 읽는 전략을 어떻게 활용하는가를 측정한다고 회사 관계자는 소개한다. 독서력은 책 내용 이해정도와 이를 바탕으로 한 정보 습득력, 감상 능력을 뜻한다. 독서력은 어휘력, 사실·추론·비판적 이해력이 바탕이 된다.

독서 수준 진단 행사에 참여하려면 한우리 홈페이지(www.hanuribook.com)를 통해 일정 확인 후 행사장에 가면 된다. 02-363-6999

[그림 91] 〈독서능력 무료 검사〉(≪중앙일보≫, 2004.5.18)

한편 독서능력을 측정해 주고 독서 이력을 관리하는 시대가 되기도 했다. 먼저 '한우리 독서문화운동본부'는 전국을 돌며 초등학생을 대상으로 독서 수준 진단 검사를 해주었다. '독서태도'와 '독서력' 등 두 가지 분야에서 어린이들의 독서 수준을 파악하여 독서 능력을 측정해 주었다. '독서태도'는 독서를 잘 하기 위한 기본적인 능력을 말하는데, 책을 읽는 것에 대한 흥미 정도와 책 읽는 전략을 어떻게 활용하는가를 측정하는 것이었다. '독서력'은 책 내용의 이해 정도와 이를 바탕으로 한 정보습득력, 감상능력을 뜻했다.29)

또한 부산시 교육청은 인터넷을 통해 학생 개개인의 독서 이력을 관리해 주는 '독서교육지원시스템(reading.busanedu.net)'을 운영했다.

---

28) <학생·일반인 대상 독서능력 검정시험>(≪중앙일보≫, 2004.2.9), <독서능력도 이젠 자격증 시대>(≪중앙일보≫, 2004.2.21)

29) <독서능력 무료 검사>(≪중앙일보≫, 2004.5.18)

시스템에 접속해 자신이 읽은 책을 클릭하면 책 내용에 대한 독서퀴즈를 풀 수 있었다. 중 · 고등학생 권장도서는 한 권당 30문제, 초등학생 책은 10문제씩 나왔다. 독서 감상문이나 편지, 동시쓰기 등 독후활동도 인터넷 상에서 할 수 있게 했다. 당시 이 시스템은 부산 뿐 아니라 강원, 경기 등 전국 250,000여 명의 학생들이 이용하고 있었다.[30)]

신문의 보도 지면에서도 독서 지도 관련의 다양한 기사들이 실리면서 학생 독서교육의 길라잡이 역할을 했다. '내용 이해하기', '글 요약 연습', '수준별 읽기 지도', '장르별 독서 방법' 등 구체적인 독서지침 내용들이 제시되었다.[31)] 인터넷 공간의 독서문화도 활성화되었는데, '독서지도 프로그램'이 독서시장에서 다양하게 개발되었고, 어린이들의 독서능력도 온라인으로 진단해 주었다. 여기에 각종 단체나 학교도서관에서도 웹상으로 도서를 대출하여 읽을 수 있게끔 시스템을 구축하기에 이르러 책(전자책)을 보다 쉽게 대할 수 있게 되었다.[32)]

### (2) 학교 독서교육

<초 · 중 · 고 도서관은 '책창고' 전락>(≪중앙일보≫, 2002.3.11)이라는 기사를 보면, 2002년 게재 당시 일본의 학교도서관 설치율은 99%, 1인당 장서수는 20권이었다. 그에 비해 우리나라는 78.6%, 4.6권(2000년 교육부 통계)이었다. 또 일본의 '학교도서관법'에서는 전국 4만여 초 · 중 · 고교에 2003년 3월까지 전담 사서교사를 반드시 배치하도록 한 반면 우리나라 전국 10,500여 개 학교 중 전담 사서교사가

---

30) <인터넷으로 독서 이력 관리해요>(≪중앙일보≫, 2005.12.28)

31) <청소년에 책 권할 때 눈높이를 맞추자>(≪중앙일보≫, 2002.11.16), <책 내용 순서대로 이야기하는 '목차 학습' 논리적 사고 키워>(≪중앙일보≫, 2006.3.15), <기술 · 예체능 독서 지도 이렇게>(≪중앙일보≫, 2006.4.5)

32) <클릭하면 책 한 권이 '쏙'>(≪중앙일보≫, 2004.8.23)

도서관을 늘리고 채우자
〈4〉 아이들이 불쌍하다
초·중·고 도서관은 '책창고' 전락
사서교사 있는 곳 1% 남짓
교실 늘린다며 열람실 없애기도
공공도서관과 대출 연계 추진을

[그림 92] 〈초 · 중 · 고 도서관은 '책창고' 전락〉 (≪중앙일보≫, 2002.3.11)

있는 학교는 150여 개에 불과했다. 그만큼 학교도서관이 열악했다는 이야기이다.

새로운 '정보혁명' 시대에 대비하여 암기 위주의 주입식 교육을 일소하고, 지식기반사회를 외치는 교육개혁의 소리는 높았지만 여전히 입시 교육 중심이었고, 그래서 학교도서관 개선에 소극적이었다. 특히 도서 구입비는 교육부가 권장하고 있는 '표준 교육비의' 3%를 크게 밑돌았다. 대부분의 학교도서관에는 신규책보다 소장 가치가 사라진 오래된 책들로 장서 수만 채워져 있었다.33)

대학 도서관의 경우도 여러 가지 문제점을 가지고 있었다. <지성의 황폐화-대학도서관>(≪중앙일보≫, 2002.3.8)이라는 기사를 보면, 당시 국내 대학 도서관도 공공도서관과 마찬가지로 대부분 시험 준비용 독서실 기능이 주가 되었다. 이 기사에서는 외국 대학과 우리 대학 도서관을 비교하고 있는데, 선진국의 경우 한 대학 안에 도서관이 여러 개 설립되어 있다는 것이다. 일례로 당시 미국 하버드대는 도서관이 90개나 되었는데 중앙도서관, 단과대 도서관, 전문 도서관 등 수십 개가 보통이었다.

그에 비하여 우리나라 대학 도서관 수는 현저하게 부족한 편이었다. 뿐만 아니라 자료의 부진성도 지적했다. 당시 통계를 보면 하버드대 도서관의 1인당 장서 수는 474권이고, 국내 최대인 서울대는 62권,

33) <지식정보의 무덤으로 전락하는 도서관>(≪중앙일보≫, 2006.12.6)

서울대와 규모가 비슷한 버클리 대학은 240권이었다. 또한 국내 대학 도서관 전체에서 구독하는 해외 학술지가 총 15,000종이었던데 반해 하버드대학 도서관 한곳에서만 구독하는 학술지 총수가 110,000종이었다고 한다. 대출면에서도 국내 대학의 문제점을 지적하고 있는데, 2001년 『교수신문』 조사에 따르면 대학 도서관에서 대출하는 책은 대부분 무협·팬터지류 등 가벼운 읽을거리였다.[34]

하지만 2003학년도 대입전형에서 대학의 자율적 선발이 강화되자[35] 독서의 중요성이 대두되었고, '교육인적자원부'가 2008년도 대학 입시 개선안에서 독서교육을 활성화시켜 대입에 적극 반영하겠다고 피력하자 그 파장은 더욱 컸다.[36] 이에 서울시교육청은 초·중·고교 추천도서 매뉴얼을 만들었고, 기타 여러 관계 단체에서도 추천도서 목록을 제시하였다.[37] 이와 같은 독서교육의 문제는 비단 2000년대 뿐만 아니라 이전 시기부터 있어 왔던 문제로서, 입시의 반영 여부에 따라 강조되기도 소홀히 다루어지기도 했던 사안이었다.

2000년대에도 교육 환경의 변화와 함께 학교 독서교육이 중시되었다. 보도를 통해 주시되었던 몇 개의 예를 보면, 대학의 경우 강원대는 2001년도에 국내 대학 최초로 '독서분야 인증제'를 도입했다. 독서하지 않는 풍토를 쇄신하려는 고육책으로 일정 수준의 책을 읽지 않으면 졸업시키지 않는다는 방침에서 나온 것이다.[38] 전북 만경여고 학생들은 3년 동안 최소 100권의 책을 읽어야 졸업장을 받을 수 있었다. 이 학교는 수준별 독서교육을 실시했는데, 1학년은 매주

---

34) <지성의 황폐화-대학도서관>(≪중앙일보≫, 2002.3.8)

35) <2003학년도 대입 대비 요령>(≪중앙일보≫, 2001.9.25), <고교 교육 어떻게 달라지나 : 논술·면접에 대비 '독서 열풍' 예고>(≪중앙일보≫, 2004.8.27)

36) <독서교육, 입시 연결은 신중해야 한다>(≪중앙일보≫, 2004.11.17)

37) <책과 담 쌓게 하는 학교>(≪중앙일보≫, 2005.5.11)

38) <특성화 전략, 우리 대학은>(≪중앙일보≫, 2001.12.6)

한권, 입시를 앞둔 3학년도 최소 2주에 한권씩은 읽어야 했다. 신입생에겐 책 제목, 작가 등을 써 오도록 한 뒤 이를 활용한 퍼즐게임을 실시하여 친근감을 심었고, 신문의 책 광고, 서평 등을 따라 써보도록 하거나 독서일기로 적고 만화로 그려보도록 했다. 2학년이 되면 독서를 통해 사고력, 표현력을 기르는 심화 학습과정에 들어갔다. 명시(名詩)에 빗대 자기 생활을 표현하는 '패러디 해보기', 작품의 주인공과 가상의 대화를 해보는 '인터뷰 독후감 쓰기', '소설의 내용으로 노래 부르기' 등 다양한 방법으로 읽기교육을 지도했다. 3학년 때는 '촌극 시나리오로 개작하기', 작품을 이어가는 '속편쓰기', 내용 중 낱말을 이용한 '퍼즐게임', 같은 주제의 책을 비교하는 '책 대(對) 책 토론회' 등을 열었고, 2월에는 학생들의 과제를 모아 전시하는 독서축제를 열었다.[39]

서울의 구남초등학교의 경우, 학생들에게 책읽기에 흥미를 갖게 하려는 의도에서 독서 퀴즈대회를 개최하였다. 필독서는 '명예 독서교사'와 학생들이 뽑은 추천서들이었고 읽은 정도에 따라 1~3급의 독서인증서를 주었다. 자체 개발한 독서기록장을 기록하게 했고, 인상 깊은 장면 그리기, 주인공에게 편지 쓰기, 줄거리를 만화로 표현하기, 이야기의 끝부분 이어쓰기 등 30여 가지의 다양한 독후감 작성 방법을 제시했다.[40]

이렇듯 제시한 몇 가지 기사는 대표적인 사례지만, 이를 통해 보면 학교 독서교육은 전대(前代)에 비하여 보다 다양하게, 체계적으로 실시되는 풍토였음을 알 수 있다.

---

39) <전북 김제 만경여고 책 100권 읽어야 졸업>(≪중앙일보≫, 2001.11.23)
40) <서울 구남초등교 이색 독서지도 화제>(≪중앙일보≫, 2001.6.28)

## 2. 2000년대 독서경향

### 1) 일반 독서경향

#### (1) 문고본 시대의 부활, 인터넷 서점의 성장

2000년대 초기에 출판계에 문고판 바람이 불었다. 국내 문고판은 1960, 70년대에 전성기를 누렸다. 문고판은 가격이 싸고 휴대가 편리한 이점 때문에 1970년대 초에는 독서문화를 바꿔 놓을 정도의 폭발적인 반응을 얻었다. 1976년까지 30여 출판사에서 10,000종이 넘는 문고판을 냈으며, 삼중당 문고는 연간 2,500,000부가 팔릴 정도로 독자들의 환영을 받았다. 그러나 비슷한 형태의 문고본이 난립하고 단행본 시장이 다시 활성화되면서 인기를 잃기 시작했고 1980년대 이후 책의 고급화 추세가 이어지면서 자취를 감추다시피 했다. 1990년대 말까지 기존 문고본들은 명맥만 간신히 유지하고 있는 형편이었다.

문 고 본 부활

단행본 값 1만원 넘어서
값싸고 휴대 편해 인기

[그림 93] 〈출판시장에 문고본 시대가 다시 열릴 것인가?〉(≪조선일보≫, 2000.5.29)

그런데 2000년대에 들어 다시 삼중당문고, 서문문고, 문예문고 등 전성기를 누렸던 문고본이 다시 활성화되는 움직임을 보였다. 책세상 출판사는 '책세상문고 우리시대'라는 시리즈 제목으로 『한국의 정체성』, 『반동적 근대주의자 박정희』를 비롯하여 5권의 문고본을 잇달아 출간했다. 이 중 첫 권인 『한국의 정체성』은 교보문고 인문 베스트셀러 10위 안에 들 정도로 인기를 끌었다. 그런데 여기에는 앞선 나온

<문학과 지성사>의 '문지 스펙트럼'과 <시공사>의 '시공 디스커버리'의 공과가 컸다. 이 문고본들의 성공이 문고시장 활성화의 계기를 마련한 것이다.[41] 그러다 문고본 붐은 지난 몇 년 주춤해졌다가 최근 2008년도에 다시 그 부활의 조짐이 보였다. 출판 유통회사인 '임프린트코리아'가 2007년 9월말부터 전국 이마트 매장에서 판매하고 있는 문고판 시리즈 '핸디북'이 다시 호응을 얻은 것이다. '핸디북'이 출시 4개월 만에 누적 매출액 4,000,000,000원에 이를 만큼 인기를 끌자 기존 단행본 출판사들도 문고판 제작에 눈길을 돌리고 있다.[42]

한편 2000년대에는 인터넷 서점이 성장세를 보였다. <올해 책 20% 더 읽었다 교보 전국 집계>(≪조선일보≫, 2005.12.14)를 보면, 전국 대도시에 10개의 영업점과 온라인 서점을 운영하는 교보문고가 2005년도에 한해 도서 판매 추이를 분석한 결과, 2004년도보다 20%나 매출이 늘었다고 밝혔다. 특히 인터넷 서점에서 50% 가까운 성장세를 기록하여, 인터넷 시대가 오히려 책 읽기를 촉진할 수 있다는 가능성까지 보여줬다.

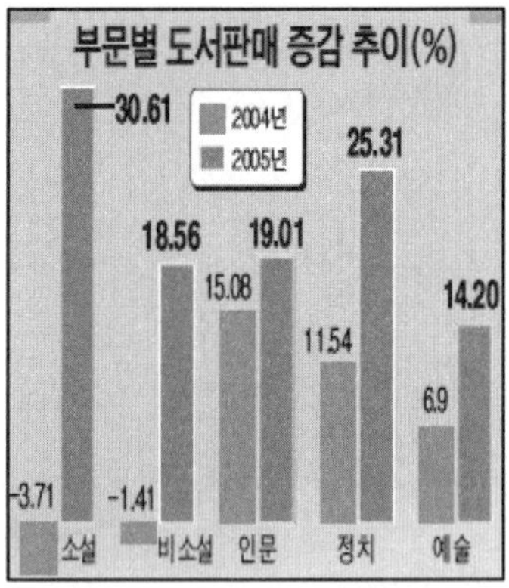


[그림 94] 교보문고 온·오프 전체 전년대비 판매량(≪조선일보≫, 2005.12.14)

그런데 주목할 점은 교보문고의 매출 신장을 이끈 것은 문학과 인문학이었다. 2003년 3.7% 매출 감소를 보였던 소설 부문이 30.6%나 성장했고, 역시 1.4%의 감소를 보

41) '문지 스펙트럼'은 96년부터 시작돼 2000년대 초기까지 모두 60권이 나왔으며, 95년 첫 책을 낸 '시공 디스커버리'는 당시 100권을 넘어섰다(<출판시장에 문고본 시대가 다시 열릴 것인가?>, ≪조선일보≫, 2000.5.29).

42) <손 안에 쏙 들어오는 책 '문고판' 살아났네>(≪중앙일보≫, 2008.2.21)

였던 비소설(논픽션) 부문에서도 18.6%의 성장세를 보였다. 인문 부문에서도 19%나 성장하였다.[43] 이같은 성장률은 교보문고라는 특정 서점에서 이뤄진 결과지만, 이 서점이 전국에 판매망을 갖고 있을 뿐 아니라 그동안 매출 추이에서 일반적인 독서경향을 반영해 왔다는 점에서 의미있는 수치라고 보여진다.

같은 기사에서 교보문고의 판매 전략 키워드를 제시하고 있는데 그것은 바로 『블루오션 전략』이었다. 연간 베스트셀러 목록 5위에 꼽힌 『블루오션 전략』은 상반기 등장 이래 하반기까지 독서 시장에 힘을 발휘하였다. 기술 혁신이 아닌 '가치 혁신'을 주장하며 질적으로 전혀 다른 시장의 개척을 촉구한 '블루오션'은 기업과 직장인들 뿐 아니라 주부, 학생들에게도 참신한 화두로 떠올랐다. 기존의 치열한 경쟁에서 벗어나, 남다른 분야에 주목하라는 '블루오션' 전략이 침체된 사회 분위기에 돌파구 역할을 했다는 평가였다.

또한 2005년 교보문고 매출 신장을 이끈 문학 부문의 대표적인 작품은 댄 브라운의 소설 『다빈치 코드』와 미하일 엔데의 『모모』였다. 전 세계적으로 24,000,000권이 팔린 『다빈치 코드』는 국내에서도 2,400,000부가 팔렸고, 해설서, 반대서, 그리고 유사한 구도의 책들까지 연쇄 반응을 일으켰다. 종합 50위 내에서 국내 저작은 절반이 못되는 22종(2001년엔 27종)으로, 몇 년 사이 베스트셀러에서 외국 저자가 차지하는 비중은 계속 높아지고 있음을 보여주었다.[44]

참고로 다음 <표 21>의 2004년 '문화체육관광부' 출판 통계 현황을 보면, 2003년에 비해 신간 발행 종수에서 철학, 종교, 기술과학, 어학,

---

43) 인문 부문에서는 『선택의 심리학』, 『설득의 심리학』, 『스키너의 심리상자 열기』 등 개인과 사회를 심리학의 관점에서 분석한 책들이 주목받았다(<올해 책 20% 더 읽었다 교보 전국 집계>, ≪조선일보≫, 2005.12.14).

44) <올해 책 20% 더 읽었다 교보 전국 집계>(≪조선일보≫, 2005.12)

학습참고, 만화 등이 감소율을 보였고 대부분이 인문학 서적류가 증가했음을 알 수 있다. 신간 발행 부수도 유사한 현상을 보이는데 특히 학습참고, 만화가 전 시기나 그 이후의 시기에 비해서 하강세를 보였다는 점은 특기할 만하다.

〈표 21〉 2004년 '문화체육관광부' 출판 통계 현황(기간 : 2004.1.1~12.31)

| 구분 | 신간 발행 종수 | | | 신간 발행 부수 | | |
|---|---|---|---|---|---|---|
| | 2004 | 2003 | 증감률 | 2004 | 2003 | 증감률 |
| 총 류 | 297종 | 152종 | 95.3% | 819,112부 | 253,620부 | 222.9% |
| 철 학 | 584종 | 609종 | ▼4.1% | 1,220,873부 | 1,217,705부 | 0.2% |
| 종 교 | 1,181종 | 1,240종 | ▼4.7% | 3,453,400부 | 3,331,384부 | 3.6% |
| 사회과학 | 4,651종 | 4,125종 | 12.7% | 7,568,140부 | 6,497,882부 | 16.4% |
| 순수과학 | 514종 | 466종 | 10.3% | 781,391부 | 782,793부 | ▼0.1% |
| 기술과학 | 2,891종 | 3,330종 | ▼13.1% | 4,909,665부 | 6,273,954부 | ▼21.7% |
| 예 술 | 1,308종 | 1,205종 | 8.5% | 2,500,800부 | 2,247,908부 | 11.2% |
| 어 학 | 1,503종 | 1,512종 | ▼0.5% | 4,461,121부 | 4,370,995부 | 2% |
| 문 학 | 6,070종 | 5,586종 | 8.6% | 15,523,287부 | 14,664,291부 | 5.8% |
| 역 사 | 1,128종 | 915종 | 23.2% | 2,259,033부 | 1,898,494부 | 18.9% |
| 학습참고 | 1,485종 | 1,931종 | ▼23.0% | 17,254,384부 | 20,777,012부 | ▼16.9% |
| 아 동 | 5,915종 | 5,219종 | 13.3% | 21,345,314부 | 15,774,856부 | 35.3% |
| 계 | 27,527종 | 26,290종 | 4.7% | 82,096,520부 | 78,090,894부 | 5.1% |
| 만 화 | 7,867종 | 9,081종 | ▼13.3% | 26,862,030부 | 33,359,330부 | ▼19.4% |
| 총 계 | 35,394종 | 35,371종 | 0.1% | 108,958,550부 | 111,450,224부 | ▼2.2% |

* 출처: 문화관광체육부(http://www.mcst.go.kr/main.jsp)의 통계 자료

(2) 자기계발과 '새 직업' 관련서 인기

독서시장의 주류라 할 수 있는 20, 30대의 책 선택은 전체 독서층의 주경향을 드러낸다고도 할 수 있다. 2001년 인터넷 서점 알라딘이 당시 온라인으로 20~30대 독자들의 도서 구입 상황을 세대별 또는 성별 특성으로 분석하였는데. <2030세대의 책 선택>(≪조선일보≫,

2001.9.26)에서 그 결과를 제시하고 있다.

그 내용을 요약하면 먼저 대학 재학생과 사회에 갓나온 20대들의 경우 토플 등 학습서를 많이 구입했으며, 30대들은 자녀들을 위한 어린이 책 구입율이 높았다. 성별에 따라 구매 도서에서도 차이를 드러냈다. 20대 남성들은 영어 단어 학습 교재인 『콜린스 코빌드 영어사전』을 가장 많이 사 본 반면, 여성들은 스펜서 존스의 베스트셀러인 『누가 내 치즈를 옮겼을까』가 베스트셀러 1위였다. 20대 남성들이 외국어와 컴퓨터 서적을 주로 구입한 데 비해,

## 20대는 '자기계발 책' 고른다

### 2030세대의 책 선택

토플 등 학습서 선호
30대는 자녀 위한 책
여성은 소설·에세이

'20대는 자기계발, 30대는 가족의 미래!'

2030들이 책을 고르는 이유다. 그들은 과연 무슨 책을 읽고 있을까? 인터넷 서점 알라딘(대표 조유식)이 지난 8월 한 달 동안 온라인으로 20~30대 독자들의 도서 구입 행태를 분석해 보니, 세대별 또는 성별 특성을 보여주는 재미있는 결과들이 추출됐다.

조사 결과 전체적 양상은, 대학 재학생과 사회에 갓 발을 디디게 되는 20대들의 경우 토플 등 학습서를 많이 구입했으며, 30대들은 자녀들을 위한 어린이책 구입비율이 높은 것으로 나타났다.

성별에 따라 구매 도서에서도 차이를 드러냈다. 20대 남성들은 영어단어 학습교재인 '콜린스 코빌드 영어사전'을 가장 많이 사본 반면, 여성들은 스펜서 존스의 장기 베스트셀러인 '누가 내 치즈를 옮겼을까'를 베스트셀러 1위로 선택했다.

20대 남성들이 외국어와 컴퓨터 서적을 주로 구입한 데 비해, 여성들은 '거울' '호밀밭의 파수꾼' 등 소설과 에세이류를 선호했다.

미남 탤런트 원빈의 영상 화보집이 20대 여성 베스트 16위에 오른 것도 눈길을 끌었다.

20대가 자기 중심적 책을 선택한 반면, 30대들은 사회생활에 도움을 주는 책이나 자녀를 위한 책을 많이 골랐다. 30대 남성의 경우 베스트셀러 1위에 오른 '경호'를 비롯 베스트 10 가운데 6권이 경제·경영서와 자기 계발서였다. 반면 기혼여성이 다수를 차지하는 30대 여성들은 20~30대 남성은 물론 동성의 20대들과도 확연하게 다른 도서 선택 양상을 보였다. '언제까지나 너를 사랑해' 등 무려 19권의 어린이 책이 베스트셀러 상위 30위 안에 포진, 주로 자녀에게 읽힐 책을 사는 것으로 나타났다. 반면 30위권 안에 소설은 '바이올렛' 단 한 권밖에 되지 않았다. /김태훈기자

[그림 95] 〈2030세대의 책 선택〉
(≪조선일보≫, 2001.9.26)

여성들은 『거울』, 『호밀밭의 파수꾼』 등 소설과 에세이류를 선호했다. 이를 보면 20대가 자기중심적인 책을 선택한 반면, 30대들은 사회생활에 도움을 주는 책이나 자녀를 위한 책을 많이 골랐다고 할 수 있다.

30대 남성의 경우 베스트셀러 1위에 오른 『경호』를 비롯하여 베스트10 가운데 6권이 경제·경영서와 자기계발서로 나타났다. 30대 여성들은 20~30대 남성, 20대 여성들과도 확연한 차이를 보였다. 『언제까지나 너를 사랑해』 등 무려 19권의 어린이 책이 베스트셀러 상위 30위 안에 있어 주로 자녀에게 읽힐 책을 사는 것으로 나타났다. 30위권 안에 소설은 『바이올렛』 단 한 권밖에 되지 않았다고 한다. 기혼 여성이 다수인 연령대라는 점에서 기인한 것이라 할 수 있다.

〈표 22〉 20대 남자 베스트셀러 10

| 순위 | 도서명 | 출판사 | 분야 |
|---|---|---|---|
| 1 | Collins Cobuild English Dictionary for Advanced learners | Harper Collins | 어학학습 |
| 2 | 너 그거 아니? | 문학세계사 | 실용 상식 |
| 3 | B급 좌파 | 야간비행 | 에세이 |
| 4 | The Blue Day Book | 바다출판사 | 사진 에세이 |
| 5 | 이윤기의 그리스 로마 신화 | 웅진닷컴 | 인문 교양 |
| 6 | 누가 내 치즈를 옮겼을까? | 진명출판사 | 경제 경영 |
| 7 | 한 권으로 끝내는 투자상담사 2종 핵심예상 문제집 | 한언 | 수험서 |
| 8 | TOEIC 답이 보인다 | 김영사 | 어학학습 |
| 9 | 생명의 삶 | 두란노 | 종교 월간지 |
| 10 | Hackers TOEFL Grammar | 해커스 어학연구소 | 어학학습 |

〈표 23〉 20대 여자 베스트셀러 10

| 순위 | 도서명 | 출판사 | 분야 |
|---|---|---|---|
| 1 | 누가 내 치즈를 옮겼을까? | 진명출판사 | 경제 경영 |
| 2 | The Blue Day Book | 바다출판사 | 사진 에세이 |
| 3 | 이윤기의 그리스 로마 신화 | 웅진닷컴 | 인문 교양 |
| 4 | 거울 | 이레 | 수필 |
| 5 | 바이올렛 | 문학동네 | 소설 |
| 6 | 경호! | 21세기북스 | 경제 경영 |
| 7 | 너 그거 아니? | 문학세계사 | 실용 상식 |
| 8 | 호밀밭의 파수꾼 | 민음사 | 소설 |
| 9 | 두드려 보아요! | 사계절 | 아동 |
| 10 | EBS 수능출제유형분석 외국어영역 | 디딤돌 | 수험서 |

〈표 24〉 30대 남자 베스트셀러 10

| 순위 | 도서명 | 출판사 | 분야 |
|---|---|---|---|
| 1 | 경호! | 21세기북스 | 경제 경영 |
| 2 | 너 그거 아니? | 문학세계사 | 실용 상식 |
| 3 | 누가 내 치즈를 옮겼을까? | 진명출판사 | 경제 경영 |
| 4 | 바보들은 항상 최선을 다했다고 말한다 | 한언 | 경제 경영 |
| 5 | B급 좌파 | 야간비행 | 에세이 |
| 6 | 신뢰경영과 서번트 리더십 | 엘테크 | 경제 경영 |
| 7 | The Blue Day Book | 바다출판사 | 사진 에세이 |
| 8 | CEO 안철수 영혼이 있는 승부 | 김영사 | 경제 경영 |

| | | | |
|---|---|---|---|
| 9 | 좋은생각 | 좋은생각 | 교양 월간지 |
| 10 | 이윤기의 그리스 로마 신화 | 웅진닷컴 | 인문 교양 |

〈표 25〉 30대 여자 베스트셀러 10

| 순위 | 도서명 | 출판사 | 분야 |
|---|---|---|---|
| 1 | 언제까지나 너를 사랑해 | 북뱅크 | 아동 |
| 2 | 누가 내 머리에 똥쌌어? | 사계절 | 아동 |
| 3 | 이윤기의 그리스 로마 신화 | 웅진닷컴 | 인문 교양 |
| 4 | 영어그림책으로 시작하는 자신만만 유아영어 | 한울림 | 유아용 영어학습서 |
| 5 | 두드려 보아요 | 사계절 | 아동 |
| 6 | 누가 내 치즈를 옮겼을까? | 진명출판사 | 경제 경영 |
| 7 | 만화로 보는 그리스 로마 신화 6 | 가나출판사 | 아동 교양만화 |
| 8 | The Blue Day Book | 바다출판사 | 사진 에세이 |
| 9 | 만화로 보는 그리스 로마 신화 5 | 가나출판사 | 아동 교양만화 |
| 10 | 만화로 보는 그리스 로마 신화 4 | 가나출판사 | 아동 교양만화 |

*[표 22]~[표 25] 출처: 〈2030세대의 책 선택〉(≪조선일보≫, 2001.9.26 재인용)

한편 <인터넷 서점 '새직업' 관련서 인기>(≪조선일보≫, 2003.10.25)에서는 인터넷 서점 알라딘(www.aladdin.co.kr)이 조사한 '인기 검색어 순위'에 비친 독서경향을 분석하였다. 이를 보면 『해리포터』, 『나무』, 『민음사 베스트 컬렉션』, 『삼국지』, 『냉정과 열정 사이』 순이었다. 『냉정과 열정 사이』(5위) 『대장금』(7위)처럼 영화·드라마와 책의 동반 상승은 매체 간 시너지 효과를 보여주었다. 『나무』(2위), 『뇌』(22위), 『개미』(27위) 등 베르베르 작품이 인기였고, '이문열'(54위) '이윤기'(60위), 일본작가 '하루키'(75위)가 관심을 모았다. 한편 직장인들의 경우 '부동산'(40위), '재정국어'(57위), '교육학'(62위), '공인중개사'(91위) 등의 검색 빈도가 높았다. 직장인들은 20대 후반~40대 초반의 웹서점 주이용자들로서 '새직업' 관련서에 관심을 갖고 있음을 보여준다. 이는 경쟁과 명퇴의 압력에 시달리는 세태를 반영한 것이라 풀이될 수 있다.

### (3) 다매체 시대의 멀티미디어 북

2000년대에는 컴퓨터 인구가 급속도로 늘어나면서 N세대를 겨냥한 전자책이 잇따라 선보였다. 국내 전자책 시장은 2000년 당시 1,000,000,000원 정도였다. 예스24(http://www.yes24.com)는 이미 구효서의 『정별(情別)』, 이순원의 『모델』, 이인화의 『려인(麗人)』을 발표한 상태에서 중진작가 장편소설을 2001년 2월까지 e-북으로만 발표할 계획을 가지고 있었다. 당시 국내에서 e-북을 유료로 서비스하고 있는 곳은 한국전자북, 북토피아, 예스24 등 3곳뿐이었다. 나머지는 독자들의 눈길을 끌기 위해 대부분 무료 서비스였다. 무료인 『려인』은 5,700여 번의 다운로드, 3,000원인 「모델」은 5,000여 번의 다운로드를 기록하였다.45)

[그림 96] MP3로 다운로드할 수 있는 오디오북(≪중앙일보≫, 2000.8.16)

이와 함께 오디오 북이 다수 개발되기도 했다. 오디오북이란 한마디로 '귀로 읽는 책'이다. 테이프나 CD형식의 전통적인 오프라인 오디오북 외에도 디지털 기술의 발달과 함께 MP3로 책의 일부분을 다운받아 들을 수 있는 온라인상의 오디오북까지 나왔다. <오디오북 판매로 620만 달러 순익>(≪중앙일보≫, 2000.4.10)을 참고해 보면, 오디오북은 미국에서는 이미 2000년도 초기에 인기 분야였다. '미디어베이닷컴(http://www.Mediabay.com)' 같은 오디오북 판매 사이트가 바로 책을 들려주는 곳이었다. 시 낭송 뿐만 아니라 논픽션, 소설, 실용서, 미스터리, 경영서, 과학서, 전기, 아동도서 등 분야도 다양했다. 게다

---

45) <단말기 속속 개발 e-북 날개 단다>(≪중앙일보≫, 2000.9.25)

가 유명 작가나 배우들의 낭독으로 내용 전달의 효과도 컸다.

위의 기사에서 나타난 바, 미국에서 오디오북 시장의 규모는 1989년부터 매년 27%씩 성장해 1998년 당시만 해도 2,200,000,000달러의 대형 시장이 되었다. 최근 2007년도 미국 오디오 출판인협회(APA)에 따르면 미국 독서 인구의 25%가 일주일에 4.5시간씩 오디오 북을 청취하고 있다고 한다. 다운로드용 오디오 북은 전체 출판 시장의 12%를 차지할 정도로 활기를 띠었다. 그래미상에도 오디오북 경쟁 부문이 수위권에 올랐으며, 앞 시기까지는 원작을 축약한 것이 대부분이었으나 테이프 18개 짜리 『죄와 벌』이 나오는 등 원작을 그대로 녹음하는 형태로 바뀌고 있었다.

국내 오디오북은 1980년대에 부분적으로 시도되었으나 결국 각광을 받지 못했다. 그러다가 2006년도 '인티큐브'의 서비스가 시작되면서 활성화되기 시작했다. '인티큐브'는 전문 작가를 동원해 드라마, 콩트, 뉴스 등 다양한 형태로 콘텐트를 가공하여 흥미와 부가가치를 높였다. 2007년 당시 1,000여 종이 넘는 콘텐트를 제공하고 있었으며 매달 90여 편을 추가했다. 주로 실용서와 문학 중심으로서 은희경의 소설집 『아름다움이 나를 멸시한다』(창비)등은 반응이 높았다.46)

교보문고의 디지털 콘텐트 전문 사이트인 '제노마드'도 이 시장에 가세했다. 어학교재를 중심으로 두산동아, 커뮤니케이션 '토도' 등 전문 제작업체도 오디오북을 판매했다. 이처럼 오디오북이 인기를 끄는 것은 종이책이나 e-북에 비해 이용이 간편하고 가격이 상대적으로 낮았다는 점에 있었다. 문제는 제작시 저작권 확보와 별도 제작비가 들어간다는 점이었다. 하지만 출판계는 편의성이나 가격 대비 효과, 젊은 층 중심의 디지털 붐 등 그 잠재력으로 인해 오디오북 개척에 나

46) <오디오북 판매로 620만 달러 순익>(≪중앙일보≫, 2000.4.10)

섰다.47)

한편 컴퓨터나 개인휴대단말기(PDA) 등을 통해 읽을 수 있는 전자(e) 책이 일반 독자들에게 다가가고 있었다. 이전만 해도 대학 도서관이 전자책의 주요 고객이었으나 2004년도부터 전자책을 선택하는 독자가 부쩍 늘었다. 전자책이 각광을 받게 된 것은 종이책을 들고 다니지 않아도 언제 어디서나 쉽게 독서를 할 수 있다는 데 기인한다. 어디 가나 컴퓨터를 대할 수 있고, PDA, 휴대폰이 일반화된 시대였기에 가능한 일이었고 전자책 가격이 종이책 가격의 절반에도 못 미친다는 점도 영향을 끼쳤다. 북토피아와 바로북, e북21닷컴, 고e북 등 10여 개의 전자책 업체가 있었다.48)

여기에 북텔러 붐도 일었다. '북텔러'는 말 그대로 '책 읽어주는 사람'이다. 북텔러는 '녹음하기 위해 책을 읽는 낭독자'를 가리키는 경우로서 '나레이터', '스토리텔러' 등으로도 불리웠다. 북텔러는 대개 책의 저자나 성우, 배우들이었다. 당시 연극배우가 녹음한 『가시고기』는 대중에게 인기리에 들려졌다. 국내 오디오북 시장이 활성화되면서 '북텔러 스타'를 꿈꾸는 이들이 등장하는 현상도 보였다. 북텔러는 1970년대 박인환의 「목마와 숙녀」 등의 시 낭송집이 그 원조라고도 할 수 있다. 하지만 본격적인 시장이 형성된 것은 2000년도부터이다. 전문업체인 '오딧세이닷컴(http://www.audisay.com)'이 『영어공부 절대로 하지 마라』, 『가시고기』, 『김홍경 동양의학특강』 등 베스트셀러를 60% 정도로 축약해 두개의 테이프에 담은 오디오북들은 5,000~10,000부씩 팔렸다. '소리아(http://www.sorea.com)'와 '사운드북스(http://www.sbooks.co.kr)'도 공지영의 소설 『존재는 눈물을 흘린다』나 라디오극 형식의 『그리스 로마 신화』 등 다양한 책들을 선보였다.49)

---

47) <MP3로 듣는 오디오 북 뜬다>(≪중앙일보≫, 2007.7.18)
48) <꽃피는 전자책 시장>(≪중앙일보≫, 2005.5.16)

'듣는 책' '오디오북은 테이프나 CD, MP3 파일 형태는 물론, 시집, 경영서, 요리책' 등 그 내용이 다양했다.

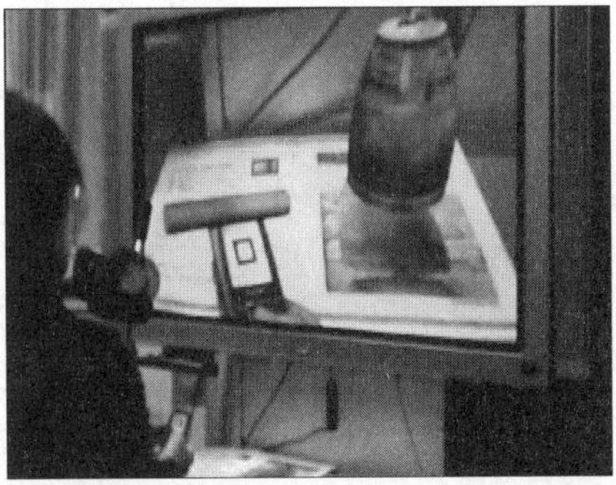

[그림 97] 범종에 관한 내용의 디지로그북에서는 컴퓨터로 내부도 볼 수 있고, 종소리도 들을 수 있다(〈디지로그 북이 책의 미래다〉, ≪중앙일보≫, 2008.3.7).

그런데 하나 흥미로운 것은 최근에 미래의 책으로 '디지로그북'이라는 신조어가 생겼났다는 점이다. '디지로그 북'은 디지털(전자)과 아날로그(종이)를 겸비한 책이라는 뜻으로 쓴 조어다. <디지로그 북이 책의 미래다>(≪중앙일보≫, 2008.3.7)에서 그 구체적인 내용들을 볼 수 있다. 광주과학기술원 '문화콘텐츠기술연구소'가 제작한 디지로그북 『범종』과 『운주사』가 그 예인데, 책을 읽는 사람은 『범종』의 종이 책장을 넘기면서 컴퓨터로 책에 나오는 에밀레종의 종을 쳐 그 종소리를 들을 수도, 내부 모습을 들여다볼 수도 있다. 책에 나오는 그림을 컴퓨터에 달린 카메라가 촬영한 후 컴퓨터에 보내 독자가 원하는 내용을 찾아볼 수 있도록 꾸몄기 때문이다. 컴퓨터는 책의 그림을 알아보고, 컴퓨터 속에 저장해 놓은 각종 문화재의 입체 영상을 꺼내 독자가 조작해 볼 수 있도록 한 것이다. 이 기사에서는 전자책은 보관이 용이하고, 애니메이션이나 동영상을 넣을 수 있지만 만질 수는 없는 단점이 있다고 지적했다. 즉 존재감을 느낄 수 없지만 복사가 용이하다는 것이다. 반면에 종이책은 존재감이 있고, 원본이 있으나 소장이 불편하고, 재인쇄하지 않는 이상 새로운 내용을 추가

49) <지루한 책도 귀에 쏙쏙…'북텔러' 인기>(≪중앙일보≫, 2001.6.8)

하기 어렵다는 단점이 있다. 그래서 디지로그북은 그 단점을 보완하고 두 가지 장점을 결합한 미래형 책이라는 것이다. 그야말로 다매체 시대의 멀티미디어 북인 셈이다.

### (4) 여행 산문집, 근대조명의 서적 인기, 비주류 베스트셀러

2000년대 독서경향의 또 다른 특징은 여행 산문집과 근대 조명의 서적이 인기를 끌었고, 만화·팬터지·탐정소설 등 기존에 베스트셀러로서는 비주류였던 분야가 새롭게 부상했다는 점이다.

먼저 2000년도 초기에는 여행도서 시장이 풍성했다. 이에 대해 『출판저널』 11월호에서는 1990년대 1세대 배낭족들이 출판계에 대거 진출하고, 인터넷 여행 정보 확산으로 단순한 자료 대신 '깊이'와 '이색 체험'을 추구하려는 '신 여행문화'가 인기 요인으로 작용했다고 분석했다. 그 예를 들자면 『하늘 호수로 떠난 여행』(류시화), 『한비야의 중국 견문록』, 『공지영의 수도원 기행』 같은 스테디셀러와 함께, 『사라져가는 오지마을을 찾아서』(이용한), 『포구기행』(곽재구), 『그리고 삶은 나의 것이 되었다』(전경린) 같은 여행 '산문집'이 애독서 목록에 올랐고, 『영국 바뀌지 않아도 행복한 나라』처럼 장기 체류자의 교감이 있는 책도 독자들의 사랑을 받았다.50)

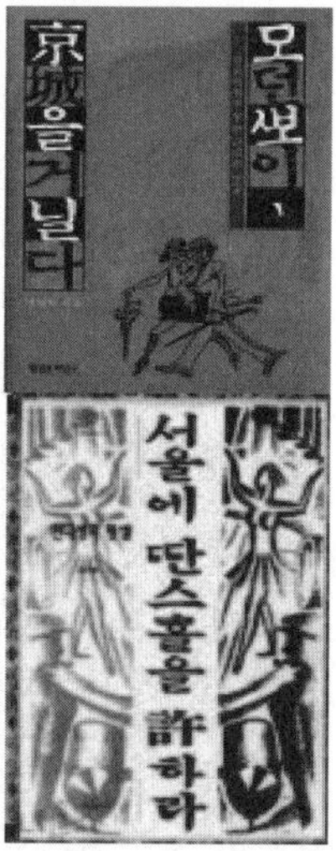

[그림 98] 근대 관련 서적들

한편 인문사회 부문에서 근대사를 색다른 시각으로 엮은 책들이 인기였다.51) 『근대의 책읽기』, 『연애의 시대』, 『서울에 딴스홀을 허하라』,

50) <여행 산문집 '시즌'을 초월한 인기>(≪중앙일보≫, 2003.11.22)
51) <톱 셀러 이야기>(≪중앙일보≫, 2003.11.29)

『모던뽀이, 경성을 거닐다』 등은 1920~30년대 근대의 다양한 사회 문화사들을 조명한 서적들로서 2000년대 후반기인 지금도 그 붐이 지속되고 있다.

또한 2002년도 인터넷 서점 알라딘의 베스트셀러 1위는 만화였고, 2위는 팬터지였으며, 3위는 탐정소설이었다. 만화의 경우 알라딘 한 곳에서만 60,000부 넘게 팔린 『만화로 보는 그리스 로마 신화』 시리즈는 2002년도 최고의 베스트셀러였다. 2위는 『반지의 제왕』 시리즈로 약 30,000부가 팔려 해리 포터 시리즈에 이은 팬터지의 강세를 보여줬다. 3위는 『셜록 홈즈 전집』으로 20,000부 가량 팔렸다. 역시 아이들이나 읽던 탐정소설이 처음으로 베스트셀러에 오른 경우였다. 그간 비주류에 속했던 만화, 팬터지, 탐정소설의 득세는 출판시장의 대전환을 의미했다.

통계로 보는 출판동네

만화·팬터지·탐정소설 등 '비주류'가 베스트셀러 부상

[그림 99] 〈만화 · 팬터지 · 탐정소설 등 '비주류'가 베스트셀러 부상〉(≪중앙일보≫, 2002.12.21)

2002년 출판 시장의 또 하나의 특징은 TV, 영화, 공연예술 등 미디어의 영향을 강하게 받았다는 점이다. 우선 TV의 독서 프로그램에서 추천한 책들이 모두 베스트셀러가 되었다. 『아홉살 인생』이 7위에 오른 것을 비롯, 『괭이부리말 아이들』, 『이윤기의 그리스 로마 신화』, 『신경림의 시인을 찾아서』, 『봉순이 언니』, 『연탄길』, 『무량수전 배흘림 기둥에 기대서서』 등 무려 7권이 상위 20위 안에 진출했다. 또 팬터지 매니어들만 보던 『반지의 제왕』이 영화와 시너지 작용을 일으켰으며, 뮤지컬의 성공으로 『오페라의 유령』도 널리 읽혔다.52)

또한 2000년대 초에는 베스트셀러 중에 신간 서적이 많지 않았다는 점도 특징적이다. 일례로 20위 안에서 2001년 하반기 이후 출간된 신간은 『만화로 보는 그리스 로마 신화』, 『셜록 홈즈 전집』, 『살아 있는 한국사 교과서』, 『뇌』, 『이윤기의 그리스 로마 신화2』, 『화』 등 6권에 그쳤다. 30위까지 보아도 『당신들의 대한민국』 한 권이 올라 있었으며, 40위까지 가서야 『달라이 라마의 행복론』이 추가될 뿐이었다. 갈수록 베스트셀러 만들기가 어려워진 것이다.[53]

## 2) 학생 독서경향

### (1) 통계로 본 독서경향

문화관광체육부의 2007년 '국민독서실태조사' 중 학생 독서 통계에서 최근 우리나라 학생들의 독서율, 독서시간, 독서 환경 등의 현황을 살펴볼 수 있다. 다음의 내용은 문화체육관광부의 홈페이지(http://www.mcst.go.kr) 통계자료를 참고한 것으로서 전반적인 독서경향을 요약하여 제시한 것이다.

먼저 독서율을 보면, 초·중·고생 한 학기 독서율은 90.6%로 2002년 이후 별 차이가 없었으며 과거 조사 결과와 마찬가지로 초·중·고 순으로 학교급이 높아질수록 독서율이 낮아지는 것으로 나타났다. 학생의 한 학기 독서량은 13.5권으로 2006년(14.0권)과 비교해 0.5권 감소했다. 초등학생 22.4권, 중학생 10.7권, 고등학생 7.4권으로 2006년에 비해 초등학생의 독서량 감소폭이 다소 큰 편이었다. 통계 자료에서는 컴퓨터, 게임 등 다른 매체 이용 증가가 영향을 미친 것으로 추정했다.

---

52) <만화 · 팬터지 · 탐정소설 등 '비주류'가 베스트셀러 부상>(≪중앙일보≫, 2002. 12.21)

53) <만화 · 팬터지 · 탐정소설 등 '비주류'가 베스트셀러 부상>(≪중앙일보≫, 2002. 12.21)

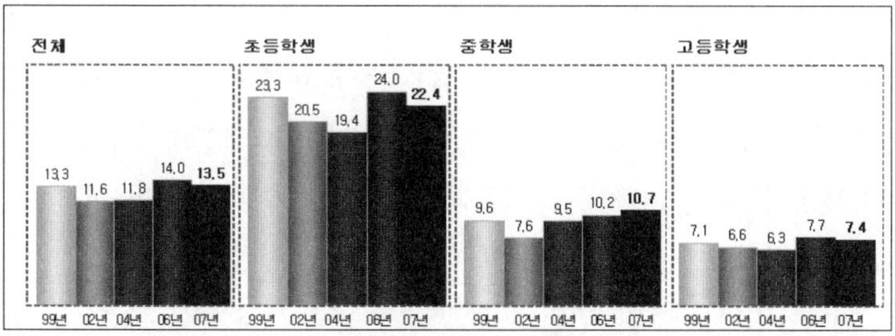


[그림 100] 학생 독서량 연도별 비교 (단위 : 권)
[출처 : 문화관광체육부(http://www.mcst.go.kr/main.jsp)의 통계 자료]

학생들의 독서시간은 독서량과 마찬가지로 학교급이 낮을수록 상대적으로 많은 것으로 나타났다. 여기에서 독서시간은 만화, 잡지, 신문을 제외한 '일반도서' 독서 시간을 기준으로 하는데 평일 독서시간은 45분, 주말 독서시간은 51분이었다. 여가 활용시 독서의 비중을 보면, 성인, 초등학생, 고등학생, 중학생 순으로 드러났다.

| 순위 | 성인 | | 순위 | 초등학생 | | 순위 | 중학생 | | 순위 | 고등학생 | |
|---|---|---|---|---|---|---|---|---|---|---|---|
| 1 | TV시청 | 24.1 | 1 | TV보기 | 18.6 | 1 | TV보기 | 14.3 | 1 | TV보기 | 14.3 |
| 2 | **책읽기** | **9.6** | 2 | 컴퓨터 게임(집) | 16.9 | 2 | 컴퓨터 게임(집) | 14.1 | 2 | 인터넷하기 | 13.3 |
| 3 | 인터넷하기 | 9.0 | 3 | **책읽기** | **10.5** | 3 | 인터넷하기 | 10.9 | 3 | 컴퓨터 게임(집) | 10.2 |
| 4 | 신문/잡지읽기 | 7.1 | 4 | 친구들과 어울림 | 8.1 | 4 | 음악감상 | 8.9 | 4 | 음악감상 | 8.0 |
| 5 | 수면/휴식 | 6.9 | 5 | 인터넷하기 | 7.8 | 5 | 친구들과 어울림 | 7.1 | 5 | **책읽기** | **6.9** |
| 6 | 친구,동료모임/대화 | 4.8 | 6 | 만화책읽기 | 6.1 | 6 | 핸드폰 이용하기 | 6.9 | 6 | 케이블/위성방송보기 | 6.1 |
| 7 | 체력단련/운동 | 4.4 | 7 | 음악감상 | 4.8 | 7 | **책읽기** | **5.9** | 7 | 핸드폰 이용하기 | 5.9 |
| 8 | 등산/낚시 | 3.7 | 8 | 핸드폰 이용하기 | 3.7 | 8 | 수면/휴식 | 5.6 | 8 | 수면/휴식 | 5.9 |
| 9 | 영화관람 | 3.6 | 9 | 그림 그리기 | 3.0 | 9 | 케이블/위성방송보기 | 3.8 | 9 | 친구들과 어울림 | 5.7 |
| 10 | 종교활동 | 3.1 | 10 | 수면/휴식 | 2.9 | 10 | PC방 가기 | 3.3 | 10 | 영화관람 | 3.9 |

[그림 101] 여가 활용시 독서시간 (단위 : %)
[출처 : 문화관광체육부(http://www.mcst.go.kr/main.jsp)의 통계 자료]

분야별 도서 선호도는 중고생의 경우 문학도서(42.7%), 만화 · 무협지(23.7%), 실용 · 취미도서(20.9%), 교양도서(10.5%), 기타(0.8%) 등으로 나타났으며, 초등생 중 남학생은 오락용 만화(18%), 학습용 만화(14.7%), 위인전(12.8%), 역사(11.6%), 과학(10.2%) 순으로 나타났다. 초등생 여학생은 어린이 소설(17.5%), 오락용 만화(12%), 학습용 만화(11.3%), 전래동화(8.7%), 취미(7.8%) 순이었다. 여기에서 학교급이 낮을수록 만화에, 높을수록 문학류에 경도되는 현상을 볼 수 있다.

독서환경면을 보면, 먼저 가정의 경우 가족간에 독서 관련의 대화를 자주 한다는 응답이 성인 17.1%, 학생 14.4%로 나타났는데, 이것은 가정에서의 독서 대화가 부족하다는 것을 보여준다. 자녀 독서에 대한 학부모 관심도는 상급 학교로 갈수록 낮아지는 것으로 나타났는데 입시와 직면한 시기라는 데서 기인한 것이라 하겠다.

사회적 독서환경은 독서공간보다는 대중문화 공간이 더 많은 것으로 나타났다. 일례로 집 주변 여가시설은 PC방→노래방→비디오대여점→서점→도서대여점 순으로 사회적인 독서환경이 열악한 상태에 있음을 보여준다. 또한 공공도서관 이용실태를 보면 1년간 공공도서관을 이용해 본 적이 있다는 응답은 성인 33.3%(2006년 31.2%), 학생 52.6%(2006년 51%)로 나타났다. 특히 학생의 공공도서관 이용률은 중학생 56.9%, 초등생 55.5%, 고교생 45.7%이었다.

학교 독서환경을 보면, 조사대상 학생들 중 '학교도서관이 있다'고 응답한 학생들이 95%이나, 실제로 '학교도서관을 이용한다'는 학생은 65%로, 이전 연도별 학교도서관 이용률이 2002년(53.8%), 2004년(70.7%), 2006년(76%)로 나타났던 것을 보면 2006년까지 유지되던 상승세가 하락세로 반전하고 있음을 드러낸다. 학생들은 학교도서관을 이용하지 않는 이유를 '읽을 만한 책이 없다'(38.1%), '마음대로 이용할 수 없다'(8.5%), '대출이 불가능하다'(2.5%), '사서 선생님이 안 계신다'(2.3%) 순으로 들었다. 이를 보면 학교도서관은 장서면에서나 독서지도면에서나 모두 미흡한 상태임을 알 수 있다. 교사들의 독서권장은 초(59.9%), 중(54%), 고(45.6%) 순으로 나타나 입시와 직결되어 있는 상급학교일수록 독서지도가 소홀했다. 학교에서의 독서지도는 독후감 쓰기(57.7%), 도서관 이용 · 도서 분류(19.4%), 책 선택과 읽는 방법(15%), 독서토론회 및 발표(10.3%) 순으로 독후감 쓰기라는 전통적인 방식이 여전히 지배적인 독서지도 방법으로 교육되고 있음을 볼 수 있다.[54)]

### (2) 어린이 책 출판 분야 수위권, 전집류와 만화붐

2002년도 '대한출판문화협회'가 발표한 '2001년 출판통계'를 보면 2001년도에 나온 모든 책들 가운데 어린이 책이 발행 종수(種數)에서 가장 높은 증가율(전년도 대비)을 기록했다. 발행 종수는 17%, 발행 부수는 10.2%가 늘어났다. 어린이 책이 약진한 반면, 출판 시장 전체로는 발행된 책의 종수가 오히려 줄어들었다. 2001년 발행된 책은 총 34,279종, 117,170,000부였다. 2002년도는 그에 비해 종수는 1.9% 감소했고, 부수는 3.7%로 소폭 증가에 그쳤다. 발행 종수 가운데 가장 큰 비중을 차지한 분야는 만화로 전체의 26.5%였다. 만화 다음으로는 문학 14%, 아동 13.8%, 사회과학 12.1% 순이었다. 발행 종수의 증감률을 비교해 보면, 아동도서에 이어 어학이 7.7%로 2위를 차지했다. 인문, 예술, 과학, 철학, 종교 등 나머지 분야의 책들은 일제히 감소세를 기록했고, 발행 부수 면에서는 학습 참고서와 어학서가 각각 36.2%와 22.7% 증가해 1, 2위에 올랐다.[55)]

<요즘은 아이들 책만 팔린다>(≪중앙일보≫, 2008.2.2)에는 2007년도에 국립중앙도서관, 문화체육관광부, 국회도서관에 납본된 도서 자

---

54) 이상의 내용은 문화관광체육부(http://www.mcst.go.kr/main.jsp)의 2007년 '국민독서실태조사' 자료를 참고한 것임을 밝힌다.

55) <출판시장과 시대조류>(≪중앙일보≫, 2002.1.12)

요즘은 아이들 책만 팔린다

1년새 발행부수 168.9% 늘어

386세대는 자녀 독서 교육을 위해 전집을 많이 산다?
지난해 발행된 신간 도서는 발행 부수에서 2006년 대비 17% 증가했으나 그 대부분이 아동 분야 도서였던 것으로 나타났다. 대한출판문화협회(회장 박맹호·이하 출협)가 2007년 국립중앙도서관, 문화관광부, 국회도서관에 납본한 도서 자료를 집계한 결과다.
이 분석에 따르면 지난해 발간된 신간도서는 총 4만1094종에 1억3250만3119부. 발행 종수에선 2006년 대비 9.7% 줄었으나 부수는 17.1% 늘었다. 부수가

신간 발행 부수 현황

| 구분 | 신간 발행 부수(단위:만부) | | 증감율(%) |
|---|---|---|---|
| 철학 | 169 | 212 | 25.3 |
| 사회과학 | 994 | 930 | -6.4 |
| 예술 | 293 | 207 | -29.2 |
| 문학 | 2113 | 1732 | -18.0 |
| 역사 | 245 | 187 | -23.8 |
| 아동 | 2110 | 5674 | 168.9 |

자료:대한출판문화협회

지난해 책 한 권의 평균가격은 1만1872원으로 전년 대비 2.8% 늘었다. 권당 평균 면수는 266쪽이었다.
이은주 기자 julee@joongang.co.kr

[그림 102] 〈요즘은 아이들 책만 팔린다〉(≪중앙일보≫, 2008.2.2)

료 집계 결과가 제시되어 있다. 이 통계를 보아도 어린이 대상의 책들이 상승세를 보인다. 내용에 의하면 2007년도 발행된 신간 도서는 발행 부수에서 2006년과 대비해 17% 증가했으나 그 대부분이 아동 분야 도서로 나타났다. 이 분석에 따르면 2006년도에 발간된 신간 도서는 총 41,094종에 132,503,119부였다. 발행 종수에선 2006년 대비 9.7% 줄었으나 부수는 17.1% 늘었다. 부수가 가장 많이 늘어난 분야는 아동도서로 총 56,747,059부가 발행돼 2006년보다 168.9%나 늘었다. 전체 발행 부수의 절반 이상(50.16%)을 차지하는 수치였다. 출협은 "대표적인 독서문화세대인 386세대가 자녀의 독서교육을 중시하기 때문"이라며 "홈쇼핑 판매와 전집 등 방문 판매가 활성화된 것도 영향을 미친 것으로 보인다"고 분석했다. 아동도서 다음으로는 만화(15.99%), 문학(15.31%), 학습참고(11.85%), 사회과학(8.22%) 분야 순이었다. 이에 비해 순수과학·기술과학·예술·어학·역사 분야 도서는 발행 종수와 부수 모두 감소했다.[56]

한편 2004년도부터 아동용 전집류도 다시 부활하는 기색을 보였다. 『수학 개념동화』(교원), 『소설 삼국지』(교원), 『재미모리 동동』(한솔교육), 『마주보는 인물이야기』(한솔교육), 『호롱불 옛이야기』(웅진닷컴), 『도토리 세계명작』(웅진닷컴), 『크니크니 동화나라』(금성출판

56) <요즘은 아이들 책만 팔린다>(≪중앙일보≫, 2008.2.2)

사), 『애니메이션 시리즈』(금성출판사), 『교양학습만화 조선왕조 500년』(금성출판사) 등 전집류들이 인기를 얻은 것이다. 아동 전집류 시장은 하락세를 보이는 분야였다. 그러나 새로이 인기를 얻자 업계는 다투어 아동 전집 출판에 나섰다. 수십 권으로 된 전집 중 일부만 추려 판매하는 옵션 판매제도 새로 도입되었고 기존의 무겁고 두꺼운 양장본도 얄팍하게 바뀌었다. 디자인도 다양화해져 외관이 보다 세련된 전집이 출판되기 시작했다.[57] 이와 더불어 만화붐도 여전했다. 2007년 '한국출판마케팅연구소'가 발표한 '2000~2006년 밀리언셀러' 목록에 따르면 500만부 이상 팔린 책 7종 중 5종이 만화였다. 같은 기간 중 100만부 이상 팔린 밀리언셀러는 모두 60종이었다. 이중 1위는 『해리포터』 시리즈와 『만화로 보는 그리스 로마 신화』로 각각 2000만부씩 팔렸다. 그 뒤는 『Why』시리즈(850만부), 『신기한 스쿨버스』(700만부), 『마법천자문』(600만부), 『서바이벌 만화과학상식』(530만부), 『코믹메이플 스토리』(500만부) 순이었다.[58] 전집류는 중국 등 해외로 수출되어 출판 전망을 보였다.

### (3) 불황 없는 학습지 시장

2000대에 들어 토론식 국어 학습이 유·초등 학습지 시장에 확산되었다. 기존 국어 학습지는 사지선다형 문제풀이를 통해 문장 내용을 이해했는지를 확인하는 수준이 대세였고 읽기와 쓰기 위주였다. 무조건 여러 번 반복해서 읽으면 뜻이 통하고 이를 이해하면 된다는 교육방식, 소위 아리스토텔레스적 교육이었다. 그러나 2000년대 어린이 국어 학습지 시장에는 일방적인 교육방식이 아니라 학생들끼리 대화를 통해 무언가 발견하게 하는 토론식 독서법이 도입되었다. 즉

---

57) <아동 전집류 다시 뜬다>(≪중앙일보≫, 2004.3.10)
58) <세다, 어린이 학습만화>(≪중앙일보≫, 2007.5.22)

학생들이 토론 과정에 스스로 터득하도록 분위기만 이끌어가는 플라톤의 대화법을 인용한 학습 방법이었다. 미국에서 도입된 이같은 학습법이 사교육 시장에서 확산되어 갔다.59)

토론식 학습지 시장 봄바람

많이 읽는 기존방식서
대화형태 학습법 호응
새 교육과정에도 맞아
美서도 효과 인정 추세

[그림 103] 〈토론식 학습지 시장 봄바람〉(≪중앙일보≫, 2002.3.20)

한편 논술 부활을 예고하는 입시안이 발표되면서 논술의 중요성이 부각되기에 이르렀다. 이에 교육기업마다 상품을 개편하고 마케팅을 강화하고 나섰다.60) 오랜 전통의 대입 전문학원이 초등 논술 시장을 넘볼 정도였다. 기존 업체들은 논술학원 등 새로운 분야로 영역을 확장해 나가고 있다. 대상을 4살 유아까지 내린 업체도 있었다. 독서·논술·토론 시장은 2004년도 한해 110,000,000,000 시장이 형성됐다.61) 이러한 추세와 함께 청소년을 위한 독서 잡지인 『평설』, 『디딤돌』, 『독서광장』, 『글과 생각』, 『논술 세대』 등이 발간되기도 했다. 이 잡지들은 대개 대학 입시제도의 변화와 맞물리면서 등장했는데, 교양적 성격보다 대입 수능의 언어 영역과 논술 시험 등을 집중적으로 다루는 전문적 성격을 지녔으며, 중·고등학생 등 독자 대상에 따라 수준별로 세분화되었다.62) 여기에 독서 학습지가 교육서비스 업계의 이슈로 등장하여63) 학습지 열풍은 그 열기를 더해갔다.

---

59) <토론식 학습지 시장 봄바람>(≪중앙일보≫, 2002.3.20)
60) <초등생 논술학습지 봇물>(≪중앙일보≫, 2002.8.21)
61) <학습지 시장 여풍 거세다>(≪중앙일보≫, 2004.5.18), <타오르는 독서·논술 시장>(≪중앙일보≫, 2005.1.18)
62) <눈높이 키우는 고교생 읽기자료>(≪중앙일보≫, 2002.7.13)

### (4) 부담없는 책 즐기는 대학생

<대학생들 가벼운 책이 좋아>(≪중앙일보≫, 2000.7.25)를 보면 한국의 대학생들이 대학도서관에서 주로 대출해 읽는 책은 팬터지, 무협, 대중소설 같은 가벼운 읽을거리인 것으로 나타났다. 이 기사에서는 ≪교수신문≫이 "책 읽히는 대학교육-무엇을 어떻게 할 것인가"라는 '전국 대학교수 사이버 대토론회(http://www.kyosu.net)'의 자료를 게재하고 있다. 여기에서 2000년대 상반기 대학생 도서대출 상황에 관한 독서실태가 나타나 있는데, 서울대, 고려대, 한양대, 부산대, 전북대, 충남대 등 6개 대학 설문지 응답 결과로서 드러난다. 부산대의 경우 최다 대출 도서 10권 중『묵향』,『드래곤 라자』,『영웅문』등 5권이 팬터지이거나 팬터지와 무협을 섞은 '무협팬터지'였다. 충남대는『데프콘』,『다크문』,『퇴마록』등 8권이 무협과 팬터지였고, 전북대는 10권 중 9권이 팬터지였다. 고려대도『가즈나이트』,『검마전』,『흑기사』등 팬터지류가 대거 상위권에 올라 있었으며, 서울대는 무협지나 팬터지 계통은 없지만『로마인 이야기』외에는『좀머씨 이야기』,『장미의 이름』,『상실의 시대』등 외국 소설류가 대부분을 차지하고 있었다. 이를 보면 대학생들이 부담없이 즐기는 책을 선호했음을 알 수 있다.

## 3. 2000년대 독서대중화 운동의 의의

지금까지 2000년대 초기 독서운동과 독서경향의 양상을 살피는 데 목적을 두었다. 앞선 내용에서는 크게 두가지로 대별하여 고찰하였는

63) <독서 학습지 붐 인다>(≪중앙일보≫, 2003.3.12)

데 첫째, 2000년대 독서 대중화 운동의 양상, 둘째, 2000년대 독서경향 등이다.

첫째, 독서운동의 전반적인 경향을 보면, 먼저 도서관의 정보화 사업은 이전 세대에 비하여 보다 첨단화되었는데, 이러한 정보화 추진 사업들은 지식경영사회에서 공공도서관의 역할이 보다 중요해졌기 때문이다. 자료에 대한 데이터베이스의 구축으로 정보 수요자의 시간과 노력이 훨씬 줄게 되었다. 이 시기에도 도서관 뿐만 아니라 대형서점과 인터넷 서점, 방송 매체 등에서도 독서 대중화에 앞장섰다. 한편 학생 독서운동은 아동 대상의 움직임이 가장 활발했다. 아동 도서에 대한 관심도 함께 일어 수도권 곳곳에는 유아와 초등학생 대상의 전문서점들이 여러 개 운영되고 있었다. 단체나 신문 저널, 인터넷 등에서도 학생 독서지도를 위한 다양한 프로그램들이 운영되기도 했다. 그럼에도 불구하고 정작 학교도서관은 입시위주의 교육으로 여전히 열악한 실정이다.

둘째, 독서경향을 보면, 먼저 일반인의 경우 2000년대 초기에 출판계에 문고본이 다시 활성화되는 움직임을 보였으며, 인터넷 서점이 성장세를 보였다. 또한 N세대를 겨냥한 오디오북, 전자책, 북텔러 붐이 일어 다매체 시대의 새로운 독서물로 부상했다. 이외에도 현실적인 가치를 드러내는 자기계발서나 여행기 등이 애독되고, 흥미위주의 만화 · 팬터지 · 탐정소설 등이 흥미위주의 서적이 베스트셀러로 부상했다.

한편 학생 독서경향을 보면, 2000년대 출판계는 전반적으로 부진한 현상을 보였는데, 어린이 책만은 호조를 띠었다. 이와 함께 아동용 전집류가 다시 부활하는 기색을 보였으며, 토론식 국어학습이 유 · 초등 학습지 시장에서 확산되었다. 특히 토론식 독서법이 어린이 국어 학습지 시장에 도입되어 인기였다. 대학생들의 경우는 주로 팬터지,

무협, 대중소설 같은 가벼운 읽을거리를 즐기는 경향을 보였다. 그런데 2000년대 학생 독서경향은 이전 시기와 다르게 다양한 현상들을 도출해내기 힘들었다. 학습지가 그 어느 때보다 붐을 타고 그 내용도 다양화되었지만, 일반 서적에서 경향성을 드러내는 특징들을 읽어내기가 쉽지 않았다. 이것은 인터넷 세대들의 독서 현상이 표피적이고 산발적이라는 데에 한 원인이 있다고 보여진다.

2000년대의 출판계는 IMF의 충격이 여전히 잔존하여 불황 상태가 지속된 시기였다. 그러한 가운데서도 여전히 사회적인 독서운동은 지속되었고, 특히 어린이 독서운동은 강화되었다. 또한 일반인 독서의 경우 전 시기와 비교해 볼 때, 밀리언셀러로 부상하는 베스트셀러를 거의 찾기 어려웠다. 독서경향도 이전 시기처럼 지배적인 현상으로 묶여지기 어려운 면도 많았다. 다소 산만한 성향을 띠고 있어서 그 주 경향을 정치하게 분석하기가 쉽지 않았다. 그럼에도 불구하고 멀티미디어 세대에 맞는 오디오북, 전자책 등의 상승세는 지배적인 경향으로 부각되었다. 또한 학생 독서물에 대한 관심과 학습지의 호황, 입시 정책과 청소년 독서의 장려 등은 교육열이 지대한 우리 사회의 풍토를 다시금 확인케 하는 측면이었다.

## 참고문헌

<朝鮮日報>(1920~2008)
<東亞日報>(1920~2008)
《中央日報》(1965~2008)

강미혜(1996),「도서관 관종별 연속간행물 업무의 비교연구」,『사회과학연구』 제3집, 덕성여자대학교 사회과학연구소.

강미혜(2002),「도서관과 사서의 역할변화에 관한 역사적 고찰」,『사회과학연구』 제7집, 덕성여자대학교 사회과학연구소.

金基中(1997),「가로쓰기와 리더빌리티 관계에 대한 序說的 小考/金基中 읽기연구현황」,『出判文化硏究』 제5호, 出判文化學會.

김미지(2005),『누가 하이카라 여성을 데리고 사누-여학생과 연애』, 살림.

김민환(1995),「日帝시대 주요民族紙의 社會思想」,『커뮤니케이션 과학』 제15집, 고려대학교 언론연구소.

김봉희(1999),『개화기 서적문화 연구』, 이화여자대학교 출판부.

김슬옹(2004),「독서교육의 전략과 원리」,『독서문화연구』 제3호, 대진대학교 독서문화연구소.

김영기(1999),『공공도서관 장서를 통해본 한국사회 지식의 흐름』, 한울아카데미.

김종성(2000),『한국 학교도서관 운동사』, 한국도서관협회.

김혜정(2006),「국어과 교수학습 방법의 탐구-읽기교육 방법론에 대한 재고」,『국어교육학연구』 제26집, 국어교육학회.

남산도서관 80년사 편찬위원회(2002),『남산도서관 80년사』, 남산도서관.

단국대학교 동양학연구소(2008),『근대 한국의 일상생활과 미디어』, 민속원.

도서관운동연구회(1996),「한국신문과 도서관」,『도서관운동』 제2권 제2호, 도서관운동연구회.

朴鵬培(1997),『韓國國語教育全史』(上~下), 대한교과서주식회사.

박수자(1994),『독해와 읽기 지도』, 국학자료원.

박영민(2003), 「독서의 발달과 음독에서 묵독으로의 이행」, 『국어교육』 제111호, 한국어교육학회.

박영민(2005), 「독서 교육의 성격과 유형」, 『청람어문교육』 제31집, 청람어문교육학회.

박영순(1997), 「국어교육과 한국어교육」, 『한국어학』 6집, 한국어학회.

박정우(2001), 「일제하 언어민족주의 식민지 시기 문맹퇴치/한글보급운동을 중심으로」, 서울대학교 석사학위논문.

방일영문화재단(1997), 『韓國新聞社說選集』(1~6권).

서울특별시립 종로도서관(1980), 『鐘路圖書館六十年史』, 서울특별시립 종로도서관.

새마을문고中央會(2005), 『새마을文庫 運動 40年史』, 새마을문고中央會.

손영애(2002), 『21세기 국어교육학의 현황과 과제』, 한국문화사.

신헌재 외(1993), 『독서 교육의 이론과 방법』, 서광학술자료사.

양평(2001), 『베스트셀러로 본 우리 출판 100년』, 현암사.

오경복(2005), 「한국 근현대 베스트셀러문학에 나타난 독서의 사회사 -1970년대 소비적 사랑의 대리체험적 독서」, 『비교한국학』 제13권 제1호, 국제비교한국학회.

오천석(1945), 『民主主義教育의 建設』, 국제문화공회.

윤금선(2002), 「신문에 나타난 어문교육」, 『국어교육연구』 제10집, 서울대학교 국어교육연구소.

______(2004),「근현대 국어교육 양상2」, 『국어교육연구』 제13집, 서울대학교 국어교육연구소.

______(2005), 「讀書新聞 고찰」, 『국어교육연구』 제15집, 서울대학교 국어교육연구소.

______(2005), 「1920~30년대 독서 운동 연구」, 『한말연구』 제17집, 한말연구학회.

______(2006), 「해방 이후 독서 대중화 운동 연구」, 『국어교육연구』 제17집, 서울대학교 국어교육연구소.

______(2007), 「日帝强占期 學生 讀書運動 硏究」, 『語文硏究』 133, 韓國語文教育硏究學會.

______(2007), 「독서 대중화 운동 연구-1960년대를 중심으로」, 『한국도서관・정보학회지』 제38권 제2호, 한국도서관・정보학회.

______(2007), 「독서 대중화 운동 연구-1970년대를 초기를 중심으로」, 『국어교육』 제124호, 한국어교육학회.

______(2008), 「1980年代 中後半期 讀書大衆化 運動 研究」, 『語文研究』 137호, 韓國語文教育研究學會.

______(2008), 「1990년대 중후반기 독서 대중화 운동 연구」, 『우리어문연구』 제32집, 우리어문학회.

______(2009), 「2000년대 독서운동과 독서경향 연구」, 『한국도서관·정보학회지』 제39권 제3호, 한국도서관·정보학회.

______(2009), 「근현대 여성 독서 연구」, 『국어교육연구』 45집, 국어교육학회.

______(2009), 「민족적 관점에서 본 경성도서관(京城圖書館)의 사회교육과 독서운동 실태 및 의의」, 『한국도서관·정보학회지』 제40권 제2호, 한국도서관·정보학회.

윤여탁 외(2006), 『국어교육 100년사』(1~2), 서울대학교출판부.

윤정원(1997), 「한국 근대 정기간행물에 관한 서지학적 연구」, 『書誌學研究』 제14집, 서지학회.

이경화(2005), 「도서관 활용 독서교육의 방안」, 『청람어문교육』 제32집, 청람어문교육학회.

이연옥(2002), 『한국 공공도서관 운동사』, 한국도서관협회.

이은정(2005), 「한국 근현대 베스트셀러문학에 나타난 독서의 사회사 -1960~70년대 베스트셀러 시에 나타난 독자의 실천적 독서욕망」, 『한국시학연구』 제13집, 한국시학회.

이응호(1992), 『光復後의 국어教育』, 한샘.

이종성(2000), 『한국 학교도서관 운동사』, 한국도서관협회.

이중환 외(2001), 『우리 출판 100년』. 현암사.

李河俊(1996), 「1930年代 農村啓蒙運動과 國語教育에 關한 研究」, 『새국어교육』 제52집, 한국국어교육학회.

李河俊(1988), 「抗日期, 民族運動으로서의 國語教育에 관한 研究」, 명지대 박사학위논문.

정준섭(1996), 『국어과 교육과정의 변천』, 대한교과서주식회사.

조은숙(2006), 「동화회(童話會) 연구-공동체적 독서에서 독서의 공동체로」, 『민족문화연구』 제45집, 고려대학교 민족문화연구원.

주경화(1994), 「신문매체의 출판기사 보도 편집 경향에 관한 연구」, 『출판잡지연구』 제3권 제1호, 출판문화학회.

천경록·이재승(1997), 『읽기 교육의 이해』, 우리교육.

천정환(2003), 『근대의 책읽기』. 푸른역사.

최덕교 편저(2004), 『한국잡지백년』(1~3), 현암사.

한국교열기자회(1998), 『한국신문방송 말글백년사』, 한국프레스센터.

한성택(2002), 「도서관 및 독서진흥법 변천과정에 관한 연구」, 『한국도서관·정보학회지』 제33권 제4호, 한국도서관·정보학회.

한철우(1988), 「독서교육 연구 및 지도방안 탐색 : 독서 교육의 어제와 오늘-독서 교육의 새로운 방향」, 『한국국어교육연구회논문집』 33호, 한국어교육학회.

허재영(2005), 「국어과 교육과정과 독서교육론의 전개-학문적 정체성 확립 과정을 중심으로」, 『한말연구』 제16집, 한말연구학회.

## ■2권 주요 기사 연도별 정리

### • 1970년대 주요 기사 목록

<새학기 어린이 위한 책읽기 지도>(≪中央日報≫, 1970.3.7)
<讀書와 討論으로 '共鳴'을 넓히는 고대의 호박회>(≪中央日報≫, 1970.5.28)
<거리에 나선 책을 읽자>(≪中央日報≫, 1970.6.19)
<生活程度와 讀書傾向>(≪朝鮮日報≫, 1970.7.14)
<各級校 통해 좋은책 읽기 운동>(≪中央日報≫, 1970.7.15)
<늘어가는 海外雜誌 購讀>(≪中央日報≫, 1970.9.4)
<惡書追放運動>(≪中央日報≫, 1970.9.24)
<讀書相談實 맡은 김경일씨>(≪中央日報≫, 1970.9.25)
<讀書不毛 中高生世代>(≪中央日報≫, 1970.10.15)
<不況속에 苦戰하는 한국잡지>(≪中央日報≫, 1970.10.28)
<電波미디어와 活字미디어>(≪讀書新聞≫, 1970.11.15)
<出版界에 全集刊行 붐>(≪中央日報≫, 1970.12.3)
<5인의 출판인이 뽑은 빅 이슈 5>(≪朝鮮日報≫, 1970.12.12)
<독서 부재 속의 女流獨走>(≪中央日報≫, 1970.12.25)
<어머니 · 어린이 책읽기 운동>(≪中央日報≫, 1971.1.4)
<책창고 · 입시생 집회소란 오명 씻게>(≪中央日報≫, 1971.1.13)
<讀書界의 異常氣流 女流의 上位時代>(≪中央日報≫, 1971.3.12)
<不良漫畵의 改善策>(≪中央日報≫, 1971.6.22)
<나쁜 만화를 몰아내자>(≪中央日報≫, 1971.6.30)
<靑少年 優良圖書 51권을 選定發表>(≪中央日報≫, 1971.7.7)
<어린이 방학지도>(≪中央日報≫, 1971.7.29)
<다시 밀려오는 생활 속의 일본 물결>(≪中央日報≫, 1971.8.16)
<求心力 없는 讀書運動>(≪中央日報≫, 1971.9.10)
<讀書週間 도서관 개방>(≪中央日報≫, 1971.9.24)
<관심 모으는 이동문고 차>(≪東亞日報≫, 1971.9.24)
<전국 도서전 · 한국출판 90년전 개막>(≪中央日報≫, 1971.11.2)

<두개의 독서운동>(≪中央日報≫, 1971.11.26)
<女車掌 合宿所에 職場文庫>(≪조선일보≫, 1971.11.26)
<방학 앞둔 어린이의 책 선택>(≪中央日報≫, 1971.12.17)
<올해도 '여류'가 상위에>(≪中央日報≫, 1971.12.25)
<出版業界에 활기 준 도화 公同廣告>(≪中央日報≫, 1971.12.25)
<한 달에 한 권 정도 책을 읽는다>(≪中央日報≫, 1971.12.25)
<삼성문화 '북 · 클럽' 회원모집>(≪中央日報≫, 1972.1.31)
<연평균 독서량 8.8권>(≪中央日報≫, 1972.2.9)
<무슨 冊을 얼마나 읽나>(≪朝鮮日報≫, 1972.2.13)
<어린이 신문의 내용과 구독 경향>(≪中央日報≫, 1972.3.20).
<시청각실 · 독서상담실 마련 어린이 · 학생 특수도서실로>(≪中央日報≫, 1972.5.4)
<不況의 連續, 上半期 出版界>(≪中央日報≫, 1972.7.8).
<휴식 없는 캠퍼스>(≪中央日報≫, 1972.8.16)
<고전을 읽자>(≪朝鮮日報≫, 1972.11.3)
<TV와 어린이>(≪朝鮮日報≫, 1973.2.18)
<社會教育 기관으로서의 圖書館>(≪中央日報≫, 1973.4.18)
<73년도 상반기 출판계 결산외>(≪中央日報≫, 1973.7.6)
<國家發展과 圖書의 役割>(≪中央日報≫, 1973.7.14)
<어린이 독서 학교' 10개 도시에서 운영>(≪中央日報≫, 1973.7.16)
<방학과 어린이 독서>(≪朝鮮日報≫, 1973.7.24)
<대학생 童話읽기 붐>(≪朝鮮日報≫, 1973.7.24)
<한국 知識層의 讀書傾向>(≪中央日報≫, 1973.9.25)
<출판문화협의 여론조사에서 나타난 독서의 질과 양>(≪朝鮮日報≫, 1973.11.20)
<어린이들에 어떤 책을 읽힐까>(≪中央日報≫, 1973.12.5)
<베스트셀러가 보여주는 독서경향>(≪中央日報≫, 1974.3.19)
<昨今 韓國人의 讀書傾向>(≪中央日報≫, 1974.3.20)
<國立圖書館>(≪中央日報≫, 1974.7.11)
<75년 出版界>(≪中央日報≫, 1975.1.15)
<文學作品의 映畫化 문제>(≪中央日報≫, 1975.2.19)
<文藝映畵 '붐'>(≪中央日報≫, 1975.2.19)

<大學生들의 讀書傾向이 바뀌고 있다>(≪中央日報≫, 1975.7.8)
<大學生 위한 도서 전시회>(≪中央日報≫, 1975.7.22)
<무슨 책을 어떻게 읽힐까>(≪中央日報≫, 1975.8.4)
<만화는 곧 어린이 교재>(≪中央日報≫, 1975.9.6)
<대학마다 讀書勸奬 활발>(≪中央日報≫, 1975.9.8)
<讀書人口의 擴大>(≪中央日報≫, 1975.9.24)
<外書求入難>(≪中央日報≫, 1975.9.27)
<중·고교생은 독서클럽을>(≪中央日報≫, 1975.9.29)
<자녀의 독서지도는 이렇게>(≪中央日報≫, 1975.9.29)
<어떤 책을 골라 주어야할까>(≪中央日報≫, 1975.9.29)
<讀書>(≪中央日報≫, 1975.10.8)
<군산·진해의 중앙도서관>(≪中央日報≫, 1975.10.31)
<大韓出版文化協會 도서실태 조사분석>(≪中央日報≫, 1975.12.26)
<外書 수입동향의 변화>(≪中央日報≫, 1976.3.5)
<① 문학 ② 사회과학 ③ 아동 도서의 순>(≪中央日報≫, 1976.3.5)
<지역 도서관 사업>(≪中央日報≫, 1976.4.22)
<'어린이독서헌장' 선포식>(≪朝鮮日報≫, 1976.5.2)
<독서대중화의 길잡이 文庫 붐>(≪中央日報≫, 1976.5.3)
<어린이와 독서>(≪中央日報≫, 1976.5.6)
<국민 10%만이 책을 읽는다>(≪中央日報≫, 1976.9.28)
<讀書週間에 붙여서>(≪朝鮮日報≫, 1976.9.28)
<마을文庫>(≪朝鮮日報≫, 1977.5.4)
<어린이 圖書 이대로 좋은가>(≪中央日報≫, 1977.5.4)
<공부하는 주부들이 늘었다>(≪中央日報≫, 1977.7.14)
<國民學校部>(≪中央日報≫, 1977.7.20)
<農村讀書에 알맞는 책이 적다>(≪中央日報≫, 1977.7.28)
<책 읽는 主婦가 많아졌다>(≪朝鮮日報≫, 1977.8.11)
<영화사서 출판사 겸업붐>(≪中央日報≫, 1977.10.7)
<영화나 TV 극화한 책이 일본선 베스트·셀러가 된다>(≪中央日報≫, 1977.12.6)
<女子가 책을 더 많이 읽는다>(≪朝鮮日報≫ 1977.12.10)
<교실 증축 급해 도서관 건립은 뒷전>(≪中央日報≫, 1978.1.31)

<讀書風土에 혁명 文庫本>(≪中央日報≫, 1978.3.11)
<독서 판매량의 60%를 차지>(≪中央日報≫, 1978.3.11)
<독서지도>(≪中央日報≫, 1978.4.26)
<어린이 독서권장에 TV를 활용해봄직>(≪中央日報≫, 1978.5.2)
<부쩍 늘어난 서점>(≪中央日報≫, 1978.5.10)
<國民學校部>(≪中央日報≫, 1978.7.22)
<出版 '책의 잔치' 마련>(≪中央日報≫, 1978.9.23)
<서울의 大學生들 월 3~5권 책 읽어>(≪中央日報≫, 1978.10.16)
<뿌리 뻗는 '양서 읽기' 운동>(≪中央日報≫, 1978.11.13)
<外書의 原作小說이 잘 팔린다>(≪中央日報≫, 1978.11.25)
<大形 圖書流通機構 올여름 發足>(≪中央日報≫, 1979.3.6)
<궤도에 오르는 '良書읽기운동'>(≪中央日報≫, 1979.4.14)
<어린이에게 볼만한 책을>(≪中央日報≫, 1979.5.5)
<高校生讀書 거의가 손에 집히는 대로>(≪中央日報≫, 1979.5.30)
<出版街에 번진 "책읽기" 캠페인>(≪中央日報≫, 1979.6.22)
<PR지 · 전단 뿌리고 세미나도 준비>(≪中央日報≫, 1979.6.22)
<학교 나온 뒤엔 직업과 무관한 책은 안 읽는 풍토도 문제>(≪中央日報≫, 1979.7.6)
<긴축으로 움츠러든 "문화비">(≪中央日報≫, 1979.9.9)
<책 안 읽는 중고생>(≪中央日報≫, 1979.11.2)
<'매머드' 출판 유통회사가 선다>(≪中央日報≫, 1979.12.22)
<문학성과 재미를 함께 갖춘 작품들>(≪中央日報≫, 1979.12.24)

## • 1980년대 주요 기사 목록

<각종 문화단체 올해 계획>(≪中央日報≫, 1980.1.14)
<眺望 80年代 文化(10)>(≪中央日報≫, 1980.2.8)
<主婦 독서클럽이 늘어난다. 독후감발표>(≪朝鮮日報≫, 1980.2.28)
<歷史意識 다룬 史書에 關心>(≪中央日報≫, 1980.3.28)
<書店찾는 習慣 길러주자, 자녀독서지도는 이렇게>(≪朝鮮日報≫, 1980.6.6)

<工團 근로자들 讀書熱 높아졌다>(≪朝鮮日報≫, 1980.6.10)
<「독서모임」이 늘어난다. 직장등에 10명 안팎씩…정기토론>(≪朝鮮日報≫, 1980.6.24)
<종교적 서적·논픽션이 잘 팔린다>(≪中央日報≫, 1980.7.4)
<초·중학생 여름 독서교실 개설>(≪中央日報≫, 1980.7.16)
<여름 독서 캠페인 出版文化協會서>(≪中央日報≫, 1980.7.18)
<저학년은 '보는 책'에서 '읽는 책'으로>(≪中央日報≫, 1980.8.2)
<古典國譯사업에 큰 공헌>(≪中央日報≫, 1980.9.10)
<과외없앤건 아주 잘한 일 본고사 廢址엔 찬반 갈려>(≪中央日報≫, 1980.9.22)
<讀書不在와 制度的 對策>(≪朝鮮日報≫, 1981.2.15)
<학습 참고서가 안 팔린다>(≪中央日報≫, 1981.3.6)
<어린이들 순정만화 좋아한다>(≪朝鮮日報≫, 1981.5.12)
<어린이 독서와 인격형성>(≪朝鮮日報≫, 1981.6.9)
<여름 독서교실개관>(≪中央日報≫, 1981.7.14)
<한국학·20세기 작가 번역물 붐>(≪中央日報≫, 1981.9.11)
<各級학교 讀書 의무화>(≪朝鮮日報≫, 1981.11.7)
<未就學 兒童 讀書指導 어떻게 하나>(≪中央日報≫, 1981.11.7)
<독서생활화 캠페인>(≪中央日報≫, 1981.11.7)
<국립중앙도서관 독서교실 운영>(≪中央日報≫, 1981.12.22)
<最近 讀者들의 雜誌購讀傾向>(≪中央日報≫, 1982.2.10)
<초중고 도서실 2년 동안 1,200여 곳 줄어>(≪中央日報≫, 1982.2.13)
<大學 敎養科目 改編>(≪中央日報≫, 1982.2.13)
<理念書籍 독서 등 지도>(≪中央日報≫, 1982.3.5)
<새학기 맞는 초중고생 독서지도 방법>(≪中央日報≫, 1982.3.6)
<독서지도 성적 반영>(≪中央日報≫, 1982.3.16)
<國立圖書館, 독서교실 운영>(≪中央日報≫, 1982.7.15)
<도서비>(≪中央日報≫, 1982.8.18)
<초중고 성적 '종합평가제'로 바꾼다>(≪中央日報≫, 1982.9.7)
<초중고 모든 과목에 必讀圖書 지정>(≪中央日報≫, 1982.9.21)
<각급교 必讀書 지정. 성적에 反影하기로>(≪朝鮮日報≫, 1982.9.22)
<讀書의 成績反映>(≪朝鮮日報≫, 1982.9.22)

<指導不在의 教育行政>(≪中央日報≫, 1982.9.23)
<일제 36년 관계도서 대량전시>(≪中央日報≫, 1982.9.25)
<젊은이들의 독서경향>(≪中央日報≫, 1982.10.5)
<볼만한 프로>(≪中央日報≫, 1982.10.16)
<지하철 전동차에>(≪中央日報≫, 1982.11.5)
<가장 많이 읽는 책은 偉人傳>(≪中央日報≫, 1982.11.17)
<도서관부터 많이 지어야 한다>(≪中央日報≫, 1982.12.21)
<부담없이 즐기는 책 잘 팔린다>(≪中央日報≫, 1983.3.23)
<工團 勤勞者 문화서클 활동 늘어간다>(≪中央日報≫, 1983.3.29)
<여름 독서교실 초·중생 대상 모집>(≪中央日報≫, 1983.7.13)
<독자 도울 오늘의 책뽑기로>(≪中央日報≫, 1983.8.10)
<두 TV서 讀書캠페인>(≪中央日報≫, 1983.9.29)
<반응좋은 독서 캠페인특집. MBC 일시 아닌 장기편성 됐으면, KBS도 기획 다채>(≪朝鮮日報≫, 1983.10.18)
<학령에 안 맞게 마구잡이 독서>(≪中央日報≫, 1983.11.25)
<오염된 어린이 문화, 방치되고 있다>(≪中央日報≫, 1983.12.5)
<TV 시청 늘고 독서시간 줄어>(≪中央日報≫, 1983.12.6)
<국내 첫 新刊안내지 나와>(≪中央日報≫, 1984.1.10)
<국영기업 부사장 존폐 등 직제개편 싸고 고심>(≪中央日報≫, 1984.3.5)
<讀書大學>(≪朝鮮日報≫, 1984.3.9)
<스포츠·스크린·섹스 '3S' 물결에>(≪中央日報≫, 1984.4.10)
<맹인들을 위한 점자도서관 문 열어>(≪中央日報≫, 1984.4.2)
<MBC, 어린이 의식 조사>(≪中央日報≫, 1984.5.29)
<직장인·주부들 책읽기 모임 활기>(≪中央日報≫, 1984.7.4)
<高教課題物을 論述形으로>(≪中央日報≫, 1984.7.24)
<青少年 讀書運動展開>(≪中央日報≫, 1984.8.10)
<화려한 색깔 엉성한 묘사>(≪中央日報≫, 1984.8.22)
<마을순회 자동차도서관이 는다>(≪中央日報≫, 1984.8.29)
<볼만한 프로>(≪中央日報≫, 1984.9.1)
<책 안 읽는 어린이 가정·사회 탓>(≪中央日報≫, 1983.9.20)
<讀書傾向>(≪조선일보≫, 1984.9.20)
<오늘의 책 독서강좌>(≪中央日報≫, 1984.9.27)

<생활현장 속의 독서실태 살펴>(≪中央日報≫, 1984.10.12)
<방학독서교실 마련>(≪中央日報≫, 1984.12.4)
<대입논술시험 어떻게 대비해야 하나>(≪中央日報≫, 1984.12.17)
<解放 이후 40년간 쌓은 역량 보인다>(≪中央日報≫, 1985.1.9)
<讀書大學 강좌 개설>(≪中央日報≫, 1985.3.26)
<禁書衝擊, 대학・출판가 몸살>(≪中央日報≫, 1985.5.4)
<販禁된 書籍 2백여 종>(≪中央日報≫, 1985.5.4)
<李文公, '理念書籍' 단속 배경 설명>(≪中央日報≫, 1985.5.6)
<李文公, '不穩書籍' 단속>(≪中央日報≫, 1985.5.7)
<投網式 '禁書' 斷續>(≪中央日報≫, 1985.5.11)
<이념서적 압수당한 33개 출판사>(≪中央日報≫, 1985.5.11)
<사회・교양>(≪中央日報≫, 1985.7.8)
<지하실시대 달라지는 서울판도>(≪中央日報≫, 1985.10.4)
<독서 생활화>(≪朝鮮日報≫, 1985.11.8)
<초중고생들 독서, TV영향 많이 받는다>(≪中央日報≫, 1985.12.3)
<良書出版 백억지원>(≪中央日報≫, 1985.12.30)
<國內평가 안거친 新作小說 海外出版 신중히 고려해야>(≪中央日報≫, 1986.1.14)
<KBS 1TV '주부대학'>(≪中央日報≫, 1986.1.27)
<'독서교육' 시야가 너무 좁다」(≪中央日報≫, 1986.4.29)
<지역사회 圖書館을 안방과 잇는다>(≪中央日報≫, 1986.7.5)
<讀書>(≪中央日報≫, 1986.10.1)
<늘어나는 지하철 독서. 讀書週間에 알아본 실태>(≪朝鮮日報≫, 1986.10.9)
<북카페 운동이 번지고 있다>(≪中央日報≫, 1986.11.17)
<출판사 문화행사 다양해졌다>(≪中央日報≫, 1986.12.3)
<讀書相談전화 설치>(≪中央日報≫, 1987.1.21)
<출판문화협회 제정 "책의 날" 10월 11일로>(≪朝鮮日報≫, 1987.3.12)
<한국소개 영문책자 미 베스트셀러 22위>(≪中央日報≫, 1987.4.1)
<시 '홀로서기' 소설 '碑銘을…' 無名 돌풍」(≪中央日報≫, 1987.4.29)
<어린이에겐 책과 사랑을>(≪中央日報≫, 1987.4.30)
<85년 이후 6개 출판사 등록취소>(≪中央日報≫, 1987.6.29)

<出版自由·民主化 보장 문공부에 공개 요구서>(≪中央日報≫, 1987.7.14)
<여름서점가 國內作品이 석권>(≪中央日報≫, 1987.7.29)
<학부모들 책과 담쌓았다>(≪中央日報≫, 1987.8.6)
<문화민주주의도 '성큼'>(≪中央日報≫, 1987.8.10)
<사회·교양>(≪中央日報≫, 1987.9.3)
<소년기 다룬 成長小說 인기>(≪中央日報≫, 1987.9.25)
<讀者 찾아 나서는 도서관 分館設置 활발>(≪中央日報≫, 1987.9.28)
<출판에 한글文化 뿌리내린다>(≪中央日報≫, 1987.10.9)
<천고 상우>(≪中央日報≫, 1987.10.12)
<출판의 自由化시대, 양서경쟁 기대>(≪中央日報≫, 1987.10.20)
<'책의 날' 기념상 제막>(≪朝鮮日報≫, 1987.11.26)
<TV 교육방송과 함께>(≪中央日報≫, 1987.12.21)
<문학 출판계 多角的 復元作業 전개>(≪中央日報≫, 1988.1.19)
<문화 解氷>(≪中央日報≫, 1988.1.29)
<소설 '태백산맥' 시 '홀로서기2'>(≪中央日報≫, 1988.1.30)
<베스트셀러 중고생이 만든다>(≪中央日報≫, 1988.3.22)
<정지용·김기림 작품 解禁>(≪中央日報≫, 1988.4.1)
<엄마와 함께 모자독서회 인기>(≪朝鮮日報≫, 1988.5.3)
<'土地' 작품성 좋아 내년에 불서 출판>(≪中央日報≫, 1988.9.3)
<주부 독서상담원 모집>(≪中央日報≫, 1988.10.6)
<拉·越北作家 연구 논의 '봇물'>(≪中央日報≫, 1988.10.19)
<청소년 유해출판물 '追放運動'>(≪中央日報≫, 1988.10.21)
<독서의 계절…"책을 가까이 합시다>>(≪中央日報≫, 1988.10.25)
<북한서적이 原文 그대로 나와>(≪中央日報≫, 1988.10.27)
<나쁜책 이웃에게 알리자>(≪中央日報≫, 1989.5.6)
<高校生 3분의 1이 독서 안한다>(≪中央日報≫, 1989.6.8)
<출판홍보지 다양해졌다>(≪中央日報≫, 1989.7.26)
<올가을 모스크바 프랑크푸르트 국제도서전시회>(≪中央日報≫, 1989.8.14)
<'북클럽' 창립회원 모집 500명 선착순으로 접수>(≪中央日報≫, 1989.8.16)
<한국고전·현대문학 해외소개 활발>(≪中央日報≫, 1989.9.16)
<國校生들이 읽는 책 외국 童話集 치우쳐」(≪中央日報≫, 1989.10.5)

<한국 대학생 1년에 專攻書籍 3권도 안 읽어>(≪中央日報≫, 1989.11.3)
<학생讀書 외국文學 편중>(≪朝鮮日報≫, 1989.12.9)

## • 1990년대 주요 기사 목록

<두 가지 出版의 경우>(≪中央日報≫, 1990.4.8)
<國民 必讀圖書 1次 50卷 選定>(≪中央日報≫, 1990.4.10)
<건전출판문화 育成위해>(≪中央日報≫, 1990.4.12)
<대학생들 "금서 읽어봤다" 44%>(≪中央日報≫, 1990.4.15)
<구별로 이동도서관 차량 3권까지 빌려줘>(≪中央日報≫, 1990.5.11)
<도서상품권제도 부활 움직임>(≪中央日報≫, 1990.6.24)
<한 권이라도 끝까지 읽게>(≪中央日報≫, 1990.7.19)
<미 시드니 셸던 소설 重複出版 극성>(≪中央日報≫, 1990.9.30)
<5년만에 부활 서울도서전 다채로운 행사>(≪中央日報≫, 1990.10.7)
<初中生에 인기 높은 학습만화 마구잡이 해적판 요주의>(≪中央日報≫, 1990.12.10)
<돈벌이 서적 인기 높다>(≪中央日報≫, 1990.12.26)
<국내 첫 독서 전문교육기관 개설>(≪中央日報≫, 1991.3.10
<도서상품권 15일부터 발매>(≪中央日報≫, 1991.4.11)
<이동 열람도서관 本格 運營>(≪中央日報≫, 1991.7.14)
<書店街에 추리 · 중국역사인물 소설 불티>(≪中央日報≫, 1991.8.16)
<잊혀져가는 우리의 뿌리 찾는다>(≪中央日報≫, 1991.10.15)
<출판계 日 관련 서적 늘어난다>(≪中央日報≫, 1991.11.1)
<책읽어 회사발전 다진다 >(≪朝鮮日報≫, 1991.11.8)
<이야기로 풀어 쓴 장자철학>(≪中央日報≫, 1991.12.22)
<안보는 헌책 보고싶은 책과 교환>(≪中央日報≫, 1992.3.30)
<지역도서실 문화공간으로 정착>(≪中央日報≫, 1992.4.10)
<독서-재미 위주로 흐른다>(≪中央日報≫, 1992.4.24)
<소비풍조 · 젊은층 허탈감 反映>(≪中央日報≫, 1992.4.24)
<국내창작 봇물 외국작품 풍성 전래동화 발굴 어린이 책 다양해졌다>(≪中央日報≫, 1992.5.4)

<한일 '文學逆潮' 심각하다>(≪中央日報≫, 1992.5.14)
<서울 중고생 "휴일에 독서한다" 9.7%>(≪中央日報≫, 1992.5.28)
<「참 소설」을 위한 40대 홀로서기>(≪中央日報≫, 1992.6.8).
<황진이 김옥균 정약용 역사인물 소설 쏟아진다>(≪中央日報≫, 1992.6.12)
<割引賣場 大型書店 急增>(≪中央日報≫, 1992.7.24)
<책읽기>(≪中央日報≫, 1992.8.1)
<성인만화 서점판매시대 개막>(≪中央日報≫, 1992.8.14)
<외국 추리·과학소설 붐 本格문학소설 안 읽힌다>(≪中央日報≫, 1992.8.21)
<교훈주는 만화만 펴낼 생각>(≪中央日報≫, 1992.9.30)
<物質에만 관심…精神투자는 인색>(≪中央日報≫, 1992.10.4)
<알뜰 도서교환 시장 개설>(≪中央日報≫, 1992.10.8)
<책의 해 독서운동>(≪朝鮮日報≫, 1992.12.15)
<우수도서 20권 발표>(≪中央日報≫, 1992.12.26)
<올해는 책의 해 책읽는 사람이 대접받는 사회로>(≪朝鮮日報≫, 1993.1.5)
<책의 해 도서상품권 새바람 세뱃돈으로도 인기>(≪朝鮮日報≫, 1993.1.18)
<책의 해 선포식>(≪中央日報≫, 1993.1.19)
<대형서점 책의 해 행사 다양>(≪中央日報≫, 1993.2.6)
<컴퓨터시대 어린이들 讀書風俗 바꾼다>(≪中央日報≫, 1993.2.9)
<유럽 출판계 전속계약 붐>(≪中央日報≫, 1993.3.8)
<서울시 국교 3분의 1 도서실 전무>(≪中央日報≫, 1993.3.11)
<重複出版 또 다시 기승>(≪中央日報≫, 1993.3.12)
<다양한 '책의 해' 행사>(≪中央日報≫, 1993.3.16)
<어린이날 최고의 선물 좋은 만화 잔치>(≪中央日報≫, 1993.4.23)
<도서관정보 수집 앉은 자리서 한다>(≪中央日報≫, 1993.4.18)
<'책의 해' 이색 캠페인 독서 사색>(≪中央日報≫, 1993.5.11)
<'일본문학·사상 명저사전' 근현대사 흐름 한눈에>(≪中央日報≫, 1993.5.31)
<高校마다 독서·영어듣기 비상>(≪中央日報≫, 1993.6.22)
<24년째 집념 내년 여름에 大團圓>(≪朝鮮日報≫, 1993.7.10)
<修能準備에 더위도 잊고>(≪中央日報≫, 1993.7.21)

<어린이 전문 책방 성업>(≪中央日報≫, 1993.8.2)
<讀書振興法의 뜻 살리려면>(≪中央日報≫, 1993.8.7)
<讀書界 60~70년대 소설 복고바람 분다>(≪中央日報≫, 1993.8.25)
<정보수집·활용 안내서 봇물>(≪中央日報≫, 1993.9.26)
<마포도서관 무료방문대출>(≪中央日報≫, 1993.10.27)
<한국문학 海外소개 힘쓸 때>(≪中央日報≫, 1993.12.2)
<논리입문. 에세이 베스트셀러 1, 2위 석권>(≪中央日報≫, 1993.12.6)
<흥미 파고드는 어린이 게임북>(≪中央日報≫, 1993.12.6)
<독서도 음악 감상하듯 오디오북 출판 활기>(≪中央日報≫, 1994.2.23)
<생활정보서 주제 세분화 내용도 짭짤>(≪中央日報≫, 1994.2.16)
<기자가 권하는 어린이책 목록 무료 배포>(≪中央日報≫, 1995.3.6)
<동화를 읽는 어른모임 전국 확산>(≪中央日報≫, 1995.3.18)
<본격소설 봄 출판街 강타 최인훈씨 화두 히트>(≪中央日報≫, 1994.4.6)
<이런 책이 마음의 양식-간행물윤리위 30권 선정>(≪中央日報≫, 1994.4.20)
<도서 방문대출제 실시>(≪中央日報≫, 1994.6.22)
<중견작가 한승원·조정래·김성동 장편 잇따라 출간>(≪中央日報≫, 1994.7.24)
<전자책 서비스다양 독서계 새바람>(≪中央日報≫, 1994.8.27)
<클래식 입문서 출간 봇물>(≪中央日報≫, 1994.10.27)
<방정환 등 국내작가 동화선정 全國 돌며 책전시 독서 강연>(≪中央日報≫, 1994.10.28)
<教養教育이 필요한 까닭>(≪中央日報≫, 1994.11.12)
<대학생 가장 잘 가는 곳 술집 35%>(≪中央日報≫, 1994.12.18)
<大學平生教育>(≪中央日報≫, 1995.1.22)
<책읽기 글쓰기 어린이용 지침서 봇물>(≪中央日報≫, 1995.1.24)
<어린이도서연구회 독서의식 조사>(≪中央日報≫, 1995.5.17)
<30대 여성소설가 베스트셀러 장악>(≪中央日報≫, 1995.6.6)
<'공포특급3' 국내작가 9명 신작 모아 출간>(≪中央日報≫, 1995.6.27)
<출판계 불황속 외국 原書 불티>(≪中央日報≫, 1995.9.3)
<어린이도서연구회, "가을에 권하는 책" 선정>(≪中央日報≫, 1995.10.10)
<日작가 시오노나나미, 大作 로마인이야기 박차>(≪朝鮮日報≫, 1995.10.

20)
<文壇의 여성화 세계화 뚜렷>(≪中央日報≫, 1995.12.16)
<出版>(≪中央日報≫, 1995.12.17)
<武俠小說이 잘 팔린다>(≪中央日報≫, 1996.1.11)
<"土地" "太白山脈" 고전굳히기 한창>(≪中央日報≫, 1996.3.9).
<창작동화 아동문학 主流로 부상>(≪中央日報≫, 1996.4.28)
<만화도 예술장르로 본격 자리매김>(≪中央日報≫, 1996.5.12)
<"책읽기소프트", "초독서공부법" 올바른 독서방법 제시해 눈길>(≪中央日報≫, 1996.6.9)
<대학생들 독서취향 실용적인 전공서적. 취업서적 등으로 옮겨가>(≪中央日報≫, 1997.6.11)
<本格小說 많이 읽혀 문단 활기>(≪中央日報≫, 1996.7.28)
<장애인, 불우아동 책 읽어주기>(≪中央日報≫, 1996.9.8)
<한우리 독서지도 봉사단 창단식>(≪朝鮮日報≫, 1996.9.8)
<활짝 열린 人文교양서적 시장>(≪中央日報≫, 1996.11.12)
<독서인구 저변확대에 대형출판사 나서야>(≪朝鮮日報≫, 1996.11.28)
<지금 독서시장은 프랑스 열풍>(≪中央日報≫, 1996.12.17)
<歷史書들 형식파괴 변신 시도>(≪中央日報≫, 1997.1.14)
<베스트셀러 리뷰>(≪朝鮮日報≫, 1997.1.31)
<자녀 독서안내서>(≪中央日報≫, 1997.2.4)
<각계 전문가들이 추천하는 신입생 권장도서>(≪中央日報≫, 1997.2.11)
<300만이 푹 빠진 무협소설>(≪中央日報≫, 1997.3.15)
<大河小說 '혼불' 불티 80일 만에 50만권 팔려>(≪中央日報≫, 1997.3.18)
<시각장애인 도서열람 PC도서관 내달 개관>(≪中央日報≫, 1997.3.19)
<녹음도서 보급 장애인에게 희망>(≪中央日報≫, 1997.3.25)
<국내 어린이도서 출판 現況 어떠한가>(≪中央日報≫, 1997.5.2)
<教養圖書 27권 내용 물어 인하대 내달 7일 독서대회>(≪朝鮮日報≫, 1997.5.27)
<작품 통해 진솔한 육성>(≪中央日報≫, 1997.6.17)
<불황속 서점가 '류시화 바람' 산문, 시집도 불티>(≪中央日報≫, 1997.7.8)
<문단, 중견작가 문학성 주도 속 본격 문학논쟁 활기띤 듯>(≪中央日報≫,

1997.7.15)
<9월 독서의 달 맞아 기념행사 풍성>(≪中央日報≫, 1997.9.5)
<내달 1일 웹진 '샨티' 창간>(≪中央日報≫, 1997.11.24)
<출판계 단행본 한권 '1만원시대'>(≪中央日報≫, 1998.1.9)
<청소년용 '눈높이 책'이 없다>(≪中央日報≫, 1998.2.6)
<변형신국판 미니월간지 창간 붐>(≪中央日報≫, 1998.2.9)
<20대 직장 여성이 베스트셀러 좌우>(≪朝鮮日報≫, 1998.3.19)
<김주영 장편소설 '홍어' 불황 출판가 새바람>(≪中央日報≫, 1998.3.24)
<독서지도사 주부 副業으로 각광>(≪中央日報≫, 1998.4.5)
<공공도서관 平生教育場으로 탈바꿈>(≪中央日報≫, 1998.6.9)
<'98 좋은책 100선' 도서 公募>(≪中央日報≫, 1998.6.23)
<'팬터지' 인기몰이…불황 문화계 효자역할>(≪中央日報≫, 1998.7.24)
<동사무소 '주민사랑방'으로 새 단장 인기>(≪朝鮮日報≫, 1998.8.30)
<유통질서 좀먹는 책가격 割引競爭>(≪中央日報≫, 1998.11.1)
<國民讀書生活化>(≪中央日報≫, 1999.5.10)
<어린이 눈높이 맞춘 '名作의 순례' 시리즈물 눈길>(≪中央日報≫, 1999.7.15)
<제26회 중앙독서감상문 심사평>(≪中央日報≫, 1999.10.15)
<광활한 사이버 영토, 매니어들 잡지 천국>(≪中央日報≫, 1999.11.1)
<무협물 '열혈강호'…만화 2백만부 시대 열어>(≪中央日報≫, 1999.11.5)
<신비 · 친근감으로 '포케몬' 동심 잡았다>(≪中央日報≫, 1999.11.16)
<한길사, 복합문화공간 한길 북하우스 오픈>(≪中央日報≫, 1998.11.17)
<만화 잡지 청소년 대상 잇단 창간>(≪中央日報≫, 1999.11.23)
<'해리 포터' 신드롬>(≪中央日報≫, 1999.11.23)
<대전 한밭도서관 최우수 도서관 선정>(≪中央日報≫, 1999.12.2)
<1990년대 최고 베스트셀러>(≪東亞日報≫, 1999.12.7)

## • 2000년대 주요 기사 목록

<겨울독서교실 서울 양천도서관서 개최>(≪동아일보≫, 2000.1.8)
<6개대 논술출제 경향 동서고전 탈피 현대문 지문제시 많아>(≪조선일

보≫, 2000.1.8)
<경기 읍-면-동사무소에 청소년 놀이시설 마련>(≪조선일보≫, 2000.1.20)
<교보문고 정보센터 개설>(≪중앙일보≫, 2000.2.10)
<교보문고, 국내 처음으로 북마스터 9명 선발>(≪중앙일보≫, 2000.3.10)
<내년부터 모든 도서관자료 인터넷 검색 가능>(≪중앙일보≫, 2000.3.15)
<베스트셀러 80년사 독서계를 휩쓴 책들>(≪중앙일보≫, 2000.4.1)
<국립중앙도서관, 학부모에 독서지도법 강좌>(≪중앙일보≫, 2000.4.3)
<오디오북 판매로 620만 달러 순익>(≪중앙일보≫, 2000.4.10)
<어린이도서연구회 홈페이지 권장도서>(≪조선일보≫, 2000.4.17)
<출판시장에 문고본시대가 다시 열릴 것인가?>(≪조선일보≫, 2000.5.29)
<대학생들 가벼운 책이 좋아>(≪중앙일보≫, 2000.7.25)
<단말기 속속 개발 e-북 날개 단다>(≪중앙일보≫, 2000.9.25)
<지하철 문고에 책 기증 잇따라>(≪중앙일보≫, 2000.10.5)
<이주향 교수 KBS 1라디오 '…산책' 진행>(≪중앙일보≫, 2000.11.7)
<서울 · 경기지역 '어린이 전문서점' 각광> ≪중앙일보≫, 2001.1.19)
<'동화 읽는 어른 모임' 인기>(≪중앙일보≫, 2001.1.29)
<KBS '…책을 말하다' 호평>(≪중앙일보≫, 2001.3.7)
<독서감상문이란 줄거리 요약보다 자신의 느낌>(≪동아일보≫, 2001.3.7)
<'사이버 독서방' 열어 인터넷으로>(≪중앙일보≫, 2001.3.24)
<전주 '동화 읽는 어른 모임'>(≪중앙일보≫, 2001.3.29)
<KBS 독서프로 재미 · 교양 동시에 노려>(≪중앙일보≫, 2001.4.25)
<통계청 문화·여가생활 조사>(≪조선일보≫, 2001.5.2)
<2001 좋은 책 100선 공모>(≪중앙일보≫, 2001.6.2)
<서울 구남초등교 이색 독서지도 화제>(≪중앙일보≫, 2001.6.28)
<어떻게 선정했나>(≪중앙일보≫, 2001.6.30)
<청주 미니도서관>(≪중앙일보≫, 2001.8.24)
<2003학년도 대입 대비 요령>(≪중앙일보≫, 2001.9.25)
<2030세대의 책 선택>(≪조선일보≫, 2001.9.26)
<문화가 있는 공간 도서관>(≪중앙일보≫, 2001.11.3)
<행복한 책읽기 서평자문위 발족>(≪중앙일보≫, 2001.11.3)

<전북 김제 만경여고 책 100권 읽어야 졸업>(≪중앙일보≫, 2001.11.23)
<부산시민도서관 택배대출>(≪중앙일보≫, 2001.11.30)
<특성화 전략, 우리 대학은>(≪중앙일보≫, 2001.12.6)
<MBC '느낌표' 독서 · 아침밥 캠페인 화제>(≪중앙일보≫, 2002.1.15)
<출판시장과 시대조류>(≪중앙일보≫, 2002.1.12)
<지하철에 책을 싣고>(≪중앙일보≫, 2002.2.6)
<MBC '! 느낌표' 독서캠페인 말은 많지만 공정성 유지하며 오래 남길>(≪동아일보≫, 2002.2.26)
<지성의 황폐화-대학도서관>(≪중앙일보≫, 2002.3.8)
<초 · 중 · 고 도서관은 '책창고' 전락>(≪중앙일보≫, 2002.3.11)
<토론식 학습지 시장 봄바람>(≪중앙일보≫, 2002.3.20)
<데스크쪽지>(≪중앙일보≫, 2002.4.13)
<95년 된 서점 문닫은 까닭>(≪중앙일보≫, 2002.6.6)
<자녀 독서지도 부모가 책읽기 모범을>(≪조선일보≫, 2002.6.11)
<눈높이 키우는 고교생 읽기자료>(≪중앙일보≫, 2002.7.3)
<공공도서관 하나로 묶는다>(≪중앙일보≫, 2002.8.7)
<초등생 논술학습지 봇물>(≪중앙일보≫, 2002.8.21)
<청소년에 책 권할 때 눈높이를 맞추자>(≪중앙일보≫, 2002.11.16)
<만화 · 팬터지 · 탐정소설 등 '비주류'가 베스트셀러 부상>(≪중앙일보≫, 2002.12.21)
<올 독서실태조사>(≪동아일보≫, 2003.1.24)
<책 읽는 병영 행복한 군대>(≪중앙일보≫, 2003.1.24)
<독서 학습지 붐 인다>(≪중앙일보≫, 2003.3.12)
<자녀 독서지도 위한 문화 교양강좌>(≪조선일보≫, 2003.4.21)
<군부대 '북스타트' 출범>(≪중앙일보≫, 2003.5.8)
<인터넷 서점 '새직업' 관련서 인기>(≪조선일보≫, 2003.10.25)
<여행 산문집 '시즌'을 초월한 인기>(≪중앙일보≫, 2003.11.22)
톱셀러 이야기>(≪중앙일보≫, 2003.11.29)
<학생 · 일반인 대상 독서능력 검정시험>(≪중앙일보≫, 2004.2.9)
<독서능력도 이젠 자격증 시대>(≪중앙일보≫, 2004.2.21)
<간행물윤리위 우수독서초교 책 지원>(≪동아일보≫, 2004.5.8)
<학습지 시장 여풍 거세다>(≪중앙일보≫, 2004.5.18)

<클릭하면 책 한 권이 '쏙'>(≪중앙일보≫, 2004.8.23)
<고교 교육 어떻게 달라지나>(≪중앙일보≫, 2004.8.27)
<독서교육, 입시 연결은 신중해야 한다>(≪중앙일보≫, 2004.11.17)
<타오르는 독서 · 논술 시장>(≪중앙일보≫, 2005.1.18)
<한우리 독서 논술 클럽>(≪동아일보≫, 2005.2.14)
<꽃피는 전자책 시장>(≪중앙일보≫, 2005.5.16)
<전자책이 종이책 먹여살리는 시대 왔다>(≪조선일보≫, 2005.7.7)
<올해 책 20% 더 읽었다 교보 전국 집계>(≪조선일보≫, 2005.12.14)
<인터넷으로 독서 이력 관리해요>(≪중앙일보≫, 2005.12.28)
<책 내용 순서대로 이야기하는 '목차 학습' 논리적 사고 키워>(≪중앙일보≫, 2006.3.15)
<기술 · 예체능 독서 지도 이렇게>(≪중앙일보≫, 2006.4.5)
<지식정보의 무덤으로 전락하는 도서관>(≪중앙일보≫, 2006.12.6)
<어린이 도서관은 지식 놀이터>(≪중앙일보≫, 2007.1.17)
<세다, 어린이 학습만화>(≪중앙일보≫, 2007.5.22)
<MP3로 듣는 오디오 북 뜬다>(≪중앙일보≫, 2007.7.18)
<지적으로 놀아 볼까 오늘부터 홍대 앞서 '와우북페스티벌'>(≪중앙일보≫, 2007.10.5)
<주민 참여 공공도서관 늘리자>(≪중앙일보≫, 2007.10.10)
<고향 학교에 마을도서관을>(≪동아일보≫, 2008.1.110)
<직장인 자기계발 외국어-독서-운동順>(≪동아일보≫, 2008.1.12)
<독서습관에도 올바른 길 따로 있다>(≪동아일보≫, 2008.1.18)
<요즘은 아이들 책만 팔린다>(≪중앙일보≫, 2008.2.2)
<디지로그 북이 책의 미래다>(≪중앙일보≫, 2008.3.7)
<고양은 공공도서관 선진 도시>(≪중앙일보≫, 2008.3.24)

## 윤금선

한양대학교 국어국문학과 졸업, 동 대학원 수료, 문학박사
서울대학교 국어교육연구소 선임연구원
현재 동덕여자대학교 교수

**주요 논문 및 저서**

『우리 문학과 언어의 재조명』(공저)
『유치진 희곡 연구』
『사회와 인간 반영의 무대』
「유치진의 '농촌3부작' 무대 고찰」
「전통극의 이해와 연극정신의 회복」
「해방 이후 독서대중화 운동 연구」
「일제강점기 신문에 나타난 국문론」
「1950년대 희곡 연구」 외 다수

## 우리 책읽기의 역사 2
**: 모던 경성에서 하이 서울까지 "아는 것이 힘이다."**

**초판 1쇄 인쇄** 2009년 12월 21일 **초판 1쇄 발행** 2009년 12월 28일
**지은이** 윤금선 **펴낸이** 박성복 **펴낸곳** 도서출판 월인
등록번호 제6-0364호 등록일 1998. 5. 4.
주소 142-879 서울특별시 강북구 흰구름길 19-3(수유2동 252-9)
대표전화 (02) 912-5000 팩스 (02) 900-5036
e-mail worinnet@hanmail.net homepage http://www.worin.net

**배포처** 도서출판 월인 (02-912-5000)



ISBN 978-89-5786-452-0 (세트)
ISBN 978-89-5786-454-4 94810

값 13,000원